微习作里看世界

皇甫芬 著

含羞草，NO！NO！！NO！！！

WUHAN UNIVERSITY PRESS
武汉大学出版社

图书在版编目(CIP)数据

微习作里看世界.含羞草,NO！ NO！！ NO！！！/皇甫芬著.—武汉：武汉大学出版社,2025.4

ISBN 978-7-307-24412-2

Ⅰ.微… Ⅱ.皇… Ⅲ.作文课—小学—教学参考资料 Ⅳ.G624.243

中国国家版本馆 CIP 数据核字(2024)第 109381 号

责任编辑:冯红彩　　责任校对:汪欣怡　　版式设计:曹　凝

出版发行：**武汉大学出版社**　（430072　武昌　珞珈山）

（电子邮箱：cbs22@whu.edu.cn　网址：www.wdp.com.cn）

印刷:湖北金港彩印有限公司

开本:787×1300　1/24　印张:35.25　字数:457 千字

版次:2025 年 4 月第 1 版　2025 年 4 月第 1 次印刷

ISBN 978-7-307-24412-2　定价:168.00 元(全六册)

前言

听，孩子的声音：写作，写作，是为了什么呢？在你迷茫无措的时候，打开这套书，里面有很多生活故事，你会发现写作是一件很快乐的事，是一种本领。这套书给予你用文字记录生活、表达自己、理解和感知世界的勇气。

听，孩子的声音：写作，写作，写什么呢？在你无从落笔的时候，打开这套书，里面涉及多个角度，有生活圈、节日圈、劳动圈、交际圈、跨界圈、未知圈。你会发现很多微小的世界值得写，获得写作的灵感。

听，孩子的声音：写作，写作，怎么写呢？在你毫无章法的时候，打开这套书，里面把写作方法和生活情境、常见事物或现象结合起来，从课堂走向课外，形象生动，通俗易懂。你会学到很多巧妙的方法，拥有写作的力量。

听，孩子的声音：写作，写作，水平怎么提升呢？在你失去写作动力的时候，打开这套书，里面告诉你写作需要持之以恒，还需要阅读来补充能量。细水长流方能水滴石穿，写着写着，你就会遇见灵感，遇见故事，遇见希望！

什么是微习作？大家最初的理解便是写简短的文章，其实不全是。皇甫老师觉得，文章可长可短，要根据表达的需要而定，这里

的微习作更体现的是写作要随处、随时发生。生活中有许多看似微不足道的小事物、小角落、小事件，都蕴藏无尽的“大作文”，我们要学习在微小的世界里自由表达，用文字记录点点滴滴，表达自己独特的体验与创作，提升观察与思维的能力，从而更深刻地理解和感知世界。

《含羞草，NO！ NO！！ NO！！！》是本套书的第四册。本书带领孩子们在人际交往中表达自我。用“聚合”思维亮出自己，传出最美的声音；用“乒乓球来回推拉”的思维进行辩论，享受辩论的激烈；从新闻人的角度感受新闻的魅力，当个新闻人过把瘾；学习不同的推荐，展现推荐的力量；做好演讲的充分准备，展现演讲的精彩时光。每一种交际，都是展现自我的机会，可以让彼此了解对方的想法、观点和感受，获取信息，拓宽视野，提升沟通能力，看到最好的自己。

目录

BIAN，BIAN，

HAI，HAI，

WAIT，WAIT，

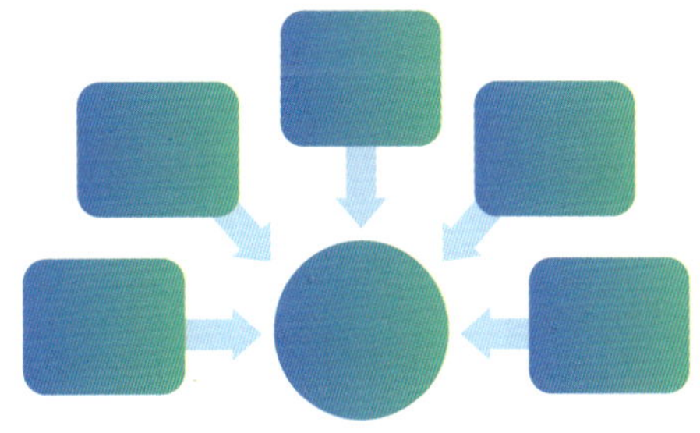

看着上面的图，你想到了哪些事物？像不像孔雀开屏？是不是仿佛看到了灯光汇聚舞台，焦点人物出现的场景？关系紧密的某些项，为了共同的目标聚合在一起，可以发挥更大的力量，解决核心问题，这就是“聚合式表达”。

“聚合”也是我们常用的一种习作思维。为了聚焦一个重点，表达一个中心意思，我们往往需要多方面的努力。当汇聚了这些方法，焦点才能真正出现。

1 寻找校园好声音

号外！号外！

××小学第二届寻找校园好声音

红领巾广播站纳新啦！

皇甫老师

皇甫老师，学校在寻找校园好声音，我想去红领巾广播站试试，成为一名红领巾广播员，为自己、为班级、为学校发声，但又怕自己不够格。

小泡芙，你首先要相信自己，你的嗓音很好。凡事都有第一次，你尝试去竞争红领巾广播站的播音员，就非常值得点赞了。

谢谢您的鼓励！不过，广播稿要怎么写呢？

校园红领巾广播稿可以分很多内容，如校园内外、佳作欣赏、科普天地、新闻直通、生活万花筒等栏目，可以分时段播出，但内容要健康向上、符合年龄特点，能增长知识，开阔视野。

皇甫老师总结了四点写广播稿的技巧，一起来了解一下吧！

技巧1 主题鲜明

一篇广播稿，播报一件完整的事情就可以了，一篇一事、一事一报，主题单一集中，更好地突出重点，挖掘出稿件所要表达的思想内涵和意图，方便播音员调动情感。

有时候也可结合中国的传统节日，在广播稿中引用符合当下情境的诗歌，表达真情实感。

清明节将近

清明

【唐】杜牧

清明时节雨纷纷，路上行人欲断魂。
借问酒家何处有，牧童遥指杏花村。

重阳节将近

九月九日忆山东兄弟

【唐】王维

独在异乡为异客，每逢佳节倍思亲。
遥知兄弟登高处，遍插茱萸少一人。

口语化

广播稿与其他文章最大的区别，语句要朗朗上口，简单易懂。可以引用名人名言、俗语谚语，触发听众的情感，带动听众的情绪；可以引用故事，让稿件生动活泼。

开门见山

广播稿要做到开门见山，将主题直接抛出来，才能激发同学们的兴趣点，触发情感哦。下面简单设置四个情境：开学、期末、普法和劳动。

广播稿开学篇

新学期、新气象，红领巾广播站又开播了。同学们，度过了一个快乐的寒假，当你再次踏进这个曾经充满欢声笑语的教室时，你有什么感受呢？

广播稿期末篇

亲爱的同学们，时间过得真快，转眼又到暑假啦，愿同学们在暑假期间能留下美好的回忆，你们的暑假都想去哪里过呢？

广播稿普法篇

点击生活故事，感受校园精彩，放飞童年梦想，打造阳光生活，在这熟悉又温暖的音乐声中，红领巾广播又和大家见面啦！让我们一起走进今天的法治宣传特别节目。

广播稿劳动篇

在这万物复苏的季节里，在这朝气蓬勃的日子里，校园广播又和大家见面了！本期校园广播的主题是“劳动最光荣”。

结构简洁

广播稿要用有条理的结构、准确的语言增加感染力，带动人们的情绪。

广播稿由于受到时间的限制，因此要注意内容简洁，突出重点；用准确的词贴切地表达主题，不说空话、套话；不用复杂的句式，不要有太多琐碎的文字。

小泡芙，植树节快到了，红领巾广播站开始征稿啦！快来一起写写关于植树节的广播稿吧！

泡芙创意

中午好！红领巾广播站又和大家见面了，我是主持人小泡芙。今天是 3 月 12 日，相信大家都知道它是一个特别的日子——植树节，本期给大家播报的主题是“爱护环境，植树造林”。

植下一棵树，收获万点绿。如今，植树节已成为中国人民心中的节日。植树造林不仅可以绿化和美化家园，同时也可以起到丰富山林资源、防止水土流失、保护农田、调节气候、促进经济发展等作用。

绿色是大自然赠与我们人类的宝贵财富，绿色是人类文明的摇篮。同学们，我们是新时代的主人，环保意识是现代人的重要标志。我们应当树立责任感，心系地球，着眼身边，立足校园。伸出你我的手，让我们一起播种绿色，一起宣传绿色倡议，一起让祖国的天更蓝，地更绿，水更清。

感谢大家的聆听，我们下期再见！

这篇广播稿结构简单明了，主题明确，做到了开门见山！

如果能引用诗句或者俗语谚语，把植树节的由来讲一讲，会更触动听众，带动大家的情绪。

皇甫老师 那我可以试着加一加，改一改。

泡芙习作

亲爱的同学们：

中午好！红领巾广播站又和大家见面了，我是主持人小泡芙。今天是 3 月 12 日，相信大家都知道这个特别的日子——植树节，本期给大家播诵的主题是“爱护环境，‘植’此青绿”。

说到植树节，我们就不得不提起一位伟人，孙中山先生。孙中山先生幼年就对“树艺牧畜”十分热爱，在海外留学时，也经常利用假期回故乡种植桑树。他一生都十分重视植树造林。我们将 3 月 12 日这天定为植树节，既是为了缅怀孙中山先生，也是为了鼓励全国人民植树造林，绿化祖国，改善环境，造福子孙后代。

植下一棵树，收获万点绿。植树造林不仅可以绿化和美化家园，同时也可以起到丰富山林资源、防止水土流失、保护农田、调节气候、促进经济发展、维护生态平衡等作用。

绿色是大自然赠予我们人类的宝贵财富，也是人类文明的摇篮。

我们是新时代的主人，应当树立责任感，心系地球，着眼身边，立足校园。伸出你我的手，让我们一起播种绿色，一起宣传绿色倡议，一起让祖国的天更蓝，地更绿，水更清。

同学们，让我们用自己的力量为我们的校园绿化出一份力。让我们牢记，多走几步，不穿越绿化带，不践踏绿地，争做绿化宣传员、环保卫士，身体力行地爱护校园中的一草一木，爱护我们生活环境中的一草一木，“勿以善小而不为，勿以恶小而为之”，从我做起，从小事做起，从现在做起，做绿化、美化环境的有心人。我坚信：我们的校园将更加美丽！我们的生活环境也将更加美丽！我们祖国的明天也必将更加美丽！

在原有基础上，增加了孙中山的故事，更具吸引力；引用了格言警句，更具说服力和号召力。

2 我才不是含羞草

杭州第19届亚运会举办期间的"顶流"，非"跳水精灵"全红婵莫属。凭借"水花消失术"，天才少女全红婵抓住了大家的心。但让人感到"画风突变"的是，在比赛场上自信从容的全红婵，在场下也社恐。

最近网络上流行着这样一种"内向文学"，似乎社恐成了当代年轻人的精神标签。

当要和陌生人交谈时

你的眼神躲闪，支支吾吾，反应迟钝

当别人跟你说话

没听清楚你也不敢问第二遍

当要在众人面前发言时

你的心跳加速，嘴唇发干，声音颤抖

当路上碰到熟人

你会想方设法绕着走，不敢打招呼

当要参加聚会时

你的胃痛像刀割，头疼欲裂，汗如雨下，恐惧如山压

小泡芙浏览着这些新闻，也陷入了沉思：我在广播站里练习了一段时间，口才确实有了些进步。可是面对很多人的场合，我还是很紧张，不敢大胆表达，按现在流行的说法就是“社恐”。还有很多人和我一样，总是会把自己努力隐藏起来，我要怎么做才能有勇气走出社恐呢？

小泡芙，认识左边的植物吗？它叫含羞草，只要我用手轻轻碰一下它的叶子，它会立刻合上它的叶子，像一个害羞的小姑娘。可是，现代社会口头表达和社会交际能力在生活中很重要，需要我们能自信大方地展现，就像孔雀开屏似的呈现自己的美好一面。

首先，改变从接纳自己开始。接纳自己的完美，也接纳自己的不完美。其次，逐级进行练习。比如从打电话给朋友，再到参加小型聚会，最后到在公众场合演讲，等等。小泡芙，你已经在广播站里得到了一定的练习，学会幕后表达着自己的心声，现在应该走到大家面前去介绍自己。最好的“自我介绍”，一定是极力彰显个人风格的表达，给人以深刻的印象。

皇甫老师讲得有道理，听说我们班要新来一位老师，我写一写自我介绍，到时候就当着全班同学向新老师介绍我自己。

老师好！我是我们班普通的一员。我勤奋、努力，是一个有上进心的小学生。我对许多事物充满好奇心，因此我有着丰富的兴趣爱好。我既喜欢阅读，也喜欢画画和手工制作，还热爱体育运动，尤其喜欢足球和游泳。

在学习方面，我一直努力做到最好。我每天坚持认真完成老师布置的作业，并利用课余时间进行复习和提高。

但是很遗憾，我特别不爱说话，害怕表达，一紧张就会流很多汗。我希望能在您的教导下成为自信、阳光、开朗的女孩，请您以后多多指教！

还能写点什么呢？似乎写不出来了，求助求助。

既介绍了自己的优点，也指出了自己的不足，还希望得到老师的助力，写得很全面。我读着这份“自我介绍”，觉得简洁明了。虽然像这样从几个角度来介绍自己是可以的，但是平均用力就显示不出你的最大特点，缺少新意，很难让人“眼前一亮”，无法给老师留下深刻的印象。

通常一个好的自我介绍不是展示，而是服务。就是服务你对面的那个人，让他更好地记住你。你是为了让新老师更快地认识你，那你就要思考他最想了解你哪些方面？还是得像聚光灯一样，一盏一盏地照到自己身上，一点一点清楚地照亮自己，全面而有重点地介绍自己，让新老师很快地了解你、熟悉你。

哦，我明白了：亮点和不足都可以是特点，然后借助事例来体现自己的与众不同。

小泡芙行动攻略

攻略一：选择特点写事例

介绍角度	最大特点	典型事例
兴趣爱好	阅读	看书看得入迷，忘记时间和身边的事
特长	爱观察，善观察	在学校的篮球联赛中赢得胜利
性格	内敛，不爱表达	

提醒：把这几个方面通过事例介绍清楚，再加上开头、结尾，应该也是不错的自我介绍。

攻略二：融特点于事例之中，串联成文

我是一个长相特别的女孩子，只要看到我的人，准会记住我。我长着一个与蝌蚪十分相似的大脑袋，黝黑的皮肤看上去还以为是非洲来的呢！

平时我很喜欢读书，尤其喜欢阅读科学和历史类的图书。一有时间我就抱着它们“啃”。有一次大课间，因为下雨，大家都没能去户外锻炼，就去阅览室看书了。我像平时一样津津有味地读起我最喜欢的科学杂志，不一会儿，就被杂志里面精彩纷呈的实验现象吸引住了。我感觉书本上的文字像小精灵一样在纸上跳动起来。过了好久我才感到周围出奇的安静。等我反应过来，同桌气喘吁吁地出现在阅览室门口，喊我回去上课。原来我读得太入迷了，大课间结束的铃声都没能把我从书中“带”出来。

我对微小的世界充满了浓厚的兴趣。周末做完作业后，我总会下楼，走近草地，或是大树根下，或是楼道旁，蹲下身子，眼睛像雷达一样扫视，观察着那些“微不足道”的、躲在角落里、花叶间的虫子们。几乎每次都能收获不一样的新发现呢！

此刻，我的目光正停留在一朵白色的小花上：一只通体金黄的熊

蜂正“哼哼——”着采蜜。突然，一只弓足梢蛛正“横行霸道”地闯入地盘，将熊蜂惊飞。“啊，小小昆虫，亦可奇观！”拿着放大镜，眼睛一眨不眨的他自言自语。

“金无足赤，人无完人。”我也是有缺点的，就是不敢与他人面对面交流，偶尔与旁边的同学打个招呼，不过也就是说一句“嗨”就结束了。我正在慢慢改进。

老师，您记住我了吗？希望在您的教导下，我能成为自信、阳光、开朗的女孩，请您以后多多指教！

小泡芙，先给你点赞！用心地写了爱阅读、爱观察两大特点，还用事例体现了特点。同时还引用了名言警句写出自己的不足，全面地把自己介绍出来了。建议你用点幽默的色彩，使自我介绍更加吸引人。

说起幽默，可能谁都比不过关汉卿了。

最“拽”的自我介绍

我是个蒸不烂、煮不熟、捶不匾、炒不爆、响当当一粒铜豌豆，恁子弟每谁教你钻入他锄不断、斫不下、解不开、顿不脱、慢腾腾千层锦套头。我玩的是梁园月，饮的是东京酒，赏的是洛阳花，攀的是章台柳。我也会围棋、会蹴踘、会打围、会插科、会歌舞、会吹弹、会咽作、会吟诗、会双陆。你便是落了我牙、歪了我嘴、瘸了我腿、折了我手，天赐与我这几般儿歹症候，尚兀自不肯休。

——关汉卿《南吕·一枝花·不伏老》

不难看出，这是一个浪漫、多才多艺、狂放高傲、顽强、乐观、热爱生活的关汉卿吧！

3 一开口，艳压群场

皇甫老师

广播会播报了，自我介绍也很精彩了，要不要试点难度更高的?

啊?

接下去几个月，活动一场接一场，家长会、书香节、六一文艺汇演……你要不要挑战把自己送上主持台?

这也太有难度系数了吧！那些主持人穿着白裙子，声音超级好听，我简直佩服得五体投地。可是，面对这么多人，多可怕啊。

不难，不难。万里长征路，先走好第一步。

要想当一名主持人，主持好一场活动，开场白是非常重要的，它是整场活动的开始，也是留给观众的第一印象。同时，开场白是主持人综合业务水平，如语言功底、洞察力和抗压能力的体现。

一个好的开场白其实有很多要求。

为达到这些要求，下面两个妙招一定能帮到你。

妙招1 开门见山

这时，直接说明召开家长会目的和意义，吸引观众的注意力，是常用的一个方法。

“开门见山”，就是打开门就能看见山，比喻说话或写文章直截了当，不拐弯抹角。换一种简单的说法，就是说大白话！

我们住在乡下，窗前是一大片草地。草地上长满了蒲公英。当蒲公英盛开的时候，这片草地就变成金色的了。

——三年级上册《金色的草地》

直接指出题目中金色的草地是怎么回事，因为蒲公英的盛开使草地变成了金色。

4月14日，我在浙江金华，游北山的双龙洞。

——四年级下册《记金华的双龙洞》

直接嵌入时间，人物，地点与事情，简单直白，更能吸引读者的注意力。

这次，我看到了草原。那里的天比别处的更可爱，空气是那么清鲜，天空是那么明朗，使我总想高歌一曲，表示我满心的愉快。

——六年级上册《草原》

直接在开场指明本篇文章的主旨或思想感情，这更能引起读者的关注。

妙招2 人多力量大

很多大型活动，主持人一般不止一个人，多人之间的对话不仅体现了人与人之间的紧密合作，能够互相配合和补充，而且对话这种形式更加生动、有趣，更能吸引观众的注意力。

池子	河流
“我总是看见， 你一会儿背着沉重的货船， 一会儿驮着长串的木筏， 还有小划子啊小船， 简直数也数不完。” “这清闲的生活无忧无虑， 还有什么能够代替？”	“啊，你在推究哲理？” 河流说道， “水要流动才能保持清洁， 这个自然规律，难道你已经忘掉？”

三年级下册的这篇《池子与河流》就是用对话形式写成的寓言诗，告诉我们：人要勤劳，不能懒惰，天才不利用是要被磨灭的，他会一天天地衰落下去，当他被懒惰所支配时，他的事业就无法恢复了。你看，这么简单枯燥的道理，一用对话，多生动，多深入人心啊。

泡芙创意

书香节中华经典诗歌诵读比赛开场白

主持人（甲）：尊敬的各位领导，老师，

主持人（乙）：亲爱的老师们同学们，大家——

主持人（合）：下午好！

主持人（甲）：今天，我们欢聚一堂，诵读千古美文，传承华夏文明。

主持人（乙）：今天，我们登上这多彩的舞台，共读中华经典，聆听古诗书韵。

主持人（甲）：中华五千年的悠久历史，孕育了底蕴深厚的民族文化。

主持人（乙）：源远流长的经典诗文，是历史长河中经久不衰的瑰宝。

主持人（甲）：诗的语言，典藏着五千年悠久的历史文化。

主持人（乙）：诗的声音，演绎着不朽历史的风骨铿锵。

主持人（甲）：诵读经典，我们寻找万里河山的广阔。

主持人（乙）：对话诗歌，我们感受千年文字的力量。

主持人（甲）：担任今天“中华经典诗歌诵读比赛”的评委有……，欢迎他们的到来。

主持人（乙）：下面我宣布 ×× 小学“中华经典诗歌诵读比赛”现在开始。

六一文艺汇演开场白

主持人（甲）：亲爱的小朋友——

主持人（乙）：大朋友们——

主持人（合）：你们好！

主持人（甲）：今天的阳光最灿烂，每一片树叶都是那样鲜亮！

主持人（乙）：今天的鲜花最绚丽，每一片花瓣都在翩翩起舞！

主持人（甲）：今天是我们的节日，六一儿童节，大家好，我是主持人××。

主持人（乙）：我是主持人×××。

主持人（甲）：捧着五月的鲜花，我们迎来了六月的阳光。

主持人（乙）：追着童年的色彩，我们憧憬美好的未来。

主持人（甲）：六月是一个奇妙又富有生气的日子。

主持人（乙）：六月是一个稚气又充满快乐的夏天。

主持人（甲）：在这里，我们畅想未来，共同书写童年日记。

主持人（乙）：在这里，我们携手并肩，共同画下美好明天。

主持人（合）：下面我们宣布××小学庆六一文艺汇演，正式开始！

家长会开场白

尊敬的家长朋友们：

大家下午好！非常感谢大家在百忙之中能够来到学校，也感谢各位一直以来对学校工作的支持与厚爱！你们的到来，就是对学校工作的大力支持和密切配合，是对学校老师努力做好本职工作的鼓励和鞭策，是对孩子全面关心的具体表现。希望您能借此机会了解学校的发展状况，也了解自己孩子在学校的表现情况。

在家长会开始之前，我恳请各位家长将电话置于静音或关机状态，不要在教室内随意走动和高声谈论，由此给各位家长带来的不便，敬请谅解。

皇甫老师

皇甫老师，要想做一名厉害的、让人羡慕的主持人还真不容易，一个开场白就能看出谁是优秀的主持人。

是啊，你这几份开场白就写得挺不错的。像儿童节那一份，巧妙地结合活动举办的时间、地点来撰写开场白，不仅潜移默化地宣传了这一节日，而且很好地展现了主持人的风采。

看来，我得大胆去争取了。

当然，这三份我都留存在学校的资料库了，期待在舞台上看到你的身影。

SHOW，SHOW，

来一场辩论赛

来回对拉，看谁先落下，

挥拍一击，急速掉落，

我的杀球你能接住吗？

直拍、横拍、削球……

你攻我守展开激烈角逐！

乒乓球，被称为中国的“国球”，作为一项集身体协调、技术巧妙、战术高明的运动，一直以来都在世界范围内受到热烈的追捧。乒乓对决，不仅是挥动球拍的比拼，更是一场身心的高强度挑战。在乒乓的世界中，运动员通过挥拍间的智慧，以及身体的协调与耐力，展开一场场激烈的对决。

乒乓球比赛看似简单，没有直接的身体对抗，但对运动员有着很高的要求，而且乒乓球的每一个动作实际上都蕴含着高深的技巧，主要包括进攻、防守两大类型。乒乓之道，亦是攻与防、控制与反控制的辩证统一。没有绝对的进攻，也没有绝对的防守，在不同的时机，攻防之技的作用可能刚好相反。

攻防之道同样适用于辩论赛。在辩论赛中，辩论双方都会围绕一个论点的正面与反面展开辩论，这其实就是进攻防守，通俗来讲，就是见招拆招。对方针对另一方所描述的观点来反驳便是有效防御，而进攻就是要打破对方的观点与立场，从对方的话语中找漏洞，进行突破。

1 不打无准备之仗

校公众号发布了学校即将举办辩论赛的通知，招募辩论手的消息不胫而走，小泡芙鼓起勇气报名参加，又担心自己经验不足，看到辩题后第一时间求助了皇甫老师。

孙悟空是不是好的合作者？

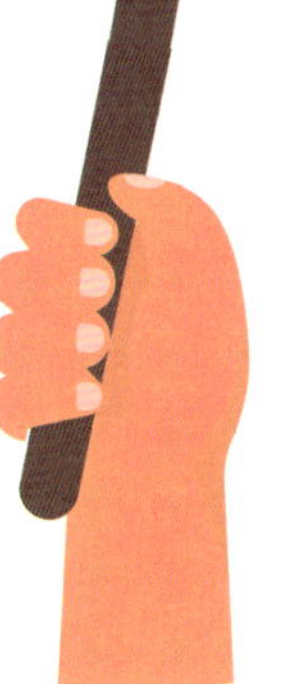

要想参加辩论赛，在辩论场上唇枪舌剑，得做足功课才行。辩论赛开始之前要做好充分的准备，如准备辩论可能用到的材料，练习辩论时的语言、手势等，这需要花费不少时间和精力。正所谓，不打无准备之仗，赛前准备是赢得一场辩论赛的关键。

一、知己：寻找论题分歧

在讨论论题的时候不能只想自己这方的观点，还要研究双方对论题可能存在的冲突，即在准备中寻找论题存在的不同角度，我们也称其为辩论分歧。

有的题目在理论上就有分歧，有的题目看似读得很通顺，在价值观上却存在冲突。这时候，辩手就要提前准备应对之法。针对可能存在的分歧提前做好准备，所有队员统一口径，在比赛时按照准备好的内容去跟对方辩友交流，运用不同的反驳方法，有备无患，将比赛走势掌握在自己的手里，从而赢得比赛的胜利。

小泡芙在行动一：和队友聚头，资料分类。

作为“孙悟空，是不是好的合作者”的正方，小泡芙和队友们讨论发现，双方的分歧在于：孙悟空神通广大，但这是否就表明他能很好地融入取经团队？针对此分歧，正方队员收集了力证孙悟空是好的合作者的各项资料，并从几个方面梳理资料，筛选有效资料，同时也考虑反方可能从哪些角度来反驳我方的说法，团队也准备好应对之策。

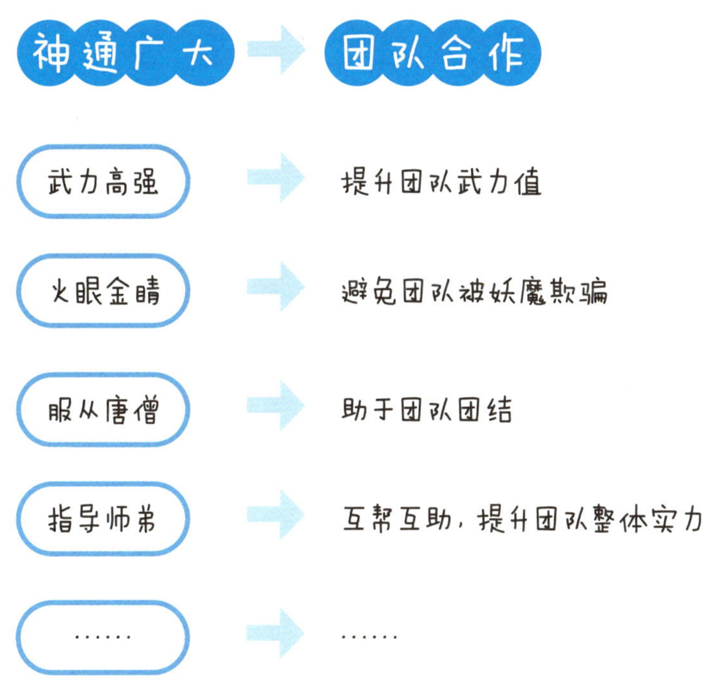

二、知彼：掌握对手弱点

“草船借箭”是我国古典名著《三国演义》中赤壁之战的一个故事。借箭由周瑜故意提出，要求限十天内造十万支箭。机智的诸葛亮一眼识破是一条害人之计，却淡定表示“只需要三天”。原来，除了天时地利，诸葛亮还对曹军的心理和行动有着深刻的了解，他知道曹操疑心重，思虑颇多，所以在大雾天利用草船靠近曹营，制造攻击的假象，成功引诱曹军放箭。

可见，了解对手的性格、习惯和弱点至关重要，这在辩论对抗赛中也是一样的，仅仅知己，远远不够，知己知彼，方能百战不殆。

小泡芙在行动二：和队友分头，刺探敌情。

既然已经知道敌方的策略，小泡芙所在的正方就针对上述证据——准备好反驳的理由，比如孙悟空虽然会“嘲笑猪八戒，看似不尊重他”，但是每次关键时刻，孙悟空依旧会奋不顾身地去救队员，而且会教他们如何保护师傅，在团队中较好地履行着“大师兄”的角色，承担着应有的责任，这怎么不算是好的合作者呢?

小泡芙的辩论预案

针对此辩题，我们作为正方，可以从以下几个方面来讨论。

1. 孙悟空的能力

孙悟空是一个有着超凡能力的神话人物，他拥有强大的力量，可以帮助他的成员解决各种问题，团队急需他这样的人才。

2. 孙悟空的性格

孙悟空有着勇敢、坚强、正直的性格，他不会被诱惑，不会误入歧路。

3. 孙悟空的经验

孙悟空有着丰富的斗妖经验，他可以帮助团队成员们解决各种问题，并且能够提供有效的建议。

4. 孙悟空的责任心

孙悟空有着强烈的责任心，他会尽最大的努力去解决一切难题。

综上所述，孙悟空是一个很好的合作者，他有着超凡的能力、正直的性格、丰富的经验和强烈的责任心，可以帮助他的伙伴们解决各种问题。

要想让孙悟空成为一个更好的合作者，我们还可以做的是：

第一，培养孙悟空的沟通能力，让他更好地与伙伴沟通；

第二，培养孙悟空的共情能力，让他更好地感受他人的喜怒哀乐；

第三，培养孙悟空的创新能力，让他更好地提出有效的解决方案；

第四，培养孙悟空的思考能力，让他利用更妥善的方法去面对刁蛮的妖魔。

2 兵来将挡 水来土掩

小泡芙

一个星期的成果——辩论赛的赛前材料，不服来战！

1天前

♡ 皇甫老师 小土豆 小叶子

小土豆：看来你准备的挺认真的，要加油哦，小泡芙，我看好你！

小西兰花：可以来一次模拟赛，练习一下语言组织能力，训练一下讲话的速度。

小叶子：泡芙泡芙，期待你的精彩表现，拿个“最佳辩手”回来！

皇甫老师：努力值得肯定，对了，辩论词卡准备好了吗？

小泡芙回复皇甫老师：老师，请问什么是词卡，是不是类似主持人手里拿的那种？

对于辩论经验不足的新辩手来说，提示词卡是辅助自己在场上顺畅且快速输出的重要工具。这一点，统编版六年级下册第五单元的口语交际也给我们指点了方向。

辩论前，要作充分的准备

◇ 有针对性地搜集材料。既要搜集能证明自己观点的材料，也要搜集能反驳对方观点的材料。

◇ 选择的事例要有说服力。可以引用名人名言。

◇ 根据观点对材料进行梳理、归纳。如果材料很多，可以把要点记在卡片上。

事先做好“小抄”，那在场上可不就是“兵来将挡，水来土掩”，还担心应付不了敌情吗！那么，如何制作辩论词卡呢？

一、缩繁为简

团队成员前期准备的材料肯定是庞大而繁杂的，就像乒乓球的教练，也会为选手收集赛前信息，但是选手不可能把所有的资料全部带上赛场，这就需要选手进行筛选并用自己的方式消化。比如，将材料分类整理，归纳成关键词或者短语，在小卡片上写下这些重要的词语就是一种有效的提示方法。

武力高强	七十二变	火眼金睛	筋斗云
勇敢机智	识破诡计	善用技巧	只身犯险
服从唐僧	关心师傅	听从安排	多次救险

二、事例+名言

词卡上除了写围绕论题的关键词，具体事例是必不可少的。这些鲜活的事例主要用来力证我方的论题，如果事先记录一些符合事例的名人名言，会使发言更有说服力。在一般情况下，名言不能算作论证，但由于在辩论时，双方会存在一些价值冲突，这时候的名人名言就变成了对这些价值的维护。

每个人都有自己的特点，没有一样的两个人，大家合在一起，就成了相互交织在一起的群英谱。

——富尔曼诺夫

在原著第四十四至四十六回中，师徒四人经过车迟国，悟空、八戒、沙僧合力去三清观三清殿偷供品，戏耍了虎力大仙、鹿力大仙、羊力大仙。同心协力的唐僧师徒消灭了三个妖怪。

三、听捕漏洞

词卡还有另一种重要的作用，就是记录对方辩手发言中的漏洞。尤其是在“自由辩论”时间，双方是交替发言，由于时间有限，每位发言人的讲话语速较快，内容很精练，就这要求我方一定要认真倾听，并在极短的时间内制定反驳的策略。在听的过程中，手中的笔就可以将对方陈述中的漏洞关键词写在词卡上，并迅速想出相对应的进攻策略。

反方发言漏洞	孙悟空只是受制于紧箍咒，根本不服从团队
↓	
我方举例，并记录关键词：三打白骨精	举例“三打白骨精”中，孙悟空跑回花果山，唐僧并未用紧箍咒控制他，但是他听到猪八戒的求救信息，还是不计前嫌地救了唐僧和沙僧
↓	
我方反驳重点	事出有因　善良忠诚

来看看小泡芙作为一辩选手和小土豆作为四辩选手的词卡吧！

小泡芙的词卡

孙悟空是不是好的合作者？

1. 武力高强：七十二变，火眼金睛，筋斗云，金箍棒。

2. 聪明机智：狮驼岭，进青狮精肚子，出来前用金箍棒探路。

3. 忠心耿耿：被唐僧冤枉不报复还认错，猪八戒说散伙就生气。

4. 顽强不屈：红孩儿三昧真火烧，铁扇公主的芭蕉扇扇，黄风怪风沙迷了眼。

5. 正直善良：对妖怪绝不手软（三打白骨精等），对百姓爱护有加，主动帮忙（高老庄、女儿国）。

6. 人际关系：熟悉各路神仙、各地土地神。

小土豆的词卡 1

对方漏洞	应对策略
不听团队意见	1. 借助火眼金睛确信自己是对的； 2. 性格率真，敢于提出意见
不尊重队友	1. 有一种朋友叫诤友，助其成长； 2. 确定前方难度不大，知道猪八戒可以应付（豹子精）
受紧箍咒制约	害怕紧箍咒是事实，可就是冒着被念紧箍咒的风险也坚持自己的判断，则表示其在真理面前不低头

小土豆的词卡 2

一个伟大的团队最重要的作用是让其平凡的队员创造出不平凡的业绩。“篮球之神”迈克尔乔丹曾说过，一名伟大的球星最突出的能力就是让周围的队友变得更好更强大。我方认为一名伟大的合作者也是如此，而孙悟空就是这样的合作者！

1. 智慧与勇气；

2. 沟通能力；

3. 在团队中的成长；

4. 个人能力。

我方再次强调，孙悟空凭借其智慧、勇气、沟通能力、团队合作精神和自我管理能力，无疑是一个非常出色的合作者。他不仅能与伙伴们共同完成任务，还能确保合作效果达到最佳。

3 舌灿莲花，风度翩翩

小泡芙，你们队的辩论卡准备得很充分了，现在就看你们场上的表现了。虽然赛场瞬息万变，一切皆有可能，但有些辩论技巧还是有章可循的。就像乒乓球赛场，虽然搏杀时主要依赖选手的能力发挥，但基本的打法是固定的，我们就可以从这里“作文章”。规范发言是一场辩论赛的基础，辩手的演讲口才、形象风度在规范发言中得以充分体现。

一、舌灿莲花

六年级下册的口语交际中就透露了一些基本的辩论技巧。

辩论时，既要证明自己，又要反驳别人

◇ 我方陈述时，要充分利用时间，清晰表达自己的观点。

◇ 对方陈述时，要注意倾听，抓住对方的漏洞。

◇ 自由辩论时，进一步强调我方观点，并针对对方观点进行有效的反驳。

（一）弱→优

抓住能转化的关键不放，见机而行，抓住各自观点的两面，转害为利，转败为胜。

比如：

反方指出“孙悟空不听指令，个性散漫，不能很好地与团队合作”。

这看似是孙悟空的致命弱点，其实也是他的优势。

我方可以顺着这点说：“我不否认这的确是孙悟空的特点，但正因为他的这种灵活，才多次识破妖怪的陷阱，要是每个人像都沙僧一样唯命是从，那团队早就全军覆没了。”

（二）正→误

当对方提出的观点并不是完全错的，而是正误混杂，我们便可以求同存异，先不急着全面反击，而是先肯定对方论点中正确的部分，再抓住其错误的地方加以剖析，在有效的剖析之中弄清问题的缘由。

比如：

反方指出："孙悟空西天取经完全是被逼的，之前是被如来佛祖逼迫，后来是受制于紧箍咒，他心不甘情不愿，怎么会融入团队呢？"

孙悟空前期被逼与受制于紧箍咒没错，但在相处中他已然改变。

我方可陈述："前期的孙悟空的确如你所说，这点我方认可，但是，随着与师傅、师弟的共患难，他早已被感化，可以从他即使多次被误会，依旧回头救师傅于水火中便可看出。"

（三）利→害

在辩论中，争辩的核心问题往往是事物的利与害、得与失的问题。我们可以针对对方的不同观点，晓以利害，让对方在权衡利害关系后，放弃其错误主张。

比如：

反方立场是孙悟空在团队中常任性妄为，不配合。我方可以多次从孙悟空为团队、为唐僧做的事情进行论述，摆事例、讲事实，避开“合作者只考虑和队员之间的相处关系”，着重强调在团队中的作用，为团队作的贡献。让反方明晰要害：“困难重重的取经道理上，若没有孙悟空的合作，团队是否能顺利到达？”

辩论无处不在，有时可以解决日常生活中的问题，有时可以拯救国家、扭转局势。例如，《三国演义》第四十三回《诸葛亮舌战群儒，鲁子敬力排众议》中的那场辩论，我们一起来欣赏他的辩论技巧。

开场白	鲁肃回报孙权，孙权安排第二天召集文武于帐下，请卧龙先生来，升堂议事。第二天，鲁肃到驿馆接孔明同往孙权大帐中。孔明只见张昭、顾雍等一班二十多位文武官员，峨冠博带，整衣端坐。孔明一一见礼，之后在客位上落座。	
第一场辩论	诸葛亮与张昭（先捧后摔）	张昭：你自誉为管仲、乐毅，有没有这回事。 诸葛亮：有，这是平常自娱自乐。 张昭：听说，刘备得到了你，如鱼得水，还想席卷荆州、襄阳。如今，这些地方都是曹操的，你如何解释？ 诸葛亮：我主公，因不忍心夺取刘氏基业，否则早就拿下荆州，也就没刘琮什么事了，曹操来了也没用。 张昭：刘备败走新野、樊城、当阳，来到夏口，差点没了容身之地。但是，刘备此前还能横纵天下，你来了之后，屡战屡败，管仲、乐毅就是这水平吗？ 诸葛亮：我主公兵力不多，将领就关羽、张飞、赵云，却能在博望、白河击败曹军，夏侯惇、曹仁狼狈而逃。管仲、乐毅用兵，也不过如此吧。
第二场辩论	诸葛亮与虞翻（讲境界，强调客观条件）	虞翻道：如今曹公屯兵百万，列将千名，虎视眈眈要踏平、吞食江夏，先生认为该怎么办呢？ 孔明道：曹操收并了袁绍蚁聚之兵，劫刘表乌合之众，虽然百万之军，也没什么可怕。 虞翻一听冷笑道：你们军败于当阳，计穷于夏口，区区求救于人，还说“不怕”，这可真是大言不惭啊！ 孔明道：刘备不是只靠几千仁义之师，就能抵抗百万残暴之众的吗？退守夏口是为了等待更好的时机。而如今，你们江东兵精粮足，且凭借有长江之天险，有的人却还想要主公孙权屈膝投降曹贼，而竟不顾天下人的耻笑。
第三场辩论	诸葛亮与步骘（讲事实，抓住对方错误）	步骘道：孔明先生难道想效法张仪和苏秦来游说我们东吴吗？ 孔明回敬道：步子山先生以为张仪、苏秦是辩士，却大概还不知道他二人也是豪杰吧。苏秦佩挂六国相印，张仪两次为秦国宰相，都是匡扶国家的谋士，可不是那些畏强欺弱、怕刀怕枪的人所能比的。君等只听曹操虚发的假诈之词，就吓得想去投降，竟好意思在这里笑话苏秦和张仪吗？

续表

第四场辩论	诸葛亮与薛综（讲事实，比实力）	薛综问：你觉得曹操是怎样一个人？ 诸葛亮答道：曹操是汉贼（因为他挟天子以令诸侯），有什么可问的呢？ 薛综说：先生这话说的不对，汉朝到今日，已经没有希望了。曹操已经得到三分之二的江山，又得人心。刘备看不清局势，非要跟曹操争天下，就跟拿鸡蛋撞石头一样，怎么不会败？ 诸葛亮厉声说：薛综，你怎么会说出那么大逆不道的话？人出生在这个世界上，应该以忠诚孝顺为本。你既为汉朝官员，看见不忠诚的人，应该发誓和我们一起除掉他。这才是臣子应该做的！现在曹操吃汉朝的粮饷，但是一点都不想着报效祖国，反而有篡位的想法，天下人都为此愤怒。你说汉朝没救了，你真是个混蛋（无父无君就是骂人的）！你没有资格跟我说话！请勿再跟我说话！ 薛综满脸羞愧，不能回答。
第五场辩论	诸葛亮与陆绩（反讽；否定论据以驳观点；类比）	陆绩问：曹操虽然挟天子以令诸侯，却是汉朝相国曹参的后人。刘豫州虽然自称是中山靖王的苗裔，却没有地方稽考。一个织席贩屦的走夫怎么能够来和曹操抗衡？ 诸葛亮笑着说：你难道就是袁术座席间的怀桔陆郎吗？请你先稍微坐一坐，听我说，曹操既然是曹相国之后，就应该世代作为汉臣，现在却专权肆横，欺凌君父，这不但是目中无君，也是污蔑祖宗，不但是汉室的乱臣，也是曹氏中的贼子。刘豫州是堂堂帝胄，这是当今皇帝按谱赐爵，哪里说是没有地方稽考？况且高祖皇帝出身亭长，却最终拥有了天下。织席贩屦又有什么可耻的？你是小儿的见解，配不上和我们这些高士共同谈话！
第六场辩论	诸葛亮和严峻（揭悖反驳法）	严峻大叫：诸葛先生说的都是强词夺理，都不是正常理论，不要再多说了。我想问一下，诸葛先生治过什么经典？ 诸葛亮说：寻章摘句是世上的腐儒做的，怎么能够安邦兴业？古代大贤伊尹，垂钓渭河的姜子牙，以及张良、陈平等，都有国扶宇宙的才干，也没有看到他们一生治过什么经典啊。相反那些书呆子们，只知道在笔砚之上数黑论黄，舞文弄墨，他们又能知道什么军国大计？

续表

第七场辩论	诸葛亮和程德枢（追加前提；举例说明）	程德枢大声说道：你好说大话，我看未必有真才实学，说出来恐怕被儒者笑话。 诸葛亮答道：儒者有君子之儒和小人之儒的区别。君子之儒忠君爱国，守正恶邪，想尽办法使他能够恩泽当时，美名留芳于后世。而那小人之儒专攻雕虫小技，翰墨之间青春作赋，把经卷读烂到头发花白。下笔虽然有千言，却是胸中没有一策。现代的就像那杨雄以文章著世，却屈身侍奉王莽，最终落得跳楼而死，这就是小人之儒。像杨雄这样的即使一天写上一万言，又有什么用处！

诸葛亮用了哪些辩论技巧？

1. 坚持基本立场不变。例如，刘备是皇叔，曹操是贼子；刘军是仁义之师，曹军是乌合之众。

2. 引经据典。用典故作为事实论据，来立论，如伊尹、苏秦、张仪、田横、韩信、刘邦等。

3. 强调事实，如客观条件、实力等。当事实对自己有利时，强调事实，如刘备的几次胜仗、刘备是皇叔等。

4. 善于反讽，揭别人短。如虞翻曾在王朗帐下劝说其主投降曹操等。

5. 抓漏洞，否定论据以反驳对方的观点。如曹操名为“曹相国之后”，实为“曹氏之贼子”等。

6. 揭悖反驳，揭露矛盾之处去反驳观点。例如，“刘豫州虽云中山靖王苗裔，却无可查考”的说法与“刘豫州堂堂帝胄，当今皇帝，按谱赐爵”

的事实相悖谬，驳斥了刘备出身低微的说法。又如，严峻的言论与古代豪杰匡扶宇宙却未曾治何经典的客观实际之间存有的悖谬。

7. 追加前提。例如，抓住“儒”字，将之分成“君子之儒”和“小人之儒”而分别阐释，着重讥刺“小人之儒”的所谓“实学”不过是“雕虫”“翰墨”之技。

二、风度翩翩

辩论赛是一场考验思维能力、语言组织等能力的综合竞赛，如果能在激烈的辩论中，依旧保持风度、不失礼仪，也会为我们的表现加分。

（一）说的语言

辩手经过准备之后，对辩题的理解往往比评委深刻，这时就要深入浅出，发言时要避免使用专用术语，此外要多使用比喻、举例、排比等手法。如果能在发言中以幽默的语言引起观众的笑声和掌声，会对评委产生较大影响，这一点同样适用于自由辩论。

（二）摆的手势

辩论中的手势分为单势、复势，双手的活动区域多在双肩和腰。手势幅度越大，表达的感情越强烈。一般复势比单势表达的效果要更强烈，但使用较少。不过，过多地使用手势也会干扰听众的视线。最后，要注意势必达意，不能与个人的辩风相矛盾。比如，一位气势如虹的辩手，绝不能采用扭捏的手势；一段慷慨的辩词不能用柔和手势做辅助。

（三）笑的表情

表情是心态的反应，可以反映出对辩友的尊重，也可以展示自己的风度。微笑的面容，让人联想到的是真诚、平和地探讨问题。训练时可观看自己场上的录像，或对着镜子反复揣摩。平静、从容的表情，也会为队友又增添一分信心。

辩论时，既要证明自己，又要听出别人讲话中的矛盾或漏洞，抓住漏洞进行反驳，还要注意用语文明、赛场风度。你看，辩论赛有这么多技巧，这么多“法宝”，小泡芙，你可得带上场并恰当运用啊！

有的辩手面带微笑，善于娓娓道来，温文尔雅，如吹面杨柳；有的辩手活泼灵巧，也不妨偶尔眉头微蹙，流露满脸疑惑；等等。因此，在风度礼仪训练中应根据自身特点进行，不能用同一标准衡量。辩场上风格多样，百花齐放，才能体现辩论的美感。像小泡芙一样，去尝试多种风格的辩论练习，让自己变得更加闪亮吧！

BIAN，BIAN，

当个新闻人过把瘾

嗨，小朋友！新闻人是一群非常特别的人哦！他们每天都在忙碌地收集、整理和传递各种各样的信息，让我们可以了解世界上发生的事情。

新闻人，他们就像一群勇敢的探险家，穿梭在信息的丛林中，寻找着那些能够揭示世界真相的宝藏。他们又像敏锐的侦探，细心地搜集线索，分析数据，挖掘出隐藏在背后的故事。他们要及时、准确地报道新闻，还要让新闻变得有趣易懂，让我们小朋友也能听懂。他们有时候会去很远的地方采访，有时候要熬夜写稿子，真的很辛苦呢！

新闻人还像一面镜子，反映出社会的百态，让大家看到世界的真实面貌。他们让我们知道了很多有趣的故事，比如哪里发生了地震，哪个国家有了新发明，谁获得了世界冠军，等等。这些信息让我们可以更加了解这个世界，增长我们的知识。他们又像一盏明灯，照亮前行的道路，引导人们走向更加美好的未来。

所以，小朋友，新闻人是一群非常了不起的人哦！他们用自己的努力和智慧，让我们可以更加了解这个世界，我们要尊重他们的工作，感谢他们为我们带来的新闻哦！

小朋友们，你们见过这些新闻人吗？

1. 文字记者：擅长用文字来讲述新闻故事，把发生的事情描绘得栩栩如生。在报纸或者新闻网站上可以看到他们写的文章哦！

2. 摄影记者：就是用相机捕捉新闻现场的画面，让我们可以直观地了解发生的事情。

3. 广播记者：用声音来传递新闻，就像讲故事给我们听一样。通过收音机或者手机，我们可以听到这样的声音。

4. 电视记者：不仅用摄像机拍摄新闻，还会在电视上和我们分享他们的报道。我们可以一边看画面一边听他们解说，就像看电视剧一样有趣。

5. 网络记者：主要在网络上发布新闻，让我们可以随时随地通过手机或电脑看到最新的消息。

…………

1 “小小新闻发言人”招募啦

小小新闻发言人招募令

亲爱的小伙伴们：

感谢你们一直以来对校园新闻的关注与支持！为了给大家带来更多有趣的、有深度的内容，校园新闻社决定纳新人。在此，我们诚挚地邀请你加入校园新闻发言人这个队伍，共同打造精彩纷呈的作品。

招募对象：全体学生

招募时间：2024年5月10日

招募地点：少先队广播室

招募要求：1. 具有良好的思想道德品质；2. 有扎实的文化和良好的口才；3. 爱好写作，吃苦耐劳；4. 自信大胆，交际能力强或想挑战自己与人交际的同学。

有意者在5月15日前投一篇新闻稿到广播室，我们将选拔10名小小新闻发言人，欢迎大家踊跃报名。

××小学红领巾广播站

2024年4月25日

“小小新闻发言人”招募啦！我想试试，挑战自己，去捕捉新闻，发布新闻。

敢于挑战自己，很棒！那我们首先要了解新闻，来，小泡芙，我们一起去看新闻，听新闻，发现新闻的特点。

小泡芙的行动一　看新闻联播

从1月10日起，我国许多城市就出现了大规模雾霾天气。灰蒙蒙的烟雾与灰尘布满天空，严重时能见度不足10米。1月29日，雾霾天气再次袭击北京，并迟迟不散，路人都选择戴着口罩出门，在街上形成了“口罩style”的奇观。医院里，支气管炎患者急剧增加，人们深受大雾的危害。那么这次气象灾害的始作俑者是谁呢？答案却是人类自己。据专家介绍，机动车、采暖、餐饮油烟超过了北京雾霾成因的50%，在人类各种不恰当的行为下，这场灾祸才能出现，

时间　地点

人物

起因

且持续如此长的时间。在北京连续遭到 4 次雾霾袭击后，1 月 31 日，受冷空气影响，雾霾已渐渐散去。2 月 1 日，天津出现了多日未见的晴天，让人压抑的心情也随之好转。其实，人与自然和谐共处的结果是双赢，地球能得到保护，人类也能生存得更好。让我们用行动证明这一点吧。

经过

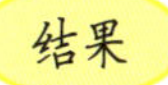

看了央视新闻的发言人，我发现要想当好一个新闻发言人需要三个要素。

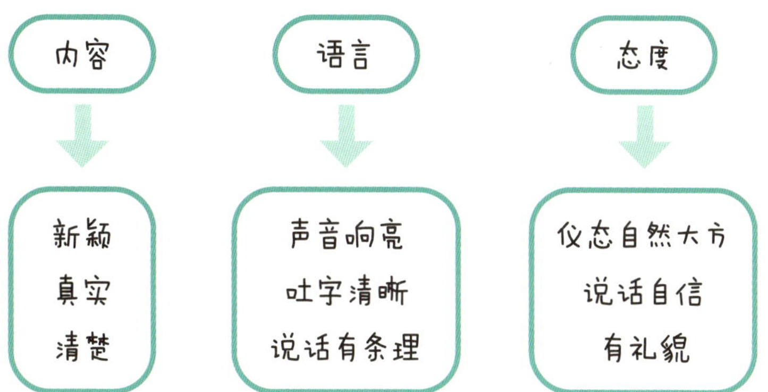

一则新闻包括时间、地点、人物、起因、经过、结果六要素，语言平实简洁，文字不多，内容丰富。

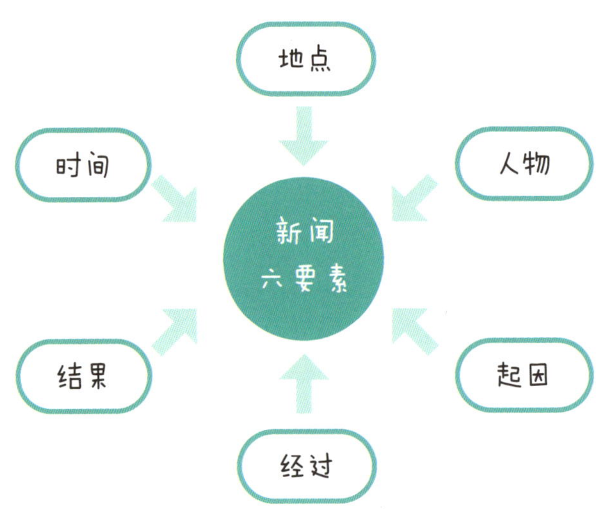

小泡芙行动二　试写一篇新闻发言稿

泡芙习作

××小学开展预防近视讲座

3月22日下午，我校组织三年级学生在学校报告厅集合，向师生进行了防控近视的讲座。在讲座中，向学生讲述了防控近视的重要性，如何有效预防，展示了保护眼睛的各类图片，讲述了一些保护眼睛的小窍门。通过这次的宣传教育活动，同学们认识到预防近视的重要性，增强了防控意识。

时间　地点

人物　起因

经过

结果

跟着小泡芙一起行动

@所有人 快来跟小泡芙一起，写一写近期学校的新鲜事，写一则新闻发言稿。

2 小小记者采风记

哇，小小记者校园采风活动开始啦！

记者真是一个很有意义的职业呢！可以通过采访和报道，写成新闻稿，将各种信息和故事传递给大家，让大家了解各种信息和事件，非常有意义！

记者们有着一双敏锐的眼睛，时刻观察着周边世界的动态；手握一支快速的笔，记录下每一个重要的瞬间。记者的文字承载着事实，传播着真相，不仅是信息的传递者，更是社会的见证者和思考者。

怎么采风呢？小泡芙开始行动啦！

瞧，小泡芙带上了一些特别的工具，是为了更好地收集信息和报道新闻哦！

工具一：相机，用来拍摄照片，记录下重要的瞬间和场景。

工具二：录音设备（录音笔或手机），用来录下人们的对话和声音，避免遗漏重要信息。

工具三：笔记本和笔，用来写下看到和听到的事情。这些笔记可以帮助我们更好地整理信息，并写出有趣的报道。

最后，小泡芙还带上一个背包，里面装满了需要的物品，比如电池、备用相机镜头等，以备不时之需。

一切准备就绪，小泡芙走到校园的各个角落去采风啦！

作为一个小记者，怎么才能捕捉到新闻呢？

记者们是如何捕捉到新闻的呢？这可真是一个好问题！

记者采风就像是一个神奇的探险家寻找各种各样的故事。他们要看、听、闻、尝、摸，用各种各样的方式感受身边的一切。就像去公园玩，你会看到美丽的花朵，听到鸟儿的歌声，闻到清新的空气，尝到甜甜的冰淇淋，摸到光滑的滑梯。记者也是这样，他们要用眼睛去发现美丽的景色，用耳朵去聆听人们的声音，用鼻子去嗅出特殊的气味，用嘴巴去品尝美食，用手去触摸那些有趣的东西。

1. 需要一双敏锐的眼睛和一颗好奇的心

时刻留意身边发生的事情，无论大小，都要认真观察。就像在玩耍时，突然看到一只漂亮的蝴蝶飞过，我们会好奇地追上去看一样。

2. 要主动和人交流

想好想问的问题，主动走上前，有礼貌地交谈，询问他们的经历和想法。比如，在学校门口，记者会和小朋友们聊天，听听他们对新学期的期待，或者听听他们对学校生活不同的声音。

3. 各种途径获取信息

比如看电视、听广播、读报纸或者上网浏览新闻，关注时事热点，了解社会的最新动态。

4. 筛选和整理

还需要对捕捉到的信息进行筛选和整理，选择最有价值的部分，就像是大侦探一样，从众多的线索中找出真相。

最后，小记者要能把新闻写成报道，通过校园电视、广播等方式分享给大家，这样大家才能收获不同新鲜事。

啊，我明白了，我现在就是小记者侦探。

【泡芙采风】

2023 年 12 月 26 日

捕捉一：学校四年级组在操场上开展了篮球比赛，很精彩！

捕捉二：中午，同学们在食堂用完餐，卫生打扫十分及时、干净。

捕捉三：学校突然停水了。

捕捉四：学校图书室迎来三年级同学借书阅读“潮”。

捕捉五：听保安叔叔说，校长值日时收到了一封感谢信，据说是一年级 4 班有一位同学拾金不昧，捡到 7000 多元钱，及时归还失主。

……

【泡芙分析】

篮球比赛和拾金不昧的故事比较有价值，在校园里看到篮球比赛的机会多，而且第二天还将继续进行；而拾金不昧的故事，在校园中捡到一元十元也是常有，但捡到 7000 多元的是第一次，而且还有表扬信，值得大力宣传。

对比之后，泡芙决定探秘拾金不昧的故事。事不宜迟，马上行动，因为新闻具有时效性。

【泡芙探秘】

小泡芙走进学校德育处，希望寻求帮助，了解背后故事。德育处很给力，马上有了行动方案。

“走近拾金不昧学子——周某某”方案

活动背景	学府小学正在评选拾金不昧好少年，树立道德好榜样
活动内容	学校小小新闻发言人采访一年级 4 班周同学，通过微信公众号、红领巾广播站进行表彰，颁发校园拾金不昧礼仪学子奖杯
活动目的	通过采访周同学，提供一次面对面相互交流的机会，让同学们更了解这个事件，找到榜样和动力，感受拾金不昧精神，激发同学们学习的动力

小泡芙准备好一切，走进一年级办公室，与 4 班班主任沟通后开始采访周同学。

（采访前该怎么办？怎么记录采访内容？在《稻花乡里说丰年》一书已有介绍，同学们可以再去阅读，这里不作补充）

泡芙小记者的问题清单

你能简单说一说当时的情况吗？

你打开红包，看到 7600 元的心情是怎么样的？

没有人看见，你为什么要还呢？

如果再遇到类似的情况你还会这样做吗？

你想对同学们说些什么？

小泡芙记者采访的过程

小泡芙（微笑）：周同学，你太了不起了，捡到了 7600 元钱并及时归还失主，你能简单说一说当时的情况吗？

周同学：我和爸爸在银泰城吃饭，捡到了一个红包，打开后发现有很多钱？

小泡芙：你打开红包，看到那么多钱的心情是怎么样的？

周同学：开始很高兴，后来一想，是谁掉的，肯定很着急。

小泡芙：听说当时没有人看见，你为什么要还呢？

周同学（摸摸脑袋）：这不是我的钱，我就觉得要还给别人。

小泡芙：如果再遇到类似的情况你还会这样做吗？

周同学：我会的。

小泡芙：你想对同学们说些什么？

周同学：捡到东西要还给别人，这才是好孩子。

【泡芙写稿】

小泡芙同时采访了一年级 4 班的班主任，了解了故事的前因后果。还到校长室阅读了感谢信，结合采访录，整理完成了采访稿。

拾金不昧暖人心

——记 ×× 小学一（4）班周某某同学拾金不昧事迹

这个礼拜，×× 小学的邮箱收到了一封感谢信。原来是一（4）班周某某同学的善意之举，温暖了“寒冬”。

2023 年 12 月 23 日傍晚，周同学和爸爸在银泰城吃饭时捡到一个红包，周同学发现里面有厚厚的一沓钱——7600 元。虽然周围没有人看到，但他依然拾金不昧，如数归还。

失主取回红包后非常感动，遂向学校发来了感谢信。信中激动地写道：“感谢 ×× 小学全体老师培养如此优秀的学生，也感谢周某某的父母培养了这么优秀的儿子。本人的感激之情无以言表。周同学身上拾金不昧的精神非常值得我们大家学习！”

拾金不昧是中华民族的传统美德，是一个人高尚道德情操的崇高表现。希望通过对周同学这种高尚品行的表彰和宣传，能够鼓励每位孩子都向他学习，成为新时代好少年！

访谈时的记录也很重要，我查找资料后总结了三种访谈活动记录的方法。

笔记

关于周同学的故事过程记录在本子上，有些记关键词，比如时间、地点、金钱数；有些记关键句，比如访谈时很多话要选择重要的句子记。

心记

小泡芙采访时，将材料强记心中，这在心理学上叫作“有意识记”。小泡芙提醒有些情况最好用心记，比如采访中的闲聊，受客观条件限制不便用笔和纸作记录的事情，采访对象不愿接受采访或不允许作文字笔录，等等。

音记

用录音笔记录所有对象的采访交谈。采访完及时倾听、分析和思考。

整理资料也是很有讲究的。

整理录音

整理录音是再次熟悉采访过程，熟悉材料和细节，小泡芙听后补充了很多重要信息。

确定主题

访谈结束后，小泡芙确定“记 ×× 小学一（4）班周某某拾金不昧事迹”的主题，这是非常重要的。这正是考验同学们的概括能力，要提炼一个最合适的主题。

写访谈录

整理成一问一答式的访谈录，厘清思路。

太棒了，小泡芙，你成长了！这是一次成功的新闻采风记。

跟着小泡芙一起行动

@爱好新闻采风的你　你的校园里哪些事值得报道，请你带上“小记者”的行头，去采风吧！记得写下你的采访稿哦！

3 新闻主播，用声音传递美好

红领巾广播站招募成员啦！

亲爱的府娃们，你喜欢朗诵吗？你喜欢播音吗？你是否畅想过，用声音传递美好，让自己动听的声音，回荡在校园的每一个角落？

“红领巾广播站”愿意为你提供这样一个展示自我的平台！期待你的加入！

栏目名称

一、生活快车（二年级）

1. 我是健康小卫士：播出一些关于学习方法、生活健康、垃圾分类等常识和生活小窍门，教大家防盗、防骗等技能。

2. 我是文明小府娃：日常行为规范细节教育、安全教育，提醒队员关注细节，养成良好的行为习惯。

二、文海拾贝（三年级）

1. 经典诵读汇：品读经典文学作品、名人故事、国学经典诵读，朗读优美的诗歌和美文，收集整理生活中耳熟能详的俗语、成语的来源和典故。

2. 校园小作家：展示各年级中队队员投稿的优秀作文。

三、童心向党（四年级）

1. 红领巾讲解员：播报推送革命英雄故事、讲好党史、聆听习爷爷的教导，为树立少年儿童从小学党史、听党话、跟党走的理想信念。

2. 红色歌曲欣赏：播放红色歌曲，使队员坚定理想信念，传承红色基因，激励队员争做新时代好少年。

四、校园风铃（五年级）

1. 新闻袋袋酷：传达国内外最新的时事新闻、上级的重要指示精神。

2. 校园新鲜事：报道近期学校活动中的新鲜事、少先队活动、赞扬校园生活的新面貌和新现象，指出校园不文明现象。

音频要求

1.MP3 格式，时长 10~15 分钟。

2. 录制的音频中要求加入配乐，录制环境无杂音的优先择取。（配乐符合文稿，音量适中）

3. 录制主题要求：二年级主题 1；三年级主题 2；四年级主题 3；五年级主题 4。

播报的开场词统一为：敬爱的辅导员，亲爱的队员们，大家好！这里是学府小学红领巾广播站——×× 栏目，我是今天的播音员，来自 ×× 中队的 ××。

小主播评选

广播站将评选出优秀作品进行校园广播，同时评选出优秀队员加入红领巾广播站成为一名光荣的“红领巾播音员”，学期末将获得“最美小主播”荣誉称号。

用声音传递温暖，总有属于你的光，落在你的身上，×× 小学红领巾广播站，静候佳音。

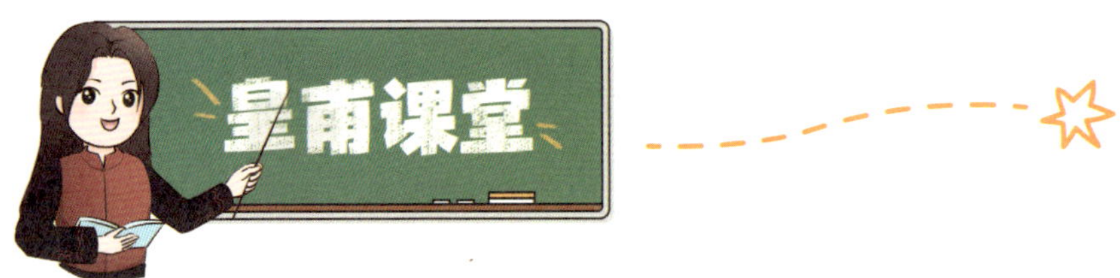

小朋友！新闻播音员就像是一个神奇的使者，用声音传递来自世界各地的最新消息。

所以，如果你有兴趣去参加红领巾广播站播音员的选拔，或者你想成为最美小主播，一定要认识到播音工作的重要性，练就一口流利的普通话，用清晰的声音和准确的表达传出真实可靠的信息。

播音时，建议穿着正式的服装，面对着镜头或麦克风，微笑表达，那么你从广播中传递出来的声音不仅是美妙的，而且是有文化的。

当然，一流的口才和播音才能不是一天练就的，需要每天坚持练习，将来才能成为一名出色的新闻播音员哦！

新闻播报评价表

评价项目	评价标准	评价等级
声音	1. 清晰 2. 悦耳	☆☆☆☆☆
口才与表达	1. 准确 2. 流畅	☆☆☆☆☆
播音技巧	1. 呼吸正确 2. 语调节奏合适	☆☆☆☆☆
心理素质	1. 冷静 2. 应对自如	☆☆☆☆☆
形象	1. 着装合适，坐姿或站姿端庄 2. 表情合适舒服	☆☆☆☆☆

你得了几颗星？没有获得星星的原因是什么？今后该怎么办呢？

没有清晰、悦耳的声音怎么办？

播音员的声音是传达信息的第一要素，所以要时刻保持嗓音的清晰和悦耳。可以尝试一些嗓音训练来锻炼自己的发音和语调，比如朗读诗歌、练习绕口令等。

没有良好的口才和表达能力怎么办？

播音员不仅要有丰富的知识储备，还要用流畅、准确的语言将信息传递给听众。可以多读书、多听新闻，提高自己的语言素养和表达能力。

没有对新闻敏锐的洞察力怎么办？

播音员要能够迅速捕捉新闻热点，准确理解事件背后的含义和影响。保持对新闻和时事的关注，不断学习和思考，提高自己的新闻素养。

没有专业的播音技巧怎么办？

播音技巧包括掌握正确的呼吸方法、发音技巧、语调控制等。可以通过参加专业的播音培训或向资深播音员请教，提升自己的播音水平。

没有良好的心理素质怎么办？

播音员在工作中可能遇到各种突发情况，比如节目临时调整、设备故障等。所以，要能够保持冷静、应对自如，具备抗压能力和应变能力。多参加这样训练和实战，练就面对困难的能力和素养。

孩子们，要想成为一名优秀的播音员，需要不断地学习和实践，提升自己的专业素养和综合能力。加油哦！为自己的梦想而努力奋斗吧！

跟着小泡芙一起行动

@有新闻播音员梦想的孩子们 请你对上面的新闻“拾金不昧暖人心——记××小学一(4)班周某某同学拾金不昧事迹”进行一次播报，用手机录下视频，并和爸爸妈妈一起对播报进行评价。

HAI，HAI，

“推荐”这件事

说起“推荐”，你最先想到的是什么？推荐一种美食，推荐一本书，推荐一部电影，推荐一种物品……可见，人与人交往时常会遇见“推荐”。

推荐像什么呢？当你面对琳琅满目的选择时，推荐就像是一个贴心的朋友，根据你的兴趣和需求，为你筛选出最适合你的选项；当你面对茫茫人海或信息海洋时，它就像一位热心的向导，根据你的要求，为你指引方向；当你面对黑暗，茫然无措时，推荐就像一盏明灯，照亮你前行的道路，帮助你找到那些可能被你忽略的宝藏……

因此，不要小看推荐的力量，它可能给我们带来诸多的惊喜和收获。推荐帮助我们提高效率，少走弯路；帮助我们与朋友保持友谊，连接人与人之间的共同点，让不同的文化和观念得以交流和碰撞。与朋友互相推荐喜好和体验，可以拓宽我们的视野，丰富我们的生活；还可以发现更多与自己志同道合的伙伴，共同探索更广阔的世界。

"推荐"会因为对象不同、场景不同而有所变化，推荐因人而异，因时而异，才能更好地满足大家的需要！

我遇到最多的就是推荐一本书，在《稻花香里说丰年》中已经遇见过了。那么我们的生活中还有哪些"推荐"呢？

1 推荐，跳蚤市场见

亲爱的同学们：

大家好！学校决定举办一场别开生面的跳蚤市场活动，这是一个充满乐趣和惊喜的交换平台，大家可以将自己不再需要的小物品拿出来进行交换或出售，可以是图书、玩具、文具……在这个小小的市场上，让我们的小物品成为他人喜欢的宝贝，也可以去寻找自己感兴趣的宝贝，体验交换或购买的乐趣。

请大家提前准备好自己想要交换的物品！活动时间：4 月 22 日。活动地点：学校小广场，学校会安排好每个班级的活动区域。

希望大家积极参与，让我们的跳蚤市场活动成为一次让人难忘的经历吧！

××小学

2024 年 4 月 3 日

群聊

班级跳蚤市场啊，那一定是非常热闹和有趣的！

在这样的活动中，每个同学都可以将自己的闲置物品拿出来进行交换或出售。这不仅能让大家清理掉不需要的东西，还能找到一些心仪的新物品，真是一举两得呢！

我们团队准备好要交换和出售的物品了，也清楚到哪个位置设置摊位，但是要怎样吸引其他同学来我们的摊位呢？怎么让其他同学知道我们的物品好呢？

这样的活动还能增进同学之间的友谊和合作精神。大家可以一起商量如何布置摊位、如何定价，甚至还可以一起制作宣传海报，吸引更多的人来交换或购买。

推荐的方式可以是书面推荐和口头推荐，跳蚤市场上用的推荐不能太长，最好一目了然，有吸引力，目的是让人喜欢。

书面推荐，我们就来设计一张推荐名片吧！

名片，又称卡片，中国古代称名刺，名片的内容通常包括姓名、职位或头衔、公司名称、联系方式、其他信息。它是新朋友互相认识、自我介绍的最快有效的方法。在人际交往和商业活动中，名片扮演着重要的角色。它不仅可以用作自我介绍，还可作为结交朋友的辅助工具。

我们可以学习名片的方式，给自己换购的物品制作推荐名片，制作一张高质量、具有个性化的名片，这对快速吸引别人来换购具有积极的意义。

推荐对象：________________

推荐理由：________________

____

推荐名片要说清推荐对象，即推荐的物品名称；还要说清推荐的理由，可以介绍其功能特点、使用方法、价格等方面。

推荐时：

1. 语言简洁明了，生动有趣。

2. 亮出鲜明特点或功能。

3. 可以结合细节或简单事例增强说服力。

4. 不要夸大其词。

5. 结尾很重要。一要再次强调你的推荐；二要鼓励去尝试；三要适当使用一些呼吁性的语言，如“千万不要错过”。

这样设计的书面推荐名片可以贴在物品的前面，给选购者提供清晰准确的推荐。

泡芙习作

这款风筝，设计精美，色彩鲜艳，每一笔、每一线都凝聚着匠人的心血。它的形状独特，是一只展翅欲飞的雄鹰，充满了力量和动感。在蓝天白云的映衬下，它就像是一道亮丽的风景线，让人过目难忘。

风筝的样子

除了外观出众，这款风筝的飞行性能也非常出色。它采用了优质的材料和精湛的工艺，使得风筝在风中的稳定性极佳，能够轻松应对各种风力条件。无论是微风轻拂还是狂风呼啸，它都能在空中自由翱翔，带给我们无尽的乐趣和惊喜。

风筝飞行性能

更值得一提的是，这款风筝还蕴含着深厚的文化内涵。它承载了中华民族几千年的智慧和艺术，是我们传统文化的重要组成部分。通过放飞风筝，我们不仅可以感受到大自然的魅力，还可以领略到传统文化的韵味和精髓。

文化内涵

总之，这款风筝不仅是一个有趣的玩具，更是一种文化的传承和艺术的体现。它适合各个年龄段的人群，无论是孩子还是成人，都能在其中找到乐趣和启发。如果你也想体验风筝带来的乐趣和文化的魅力，那就赶快来选购吧！

结尾总结强调、使用了呼吁性的语言

这份推荐词，特点和功能鲜明，语言也简洁清晰，对风筝的细节描写生动具体，结尾也再次强调风筝的优点，呼吁大家赶快来购买。整体来看，这是一份很值得借鉴的推荐词，但是篇幅太长，阅读需要一定时间，在跳蚤市场摊位上摆起来名片过大，会挡住物品，如果更简洁精炼一些，能让选购的人快速阅读会更好！

“雄鹰”风筝

这款风筝，是只雄鹰，色彩鲜艳，设计精美，充满力量，十分动感，让人过目不忘。

飞行性能，更值一提。材料优质，工艺精湛，飞着稳定，管你啥风，微风轻拂，狂风呼啸，它都能够自由翱翔。乐趣无穷，惊喜无尽。

文化内涵，极其深厚。几千年来，文化韵味，传统精髓，尽在其中。

这款风筝，适合孩子，适合成人，赶快选购，莫失良机！

这样的推荐简洁明了，打印在卡片上，插在换购物品风筝上，醒目且阅读方便！

再配上相应的口头推荐——“精美风筝，性能极佳，乐趣无穷，赶快选购！”

口头推荐：简短，说短语，强调物品的独特优势，以便让听众一听即懂。当然，这样的口头推荐用语可在大家的商量下确定。写下来记一记，练一练，推荐起来会更顺溜。

另外，顾客针对物品提出的问题，我们都要做好一一解答，相信优质的服务，会给顾客带去不一样的体验！

跟着小泡芙一起行动

@所有人　如果你也有物品要到跳蚤市场换购，请为你的物品写推荐词，吸引他人来购买吧！

2 推荐，我为家乡代言

家乡是我们成长的地方，我们在那里嬉戏玩耍，感受大自然的恩赐；我们在那里学习生活，汲取知识的养分；我们在那里与亲朋好友共度欢乐时光，留下珍贵的回忆。那里的一山一水、一草一木，都承载着我们的记忆和情感，它是我们成长的摇篮。

家乡是我们心中永远的牵挂，当我们离开家乡，走向更广阔的世界时，家乡的那份亲切和温暖总是让我们心生怀念。我们会时常想起家乡的美景、美食，想起那些与我们共度时光的人。每当我们遇到困难或挫折时，家乡的力量也会支撑着我们，让我们勇往直前。无论我们走到哪里，家乡都是我们心灵的归宿。

家乡是我们文化的根基，它塑造着我们的性格，让我们成为独一无二的自己。无论我们走到哪里，家乡的文化和传统都会伴随我们，成为我们生命中不可或缺的一部分。

“我为家乡代言”暑期实践活动开始啦！

尊敬的各位家长、老师，亲爱的同学们：

大家好！

随着夏日的脚步渐近，我们即将迎来充满欢声笑语的暑假。为了让同学们度过一个充实、有意义的假期，我们特别策划了“我为家乡代言”暑期实践活动。这次活动旨在通过同学们的努力，展现家乡的风土人情，传承家乡的文化精髓，让更多的人了解并爱上我们的家乡。

活动时间：2023 年 7 月 5 日至 8 月 15 日

活动对象：四至六年级学生

活动内容：

家乡文化探寻：同学们可以利用暑假时间，深入家乡的大街小巷，探寻家乡的历史文化、风土人情；可以参观当地的博物馆、纪念馆，了解家乡的发展历程；也可以走访老街古巷，感受家乡的独特韵味。

家乡美景拍摄：同学们用相机或手机记录下家乡的美景，可以是壮丽的自然风光，也可以是温馨的人文景观。通过照片，展示家乡的美丽与魅力。

家乡故事分享：同学们可以收集家乡的传说故事、名人逸事等，通过文字或口头讲述的方式分享家乡的故事，让更多的人了解家乡的文化底蕴。

家乡特产推广：家乡的美食、特产是展现家乡文化的重要载体。同学们可以了解家乡的特产，学习其制作方法，并向家人、朋友推荐，让更多的人品尝到家乡的美味。

线上展示交流：活动结束后，我们将组织线上展示交流活动，同学们可以将自己的实践成果（如照片、故事、特产等）进行展示，并与其他同学交流分享。

注意事项：

1. 安全第一，同学们在老师、家长的陪同下参与活动时要注意人身安全和交通安全。

2. 尊重家乡的文化传统，保护家乡的生态环境。

3. 积极参与，认真完成活动任务，展现自己的风采。

我们期待每一位同学都能积极参与这次活动，用自己的方式为家乡代言，让更多的人了解并爱上我们的家乡。同时，我们也希望家长们能够给予孩子们充分的支持和鼓励，共同见证孩子们的成长与进步。

最后，祝愿大家度过一个愉快而充实的暑假！

××小学

2023年6月30日

小泡芙和同学们组成一个团队，积极踊跃地参加“我为家乡代言”社会实践活动，小泡芙走到家乡的大街小巷，发现自己的家乡真美真好。风景很美，有着独特的山水风光和丰富的旅游资源。美食也是一大亮点，鱼头煲、板栗鸡、油沸馒头夹臭豆腐等，品味美食的同时，也能感受到家乡的风土人情……

走到大街上，小泡芙看到形形色色的广告牌都在宣传家乡美，感到无比自豪。

小泡芙想：上有天堂，下有苏杭。桐庐，我的家乡，虽是一座小县城，但绝对值得列入大家的旅行清单里。元代画家黄公望著名的传世名画《富春山居图》，大多描绘的就是桐庐风光。这是一个青山环抱的小城，富春江水蜿蜒而过，碧波如玉的湖水映衬着妖娆的青山，诗情画意尽显。我们一定要为家乡代言，宣传好我们家乡这张金名片。该怎么代言呢？用什么方式代言呢？

问题1 何为“给家乡代言”？

给家乡代言，是推荐的另一种方式，但并不等同于传统的“推荐”。代言更多的是一种情感的表达和文化的传承，它强调个人对家乡的热爱和认同，并通过自己的方式展示家乡的魅力。

在给家乡代言的过程中，我们可能会提到家乡的美景、美食、文化特色等，这些都是对家乡的赞美和展示。通过这些方式，让更多的人了解家乡、爱上家乡，从而激发对家乡的归属感和自豪感。

问题2 给家乡代言的代言稿怎么写？

代言稿一般分成三个部分：开头部分、主体部分、结尾部分。

开头部分：引入家乡的名字，简要介绍家乡的基本情况和特色，表达自己对家乡的热爱和自豪之情。

主体部分：是代言稿的重点部分，一般由几个方面组成。

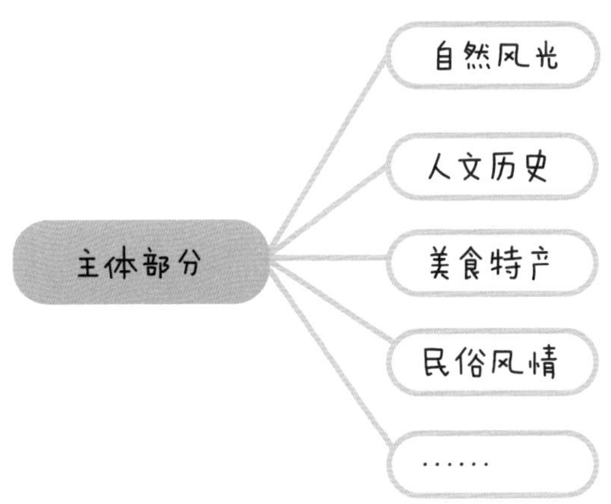

自然风光：家乡的山水景色，展现其独特魅力。

人文历史：家乡的历史渊源、文化传统等，展示其深厚的文化底蕴。

美食特产：列举家乡的特色美食、特产等，展现丰富的饮食文化和物产资源。

民俗风情：家乡的特色习俗，节日气息等，展现家乡人民的智慧与情感。

讲述家乡近年来在经济、社会等方面的发展与成就，展示其活力和潜力。

结尾部分：总结家乡的特色和魅力，强调其值得被更多人了解和喜爱。发出邀请，鼓励大家来家乡旅游观光、品尝美食、感受文化，共同为家乡的发展贡献力量。

用什么方式为家乡代言呢？

不同地方，不同展示家乡代言的语言也不同。我和小泡芙的家乡是最美县城“桐庐”，以我给自己家乡代言为例：

第一种代言形式

高速路口或路边醒目的滚动大屏幕：简洁文字轮番滚动，直指结尾部分的总结概括，抒情为主，语言有诗意。

中国最美城市桐庐欢迎你！

江南有桐庐，潇洒走一回。

踏足桐庐，感受大自然的馈赠，品味生活的美好！

桐庐，一个让人流连忘返的仙境，让心灵得到真正的放松。

走进桐庐，享受一场视觉与心灵的盛宴，感受大自然的鬼斧神工！

钱塘江尽到桐庐，水碧山青画不如！

第二种代言形式

电台音频，视频配音的方式：语言通俗，适合口语表情达意。

桐庐，一个集自然风光、人文景观和美食文化于一体的旅游胜地，相信你一定会爱上这个地方！

你可以去大奇山国家森林公园感受大自然的鬼斧神工。大奇山有着“江南第一名山”的美誉，山水相依，景色如画。

你可以去瑶琳仙境、垂云通天河，探秘洞中神奇，感叹钟乳石的千姿百态，置身于一个幽深而奇幻的境地。

你可以去芦茨村这个古村落体验一下宁静的乡村生活，感受那份远离喧嚣的宁静与美好。

你可以去品味桐庐的美食，油炸粿、酒酿馒头、米筛爬等，每一道都充满了地方特色，让人回味无穷。

你可以感受桐庐的特产丰富，比如钟山豆腐干、雪水云绿茶、芦茨红茶等，都是非常有特色的手信选择。

潇洒桐庐欢迎你！

第三种代言形式

网络宣传、宣传册呈现：特色具体说，最好能有相应的配图，图文结合，让人看一眼就喜欢上这个地方。

我为家乡代言

我的家乡在桐庐，位于浙江省西北部、杭州市中部低山丘陵区，分水江和富春江交汇处，四面环山，景色宜人。这里有丰富多样的旅游景点、深厚的文化底蕴及独特的特产。

桐庐的旅游景点独具魅力，目前，桐庐已形成了以山、水、林、洞为特色的五大旅游景区，有瑶琳仙境、垂云通天河的溶洞奇观，有“天下独绝”的天目溪漂流，有红灯笼乡村家园的乡村公园风情，有中药鼻祖圣地桐君山，有流传严先生垂钓故事的严子陵钓台，有国家森林公园大奇山，还有浪石金滩、天子地生态旅游区、琴溪香谷、深澳历史文化村以及茆坪古村，等等。在桐庐，你既可寻胜访古，纵情山水，又可体验乡村风情、田园乐趣，是一个绝佳的好去处。

桐庐的特产丰富，番薯干、钟山蜜梨、五云曲毫茶、瑶琳洞藏酒、钟山豆腐干、天尊贡芽、雪水云绿茶、梅蓉杨梅及阳山畈的桃子等，都是桐庐独特的风味和品质的象征。

桐庐拥有悠久的历史，从延村洞头盖骨化石可知，桐庐境内一万年前就有人类活动。同时，桐庐的非遗文化也非常丰富，如剪纸、草龙等，都体现了桐庐人民的智慧和艺术。

桐庐，这片钟灵毓秀的土地，自古以来便在文人墨客心中占有一席之地。它的山水之美、人文之韵，如同磁石般吸引着诗人们的目光与心灵。从南北朝到清代，千余位诗人到过此处，留下3000多首诗词。晚唐诗人韦庄在诗中云，“钱塘江尽到桐庐，水碧山青画不如”；宋朝诗人范仲淹赞桐庐为“潇洒桐庐”，著有《潇洒桐庐郡十绝》；清代诗人刘嗣绾作有“一折青山一扇屏，一湾碧水一条琴，无声诗与有声画，须在桐庐江上寻”……我们感受着他们笔下的风景，聆听着他们心中的声音，感受着他们对桐庐的热爱与赞美。

桐庐的美，闻名中外！中国山水诗的发祥地、中国最美县城……众多的头衔，赋予了这座小城最高的赞美。潇洒桐庐欢迎你！来到这里，你一定会爱上这里！

当然，给家乡代言还有其他形式，面对不同的对象，选择代言的方向也会不同。比如，面对有人问“油炸粿”是一种怎样的食物？你从制作过程、馅料、味道等把它推荐清楚，是为家乡的美食代言，也是为家乡代言。

跟着小泡芙一起行动

@所有人 你的家乡有什么独特之处？你也去走走看看，查阅资料，为你的家乡代言吧！可以图文结合，可以写好代言稿，配上相应的画面，录成视频进行分享，让更多的人看到你家乡的美吧！

3 推荐，让自己不再害羞

通 知

为锻炼学生的组织能力和管理能力，培养学生的民主意识、参与意识，进一步加强学校少先队组织的建设，真正实现“自己的活动自己搞，自己的阵地自己建，自己的事情自己管”，××小学少先队大队部将选拔新一期大队成员，请同学们带上你的自荐信，踊跃报名吧！

报名时间：6月1日至6月15日

报名地点：××少先队活动室

××小学大队部

2024年5月30日

我们在学校学习和与人相处时会遇到许多让人快乐的事，也会有许多想做的事。当你想成为班干部，为班级做些事情的时候，千万不要害羞，你要学会“毛遂自荐”。

毛遂自荐的故事源自西汉·司马迁的《史记·平原君虞卿列传》。

公元前259年，秦军围困赵国的都城邯郸，赵国的平原君赵胜奉赵王之命，打算在门下食客中选取二十名文武兼备的人，一同前往楚国请求出兵救援。他精挑细选，最终只选出十九人，还差一人。

这时，毛遂主动站出来自荐，他向平原君表示，尽管自己未曾受到过他人的称赞，但这并不意味着自己无才。他比喻自己如同锥子，只要有机会放入口袋，就能立刻露出锋芒。平原君虽然对毛遂并不十分了解，但最终还是接受了他的自荐，带他一同前往楚国。

在楚国，平原君与楚王从早晨谈到中午，仍未能取得进展。这时，毛遂果断地走上台阶，向楚王陈述利害，最终成功说服楚王出兵救援赵国。毛遂的勇敢和智慧赢得了平原君的赞赏，回到赵国后，平原君将他视为上宾。

这个故事后来演变成了成语“毛遂自荐”，用来比喻自告奋勇或自己推荐自己担负重任。鼓励人们要有自信和勇气，敢于展现自己的才能和实力，勇于争取机会，实现自己的价值。

皇甫老师，我很想参加，成为大队委员，锻炼自己。
但我有点不好意思。

小泡芙，你的机会来啦！推荐自己，千万不要害羞，
这是一个展示真我的机会哦，当一个勇敢的“毛遂”吧！

自荐信是自我推销采用的一种形式，推荐自己承担某项工作或参加某项活动，以便对方接受的一种信。老师提供给你一个写自荐信的思路，你可以试着这样写一写。

了解格式 → 介绍信息 → 说出优势 → 表明决心 → 恳请同意

第一步，了解格式。

自荐信的格式跟书信的格式一样。

尊敬的 ××：……称呼

　　您好！……问候语

　　我……　……正文

　　此致

敬礼！

×××……署名

×年×月×日……日期

第二步，介绍信息。

自荐信第一句话要介绍清楚自己的基本信息，然后表明自己想要自荐的职务。

例如：我是 ×××，想报名成为 ×××。

我是张晓明，想报名成为“鲁迅文化周”的宣传员。

第三步，说出优势。

自荐信最重要的是表达自荐这一职务的优势所在。要把自己的经历和优势与此次活动的需要结合起来进行表达。

1. 筛选有价值的经历。

2. 把经历转化为优势。

经历	2021 年，参加“走进我的家乡”综合实践活动； 2022 年，获得鲁迅知识竞赛一等奖； 2023 年，担任学校广播站播音员。

我是六年级 2 班的张晓，想报名成为“鲁迅文化周”的宣传员。我曾担任学校广播站播音员，具备良好的表达能力；曾参加过“走进我的家乡”综合实践活动，有宣传活动的经验；曾获得过鲁迅知识竞赛一等奖，对鲁迅有深入的了解，具备宣讲所需的知识和能力。

第四步，表明决心。

表明决心，即向老师表达自己职务申请成功后的做法。

例如：如果能成为……我将尽自己最大的努力……

第五步，恳请同意。

如果能成为宣传员，我将尽自己最大的努力为学校开展的“鲁迅文化周”活动做出贡献。

最后表达自己希望老师能接受自己的自荐意愿。

例如：恳请……能接纳我的自荐，期待您的回复！

题目

1. 称谓、问候
2. 开场白
3. 主体
   (1) 自我介绍
   (2) 竞聘优势
   (3) 工作思路
4. 结尾
5. 致谢

泡芙习作

尊敬的老师、亲爱的同学：

大家好！

我是来自四年级的覃××，是一个热情阳光的女孩子。我天真活泼，爱好广泛。今天我很高兴站在这里参加大队干部竞选，我相信自己是合适的人选，因为我有很强的责任心，珍惜集体每一份荣誉，愿意为大家服务。我能团结同学，尊敬师长，刻苦学习，努力使自己做一个德智体美劳全面发展、综合能力强、对社会有用的复合型人才，立志为祖国建设服务。在老师的教导下，在同学们的帮助支持下，我已经担任了一年的大队委，为个人、为班级、为学校取得了一些成绩，从中也积累了一些经验。

我非常荣幸有机会参加这次学校大队干部的竞选，这也是我在小学阶段的第二次竞选。竞选大队干部不仅是一种荣誉，更是一个人责任心的体现和培养，能够为全校同学服务是我一直以来的梦想。

假如我当上了大队干部，我将严于律己，以身作则。时时鞭策自己，用一颗纯洁的心及实际行动，来感染队员们。假如我当上了大队干部，我会为队员们出谋划策。根据同学们的兴趣爱好，向大队部申请开展丰富多彩的活动，使同学们在活动中受益，让同学们感受到集体的温暖。

假如我当上了大队干部，我会出色地完成学校和大队部交给我的任务，脚踏实地，全心全意地为同学们服务。

我爱同学，爱老师，爱鲜艳的五星红旗，爱我繁荣昌盛的祖国！自信会一路伴随我前进。请大家一如既往地支持我、信任我，请投上你们宝贵的一票吧！

有了这封自荐信，小泡芙，你可以勇敢地站在讲台上进行自荐演讲了！

参加竞选时，也可以制作一份手抄报，能够全面展示自己的成绩、特长、兴趣、爱好；准备 2 分钟以内的自我介绍，结合学校实际情况，明确自己健康的学习方式、生活方式、运动理念等，明确自己身上的不足之处与改进方法，以及自己对学校大队部工作的看法和建议等进行竞选演讲，成功推销自己。

跟着小泡芙一起行动

我们班设置了图书角，新到了放图书的书架，你想成为图书管理员吗？请试着向班主任写一封自荐信吧！

WAIT，WAIT，

我有一个演讲

听过画龙点睛的故事吗？据说在南北朝时期，梁朝有一位叫张僧繇的画家，画得特别好、特别真，所以皇亲贵族、富商大贾都争着要他作画。

有一年，梁武帝命令张僧繇前去金陵安乐寺，在寺内的墙上画上四条金龙。才三天时间，张僧繇就画出了四条活灵活现、威风凛凛的龙。这四条龙啊，与真的龙好像没有一点儿差别，前来观看的人大为惊叹。

可凑近细看，人们才发现这四条龙全都没有眼睛。这也太明显了吧？怎么一个大画家还会留

下这样明显的缺陷呢？大家纷纷请求张僧繇添上眼睛，张僧繇笑着说：“给龙画上眼睛，不难，可一旦画上了眼睛，这四条龙可就飞走了。”大家一听，哈哈大笑起来，觉得十分荒唐。画出的龙怎么会飞走呢？没有人肯相信，都认为张僧繇在开玩笑。

见没人相信，张僧繇只好答应先给其中两条龙画上眼睛。当着众人的面，他提起笔，轻轻点上了龙的眼睛。忽然间，乌云密布、电闪雷鸣，在狂风暴雨中，被画上眼睛的两条龙竟真的震破了墙壁，凌空飞起，最终消失在云层中，在场的人都惊得目瞪口呆。

等到云散时，雪白的墙壁上就只剩下两条龙了，而张僧繇站在一旁，笑而不语。

这个故事告诉我们，要专注于事物的关键点，画好点睛之笔，才能让事物变得圆满。如果缺少了最美好的点缀，事物很可能变得黯淡无光。

而画龙点睛法也是一个很好的习作方法。就拿演讲来说，假若在演讲标题上、内容上，又或者演讲时的动作上有画龙点睛之笔，一定会达到意想不到的效果。

1 标题，让演讲更闪亮

缅怀红色历史，追忆峥嵘岁月。

每一段红色故事中，都蕴含一段波澜壮阔的历史时光。

每一个故事背后，都蕴藏着无声的力量。

红色记忆，薪火相传，革命传统，永不褪色。

一年一度的 ×× 小学红色主题演讲比赛又要来啦！

期待你的精彩演讲！

2024 年 5 月 5 日

×× 小学报告厅

一次演讲，需要确定一个主题，这叫演讲主题。演讲主题就好比天上的指南针，始终指引着演讲的方向，不走偏。这个主题的外在表现形式，就是要求中提到的“题目”。

主题 → 标题

举两个例子，你能迅速明白。

青春成长 →

- 青年者应与平庸相斥
- 奋斗驱萧索，不负少年时
- 以青春之花，结奋斗之果
- 以青春之我，逐华夏之阳
- 青春逢盛世，奋斗正当时
- 时代殷殷嘱托，青年砥砺前行
- 于萧瑟中刚强，于逆风中飞翔
- 今朝唯我少年郎，敢问天地是锋芒
- 借实干整饰自我，以笃行丰盈青春
- 吾辈青年与时偕行，终日乾乾助恒昌

确定演讲主题后，起一个好标题，以吸引听众的好奇心。有了听众的认真倾听，演讲主题才能渗透他们的心中，才能让他们感受到我们的想法和这个演讲主题的意义。

其实，在校园里，主题演讲的形式每周都在发生，你注意到了吗？没错，就是每周一的集会，在升旗仪式后就有一个“国旗下讲话”，这就是演讲啊！

学校制订的“国旗下讲话”的安排表，也是一份很好的学习材料哦。

2024 年 ×× 小学第二学期升旗仪式演讲安排表

周次	时间	月主题	主题	主讲人	备注
1	2 月 26 日		前程朤朤今胜昔 龙行龘龘启新程	六（2）班	2 月 25 日开学报到
2	3 月 4 日	环境保护月	雷锋精神 与我同行	六（3）班	3 月 5 日为雷锋日
3	3 月 11 日		柔肩担重任 巾帼绽芳华	六（4）班	3 月 8 日为国际妇女节
4	3 月 18 日		拥抱春天 “植”此青绿	六（5）班	3 月 12 日为植树节
5	3 月 25 日		心存“三爱” 践行“三节”	六（6）班	
6	4 月 1 日	感恩奉献月	生命如花常绽放 安全第一我先行	五（1）班	3 月 25 日为全国中小学生安全教育日
7	4 月 8 日		清明祭英烈 传承正当时	五（2）班	4 月 5 日为清明节
8	4 月 15 日		弘扬民族精神 凝聚强国力量	五（3）班	
9	4 月 22 日		清风拂我心 节俭伴我行	五（4）班	
10	4 月 29 日		最美四“阅”天 书香能致远	五（5）班	4 月 23 日为世界读书日

续表

周次	时间	月主题	主题	主讲人	备注
11	5月6日	青春筑梦月	劳动促成长 实践创幸福	四（1）班	
12	5月13日		防灾减灾 居安思危	四（2）班	5月12日为防灾减灾日
13	5月20日		文明修身 礼仪修心	四（3）班	5月20日为全国助残日
14	5月27日		童心向党 筑梦未来	四（4）班	6月1日为儿童节
15	6月3日	生命安全月	呵护明眸 “眼”绎精彩	四（5）班	6月6日为全国爱眼日
16	6月10日		仲夏赋雅趣 粽香端午情	—	6月10日为端午节
17	6月17日		父爱如山 学会感恩	四（6）班	6月16日为父亲节
18	6月24日		关爱生命 远离毒品	六（1）班	6月26日为禁毒日

看这个学期“国旗下讲话”的标题，其实藏着三个锦囊妙计。

对称法

19 个演讲题目，其中 16 个用了对称的形式，前后两句字数一样、句式相同，要是能押点儿韵的话就更好了，如第九周的“清风拂我心 节俭伴我行”，一听就让人记忆深刻。

紧跟热点

今年年初，很多人在网上搜“四个‘月’字读什么”“三个‘龙’字读什么”，这就是流行的热点——前程朤朤、龙行龘龘。第一周的标题“前程朤朤金胜昔，龙行龘龘启新程”就紧跟热点，可引起学生的共鸣。每个人都会对新鲜的事物感兴趣，也希望自己是个弄潮儿。

谐音梗

例如，第五周的标题“最美四‘阅’天，书香能致远”中的“阅”就是与“最美四月天”的“月”是同音，而一替换，就把“四月天”的美好意义赋予了“阅读这件事”，完美契合了“4·23 世界读书日”。第十六周的“呵护明眸‘眼’绎精彩”也是如此，用“眼”替换了“演”，相信其中的意思，你一定会懂。

我的演讲题目是“坚守理想，大‘意’凛然”。

我的演讲题目是“回溯历史，美丽中部”。

我的演讲题目是“讲好红色文化，发扬井冈山精神”。

2 演讲稿，So So Easy!

作好演讲，首先要写好演讲稿。什么样的演讲稿才有说服力呢?

◇ 观点要鲜明。

◇ 选择合适的材料说明观点，如列举有代表性的事例，引用名言警句。

◇ 要有感染力，可以引用生动的故事。

我从书本上读懂了：演讲稿要有一个鲜明的观点，再选用合适的材料证明这个观点。在列举材料时，可以引用生动的故事以增强演讲的感染力。

我的观点很鲜明，即坚守理想。大“意”凛然，是化用“大义凛然”（形容为了坚持真理而表现出严峻不可侵犯的样子）的谐音，想说明一个有理想的人可以书写人生的各种可能。

观点有了，要去选择合适的材料了。我翻了翻语文书，发现语文书上有很多契合我观点的文章。

这是个寒冬腊月的深夜，毛主席穿着单军衣，披着薄毯子，坐在竹椅上写文章。他右手握着笔，左手轻轻地拨了拨灯芯，灯光更加明亮了。凝视着这星星之火，毛主席在沉思，连毯子滑落下来也没觉察到。就在这盏清油灯下，毛主席写下了许多光辉著作，指明了中国革命胜利的道路。

——二年级上册《八角楼上》

此时的周恩来才真正体会到“中华不振”这四个字的沉重分量。怎么把祖国和人民从苦难和屈辱中拯救出来呢？这个问题像一团烈火一直燃烧在周恩来心中。所以，当修身课上魏校长提出为什么而读书这个问题时，就有了“为中华之崛起而读书”的响亮回答。

——四年级上册《为中华之崛起而读书》

也在一些名言警句中找到了理想的踪迹。

理想是石，敲出星星之火；
理想是火，点燃熄灭的灯；
理想是灯，照亮夜行的路；
理想是路，引你走到黎明。

——流沙河《理想》

桥梁都有了，我只要走上去，把这些材料组合在一起，不就成了我的演讲稿了吗？请看我的演讲稿。

泡芙习作

同学们好，我是来自××小学的小泡芙，今天我演讲的题目是《坚守理想，大“意”凛然》。

开门见山，直接亮出主题。

理想是石，敲出星星之火；理想是火，点燃熄灭的灯；理想是灯，照亮夜行的路；理想是路，引你走到黎明。坚守理想，人的一生才有无数可能。

引用流沙河的《理想》，用名言警句引起听众的重视。

周恩来总理，是中国人的楷模，是中国人的骄傲。他的名言“为中华之崛起而读书”，不仅是个人的理想，更是每一个中国人的理想。他用这句话激励了一代又一代的中国人，为了国家的繁荣富强，为了民族的伟大复兴而努力学习，不懈奋斗。

在那个风雨飘摇的年代，周恩来总理深知，唯有知识和智慧才能救亡图存，才能实现中华的崛起。因此，他毅然决然地选择了读书的道路，用自己的行动诠释了“为中华之崛起而读书”的真谛。

周恩来总理的一生就是一部为中华之崛起而奋斗的历史。他在学习上刻苦钻研，积极探索；在工作中勇于担当，锐意进取。他用自己的才智和勇气，为国家的发展贡献了自己的力量。他的精神，是每一个人都应该学习的。

现在，中国的发展已经很好了，繁荣、富强，可未来的路还很长，我们仍然需要继承周恩来总理的理想——为中华之崛起而读书。这个“崛起”，与周恩来总理当初的“崛起”当然有所差别，应该是在科技进步、社会发展的基础上，继续为中国的繁荣而继续奋斗，为中国的建设奉献自己的力量。

号召式结尾，既重申观点，升华主题，加深听众的印象。

让我们向周恩来总理表示最崇高的敬意！是他的理想鼓舞了一批又一批中国人，将永远照耀中国人前行的道路。

我的演讲到此结束，谢谢大家！

小泡芙在观点的提出、材料的选取上做得很好，可是在引用周恩来故事时，似乎与“生动”这个词有点远，只简单地说周恩来有一句名言“为中华之崛起而读书”，如果听众不了解这个故事，就无法与“坚持理想”的观点联系，从而听得云里雾里。既然这是说明观点的主要材料，就要通过引用这个生动的故事以更好地证明观点，同时增强演讲的感染力，让听众更有感触。这就是演讲稿中的“画龙点睛”。

让我赶紧把这个故事补充进去。

泡芙习作

这个故事发生在一个叫沈阳的城市。这里有一个叫周恩来的人，他的梦想是成为一名伟大的政治家，为国家的发展和民族的振兴作出贡献。

周恩来从小就深知知识就是力量，只有不断学习，才能让自己变得更加强大，所以他勤奋好学，在学校里表现优异，深受老师和同学们的喜爱。然而，他也陆续看到了国家的一些问题，如国家落后，贫富差距大、教育不公等。这些问题让他深感忧虑，也让他更加坚定了要为中华之崛起而读书的理想。

长大后，周恩来离开家乡，去上海深造。在这里，他接触到更多的新鲜事物，也看到更多不公平的社会现象。尤其是那一天，人群中有位衣衫褴褛的妇女正在哭诉，旁边站着一个得意扬扬的大个子洋人。原来，这位妇女的亲人被洋人的汽车轧死了，她多么希望中国的巡警局能给自己撑腰，惩处洋人。可是，中国巡警不但不惩处肇事的洋人，反而把她训斥了一通。围观的中国人都紧握着拳头，可这里是外国租界，谁又敢怎么样呢？

这让周恩来更加明白，要想改变国家的现状，必须参与革命，培养一批有理想、有担当的人才。于是，周恩来坚持理想，决定投身于革命事业，带领着一群志同道合的朋友，为了民族的解放和国家的富强而奋斗。

经过多年的努力，周恩来等人取得了胜利，实现了理想。

小泡芙是幸运的，很快就找到了契合自己演讲主题的材料。可很多时候，因为演讲主题的不同，选择材料时是会有困难的。这里，简单介绍四个小妙招，帮助大家在不同主题的演讲比赛中都能迅速找到合适的材料。

紧紧围绕主题

主题是选材的依据，所以选择材料时必须考虑其能否为主题提供有力的支持或服务，否则就算材料再生动也不能用。简单地说，凡是能突出、烘托主题的就备用，否则立刻舍弃。

公元前 44 年，古罗马的布鲁图斯等人说恺撒大帝有私心，有野心，是暴君。恺撒的重臣安东尼为了驳斥这些诡辩，在恺撒的葬礼上做了辩护。辩护时，他选择了三份材料。

材料	主题
“他从前战胜了边疆，所得的财帛都归入国库。”	没有私心，有的是“公心”
“那天过节时，你们眼睁睁地看着，我三次以皇冠劝他登基，他三次拒绝。”	没有野心，有的是虚心
“他听到穷人的呼唤，也曾经流下泪来。”	不是暴君，而是富有同情心的君主

这三份材料紧扣主题，有着无可辩驳的说服力。

契合主题的材料，还有一个很直观的选用标准：通常而言，能够有力支持主题的材料是演讲者自己也会觉得感动的，或者亲身实践过的。

切合演讲场合

小泡芙选用了周恩来读书时的故事，与在学校这个演讲场合是非常切合的。再举个例子，2007 年的第四届鲁迅文学奖颁奖典礼在鲁迅的故乡——绍兴举行。当时的中国作家协会主席有一段演讲。

一踏入鲁迅先生的故里，我就真切地感到文学的气场、气韵生动起来，鲜活起来。鲁迅先生的风骨，穿越了七十年的时光，在这个庄重而清明的夜晚，与我们每个人的内心相对。云山苍苍，江水泱泱；先生之风，山高水长。鲁迅文学奖给作家带来的，不仅是荣誉，更重要的是责任。我们相聚在这里，就是要继承鲁迅精神，积极履行人类灵魂工程师的职责。继承鲁迅精神，就是要像鲁迅先生那样心怀广大，致力于文学对社会现实的关怀与担当；就是要像鲁迅先生那样，用极富创造性的艺术形式表现一个时代、一个民族的精神品貌。因此，对我们来说，今天在这里，不是终点，而是一个新的起点。

这则材料不仅突出了鲁迅文学奖的主题，而且十分契合颁奖典礼这个场合。

妙招3 材料要典型

1941年1月20日，重建新四军军部。新四军代军长陈毅发表了就职演说，他想阐明的主题是：人民的军队是任何反动派也消灭不了的。针对这个主题，陈毅只选择了两份材料。

材料	推论	主题
大革命失败时，朱德总司令只带了800多人上井冈山，却发展成今天的50万大军	800人没有被消灭，50万大军能被消灭吗？	人民的军队是任何反动派也消灭不了的
新四军的前身是南方各省的游击队，加起来不过200多人。三年后，发展到9万人	200人没有被消灭，9万人还能被消灭吗？	

这就是典型的材料，最具有代表性，也最能反映本质，以小见大，从而充分体现演讲的主题。

考虑听众

在演讲之前，要事先了解听众的信息，其中有两方面尤其需要明晰：一是听众的文化程度，二是听众的心理需求。

其一，听众的文化程度。举个简单的例子，一个著名专家要举办一场健康讲座，传播科学的健康知识，前来听演讲的大多是普通群众。如果一味用专业术语，这场讲座就是曲高和寡，索然无味。可如果在讲解疾病的遗传影响时，讲个小白兔和鸭子天天吃蛋黄拌猪油，结果兔子身患高血压、冠心病，而鸭子却没有的故事，就很深入浅出了，让听众立刻理解了高血压、冠心病的遗传倾向对人的致病影响。

其二，听众的心理需求。小学生听讲座，想的也许是有趣的故事和伟大的梦想；大学生听讲座，想的可能是社会的真实和未来的美好；打工人听讲座，想的是升职加薪的方法……

演讲材料的收集和选择是一个问题的两个方面，二者相辅相成，缺一不可。虽有先后之分，却无轻重之说，值得演讲者切实地重视。

3 演讲，我的精彩时光

写完演讲稿，修改也是一门大学问！你看书上的建议——

> 演讲稿写好后，可以自己先练习一下，试试怎样演讲更好。演讲后，听听大家的建议，提高自己的演讲水平。
>
> ◎ 语气、语调适当，姿态大方
>
> ◎ 利用停顿、重复或者辅以动作强调要点，增强表现力

修改演讲稿指的是从语言方面审读。因为演讲是另一种形式的习作，而这种形式的特殊性在于以听为主，所以文字要口语化，通俗易懂。听众能不能听懂，不仅要看演讲稿是不是写得好，还要看演讲者是不是讲得好。

因此，写完演讲稿后，要念一念，听一听，看看文字是不是“上口”“入耳”。如果使用的语言较为绕口、晦涩，不仅自己念得费劲，听众也听不懂，演讲就失去了听众，也就失去了演讲的意义。

你的演讲稿里有了一个生动的故事，可你要讲好这个生动的故事，语气、语调得适当，姿态得大方，利用停顿、重复或辅以动作，强调要点，

增加演讲的表现力，从而使演讲的气氛轻松、和谐，吸引听众的注意力，感染观众的情绪。

对了，我想送你一个秘密武器，就是这次演讲比赛的评分表。每一份评分表的具体评价要点是你修改这份演讲稿的主要依据。

“传承红色精神，争做强国少年”主题演讲比赛评分表			
选手姓名		选手编号	
演讲题目			
评价项目	评价要点	分值	评委打分
演讲内容（35分）	1. 思想内容紧紧围绕主题，观点正确、鲜明，见解独到，内容充实具体，生动感人。	15分	
	2. 材料真实、典型、新颖，事迹感人，例子生动，反映客观事实，具有普遍意义，体现时代精神。	10分	
	3. 讲稿结构严谨，构思巧妙，引人入胜。	5分	
	4. 文字简练流畅，具有较强的思想性。	5分	
语言表达（35分）	1. 演讲者语言规范，吐字清晰，声音洪亮圆润。	10分	
	2. 演讲表达准确、流畅、自然。	10分	
	3. 语言技巧处理得当，语速恰当，语气、语调、音量、节奏张弛符合思想感情的起伏变化，能熟练表达所演讲的内容。	15分	

续表

评价项目	评价要点	分值	评委打分
形象风度（15 分）	演讲者精神饱满，能较好地运用姿态、动作手势、表情，表达对演讲稿的理解。	15 分	
综合印象（5 分）	演讲者着装朴素端庄大方，举止自然得体，有风度，富有艺术感染力。	5 分	
会场效果（10 分）	演讲具有较强的感染力、吸引力和号召力，能较好地引起听众的情感共鸣，营造良好的演讲效果；演讲时间控制在 10 分钟之内。	10 分	
总计分数			
评委签字			

泡芙习作

演讲稿

同学们好，我是来自 ×× 小学的小泡芙，今天我演讲的题目是《坚守理想，大“意”凛然》。

理想是石，敲出星星之火；理想是火，点燃熄灭的灯；理想是灯，照亮夜行的路；理想是路，引你走到黎明。坚守理想，人的一生才有无数可能。

周恩来总理，是中国人的楷模，是中国人的骄傲。他的名言“为中华之崛起而读书”，不仅是其个人的理想，更是每一个中国人的理想。而这里，其实有一个故事——

“其”绕口，改“他”。

从前，有一座叫沈阳的城市。城市里有一个叫周恩来的人，他的梦想是成为一名伟大的政治家，为国家的发展和民族的振兴作出贡献。

删掉，与上下文有冲突，如上文已经引出了周恩来，这里又引出，过于累赘。

周恩来从小就深知知识就是力量，只有不断学习，才能让自己变得更加强大，所以他勤奋好学，在学校里表现优异，深受老师和同学们的喜爱。然

“深知”与“知识”相绕，改“知道”。

而，他也陆续看到了国家的一些问题，如贫富差距、教育不公等。这些问题让他深感忧虑，也让他更加坚定了要为中华之崛起而读书的理想。

长大后，周恩来离开家乡，去上海深造。在这里，他接触到更多的新鲜事物，也看到更多不公平的社会现象。尤其是那一天，人群中有个衣衫褴褛的妇女正在哭诉，旁边站着一个得意扬扬的大个子洋人。原来，这个妇女的亲人被洋人的汽车轧死了，她多么希望中国的巡警局能给自己撑腰，惩处洋人。可是，中国巡警不但不惩处肇事的洋人，反而把她训斥了一通。围观的中国人都紧握着拳头，可这里是外国租界，谁又敢怎么样呢？

补“她”，人物缺失。

这让周恩来更加明白，要想改变国家的现状，必须从教育入手，培养一批有理想、有担当的人才。于是，周恩来坚持理想，决定投身于革命事业，带领着一群志同道合的朋友，为了民族的解放和国家的富强而奋斗。

补“想”，更顺口。

删“决定”，更通顺。

周恩来总理的一生就是一部为中华之崛起而奋斗的历史。他在学习上刻苦钻研，积极探索；在工作中勇于担当，锐意进取。他用自己的才智和勇气，为国家的发展贡献了自己的力量。坚持理想的品质，是每一个人都应该学习的。

现在，中国的发展已经很好了，繁荣、富强，可未来的路还很长，我们仍然需要继承周恩来总理的理想——为中华之崛起而读书。这个“崛起”，与周恩来总理当初的“崛起”当然有所差别，应该是在科技进步、社会发展的基础上，继续为中国的繁荣而继续奋斗，为中国的建设奉献自己的力量。

让我们向周恩来总理表示最崇高的敬意！是他的理想鼓舞了一批又一批中国人，永远照耀中国人前行的道路。

我的演讲到此结束，谢谢大家！

比赛结束了！虽然还不知道结果，可我很有感触，特意总结了三个锦囊妙计送给将来要参加演讲比赛的同学们。

心态

既然决定参加了，就积极将比赛看成展现自己的机会。明确时间限制，明确比赛要求，有针对性且目标明确地作准备，无论结果如何，只要努力了就不会后悔。

赛前准备

1. 结合比赛文件要求撰写自己的演讲稿，不要假大空，结合自身环境和实际的演讲稿更容易打动人。

2. 背下演讲稿只是最低要求，你必须对稿件中的每一个标点的由来都了然于胸，内化成自己的“相信”。

3. 平时注重公众演讲积累、思维训练、对时事的敏锐度，冰冻三尺非一日之寒，上网搜索全国演讲比赛获奖选手视频，总结对方的优点，从形式和内容两个角度模仿。

4. 上台前反复练习，在家对镜或走台练习，面带微笑，身体舒展，轻松自然。

赛时注意

1.“讲述感”：想象自己在跟同学和评委讲述故事，以“打动人”为目标，千万不要死记硬背照本宣科。“自然的隆重感”，是我自己总结出的词语，意思是不能过于“形式感”，也不能太过随性。

2.外形：比赛时的着装道具和表情姿态，占一半分，因为从外形能看出你对比赛的重视程度和你的演讲水平。这次的演讲主题是传承红色精神，服装得体就行。

后记

一直以来，我在指导孩子们写作的时候，都会用一种形象的比喻或通俗的方法进行引导。比如理解过渡句时，我会说一篇文章就像人，而过渡句就像人的脖子、腰、膝盖、脚踝，把上下自然地联结起来，可以起到承上启下的效果。通过这样的比喻来引导学生在写作中使用过渡句，这样的方法孩子们会觉得很有趣，很好理解，写起来就水到渠成了。我很想把这样的方法写出来，于是，就有了这套书。

回首编写这套书的时光，我的心中一直充满感慨与期待。从构思到探讨，再到成稿，我时刻提醒自己，要以最严谨的态度、最实用的方法，引导孩子们进行写作，让他们在文字的海洋中畅游，感受文字带来的力量与美感。

在这里，我想感谢帮助和支持我的人。感谢师傅俞虹老师，她像一盏灯，指导和引领我向前走，鼓励我不断挑战自己，把心中一直想写的写出来。感谢李梦佩老师，她像我的经纪人，时刻提醒我写作进度的推进，催着我交稿交稿，《把科学写进微习作》感谢她协助整理。感谢梅丽萍老师协助整理《稻花香里说丰年》。感谢胡燕飞老师协助整理《这个节日，"社牛"出没》。感谢骆民老师协助整理《热火朝天的劳动课》。感谢翁依娜老师、童雪珍老师协助整理《含羞草，NO！ NO！！ NO！！！》。感谢沈滢老师、赵攀老师协助整理《会飞的兔子》。感谢桐庐县学府小学三（7）班、五（5）班的孩子们提供例文。感谢编审、编辑的认真审读。感谢学校、教师、学生的系列活动，为我的创作再现诸多情境。谢谢每一位与我一起努力、并肩作战的人，你们是我前进的动力。

在这里，我想对孩子们说：写作并非易事，但是只要你肯努力，肯坚持，就一定会享受到写作的幸福，就一定能写出属于自己的精彩作品。孩子们，我希望这套书能够成为你们写作路上的良师益友，陪伴你们一同成长、一同进步。

孩子们，这套书只是你们写作路上的一个引导者，真正的写作之路还需要你们自己去探索、去实践。祝愿你们在写作的道路上越走越远，越写越好！

感谢每一位读过这套书的人，多提供宝贵意见和建议，你们的反馈会让我不断完善这套书，并让我明确新的努力方向。

好了，我们继续一起努力吧！

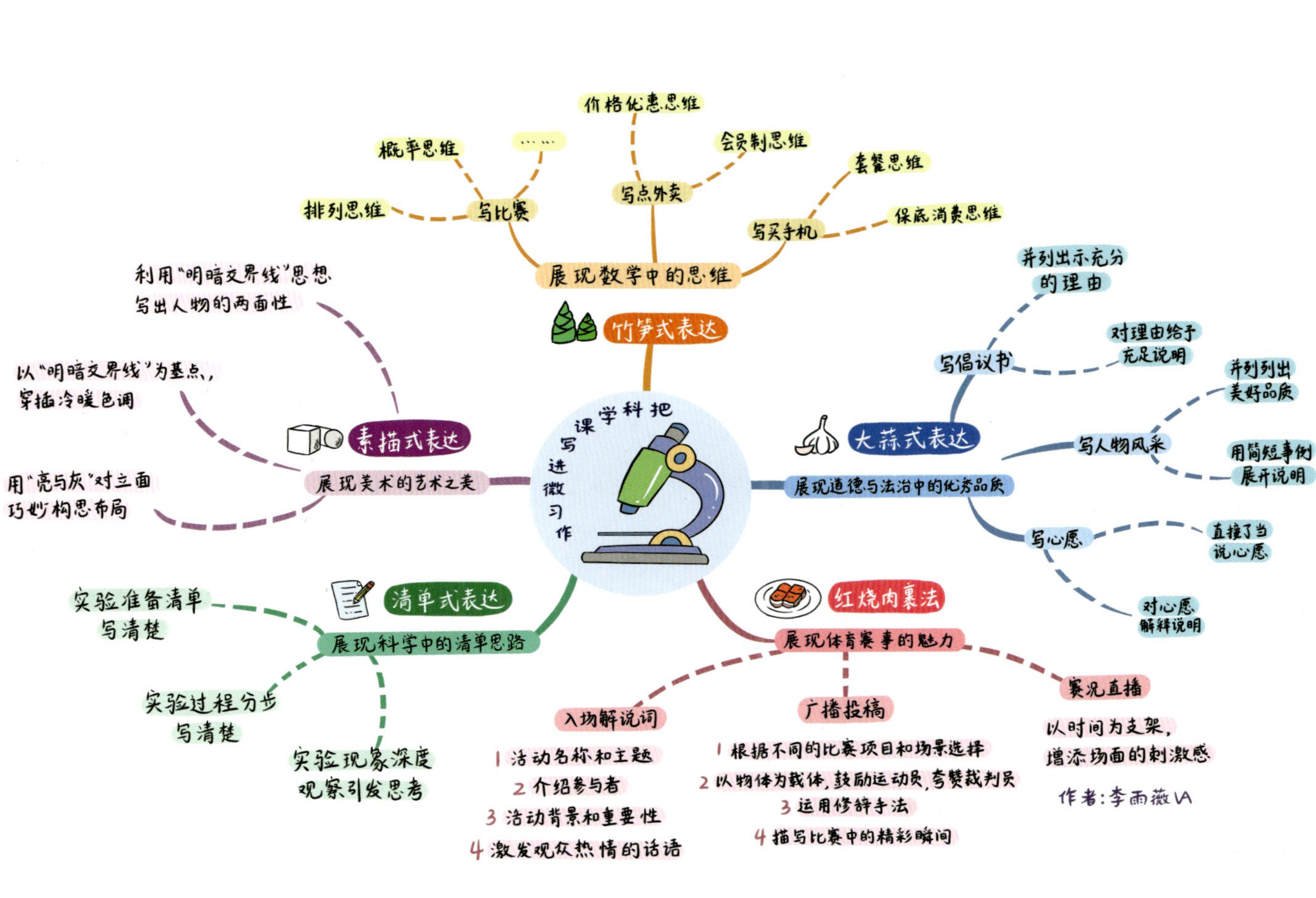
把科学课写进微习作
竹笋式表达
展现数学中的思维
写比赛
排列思维
概率思维
……
写点外卖
价格优惠思维
会员制思维
写买手机
套餐思维
保底消费思维
大蒜式表达
展现道德与法治中的优秀品质
写倡议书
并列出示充分的理由
对理由给予充足说明
写人物风采
并列列出美好品质
用简短事例展开说明
写心愿
直接了当说心愿
对心愿解释说明
红烧肉裹法
展现体育赛事的魅力
入场解说词
1 活动名称和主题
2 介绍参与者
3 活动背景和重要性
4 激发观众热情的话语
广播投稿
1 根据不同的比赛项目和场景选择
2 以物体为载体，鼓励运动员，夸赞裁判员
3 运用修辞手法
4 描写比赛中的精彩瞬间
赛况直播
以时间为支架，增添场面的刺激感
清单式表达
展现科学中的清单思路
实验准备清单写清楚
实验过程分步写清楚
实验现象深度观察引发思考
素描式表达
展现美术的艺术之美
利用“明暗交界线”思想写出人物的两面性
以“明暗交界线”为基点，穿插冷暖色调
用“亮与灰”对立面巧妙构思布局
作者：李雨薇 LA

微习作里看世界

把科学课写进微习作

皇甫芬 著

WUHAN UNIVERSITY PRESS
武汉大学出版社

图书在版编目(CIP)数据

微习作里看世界.把科学课写进微习作/皇甫芬著.—武汉：武汉大学出版社,2025.4

ISBN 978-7-307-24412-2

Ⅰ.微… Ⅱ.皇… Ⅲ.作文课—小学—教学参考资料 Ⅳ.G624.243

中国国家版本馆 CIP 数据核字(2024)第 109382 号

责任编辑:冯红彩　　责任校对:汪欣怡　　版式设计:曹　凝

出版发行：**武汉大学出版社**　(430072　武昌　珞珈山)

(电子邮箱：cbs22@ whu.edu.cn　网址：www.wdp. com.cn)

印刷:湖北金港彩印有限公司

开本:787×1300　1/24　印张:35.25　字数:457 千字

版次:2025 年 4 月第 1 版　2025 年 4 月第 1 次印刷

ISBN 978-7-307-24412-2　定价:168.00 元(全六册)

听，孩子的声音：写作，写作，是为了什么呢？在你迷茫无措的时候，打开这套书，里面有很多生活故事，你会发现写作是一件很快乐的事，是一种本领。这套书给予你用文字记录生活、表达自己、理解和感知世界的勇气。

听，孩子的声音：写作，写作，写什么呢？在你无从落笔的时候，打开这套书，里面涉及多个角度，有生活圈、节日圈、劳动圈、交际圈、跨界圈、未知圈。你会发现很多微小的世界值得写，获得写作的灵感。

听，孩子的声音：写作，写作，怎么写呢？在你毫无章法的时候，打开这套书，里面把写作方法和生活情境、常见事物或现象结合起来，从课堂走向课外，形象生动，通俗易懂。你会学到很多巧妙的方法，拥有写作的力量。

听，孩子的声音：写作，写作，水平怎么提升呢？在你失去写作动力的时候，打开这套书，里面告诉你写作需要持之以恒，还需要阅读来补充能量。细水长流方能水滴石穿，写着写着，你就会遇见灵感，遇见故事，遇见希望！

什么是微习作？大家最初的理解便是写简短的文章，其实不全是。皇甫老师觉得，文章可长可短，要根据表达的需要而定，这里

的微习作更体现的是写作要随处、随时发生。生活中有许多看似微不足道的小事物、小角落、小事件，都蕴藏无尽的“大作文”，我们要学习在微小的世界里自由表达，用文字记录点点滴滴，表达自己独特的体验与创作，提升观察与思维的能力，从而更深刻地理解和感知世界。

《把科学课写进微习作》是本套书的第五册。本书带领孩子们在学科融合中感受跨界的魅力。用“竹笋式表达”走进数学的世界，写出数学的趣味；用“大蒜式表达”走进道德与法治的世界，写出道德与法治中的正能量；用“红烧肉裹法”走进体育的世界，写出体育世界中的刺激多样；用“清单式表达”走进科学的世界，写出科学的思维逻辑；用“素描式表达”走进美术的世界，写出美术的无穷变化之美。每一次跨界，就是一次相融，条条道路通罗马，不同领域的交融带来了习作的创新和可能性的碰撞。

目录

竹笋式表达：

数学课多有趣

竹笋，是南方餐桌上的美味佳肴：炖着吃、炒着吃……味道鲜美无比，令人垂涎三尺。看它毛茸茸的，你是不是以为它有点刺嘴？实际上能吃的是脱掉“外套”后露出的白白嫩嫩的“笋肉”。

它和写作有什么关系呢？可了不得，它提示了一种特别有意思的写作方法：只有剥开层层叠叠的竹笋外衣，才能看到裹在其中的笋肉，就跟数学题目一样，只有看清一个个条件，层层厘清，才能准确地解答出问题。同时，也提示了习作的本质，只有抛却外在的“伪装”，才能直击“内心”，更显有趣。

“哎呀，我也想这样写！”这是许多人的烦恼，也是北宋文学家曾巩的烦心事。

有一年春天，曾巩到郊外踏青，看到了柳絮飞花，想着写一首诗，结果脑海中立刻浮现出了唐代诗人贺知章的《咏柳》:“碧玉妆成一树高，万条垂下绿丝绦。不知细叶谁裁出，二月春风似剪刀。”这首诗脍炙人口，妇孺皆知，最尴尬的是，曾巩看到的景物和贺知章的诗几乎如出一辙。

这可怎么办？改一两个词，也摆脱不了贺知章的影子，那就只能独辟蹊径，走“说理”的路线了，这才有了曾巩的《咏柳》：“乱条犹未变初黄，倚得东风势便狂。解把飞花蒙日月，不知天地有清霜。”（杂乱的柳枝条还没有变黄，在东风的吹动下狂扭乱舞。它的飞絮想蒙住日月，但不知天地之间还有秋霜）

若自己想写的，不落窠臼，就要勇敢地独辟蹊径。只有敢于撕掉包裹着的层层“笋衣”，才能凸显个性。

当代著名女作家张抗抗创作的优美散文《牡丹的拒绝》就是一个很好的范例。

然而，枝繁叶茂的满园绿色，却仅有零零落落的几处浅红、几点粉白。一丛丛半人高的牡丹植株之上，昂然挺起千头万头硕大饱满的牡丹花苞，个个形同仙桃，却是朱唇紧闭，皓齿轻咬，薄薄的花瓣层层相裹，透出一副傲慢的冷色，绝无开花的意思。偌大的一个牡丹王国，竟然是一片黯淡萧瑟的灰绿……

一丝苍白的阳光伸出手竭力抚弄着它，它却木然呆立，无动于衷。

惊愕伴随着失望和疑虑——你不知道牡丹为什么要拒绝，拒绝本该属于它的荣誉和赞颂？

…………

其实你在很久以前并不喜欢牡丹。因为它总被人作为富贵膜拜。后来你目睹了一次牡丹的落花，你相信所有的人都会为之感动：一阵清风徐来，娇艳鲜嫩的盛期牡丹忽然整朵整朵地坠落，铺散一地绚丽的花瓣。那花瓣落地时依然鲜艳夺目，如同一只奉上祭坛的大鸟脱落的羽毛，低吟着壮烈的悲歌离去。牡丹没有花谢花败之时，要么烁于枝头，要么归于泥土，它跨越委顿和衰老，由青春而死亡，由美丽而消遁。它虽美却不吝惜生命，即使告别也要留给人最后一次惊心动魄的体味。

笋尖　描写牡丹花开花落，着力赞美牡丹的拒绝，赞扬牡丹不慕虚华、对生命执着追求的精神

笋衣　赞美牡丹的雍容华贵、绚丽多姿

很有意思吧？别只觉得有意思，让我们用这种好玩的写作方法来写一写数学思维里的妙趣横生吧。

哇！好有意思啊！让我来试一试吧！可是，这没头没尾的，怎么开始创作呢？

生活处处是写作。要不，就从你的朋友圈开始吧。

1 文字说不清的不如用数形

小泡芙

学校的班级篮球赛刚刚落下帷幕，语文老师在布置周末作业时，要求我们写一写对这场比赛印象最深的片段。跟同学交流了一会儿，发现大伙儿都想写投球的瞬间，一个这样写还行，两个三个就不好玩了，太单调了！我想写点好玩的，可是不知道怎么写呀！请朋友圈的高手们支个招！

1天前

♡ **皇甫老师 小土豆 小叶子**

小土豆：哎呀！我也有同款烦恼！请把解决方法抄送一份给我。

皇甫老师：你怎么不问我呢？

小泡芙回复皇甫老师：我当然很想问您，可不是很敢，怕您说我不动脑筋。既然高手现身，我就大胆发问啦！有同学写运动员的飒爽身姿，有同学写啦啦队的竭力嘶吼，可这些在任何一场比赛中都有啊，再怎么推陈出新也感觉像是“炒冷饭”。我想写点不一样的，可怎么也发现不了不一样的，太苦恼了！

皇甫老师回复小泡芙：有没有想过跳出固有的框架？

皇甫老师

皇甫老师，什么叫跳出固有的框架呀？

一想到习作，每个人都觉得是语文的事。你有没有想过，是不是能从数学的角度写一写呢？

数学？从数学的角度？这怎么写呀？写一串数字吗？

看来，你对数学也有点儿偏见啊！数学就只有数字吗？你想一想，二年级的数学书上是不是有一个单元叫“思维广角”？

思维广角？是的！是的！您说的是排列，又或是概率？

真聪明！

排列、概率，这两个数学知识点都能运用到习作里，你可以自由选择。再回归到这次的写作主题上，你想要写篮球赛中印象深刻的片段，就可以写篮球赛中容易被人忽略的方面，如篮球的比赛规则或一个队伍的获胜概率等。

找到了写作主题，可以再厘清自己想要了解的问题，逐一找到答案，然后选择自己感兴趣的方面写。

每个班派出几个人参加比赛？

每个班出一支队伍，一支队伍最多由 6 名球员组成，每支队伍在比赛中只能有 5 名球员在场上，不能临时换人。如果必须换人，被换下的球员就不能再参加本次比赛。

6 个班一共要比赛多少场？

学校四年级一共有 6 个班级，如果所有班级之间都要比赛一场，每个班要和另外的 5 个班各比赛一场，即每个班要赛 5 场，一共要比 5×6=30（场）；由于两个班只赛一场，重复计算了一次，实际上一共要赛 30÷2=15（场）。

一场比赛的时间有多长？

小学篮球比赛分为三小节，每节比赛时间是 8 分钟，比赛后半场前会有 2 分钟的休息，然后再比赛，因此一场比赛总共耗时 24 分钟。

进球的分值怎么算？

①一分球：罚球。在篮球比赛中，罚进一球可以得 1 分，也是场上唯一一种分值为 1 分的进球。

②两分球：在对方三分线内（含踩线）出手命中的球，统统都是两分球。

③三分球：在对方三分线外（不含踩线）出手命中的球，都是三分球。

如何判定获胜？

参加比赛的每支队伍，每一场比赛结束时根据双方球队的得分情况判定胜负，谁的分数高谁获胜，分型为 1 ：0，2 ：1，等等。

当整理完这些信息，小泡芙忽然觉得原来一场篮球赛竟然这么有趣，从前只觉得是一场激烈的厮杀，没想到其中还藏着数学知识呢。她仔细思考，觉得最感兴趣的是“一个班一共要比赛多少场？”这个问题，所以就根据了解到的内容动手写了一篇习作。

泡芙习作

四年级一共有 6 个班，我以为只要比赛 6 场，一天就能结束了，可按照比赛规则，每两个班级就要比赛一场，每个班要和另外的 5 个班各比赛一场，即每个班都要赛 5 场，一共要比 5×6=30（场）；由于两个班只赛一场，重复计算了一次，实际上一共要赛 30÷2=15(场)。

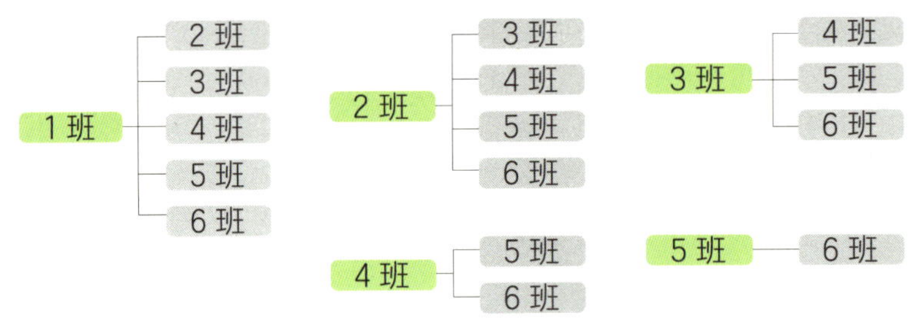

天！一看示意图，5+4+3+2+1=15（场），这不得比好几天啊！这运动员得多累啊，看来班级的数量太多也不是一件好事啊。我忧心忡忡地安慰自己班的篮球队长，可他却悠悠地看了我一眼，说：“你不知道小组赛吗？”

原来，每个班在比赛前要抽签，1 班、2 班、6 班是一个小组，3 班、4 班和 5 班是另一个小组。

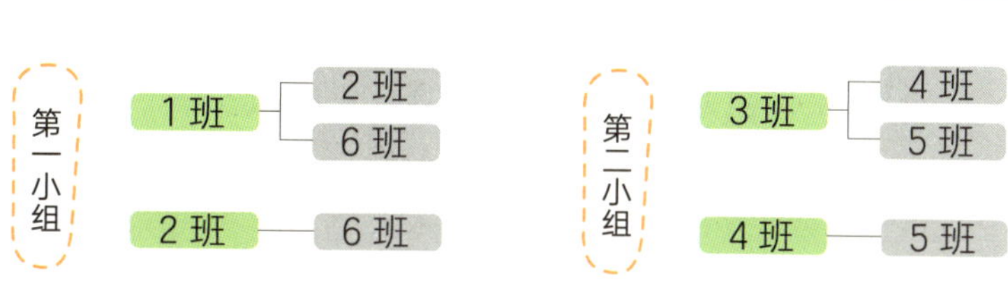

这样一来，每个班实际上只需要比 2 场，而且只要赢一场，就能进入半决赛了，而接下去就更简单了，也更刺激了。

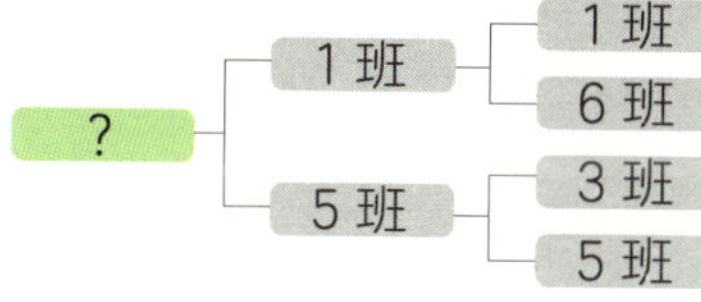

皇甫老师，快来“围观”我写的。

写得真好啊，也让我学到了点知识呢。

皇甫老师，这跟平时写的作文有点不一样啊。作文也可以这样写吗？

为什么不可以？写作是为了表达自己，不应局限于任何形式。当然，这更适合称作"微习作"——随处可以发生的习作。

小土豆

小泡芙，我收到了你的抄送！这可是宝贝啊！

我学会了，你学会了吗？

当然！我不仅自己学会了，也让我的同桌小叶子学会了。她正在学羽毛球，刚刚经历了一场激烈的羽毛球赛，正迫不及待地写下来呢！等我发给你啊！

千万别觉得打羽毛球是件很简单的事，因为其中的“水”可太深了。

首先，要学习基本动作，如架拍、引拍、挥拍、收拍、步伐等一系列的规范动作。其次，要学习各种球路，如高远球、扣球、挑球、吊球……最后，还得弄懂比赛规则，差点把我绕晕了。羽毛球比赛的竞赛项目有男双、女双、混双、男单、女单。

就说前几天，学校各班级之间来了一场循环赛。比赛采用单循环淘汰赛，也就是说，每个班与每个班之间都要比一场，因为时间关系，每场比赛只有一局，每局得 21 分为胜。

比赛状况可激烈了，上午场的四个班的角逐赛特别精彩，比分咬得很紧。

参赛队	三（1）班	三（2）班	三（3）班	三（4）班	积分	净胜	排名
三（1）班	—	21:16 3	18:21 0	21:15 3	6	2	2
三（2）班	16:21 0	—	17:21 0	21:19 3	3	1	3
三（3）班	21:18 3	21:17 3	—	21:19	9	3	1
三（4）班	15:21 0	19:21 0	19:21 0	—	0	0	4

几乎都是三四分的差距，最少的逼近两分，我的心都要跳到嗓子眼了。你虽然不在现场，可也能感觉得到吧？

2 点碗麻辣烫也得算清楚账

小泡芙

妈妈说这个月家庭消费预算已经超标，我在一旁没有说话，心想这跟我可没有一点儿关系——我几乎不花钱，就偶尔点个外卖。可妈妈刚刚数落完爸爸，又看了看我，接着就抱怨我每次点外卖都不会货比三家，一点儿也不知道勤俭持家。我真的太冤枉了！求安慰！

1天前

♡ **皇甫老师 小土豆 小叶子**

小土豆：同一片天空同一个妈，明明是她们自己买化妆品不眨眼！

皇甫老师：我觉得你妈妈批评得对。

小泡芙回复**皇甫老师：**皇甫老师，你怎么也这么说我呀？我特别喜欢吃一家店的麻辣烫，其他门店的味道都不合我的胃口。就一家店，怎么货比三家呢？

皇甫老师回复**小泡芙：**你妈妈说的“三家”可能不是指三家店，而是在这个网络迅速发展的时代中的不同外卖平台。不同的平台，政策不同，价格肯定不一样啊。

皇甫老师

皇甫老师，您说的外卖平台指的是美团，或者饿了么？

对呀，这是点外卖的 App，有不少商家还推出了小程序，都算平台。

可是，同一家店，价格还能不一样？

当然啦。往常买东西都是货比三家才知道哪家最便宜，可现在时代不同了，不同的平台为了吸引、留住顾客，肯定会采取特有的优惠措施。举个例子，有的商家为了让店铺的小程序有更多的流量，会给在小程序下单的顾客打折。只有比一比，才知道自己有没有真的享受到优惠，才知道自己是不是“勤俭持家”。

别看点外卖这件平常小事，也能在微习作里写出花来。同样运用数学思维，每个人都能看到的“笋衣”是点一份外卖需要花费的钱的计算方式，也就是加法；而少数人看到的“笋尖”是在不同平台的不同优惠政策下的价格比较。

这不，小泡芙摇身一变，当起了市场调查员，调查起了不同平台的不同优惠政策等内容。

实付金额由哪几部分组成？

通俗点说，实付金额就是消费者最后在平台支付的钱。这个金额，一般包括消费者订购的食品价格、配送费和打包费。不过，这个实付金额不一定是商家收到的钱，因为不同的平台会按照一定的比例收取服务费。

平台涉及的优惠类型有哪几种？

一般有三种优惠类型。

第一种，官方平台活动。这种活动一般由外卖平台官方发布，活动力度最大，而且最安全，没有任何“坑”，可是关注的人却不多，可能因为流程过于复杂，或者消费者担心有套路，等等。各大外卖平台都会有一些固定的优惠活动：“美团”每周三都是外卖节，当天可以领取两张价值 9 元的红包；每个月的 18 号是神券节，当天可以领取价值 18 元的红包，当然这得靠抢。“饿了么”有一个“吃货豆”，可通过每次下单累积，也可通过其他任务获得，攒够了就能兑换红包。

第二种，店铺活动。店铺的优惠一般有三种，一是减免配送费，二是满减活动，三是红包或抵用券。最省钱的一定是同时使用三种优惠，让实付金额尽可能少。在这三种优惠中，满减活动是最难琢磨的，因为商家会同时推出一款热销的打折商品，但凡购买了打折商品就不能享受满减活动，导致消费者必须放弃其中一项利益。目前最没有套路的就是“新店立减”活动了，就是第一次光顾一家店，通常能优惠 2 元或 3 元，而且没有任何门槛，且不与任何优惠发生冲突。

第三种，隐藏福利活动。各外卖平台会不定期地针对不同的群体开展定向活动，如记者节、教师节等。

会员制度有什么优惠？

平台会员一般每个月能够领取 4 张 5 元的会员专属无门槛红包，这个红包还可以升级成店铺专属红包，本来价值 5 元，可升级为 8 元的店铺专属红包，只限于在这家店使用。当然，前提是你是平台的会员。

小泡芙想着挽救自己在妈妈心目中的形象，打算再点外卖时货比三家，你看——

泡芙习作

又到了点外卖的时间了，我熟练地打开了美团 App，搜索“麻辣烫”，一家熟悉的店出现在眼前：牛肉丸、蛋饺、鱼豆腐、鹌鹑蛋、泡面、香菇、娃娃菜……通通加入购物车，一共 46 元。刚准备付钱，想起妈妈的抱怨，就先看了看这 46 元是由什么组成的。一看，原来点的菜的价格是 41 元，再加上 4 元配送费和 1 元打包费。

我不信了，就又去饿了么 App，在同一家店选了一模一样的菜，一看实付金额，怎么只要 42.5 元？点开订单详情，配送费一栏显示“0”元，原来因为首次点单免了配送费。果然，妈妈说的是对的，我的确没有“货比三家”。

妈妈看到我在点外卖，探过头来：“你再去‘美团’看看，是不是有‘满 43 元减 8 元’的优惠，你只要再加一份土豆……”

“也就是说，最后只要 46+2-8=40 元就够了？”我一边说，一边尝试着往购物车里添了土豆，实付金额果然成了“40”元。妈妈又清了清嗓子，说：“你再用一个店铺专属红包吧，我帮你注册个会员，看看最后需要付多少钱？”

看着跳出的“32”的数字，我不禁感慨：从前的我可真的不知道勤俭持家啊！这时，我忽然叫道：“妈，如果选‘数字人民币’的支付形式，可以立减 0.8 元再赠送 1% 的现金红包呢……”

皇甫老师

不得不说，你的麻辣烫菜单口味跟我有点儿像。

咱俩是同道中人啊。

我也要学习你的勤俭持家！

数学思维在生活中的运用可真常见，无论是比赛，还是学习，甚至是生活。看来，数学课也能写进微习作里，真有趣。

小土豆

小泡芙，看你这一算，我的确得反省自己点奶茶的时候没有货比三家。

哈哈，同一个天下同一个我们。

可我还是觉得我妈买化妆品不眨眼，也没见她货比三家啊。

可能她比了，你不知道。你妈妈的化妆台上是不是有很多小样？估计都是送的，也是省钱了。

真的吗？我去问问她，如果是真的，我也替她算算，到底省钱了没有。

一到“双11”，妈妈就成了一个数学家。她有一本草稿本，只用过两页，这说明她参加过两届“双11”。

我很不理解，不就是为了买一瓶“神仙水”嘛，何必这么“大动干戈”。妈妈摇摇头，说：“我怀疑你长大存不下钱，因为你都不知道货比三家。一比，就能省下很多钱呢。”

我不信，妈妈就在草稿本上演算：在中免日上（免税店的网银店），神仙水一瓶装1355元，两瓶装只要2090元；小灯泡精华一瓶装1125元，两瓶装1996元。肯定要买两瓶装，划算多啦。

而在淘宝旗舰店，一瓶神仙水要1690元，微信代购一瓶则要1520元。这一对比，日上的显而易见便宜多了。更划算的还在后头，日上“双11”有活动：满2000减250，满4000减500，上不封顶。

每样买两瓶，2090+1996=4086（元），刚好可以便宜500元，还能送四件套小样，有洗面奶、清莹露、神仙水、精华露，妥妥一套旅行装啊，价值447元呢！

你看，我虽然买了价值5033元的化妆品，实际上只需要支付3586元，不是节约了很多钱吗？

我一听，似乎终于明白妈妈是怎么成为一个“有钱人”的了。

3 妈妈买手机得听我的意见

小泡芙

妈妈的手机坏了，一直计划着买个新手机，可最近家庭开支有点儿大，她一直舍不得。是时候展现我的孝心了，我打算去营业厅帮妈妈选一部手机，柜台营业员阿姨一直推荐“保底消费”，说只要签约了保底消费，手机就能便宜不少，可真的划算吗？谁能分享点儿经验给我？

1天前

♡ 皇甫老师 小土豆 小叶子

小土豆：我也想分享经验给你，可我没有这么雄厚的财力！

皇甫老师：这不还是道数学题吗？

小泡芙回复**皇甫老师：**数字倒是数字，可“保底消费”也能用数学思维吗？

皇甫老师回复**小泡芙：**当然，消费不花钱啊？你想知道划算不划算，很简单，列一个等式就行，看看两边是不是相等。

一部手机价格的确定涉及多个因素，包括成本、品牌、功能、市场需求等，计算公式是这样的：

手机售价 = 成本价 + 品牌溢价 + 功能加成 + 市场调整

成本价，指的是手机制造的总成本，包括材料成本、人工成本、设备成本等。通常，手机厂商会通过成本核算系统来计算手机的成本价，这需要考虑各种成本的比例和分配。

品牌溢价，也叫品牌的附加值。举个例子，完全一样的衣服，你可能更愿意多花几百块钱买一双知名品牌的鞋子，而事实上这双鞋子与没有品牌的完全相同。

功能加成，是指手机的功能会提高其价格。

市场调整，是指根据具体的市场状况提高或降低价格。

这是通常而言的价格，在实际的买卖中，手机运营商会为绑定套餐的用户提供一定的购买优惠，这是为了吸引用户选择购买套餐并成为该运营商的长期客户。通过选择套餐，用户可以在购买手机时享受更低的价格，相较于单独购买手机，无疑是一个很大的优势。

这个绑定的套餐，实际上是一系列的增值服务，如免费的流量、通话时长、短信及其他会员特权等。这些增值服务能够帮助用户在长时间内节省一定的费用。有些运营商为了维持用户满意度、留住用户，还会不定期提供一些额外优惠和活动，如赠送流量包等，这些都使购买手机绑定套餐变得更加划算。

回归正题，“保底消费”划不划算，先要列一个等式：

单独购买手机的价格 = 套餐价格 + 优惠后的手机价格

等式的左边不需要计算，直接看标价即可，而等式的右边需要计算，需要注意的是，运营商签订保底消费一般会要求一定的时间，如至少一年或两年。

这下，终于明白了！小泡芙认认真真地打听了妈妈目前的手机套餐价格，包括哪些增值服务，又跑去营业厅打听，终于让她算明白了——

泡芙习作

妈妈看中的一款手机，标价是 2399 元，如果签约保底消费，一个月消费 108 元，满两年就可以在 2399 元的基础上减免 888 元。我又在网上搜了搜价格，最低的店铺也要卖 1899 元一台。

1899 元 <2399 元，上网买比在营业厅买便宜。

2399−888=1511 元 <1899 元，签约保底消费最便宜。

一想，不对，我好像忽略了每个月的套餐价格。妈妈原本的套餐是一个月 88 元，包括 30G 手机上网流量、400 分钟国内通话等；而保低消费的 108 元套餐则包括 40G 手机上网流量、600 分钟国内通话等，可妈妈说她原来的套餐已经足够，多出的等同于鸡肋。

也就是说，如果签约保底消费，等于每个月多花费 20 元，两年也就是 20×24=480 元，所以实际的花费一共是 1511+480=1991 元。

1991 元 >1899 元，还是上网买划算。

果然，列了几个算式，我终于知道划不划算了，所以打算请爸爸帮妈妈在网上购买，再把钱给爸爸就行了。

皇甫老师

你这一算，把我算清楚了。我晚上就去买你妈妈看中的那款手机，再签约个保底消费。

这样的话，我就知道，您每个月的手机套餐肯定超过 108 元了。

是的，问题是超过 108 元，还没有 40G 手机上网流量，你说亏不亏？

小土豆

你给我了不少的启发。

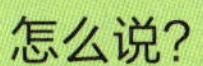

怎么说？

我想起我妈去美容店的事了。我记得，价目表上写一次是多少钱，可店员总推荐包月或买套餐，我得算算到底哪个更划算。

快去，别让你妈妈吃亏。

妈妈上次团了一张全身按摩的优惠券，刚好这个周末有空，就打算去试试，我也跟着一块儿去了。结束后，妈妈觉得挺不错的，就想办张卡，打算有空就来按摩。

店里的营业员就过来介绍，说全身按摩一次要 980 元，如果一次性充值 5000 元购买本店的脸部清洁项目，全身按摩单次就可以享受 2 折优惠。我赶紧算了算，980 × 0.2=196（元），这也太划算了吧？这时，我瞄到妈妈正在手机上搜索这家店的套餐，也有全身按摩的券，一张 392 元，是 196 元的 2 倍呢，不划算。

我推了推妈妈，让她买，可她朝我眉头一皱，然后转过头对营业员说："好的，我回去考虑考虑，有需要联系你。"走出店门，妈妈叹了口气，对我说："你再算算，要是妈妈充了这 5000 元，得来多少次才划算？"

来10次？5000+196×10=6960元>392×10=3920元,不划算。

来20次？5000+196×20=8920元>392×20=7840元,不划算。

来 25 次？ 5000+196×25=9900 元 >392×25=9840 元，还是不划算。

我没有再算下去，而是叹了口气，说："你还是买券吧。你工作这么忙，一个月来一次都够呛。万一美容店倒闭了……"

大蒜式表达：

道德与法治课很励志

这不是大蒜吗？是呀，我们在厨房里、餐桌上经常会见到大蒜，很多菜需要它。

但是，它和写作有什么关系呀？里面藏着写作方法吗？

你看，大蒜一瓣一瓣地围在一起，就像兄弟姐妹并排围成一个圈，多可爱呀！就像这篇微习作。

大蒜的吃法可多了：可以直接吃；可以将蒜捣碎成蒜泥，加入食用盐、食用醋，再滴几滴香油，包菜或者蘸着馒头吃；可以将大蒜洗干净放在盐水中浸泡一天，放入罐子，加入醋、白糖熬煮好的汤汁，密封严实，腌制一个月左右就成了糖醋大蒜，解封即可食用；还可以做成蒜酱；最普遍的吃法就是作为配料放入其他菜中，如大蒜回锅肉、蒜香黑椒牛柳、蒜香排骨、蒜泥白肉、蒜蓉粉丝煲、蒜香茄子等。

你发现了吗？这篇微作文是围绕着“大蒜的吃法可多了”这个中心内容来写的，这个中心内容就像是大蒜中间的蒜心。一瓣蒜就是一种吃法，各种吃法就如一瓣瓣蒜围绕着蒜心并排紧密相连，这样大蒜式的写法也可以称为并列式写法。

当遇到吃法很多，作用很多，方法很多，特点很多……而且需要一一列举的时候，就可以用并列式表达，分点表述。

很多作家也喜欢用这样的方式哦！

高邮咸蛋的特点是质细而油多。蛋白柔嫩，不似别处的发干、发粉，入口如嚼石灰。油多尤为别处所不及。鸭蛋的吃法，如袁子才所说，带壳切开，是一种，那是席间待客的办法。平常食用，一般都是敲破"空头"用筷子挖着吃。筷子头一扎下去，吱——红油就冒出来了。

——汪曾祺《端午的鸭蛋》

鸭蛋的吃法就是并列式表达，分点叙述：一是带壳切开，二是敲破"空头"用筷子挖着吃。

夏天，树木长得葱葱茏茏，密密层层的枝叶把森林封得严严实实的，挡住了人们的视线，遮住了蓝蓝的天空。早晨，雾从山谷里升起来，整个森林浸在乳白色的浓雾里。太阳出来了，千万缕像利剑一样的金光，穿过树梢，照射在工人宿舍门前的草地上。草地上盛开着各种各样的野花，红的、白的、黄的、紫的，真像个美丽的大花坛。

——董玲秋《美丽的小兴安岭》

围绕"小兴安岭的夏天很美丽"，写了树木葱茏、晨雾浓厚、阳光耀眼、野花美丽，这四个内容之间就是并列关系哦！

轮到你大展身手了。挑一种你喜欢的食物，用并列的方法写出它的多样吃法吧。当然，也不一定要写食物，只要你敢，相信就可以攀登上不一样的高峰！要不，从生活里找点儿素材？

1 路见不平可得一声“吼”哦

2023年10月6日　星期五　晴

我以前很喜欢在小区里玩儿，直到——小区里出现越来越多的狗。我挺喜欢小狗的，很可爱，可是有些狗太“热情”了，看到我就直接往上扑，小狗还行，我能架得住；要是遇到大狗，我根本招架不住，一下子就把我扑倒了，还一个劲儿地舔我的脸，我根本反抗不了；还有些更大的狗，冲着我“汪汪汪”，吓得我直想遁地走，我真担心它咬我。我很想在小区里喊一句：遛狗时能不能拴上绳子啊？

2023年10月8日　星期日　晴

跟小花生约在小区里见面，我其实有点胆战心惊的，好在今天没有人遛狗。小花生见到我，很兴奋，扯着我的手一直碎碎念，毕竟一个长假没见了，的确有点想念。

突然，我听到一声狗叫，赶紧朝周围看了看，没有狗的踪迹。小花生察觉到我的异常，问我是不是怕狗，我就跟她说了我的烦恼，她也谈起她上次在小区里骑自行车，差点儿跟一只狗相撞，可又不敢跟狗主人理论。

看，这已经不是我一个人的烦恼了，就没有人管管吗？

2023 年 10 月 9 日　星期一　小雨

皇甫老师居然看出我不对劲了。我也说了，想看看她有没有解决方法，她点点头，说她也赞同遛狗要拴绳，还建议我给小区里养狗的业主写一份倡议书。

什么是倡议书呢？我去查了查资料，倡议书指的是由某一个组织或社团拟定，就某件事向社会提出建议或建议社会成员共同去做某件事的书面文章。

可我又不是组织或社团，也可以写吗？要怎么写呢？

2023 年 10 月 11 日　星期三　阴

我特意去找了一趟皇甫老师，说出了我的疑问。她笑了笑，说我是社区的一员，自然要为社区奉献自己的力量啦，所以肯定可以写！倡议书其实跟写信的格式差不多，就是写信是给一个人写，而倡议书是给一个群体写，在现实生活中的应用范围很广泛，像是社区有张贴过“节约用水倡议书”“光盘活动倡议书”等。

我又问：“和信差不多，也就是说，倡议书就是由标题、称呼、正文、结尾和落款五个部分组成吗？”她点点头，又说：“信件和倡议书的区别就在倡议书具有广泛的群众性、公开性等。”

可是，就是建议小区业主遛狗时拴好绳子，就一句话，还能写成一份倡议书吗？不过，这个问题我没有问出口，我可不想显得自己太笨，先琢磨琢磨吧，总能琢磨明白的。

2023 年 10 月 14 日　星期六　阴

晚饭时，妈妈又在劝爸爸把臭袜子单独放在一个脸盆里，列举了几个医学案例，又说了不少卫生知识。我听着听着，忽然明白了，劝人是一句话就能劝好的吗？当然不行，得具体、生动，最好说到对方的心里，才能让对方听你的劝，所以我真的得写一份倡议书啊。

搞懂了这些，再去请教皇甫老师才算有点儿底气了。

2023 年 10 月 17 日　星期二　晴

我还没去找皇甫老师呢，她就送来了一本“秘籍”。可真贴心，我要仔仔细细看。

倡议的内容简单且清晰，而提出倡议的理由则要充分。在讲述理由（遛狗为什么要拴上绳子）时，可以采用大蒜式表达，通过一个又一个具体且充分的理由，充分验证倡议书的合理性。

遛狗要拴上绳子的理由有很多，如能及时避让车辆与行人以减少交通事故的发生，能防止狗误食小区里的垃圾，也能防止狗失控咬伤行人……

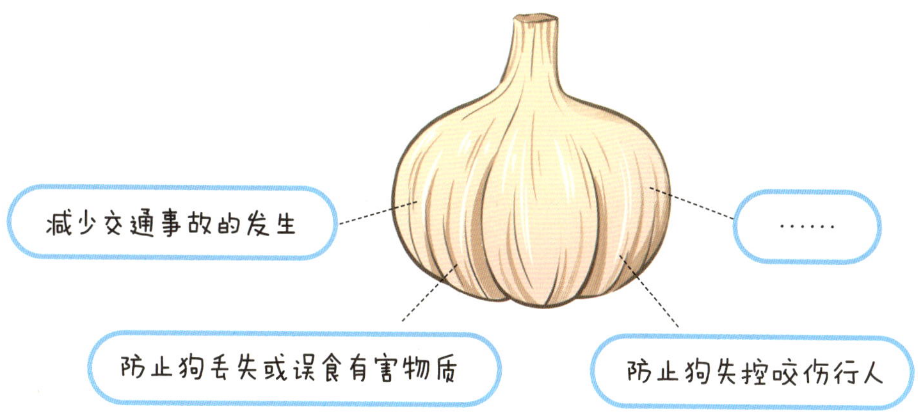

陈述了理由，就需要针对每一条理由给出充足的说明，最好能列举一些真实的事例，让人信服。

理由一：减少交通事故的发生

现在的很多小区建设得非常好，空间大，环境优美，小区业主常常在小区里跑步、骑车、滑冰，如果狗不拴绳子在小区里尽情奔跑，就会吓得行人措手不及，容易发生交通事故。同时，小区门口一般是马路等公共区域，自行车、私家车往来频繁，也容易相撞发生意外。

理由二：防止狗丢失或误食有害物质

虽然小区建设日益完美，可也不能完全排除小区的花坛里有玻璃碴等物品，狗不拴绳子就会自由追逐其他狗或在草坪上乱闻、乱吃而感染疾病，如犬瘟热等。发情期的狗如果没有牵引绳，可能会吸引其他公狗，增加走失的风险。

理由三：防止狗失控咬伤行人

狗可能因为在路上遇到其他狗或受到外界刺激而攻击他人，可能吓到小孩、孕妇或老人，严重情况下可能导致人身伤害。如果狗具有攻击性，且主人未能及时制止，可能导致其他人受到攻击。

最后要注意一点，倡议书是不具有法律效应的，所以语言不能显得特别僵硬，不然小区业主连看都不愿意看，更别说去遵守了，所以得写得情真意切些。

遛狗不拴绳，的确问题多多，小泡芙心想自己得马上行动，写完后再交给社区的工作人员，让小区更文明。

泡芙习作

文明遛狗倡议书

——让狗成为我们最亲近的朋友

狗是人类忠实的朋友，它们活泼、可爱、机智、有趣，给我们的生活带来许多愉悦。可是，人们在享受遛狗带来的快乐时，也会有一些不顺心的事，如果不加以约束和管理，不仅会给周围的人和环境带来诸多不便，也会给狗狗带来诸多风险呢。而这些风险，只要一根牵引绳，就能完全避免。

1. 减少交通事故的发生

你正在环境优美的小区里跑步，忽然迎面跑来一只狗，因为来不及停下来，你与狗撞在了一起，意外就这样发生了。如果狗不拴绳子在小区里尽情奔跑，就会吓得众多行人措手不及，发生意外，再加上小区门口一般是马路等公共区域，自行车、私家车往来频繁，也容易相撞发生意外。

2. 防止狗丢失或误食有害物质

虽然小区建设日益完美，可也不能完全排除小区的花坛里有玻璃碴等物品，狗不拴绳子就会自由追逐其他狗或在草坪上乱闻、乱吃而感染疾病。如果没有牵引绳，还会增加狗走失的风险。

3. 防止狗失控咬伤行人

狗可能因为在路上遇到其他狗或受到外界的刺激而攻击他人，如果狗具有攻击性且主人未能及时制止的话，狗就会攻击他人，还可能吓到小孩、孕妇或老人，严重情况下可能导致人身伤害。

我倡议：让我们积极行动起来，遛狗时拴上绳子，共同为小区文明贡献一份力量！

倡议人：小泡芙

20×× 年 × 月 × 日

2023 年 10 月 24 日　星期二　晴

看了皇甫老师给的“秘籍”，忽然感觉自己变成了武林高手，“蹭蹭蹭”就写好了一份倡议书。不过，把倡议书交给社区书记时，还是有一点儿小紧张，毕竟这是一件很重大的事情。

社区书记会采纳吗？

2023 年 10 月 26 日　星期四　阴

放学回到小区，我看到小区门口的布告栏新贴了一张红色的纸。走近一看，居然是我写的倡议书！

我可太高兴了，连蹦带跳地回到家，大声喊：“妈，你看小区新贴的倡议书了吗？”妈妈一脸笑容地看着我，说：“当然！我还知道是你写的呢！”我的笑容更灿烂了，妈妈又说，“社区书记托我夸夸你，说你解决了她的一个小烦恼。她还说，小区的业主也看了，都非常赞同，书记还收到很多表扬信呢。”

嘿，我忽然有了一种无法言说的成就感。

2023 年 10 月 29 日　星期日　阴

原来，社区书记有一箩筐的烦恼，我只解决了一个。

社区书记在妈妈的微信上找我，她说小区这几年一直在实施“垃圾分类”的政策，可效果一直不理想，问我能不能再写一份倡议书，与垃圾分类有关，督促小区业主把垃圾分类这件事做得更好。书记还说了，积极参与就能获得社区颁发的“文明小标兵”的锦旗哦！

我打算把这个机会让我的好朋友桐庐县学府小学三（7）班的颜轶宁，她一定非常乐意！

垃圾分类倡议书

——让美丽的环境成为常态

亲爱的居民朋友：

您好！实行生活垃圾分类，关系到我们居住的生活环境，关系到生活使用的资源。加强生活垃圾管理，是每个人的责任。为了倡导绿色发展方式和生活方式，推进生活垃圾减量化、资源化、无害化，不断提升城市文明水平，让我们一起做垃圾分类的先行者，做保护环境的践行者吧！在此，我向广大居民朋友们发出以下倡议：

1. 我们要做垃圾分类的引领者。要树牢绿色发展观念，增强“垃圾分类、人人有责”的意识，深入学习掌握垃圾分类知识，自觉将生活垃圾按照可回收、厨余、有害和其他垃圾分门别类，精准投放，推动形成绿色低碳的生活方式。

2. 我们要做垃圾分类的传播者。积极利用自己的社交圈发布垃圾分类知识；在小区门口制作宣传海报，利用空余时间讲解垃圾分类知识，让垃圾分类家喻户晓，深入人心。

3. 我们要做垃圾分类的实践者。在家时，少用或不用一次性餐具、塑料袋、纸杯等用品，减少废弃物的产生；就餐时，适量点餐，节约粮食，实行“光盘”行动，减少厨余垃圾；购物时，自觉自带购物袋，选购和使用再生材料制品，促进资源循环利用。

垃圾分类，非一人可成；垃圾减量，非一日之功。美丽的小区是我们共同的家，舒适的生活环境需要你我共同创造。让我们行动起来，从正确分类、投放、处理垃圾开始，也为建设天更蓝、水更清、地更绿的美好家园贡献自己的力量！

倡议人：颜轶宁

2023 年 11 月 1 日

2 人美心善当然要狠狠夸

2023 年 11 月 2 日　星期四　阴

只要打开一个口子，很多事情就会源源不断地涌来。

上次帮社区写了一封倡议书，社区书记特别重视以我为代表的小学生的力量，很多事情会通过妈妈来找我商量。这不，社区最近打算建设一条党建长廊，却在“党员风采”这一栏上犯了愁，问我有没有什么好的想法。我最先想到的就是自我介绍和党员事迹，好像没有什么新意。

不过，我可没有这样告诉社区书记，我得维护我的形象啊。

2023 年 11 月 3 日　星期五　晴

本来没有打算找皇甫老师，可交作业的课间，她忽然问我上次的倡议书怎么样，我努力克制，可还是忍不住夸了自己，生怕把自己吹上天了。皇甫老师一边听，一边微笑着点点头，说：“为你这样的小学生的行为点赞！为社区服务，是小学生的美好品质。”

美好品质？美好品质！我抿了抿嘴巴，说：“皇甫老师，如果社区要建设一条党员长廊，是不是可以把‘美好品质’当作主题，集合与‘热心'等相似的品质，就很有特色了。"说着，我画了一幅。

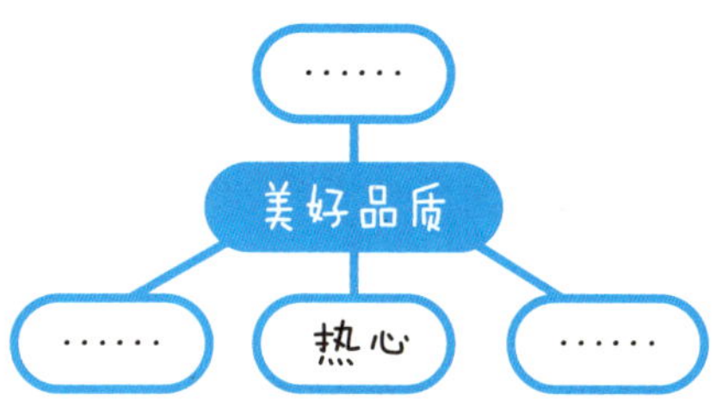

她一看，点了点头，夸我真聪明。哎呀，骄傲又多了一分。不行，不行，我要克制我自己。

2023 年 11 月 5 日　星期日　晴

闲来无事，我又翻开了皇甫老师的"秘籍"，不翻到也算了，一翻就觉得自己上周五的"显摆"是一个多么愚蠢的行为啊。

我的思维导图不就是皇甫老师的"大蒜式表达"吗？蒜心是"美好的品质"，蒜瓣是具体的品质。

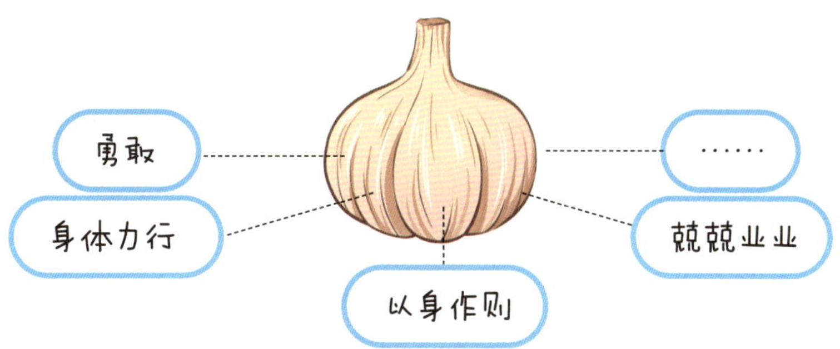

我说自己怎么想得这么顺畅，原来脑海里早就有了沉淀啊，幸好没再多说什么，不然可真的贻笑大方了。

党建长廊，以“美好品质”为中心散发开去，运用大蒜式表达，因为每一个美好品质之间就是并列关系。

这个并列关系，包含两个板块的内容，一是对美好品质的精准概括，二是用简短的事例展开说明。因此，在动手写之前，要先去详细了解社区里的人和事。而这，就是小泡芙的任务了。

小泡芙身体力行，走访社区，“背”回了不少资料。

勇敢：在社区里，有一位名叫王明的年轻人，他很勇敢，在困难和危险面前毫不退缩。王明是社区的保安队长，无论是在白天还是夜晚，他值班时尽职尽责，保护居民的安全。有一天，社区里来了一个鬼鬼祟祟的人，王明第一时间赶到现场，通过观察、盘问等手段，了解到这是一个打算在小区里张贴小广告的人，最终劝导其离开以维护小区环境。

身体力行：今年 2 月底，陈想了解到家住紫东苑的孙阿姨想在小区原本的花坛位置种一些植被，既绿化环境，又防止居民堆积垃圾，于是迅速将这一需求上报给社区党委，并于 3 月 2 日在紫东苑小区的花坛里栽种了树苗，修缮了长期荒废的花坛。之后的每个月，由陈想带队的志愿服务队为紫东苑小区的花坛绿化打理保洁，让社区保持常绿常新。

以身作则：桂花苑打算制作一扇楼门。根据空间需要，楼门需要一个两米见方的福字和一幅 4 尺长的牡丹画，在老年大学学习书画的尹奶奶一马当先，主动领取了任务。因为字画太大，也没有这么大的写画板，所以她就把纸铺在地上，自己光着脚坐在地上，一会儿站起身，一会儿蹲下，有时趴在地上，不停变化绘画角度。就这样足足干了两天，终于完成了。同时，她还发动自己的女儿和孙女参与制作楼门中的千纸鹤、剪接和拼接剪纸……在尹奶奶的带领下，更多的居民参与楼门的文化建设。

兢兢业业：裴书记为进一步充分发挥社区的服务功能，提升社区在群众中的形象和党组织在群众心中的威望，夯实社区在党与群众间的纽带和桥梁关系，先后为居民提供“老年食堂”、“祖国花朵园”、临时用工、家庭保洁、老人陪护等多种服务，使社区的服务向社会不断延伸，不断加强社区的服务能力。

乍一眼，材料很丰富，可会有点儿视觉疲劳，所以友情提醒，美好品质的具体概括仍然要以简洁为原则，容易让人理解，不要长篇大论而不知所言。同时，在形式设计上也要有创意。

泡芙习作

勇敢

王明

作为保安队长，他总是在困难和危险面前毫不退缩。无论是在白天还是夜晚，尽职尽责。

身体力行

陈想

他把居民的需求上报社区党委，在旧花坛栽种了树苗，修缮了长期荒废的花坛，同时带领志愿服务队做好绿化工作，让社区保持常绿常新。

以身作则

尹奶奶

在老年大学学习书画的她一马当先，花了足足两天的时间，制作了一个两米见方的福字和一幅4尺长的牡丹画，还发动自己的女儿和孙女参与制作，在社区形成了良好的文化建设风气。

兢兢业业

裴书记

为进一步充分发挥社区的服务功能，提升社区在群众中的形象和党组织在群众心中的威望，夯实社区在党与群众间的纽带和桥梁关系，他先后为居民提供“老年食堂”“祖国花朵园”多种服务，使社区的服务向社会不断延伸，不断加强社区的服务能力。

2023 年 11 月 7 日　星期二　阴

在不断采访、收集资料的过程中，我对社区也有了新的认识。随着时代的进步，社区的建设也越来越好。就是在这样的温馨与幸福中，我参与了社区党建长廊的建设，贡献了一份小小的力量，这真的是一件让我觉得骄傲的事。

在这个过程中，我最大的收获其实是，原来微习作真的处处都在，即使是写一段短短的人物介绍，也有搜集、整理等必要步骤。

2023 年 11 月 8 日　星期三　阴

妈妈说社区的公众号推送了一期“党建长廊”，作者栏还有我的名字。说真的，看着自己的名字，还有一阵恍惚呢，不过，正因为有了这个名字，我以后得更努力！一定要更努力！

2023 年 11 月 9 日　星期五　晴

下个月就要评比全校的“美丽教室”了，我为宣传委员出了个主意，我们可以参考社区“党建长廊”的模式，也在教室里布置一条“风采走廊”，既能让评委了解我们班的特色，又能督促同学们有可以看齐的榜样，以成为更好的自己。

一听我的想法，宣传委员立刻包揽了这个任务。我忽然有点儿期待他的杰作呢！

跳远达人

杨洋

他的脚上好像装了弹簧，在运动会的跳远项目上，只见他轻轻一跳身轻如燕，腾空跃起，不仅姿势帅呆了，一落脚就是别人怎么也触碰不到的距离。

乐于助人

颜轶宁

作为班长，她总是在学习上帮助同学。每周二的早读课，她都会用清脆的声音带着同学读英语 ，哪一句不熟悉，她就带着多读几遍。

学习先锋

许铭洋

虽然坐在最后一排，可老师说他是这个班上听课最认真的人，所以他在学习上一直遥遥领先，据说还能考四个“100”呢，同学们都称他是“学神”。

文武双全

朱梓天

他不仅能文还能武，“文”指的学习上思维敏捷，老师抛出个问题，他总是反应最快地举起手，还常常给老师出谜题。“武”指的是体育运动上活力四溢，尤其是足球，一脚把我们班踢进了市级比赛。

3 我有一千零一个愿望

2023 年 11 月 15 日　星期三　晴

放学后，妈妈让我去社区领一张奖状，说是书记为了感谢我前几次的出谋划策。走到社区，我看到了自己参与的“党建长廊”已经布置得差不多了，真自豪啊！可这条长廊的空间大，还有不少位置。我在想，是不是可以给社区提一个小建议，开辟一个角落，设置一个“许愿区”，让社区的居民可以畅所欲言地表达自己的心愿，可以是对社区未来建设的一点建议，也可以是自己的一个小心愿，主打一个真诚！

我甚至乐滋滋地在想，我也可以当个“写手”，替人写心愿，像是《山茶文具店》里的主角一样，多有意义啊。

2023 年 11 月 17 日　星期五　阴

我犹豫了两天，才跟妈妈说了自己的想法，妈妈笑我胆子小，有想法要大胆地说。进校门时，妈妈喊住我，说：“我觉得你的想法很棒！”

我“扑哧”一声笑了。下次有想法，一定要第一时间告诉妈妈。

课间，我和同桌小皮球说起这件事，他立刻夸张地举起了手，说：“我！我！我！先给我留个位置！不过，心愿我还没想好呢。”看来，我的这个想法的确有施展的空间。

放学，我刚回到家，妈妈就笑眯眯地说："书记说打算再给你发一张奖状。"嘿，我心里的石头才真正落了地。

2023年11月18日　星期六　雨

又和妈妈商量了细节，我发现自己把问题想得太简单了。我印象中的"许愿区"就和奶茶店里用各种颜色的便利贴装饰一样，可妈妈说这也太不正式了。

的确，在一个社区的党建长廊，便利贴飘来飘去，万一粘不住掉下来，影响美观，也不够正式。要是每个人写的愿望都特别短，像是"世界和平""幸福快乐"，这样通俗是通俗，可一点儿也没有特色，无法凸显社区的风采。唉，想法虽好，却是个难题啊。

2023年11月20日　星期一　晴

本来还想犹豫，可想了想，还是去了皇甫老师的办公室。皇甫老师听我说完，笑嘻嘻地说："等筹划好了，我也想去许个愿。"

接着，她又说，"世界和平""天天快乐"是不错的愿望，就是稍显通俗，又与社区的党建长廊的风格不符合。不过，生活处处都是写作，如果我们能利用这块小小的地方践行微习作，不就一举多得了吗？我觉得很有道理。

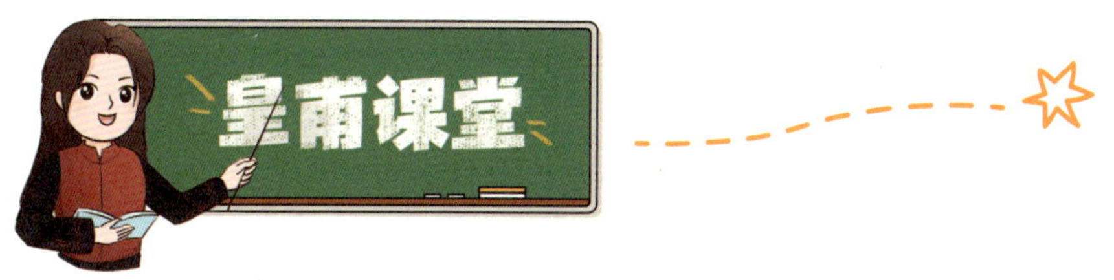

社区在制作一面心愿墙时，可为前来许愿的人提供模板。而这个模板就刚好可以套用大蒜式表达。虽然每个人的心愿不同，却都是发自内心的真诚祝福，聚集在一起，蒜瓣抱着蒜心，不就是一个紧紧抱团的大蒜吗？

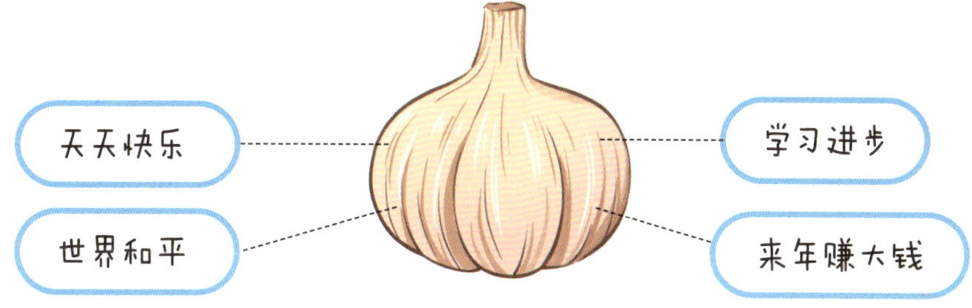

模板一般分为两个内容，一是直截了当地说明心愿，二是对心愿有一个详细的解释和说明，这样既能把心愿墙装饰得更美观，也增大了实现心愿的概率（如果有好心人能帮助实现心愿的话）。

在心愿墙的制作上，也可以设计成可爱的图形，或者提供可张贴的多种图形供许愿的人选择。

2023 年 11 月 21 日　星期二　雨

这次，我有了想法，就马上行动了，搜集了四个同学的心愿。

天天快乐：我希望在日常生活中保持愉快、乐观和充满活力的心态。快乐的人会感激生活中的每个美好片刻，感恩自己拥有的一切，不会抱怨生活中的困难和挑战，而是看到其中的机会和可能性。

学习进步：书海无涯，学海无边。我愿意勤奋努力，成就更好的自己。每一滴汗水都能浇灌出成功的花朵，每一次努力都能换来辉煌的明天。

世界和平：我的心愿是世界和平，不再有坏人。妈妈总是嘱咐我在放学路上不要跟陌生人说话，要警惕陌生人是坏人，因为我可能会受伤，这太可怕了！如果全世界的人都只做好事不做坏事，每个人就能平安地生活，不再担心自己的安全，多幸福啊！

创造财富：爸爸总是说他现在这么辛苦工作，就是想有一天能拥有足够的财富去支持自己及家人的生活，以及实现更多的梦想。这些年的经济状况不好，但他希望能运用自己的智慧与才能，成功地开办自己的企业或投资项目，成为一名成功的企业家或投资人。除了个人的财富梦想，他也希望为社会作贡献，利用自己的财富帮助需要帮助的人，让他们也过上更好的生活。爸爸的心愿就是我的心愿。

2023 年 11 月 28 日　星期二　晴

据说，心愿墙已经做好了，我提供的四个心愿也已经上墙了，同学们听说后都感谢我给了个“露脸”的机会。我在想，是不是也要给皇甫老师许个愿？有空问问她吧。要不是她，我哪能成为社区智囊团的一员啊。

2023 年 12 月 1 日　星期五　晴

学校马上要迎接“文明学校”的创建评比了，A 幢教学楼二楼的东侧有一块空白墙面，教导处正在征求同学们的建议。我在想，是不是可以布置一面“烦恼墙”？每个人都有烦恼，可能有些同学不好意思说，就可以采用不记名的形式。为什么要展示烦恼呢？因为大家可以知道原来每个人都有烦恼，甚至会有人跟自己有一样的烦恼，可能还会有好心人帮忙解决烦恼呢！

我先收集四个烦恼，再拿着这个想法去找学校，再趁机推广皇甫老师的“秘籍”，一举多得！

我希望我的鼻子能无时无刻保持通畅，这样我就会很舒服。我听医生的，首先保持健康的生活状态，每天用生理盐水冲洗，在治疗的时间内按要求喷药水，最后加强运动，不能一直窝在家里。可这不争气的鼻子，总是三天两头要“生气”，真烦人！

——小叶

爸爸每次回到家总是皱着眉头，看着很不开心的样子，打电话也是这样。我发现他的额头上多了好几道皱纹。我劝爸爸说出不开心的事，可爸爸总说大人的事小孩不懂，你不说我当然不懂了。

——小晨

我写的字就像一摊烂泥，语文老师批我的作业时总是头疼得要命，看着我，想说什么，却只能摇摇头，叹口气说：“下次写端正点儿。”怎么样才能把一摊烂泥变成一行行整齐有力的字呢？

——小念

我为什么不能成为家里的“谈判专家”？这让我很烦恼。爸爸妈妈总是吵架，可每次吵架都因为一些鸡毛蒜皮的小事，只要我上场，两三句话就能平息这场矛盾，可爸爸妈妈根本不给我施展的余地，他们要么歇斯底里，要么冷战，真是浪费了我的才华。

——小丽

红烧肉裹法：

体育课超刺激

吃过红烧肉吗？是不是特别美味？口水直流了？别急啊！你认为，一道成功的红烧肉最关键的是肉，还是裹着的汁？凭借多年的“品尝”经验，你一定知道：肉不对味，汁再好吃，也不行；肉好吃了，汁欠点火候，也不行。最好的味道，一定是肉好吃，汁也好吃，锦上添花，味道一绝！

越说越离谱了？红烧肉跟写作有什么关系呢？当然有！

写作不就像一道红烧肉吗？写作内容就是原料——猪肉，要想这道菜卖相好、味道好，摆上餐桌人人夸，不得有鲜美的汁？！也就是说，写作内容千变万变，却都是这个世界，而要想真正出彩，还得靠“汁”——也许是形式，也许是视角，也许是……

有点复杂？什么是写作内容的“汁”呢？其实一点儿也不复杂，部编版小学语文三年级下册的《花钟》就做了很好的示范。

鲜花朵朵，争奇斗艳，芬芳迷人。要是我们留心观察，就会发现，一天之内，不同的花开放的时间是不同的。凌晨四点，牵牛花吹起了紫色的小喇叭；五点左右，艳丽的蔷薇绽开了笑脸；七点，睡莲从梦中醒来；中午十二点左右，午时花开花了；下午三点，万寿菊欣然怒放；傍晚六点，烟草花在暮色中苏醒；月光花在七点左右舒展开自己的花瓣；夜来香在晚上八点开花；昙花却在九点左右含笑一现……

这道红烧肉的“肉”其实就是“开花”这个词，整个自然段讲的就是不同的植物开花，可用的“汁”就丰富多了，如“吹起了紫色的小喇叭”“绽开了笑脸”“从梦中醒来”等，这不是锦上添花吗？谁不爱这道菜呢？

《火烧云》则示范了另一种形式的“汁”。

这地方的火烧云变化极多，一会儿红彤彤的，一会儿金灿灿的，一会儿半紫半黄，一会儿半灰半百合色。葡萄灰、梨黄、茄子紫，这些颜色天空都有。还有些说也说不出来、见也没见过的颜色。

这道红烧肉的“肉”是火烧云的颜色，用的“汁”也很到位，有“红彤彤”“半紫半黄”“葡萄灰”等多种颜色，不胜枚举，让人沉浸在这道菜的“美味”中不能自拔。

写作内容的“汁”实际上就是一种变化，不在固定的框架里打转。

这下，有没有对厨房里的红烧肉有新的看法？你瞧，用变化的眼光看待平常事物，不就是写作的真谛吗？

体育课马上要开始了！要不要跟着我用变化的眼光重新认识微习作里的体育课？

1 入场式解说词秀起来

微习作吧　　关注 1,425　帖子 938

春季运动会，开始啦！　　只看楼主　收藏　回复

 楼主  小泡芙	镇楼。
 楼主  小泡芙	好期待呀！一年一度的春季运动会马上就要开始了！
  体育老师	哎哟，我捕捉到了一个激动的小朋友，可不要睡不着哦。

楼主  小泡芙	这一次，没有体育细胞的我仍然不能像运动健儿一样上场为班级拼搏，可是我打算用另一种方式为班级贡献一份力量。这不，班主任把班级的入场式解说词的任务交给了我！
楼主  小泡芙	想了想，还是有点忧愁啊，入场式解说词要怎么写呢？看着不难，可是要在短短的一两分钟时间内从三十多个班级里脱颖而出，是不是得有点创意啊？谁能给我支支招啊？
 体育老师	不好意思，我是爱莫能助啊。
 小叶子	我哥哥现在五年级了，他们班当时的入场式解说词，我帮你问来了。 春意盎然，迎面走来的是四年级（3）班的同学们。他们步伐整齐，精神饱满，英姿飒爽，洋溢着青春的执着和热忱。 听！这气势磅礴的口号喊出了所有人的必胜信念。别样的风采，高昂的斗志，迎着朝阳，昂首阔步；踏着光辉，势如破竹。 他们是学习上的佼佼者，也是运动场上勇往直前的英雄。四年级（3）班，加油！
 小土豆	乍一看，很有气势呢！必胜！必胜！加油！加油！
楼主  小泡芙	可我觉得，这段话其实适用于任何一个班级啊，你不信，把“四年级（3）班”换成“三年级（7）班”试试看？入场式解说词的框架大致上是不是相似的？
 皇甫老师	哎哟，这么热闹呢！楼主大大，我等了你半天，也不见你发消息给我啊。
楼主  小泡芙	这不是想着先自己想想办法吗？您可是我的秘密武器，不然，我怕使用您的次数太多，会让您觉得我笨笨的。

 皇甫老师	楼主真可爱啊！一个老师是不会觉得一个爱问问题的学生笨的，反而会觉得你好学。况且，我很高兴你在生活的各个角落都找到了写作的机会和灵感，这也是我的一份骄傲呢。
 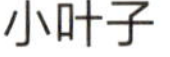 小叶子	我也发现了，微习作是一件特别好玩的事，随处都可以发生。
 皇甫老师	这就是我最愿意看到的，你们也给我了很大的成就感啊。你们让我觉得当语文老师很幸福。
 楼主 小泡芙	就请您不厌其烦地指导我们啦！请问，入场式解说词要怎么写才有趣，才能吸引人啊？我们班想要小小地出个名！
 皇甫老师	在知道怎么写得有趣之前，要先从最基本的概念入手。你真的了解入场式解说词吗？

入场式解说词是一种为特定场合设计的内容，通常在比赛、演出或庆典等活动开始时用于引起观众的注意和兴趣，其目的是通过短暂的介绍，激发观众的热情，让参赛者和观众迅速进入状态，为活动营造一种欢乐、轻松或庄重的氛围感，以及带来精彩和难忘的体验。

入场式解说词是活动开始前的必要环节，通常包括四块内容：

1. 活动名称和主题

2. 介绍参与者

3. 活动的背景和重要性

4. 激发观众热情的话语

一般而言，最重要的，占据内容最多的应该是第四块内容，所以通常是在解说词中加入激励性话语，号召观众一起加油、欢呼。

 皇甫老师	去年四（3）班的入场式解说词就是一个很好的例子。如果说每个班的入场式解说词都是一道红烧肉的话，框架就是“猪肉”，每个班都差不多，可“汁”就是各个班级的秘密武器了。 请问，属于三（7）班的秘密武器是什么？
 小土豆妈妈	会写呀！班级里 80% 的同学热爱写作，连续一年多的时间频繁地在各大杂志上投稿，还有五位同学的文章被选编进一本图书里了呢。
小土豆	妈！你什么时候也玩贴吧了？再说了，在运动会上，怎么能写习作上的优势呢？要写也只能写我们班的体育风采。
 皇甫老师	谁说不能的？写作上的优势当然可以写，而且足够吸引人！品质是互通的，三年级（7）班的入场式解说词的核心就确定好啦！ 再嘱咐一句，在真实的运动会上，留给每个班的时间差不多只有一两分钟，所以入场式解说词的字数最好不要超过 300 字，不然还没讲完，队伍就从主席台走过了，多可惜。
 楼主 小泡芙	感谢皇甫老师！现在该我出场了！ “现在走来的是三年级（7）班的同学们，他们……”
  甜甜	小泡芙，跟你商量个事呗。我也想体会微习作的奥秘，所以能不能把这个机会给我？
  皇甫老师	就算楼主不答应，我也答应。
楼主 小泡芙	什么话？我怎么可能不答应！分享微习作上的成就感，是我最近一直想做的事，我还得感谢甜甜给我这个机会呢！

 甜甜	现在走来的是三年级（7）班的同学们，他们意气风发、气势磅礴，脸上绽放着自信而坚定的笑容。这是一支敢于追梦的团队，2023年勇夺县足球特色学校联盟班级联赛亚军；这更是一支以习作为特色、极具实力的队伍，他们善于观察、想象力丰富，他们坚持阅读、勤于练笔，一篇篇精彩的文章不断涌现在各大杂志上。不懈努力、不倦追求是不变的信念。请拭目以待三年级（7）班在运动场上的追梦之旅吧！
 小叶子妈妈	听说了吗？听说了吗？三（7）班出圈啦！放学时，我听到好多学生在讨论，说学府小学居然有个班这么有特色。
 楼主  小泡芙	哈哈，微习作的风吹到各个角落了！
 皇甫老师	我怎么感觉楼主有一种“为人师”的幸福感呢？不好意思，我已经笑得合不拢嘴了！
 楼主  小泡芙	真为自己是三年级（7）班的一员而感到骄傲！
 甜甜妈妈	不得了，不得了！我听说三（6）班的同学兴冲冲地找来，想让我们班的智囊团也替他们想一想秋季运动会的入场式解说词。
 楼主 小泡芙	是的是的。有想法的跟个帖哦。
 皇甫老师	三（6）班也很有特色，擅长书法，不管是硬笔书法，还是软笔书法，常常在校级比赛、县级比赛中获奖呢。

 小可可	看，三 (6) 班的同学们正迎着灿烂的朝阳，迈着铿锵有力的步伐向我们走来。他们个个朝气蓬勃，精神抖擞，脸上洋溢着自信的微笑，彰显着美好的青春活力。这是一支充满自信与魅力的队伍，齐心协力、团结协作，拼搏奋进、勇往直前；这也是一支卧虎藏龙、极具实力的队伍，班级以书法为特色，因为专心、恒心与静心，因为日复一日的比学赶超、勤学苦练，一幅幅出色的硬笔和软笔书法作品荣获校级与县级书法大赛奖项，这是实至名归的荣誉，这是勤勉努力的见证。相信今天，三 (6) 班的同学必能超越自我，去迎接终点的鲜花和掌声，就让我们一起在运动场上一睹其风采吧！

红烧肉裹法：

2 妙语连珠的赛事直播

微习作吧 关注 1,425 帖子 938

春季运动会，开始啦！

只看楼主 收藏 回复

楼主  小泡芙	再镇楼。
楼主  小泡芙	运动会已经开始啦！这场面真的太热闹了！不知道学校开不开放，班级群里好多家长想来看呢！
 体育老师	校园位置有限，安全问题重大，家长不允许进校。

 班主任	我的想法是找几个同学在班级群里直播比赛赛况。
 小土豆	请听前方记者小土豆带来的报道……信号不好……掉线了……
楼主 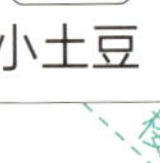 小泡芙	我报个名！形式很新颖，好像有我施展的余地，也算是为班级作贡献了。不过，虽然在电视上看过赛事直播，一定是描写场面，可直播的精髓是什么啊？怎么描写才能让不在现场的家长也能感受到现场的激烈状况呢？
 小叶子	网络信号给力点就好了，直接开场直播，想看什么就直播什么。
 皇甫老师	楼主在吗？我觉得你好厉害，能想到赛况直播是要描写运动会的比赛场面。用手机直播的想法也说明了一个问题，就是用文字表达场面肯定是有难度的，不过也不是不可以实现。
楼主  小泡芙	在，在，在。刚打算呼叫您，没想到咱俩这么有默契。又到了微习作“粉墨登场”的时候了。
 皇甫老师	微习作本就是积累的过程。跟杜甫的诗“随风潜入夜，润物细无声”一样，在悄无声息中就发生了变化，也实现了意想不到的积累。
 小土豆	场面描写，我肯定也可以，就是不知道怎么样才能让不在现场的人好像在现场一样，我也能听一听课吗？
 皇甫老师	小板凳搬好吧！

学校运动会虽小，也是体育精神的展示舞台。在班级群里当小小的赛况直播解说员，也要了解比赛的规则，再配合良好的语言沟通能力。

这道红烧肉，“猪肉”不用说了，一定是运动会上的比赛场面，而要想留下观众，让场外的观众通过文字感受到当时比赛的刺激、激动人心，得有足够鲜美的“汁”——时间。

每个运动员拼尽全力就是为了缩短最后成绩的时间。在分秒必争之间，观众的心也会提到嗓子眼，不可谓不刺激。因此，在赛况直播时，运用时间这一支架，就能达到这个效果啦。

当然，我说的“时间”是赛场上一个充满变化的词，根据具体的比赛项目而变化：100 米、200 米跑等短距离比赛项目，可以通过时间的流逝增加场面的刺激感；三级跳、跳高等项目，则可以用实际的距离引领紧张气氛；而如果是长跑项目，如 800 米、1500 米跑等，也可以利用倒计时圈数的形式，如“倒数第二圈……倒数第一圈……”，光这几个词就能让观众感受到紧张的气氛。

楼主  小泡芙	感谢皇甫老师！听君一席话，胜看好几本作文书呢！ 悄悄问一句，有没有人想试一试？没有的话，我就再发帖问一遍。
 小安总	我！我！我刚刚看完男子 200 米跑，太激烈了，太激动了！等我会儿，我平复下情绪马上“直播”。
 皇甫老师	别急，别急。先把气喘过来。期待你跟甜甜一样，在班级群里掀起一阵掌声。

一年一度的运动会在今天举行，最令人热血沸腾的是男子 200 米跑的比赛，比赛规则是用时越短越好。我们班的运动员，一开始一直处于第三、第四的成绩，这让场外的观众十分紧张，生怕自己班拿不到好成绩！在决赛最后一组，令人期待的潘同学上场了，只见他意气风发地出现在我们的视野里，潘同学虽然个子不高，但是他的两条腿就像上了马达的机械腿，跑过时就像刮过一阵风，都能掀起地上的树叶和沙子，他的刘海儿也在舞动，只见他一个个超越了其他班的运动员，在最后的 20 米冲刺时，大家都屏住了呼吸，生怕影响他的发挥。

30 秒，31 秒……时间最终定格在了 31.33 秒！

赢了！一瞬间，场外的同学全都在兴奋地尖叫，有人开心地跳了起来，有人喊哑了嗓子，还有的人激动地抱在一起！最激动的就属班主任，她涨红了脸，笑得连眼睛都红了，仿佛激动的泪水马上就能溢出，我也觉得很开心，就算喊哑了嗓子也不愿停下！

 小叶子妈妈	哇！太燃了！
 小泡芙妈妈	我怎么感觉自己就在现场呢？这赛事直播也太精彩了。
 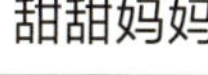 甜甜妈妈	这潘同学妥妥的班级之光啊。
 皇甫老师	立定跳远的比赛马上要开始了！请在场的同学也直播赛况吧，让场外的家长继续感受学府小学运动会的热情浪潮吧！

阳光明媚，微风习习，在人山人海的学校操场上，处处都是呐喊声，跑道上挤满了人，个个顶着脑袋想一睹运动员风采。相反，立定跳远的场地上就安静多了，没有多少观众，只有运动员排成一列。越是安静，反而越是凝神静气。

杨洋上场了！他这大高个，在队伍里就很显眼了，可看他文文静静的，能跳多远呢？只见他走到线边，深吸一口气，双臂向上，双腿微弯曲，用力一蹬，一个腾空飞跃，稳稳地落到前方。

1 米 5？ 1 米 6？ 1 米 7？裁判员一看，喊：“1.72 米。”“哇，好远呀！”我忍不住叫了起来，周围不多的观众也开始鼓掌、欢呼。最骄傲的莫过于李老师了，昂着脸朝裁判员笑了笑，仿佛在说：“这是我们班的。”

3 振奋人心的广播投稿

微习作吧　　关注 1,425　帖子 938

春季运动会，开始啦！　　只看楼主　收藏　回复

楼主

小泡芙

再再镇楼。

楼主

小泡芙

今天是运动会的第二天，场面还是很激烈，而且我忽然发现不只有比赛场上在激烈地竞争，就连一个小小的广播站也成了各班竞相争夺的“宝地”。

 小叶子	你听，广播在报—— 看，终点就在眼前；听，同学正在为你呼喊。你奋力向前，哪怕胜利永远只是个未知数。 虽然跌倒了，但你没有放弃，爬起来，继续努力前进！因为你知道——如果放弃，虽不会再摔跤，可是——永远不会前进半步！终点，永远等待着每一个不放弃的运动员，永远！
 班主任	听了其他班的广播投稿了吧？有没有摸出什么规律？赶紧也写一写，说不定有个精神文明奖呢。
 体育老师	好好一场运动会，我怎么觉得你们都在讨论习作的事情？是不是走错贴吧了？
 小土豆	一看体育老师跟帖，我就知道他上学时光搞体育了。微习作啊，无处不在：哪儿都能写，什么都能写！您懂吗？
 甜甜	我看到很多同学在写广播稿，也在不断地投稿，每个班也都很在意广播现在在播谁的投稿。这的确是一件很值得骄傲、自豪的事啊！
楼主  小泡芙	我们班也在蠢蠢欲动，都来找我商量，怎么写才能出彩，才能振奋赛场上的运动员，又给观众留下深刻的印象？我有点犯愁。
 皇甫老师	楼主，你看到小土豆的跟帖了吗？都知道微习作了，肯定也会用了。上次夸楼主“随风潜入夜，润物细无声”，这次又要夸楼主“赠人玫瑰，手有余香”了呢。
 小土豆	我没看错？有生之年还能看到夸自己的帖子！好的方法是普遍适合大多数人的。我爱皇甫课堂！

称“广播投稿”，还是稍微敷衍了，正式的名字应该是“运动会稿件”，是由广播员念出的在运动会广播中播出的带有对运动进程有鼓励性质的文字，一般由观众或运动员提供。简单地说，就是加油打气的话语。也可以是官方的记录报道，主要写哪些项目被打破了纪录，或者特别体现了体育精神，等等。

学校运动会时，一般每个班都会投稿，有的限定数额，有的越多越好。被选中的话会给该班级加分，有的学校还会加到班级运动会的总分里，投稿通过的一般加 1 分，播报的一般加 2 ～ 3 分。运动会稿件是运动会中不可缺少的部分，增强了观众的观赏体验，让其更加了解运动会的文化和精神内涵，让整个运动会更加精彩。

学校运动会的广播投稿大多由不参加比赛的学生写，多为诗或散文的形式，内容多是展现运动会的精彩瞬间和感人故事，传递正能量：鼓励参赛运动员，激发其斗志和信心；安慰暂时失利的运动员，不要灰心丧气；赞扬裁判和啦啦队等工作人员，感谢其辛勤付出。

小贴士：撰写运动会投稿四步骤

1. 确定投稿类型

运动会投稿的类型可以根据不同的比赛项目和场景选择，或昂扬向上的，或激情澎湃的，或歌颂青春的，等等。

2. 确定主题和目的

明确投稿的主题和目的，是为了鼓励参赛者，或赞扬裁判，或肯定啦啦队，或表达对运动会的热爱和期待，等等。

3. 运用修辞手法

为了使投稿更加生动、有趣，可以运用各种修辞手法，如比喻、拟人、排比等。同时，也要注重遣词造句，尽量使用简练、准确、生动的语言，让文字充满力量和感染力。

4. 表达对比赛的关注和热情

可以描写比赛中的精彩瞬间、感人故事、背后的付出等。结尾处可以呼吁观众和运动员积极参与运动会，共同体验运动会的魅力和乐趣。

广播投稿的范围的确很广，只要是发生在运动会赛场上的任何人、任何事，都可以写，大多是写一种赞扬与祝福。

而要写得出彩，“汁”真的得有秘方，而这个秘方，却常常被人忽略。运动场上最显眼的一定是运动员、裁判员和观众等；而一些物体，如接力棒、沙子等，就不够起眼了，可这恰好是味道最独特的“汁”：想要赞扬跑步的运动员，就写跑道；想要赞扬 4×100 米接力赛的运动员，就写接力棒；想要夸奖三级跳远的运动员，就写沙子；想要夸奖跳高的运动员，就可以写撑高竿；想要夸夸辛苦工作的裁判员，就写一写枪声……

 楼主 小泡芙	如果说，广播稿也是一道红烧肉的话，我觉得“猪肉”已经显而易见了，就是展现运动会的精彩瞬间，就是这“汁”还找不到秘方。
 皇甫老师	直接开始吧！从认识广播投稿开始！

这是一条无声的跑道，前路漫漫，承载了运动员无尽的汗水与泪水，充盈着观众奋力的呐喊与助威。脚步踏在跑道上，没有声音，可述说的是有声的努力与助威，是掷地有声的实力与拼搏。跑道永远在脚下，它承载着运动员飞扬的梦想和向前的步伐。这一刻，它仿佛在呐喊：运动员，加油！

 楼主 小泡芙	这道红烧肉，我可太有信心做出最独特的味道了。 都最后一天了，我就不让了啊，先动手了。有兴趣的继续跟帖，霸占学校的广播站！
 皇甫老师	我应该没听错吧？刚刚广播播了你的投稿。也没看错，班上的学生又跑去广播站了。

这是一根“显眼包”撑杆，它身材细细长长的，没比赛时安安静静地待在角落；一旦站上赛场，立马化身“弹力超人”。双手紧握撑杆，是彼此间的信任，也是长久以来的配合，助跑、起跳、过杆，撑杆用弯成“C”字的身躯，助力它的运动员伙伴脚踩云层，飞跃长空。这一瞬间，它仿佛在欢呼：“腾飞吧！我的伙伴。”

清单式表达：

科学课真着迷

这东西，熟悉不？像不像去超市大采购时，妈妈列好的物品清单？又像不像旅行前，你罗列好的打算去玩一玩的目的地？没错，我们在生活中常常见到清单，也常常用到清单。

方法取之于世间万物，用之于微习作，这就是微习作的妙处。

在以往的习作课上，你一定听过“逻辑”这个词，哪怕没听过，大概也会有这样的经历：你写想象故事，老师劝你要“合理想象”；你描写一个地方的美景，或写一件特别让人高兴的事，老师说你要“按照一定的顺序”……“合理”“顺序”，其实就是“逻辑”的内容，指向的是思维。

如果问，你觉得哪门课需要逻辑，你一定说是数学课或科学课，非常正确。其实，习作也需要逻辑，而且是非常需要。不信，你读一读小学语文三年级下册的《蜜蜂》。

听说蜜蜂有辨认方向的能力，无论飞到哪里，它总是可以回到原处。我想做个实验。

一天，我在我家草料棚的蜂窝里捉了一些蜜蜂，把它们放在纸袋里。我叫小女儿在蜂窝旁等着，自己带着蜜蜂，走了四公里路，打开纸袋，在它们身上做了白色记号，然后放了出来。二十只左右被闷了好久的蜜蜂向四面飞散，好像在寻找回家的方向。这时候刮起了狂风，蜜蜂飞得很低，几乎要触到地面，大概这样可以减少阻力。我想，它们飞得这么低，怎么能看到遥远的家呢？

在回家的路上，我推测蜜蜂可能找不到家了。没等我跨进家门，小女儿就冲过来，脸红红的，看上去很激动。她高声喊道：“有两只蜜蜂飞回来了！它们两点四十分回到蜂窝里，肚皮下面还沾着花粉呢。”

我放蜜蜂的时候是将近两点钟，也就是说，在大约三刻钟的时间里，那两只小蜜蜂飞了四公里路，这还包括了采花粉的时间。

傍晚时，我亲眼看到另外三只飞了回来，身上也都带着花粉。

第二天我检查蜂窝时，发现了十五只身上有白色记号的蜜蜂。

这样，二十只左右的蜜蜂，至少有十五只没有迷失方向，准确无误地回到了家。尽管它们逆风而飞，沿途都是一些陌生的景物，但它们确确实实飞回来了。

蜜蜂靠的不是超常的记忆力，而是一种我无法解释的本能。

《蜜蜂》更像是一堂科学课，还是不信？我列一张清单给你看看。

1. 实验目的：验证蜜蜂是否有辨认方向的能力。

2. 实验过程：

（1）捉蜜蜂——做记号；

（2）放蜜蜂——测能力；

（3）检查蜂窝，记录飞回的蜜蜂数。

3. 实验结论：蜜蜂确确实实有辨认方向的能力。

有了清单提供的思路，逻辑就在线了，习作自然也就不会偏离方向，一步一步，有条不紊。简单地说，清单式表达就是分步表达，任逻辑开花。

1 准备工作必不可少

小吐司：

见信好。

虽然不曾与你见过面，可这样用信保持联系也有两年了，倒也是一件感觉很奇妙的事。

你开学了吗？我开学了，现在已经是一名三年级的学生了，你也是吧？虽然我很喜欢上学，可最近有点烦恼。你开始学科学了吗？虽说科学是一门主课，可我对这门严谨而精细的学科实在提不起什么兴趣，感觉有点无聊。一比较，语文、英语可就容易多了，这是不是就像大人说的：女孩子都擅长文科，而不擅长理科？

我很想问问科学老师，有没有什么学科学的好办法，可是科学老师看上去有点凶，我不是很敢问。真希望有人能帮帮我，最起码让我对科学产生点儿兴趣也好啊。

你在贵州的哪个地方啊？如果有机会，我想着哪个寒假或暑假，让妈妈带我去找你。或者，你有时间也可以来浙江找我玩。

小泡芙

2023年9月2日

小泡芙：

见信如面。

好像一直忘记跟你说，我其实比你大两岁，现在已经五年级了呢。我也是从三年级开始学习科学的，之前也学不好，也跟你一样怀疑过自己是不是不擅长学习理科。不过，我的科学老师——一位特别温柔的女老师，有一次跟我说："女生擅长文科，男生擅长理科，我觉得这是一个悖论，没有哪一项公开的研究成果能证明。"

后来，我慢慢对科学有了兴趣，也才真正理解科学老师说的话。有时候，可怕的不是这些学科真的有多难，而是你认为自己不行，所以后续的每一步都会很困难。我们不要在思维上限制自己，想想你在谈起写作时，字里行间全是自信，仿佛是一颗小太阳。

你还没有找到方法，所以对自己缺少一份肯定，患得患失，甚至担心别人看不起你。其实，每个人都一样，有自信的地方，也有不自信的地方。我觉得，你可以把自己擅长的迁徙到不擅长的事情上啊，你现在最喜欢也最擅长的事情是什么呢？一定是写作吧。有没有想过，像学习习作一样学习科学课？

祝你没有烦恼。

小吐司

2023年9月12日

小吐司：

见信好。

最近发生了很多事，所以这封信写得有点晚了，可这次有好消息哦。不过，我得慢慢说。

上次给你写信后，因为闷闷不乐的，同桌看出来了，就问我为什么。我如实说了，结果他特别搞笑，说："请你把学英语的天分匀一点儿给我，一点儿就行。谢谢！"我就在想，其实我不应该沉浸在烦恼的世界里，因为谁都有烦恼，得去解决烦恼。

我仔细想了想，我不反感科学，也想好好学，可总是觉得自己有心无力。为了摆脱这样的局面，我去找了皇甫老师。你还记得皇甫老师吗？我跟你说过，她是一个很有想法，也很有"干货"的语文老师。你知道吗？她跟你提出了同样的建议——迁徙。你建议我像学习习作一样学习科学课，她直接建议我把科学课写进微习作里。

微习作本就可以随时发生，不限于任何形式、任何学科。把科学课写进微习作也不是什么魔法。你觉得科学课的逻辑严谨，就用严谨的思维去写。严谨，这个词看似高深，实际上也不高深，就是分步骤进行，一步接着一步，每一步都做到位就够了。

我们去超市购物，为了防止遗忘东西，也为了提高效率，通常会列一个购物清单，对不对？要把科学课写进微习作，就用清单式表达，一条一条写清楚就可以了。

科学中，最有趣的就是科学实验了，也是你最能发现科学奥秘的大门。实验是分步骤进行的：实验准备、实验过程、实验结果。这回，先试试把实验准备写进微习作里吧，就以人教版三年级科学上册中的“影响食盐在水中溶解快慢的因素”为例，学过的一定知道有水温、是否搅拌等因素。

做这个实验需要准备什么呢？

你可以列一张清单：

1. 烧杯

2. 食盐

3. 热水和冷水

4. 搅拌棒

很简单、清晰吧！温馨提示，科学数据得精确一点儿，最好有具体的数量，不能有丝毫的误差。

水温对食盐溶解速度的影响

实验准备：

· 两个烧杯

· 一杯装 50 毫升的热水，一杯装 50 毫升的冷水

· 两份质量为 10 克的食盐

是否搅拌对食盐溶解速度的影响

实验准备：

· 两个烧杯

· 两杯各装 50 毫升的冷水

· 两份质量为 10 克的食盐

写成微习作的形式则需要转换表述方式，用更语文的方式写科学的实验准备。

信写到这，是不是有点长了？我是很想跟你表达自己的兴奋，可能目前还没有对科学产生足够的兴趣，可起码我知道，科学不难，我能用自己擅长的方式学好科学，一定可以的。

感谢你的鼓励。

小泡芙

2023 年 9 月 27 日

小泡芙：

见信愉快。

很高兴你解决了烦恼。你是不是发现这封信回得特别快？因为我收到你的信后连夜就回了信，我太想知道你最后是怎么样完成这篇微习作的。

我很羡慕你有皇甫老师这样的指明灯，她的课堂很有意思呢。五年级的科学在学地球、月球等知识了，也有点难，可我打算用你经常提到的“微习作”的概念试一试。因为在你的影响下，我也对微习作产生了浓厚的兴趣。

记得分享你的微习作。

小吐司

2023 年 10 月 2 日

小吐司：

见信好。

真不好意思。上封信写得匆匆忙忙，都忘记跟你分享最重要的成果了。

水温对食盐溶解速度的影响

今天，我打算做一个实验，研究水温对食盐溶解速度的影响。我准备了两个烧杯，一杯里有50毫升的热水，另一杯则是50毫升的冷水，还有两份质量分别为10克的食盐。

是否搅拌对食盐溶解速度的影响

今天，我打算做一个实验，研究是否搅拌对食盐溶解速度的影响。我准备了两个烧杯，都装上了50毫升的冷水，还有两份质量分别为10g的食盐。

写得怎么样？

我也这么问了皇甫老师，问的时候也有点不自信，虽然写的时候挺流畅的，很担心自己第一次尝试出现偏差。可皇甫老师说写得很好，既有流利的语言表达，又有科学的严谨。

这个方法是不是很简单，又很有趣？班上有个男生叫朱梓天，他也很喜欢，没一会儿就写好了“从水中过滤食盐”这个实验的材料准备。你看——

如何从水中过滤食盐？这个实验准备的材料可有点多呢，一杯溶化了5克食盐的50毫升的水、一张蒸发皿、一个三脚架、一个酒精灯（配火柴）和一张石棉网。材料虽多，却都是必需品。做好准备，才能万事俱备不欠东风啊。

现在班上有越来越多的人尝试微习作了，我也很高兴。

你这个国庆假期有没有去哪里玩？我去了南京，人山人海的，也很有特色呢。

小泡芙

2023年10月7日

2 实验必须面面俱到

小泡芙：

自从上次收到你的信后，我陷入了对微习作的思考。今天，我想认真地谈一谈自己这段时间的思考。我从来没有想过，有一天习作会变成不是我想象中的习作。

我从前觉得习作都是长篇大论的，写得越长越好，越具体越好，这让我曾经产生过畏难情绪。直到遇到了你——听你说了“皇甫课堂”里的微习作，开始见识到习作在形式上的创新，虽然是有一定篇幅的，而你这一次的实验准备，原来短短的几十个字也能称得上是一篇微习作呢，跟习作一样，表达准确、生动。

对了，上次的实验，你有没有写实验过程？肯定会比实验准备难，可我相信你一定可以的，对不对？另外，国庆长假我没有出去玩，在帮家里干活。有机会的话，我也想去浙江找你玩。

祝福你！

小吐司

2023 年 10 月 20 日

小吐司：

见信好。

我和皇甫老师聊天时，谈到了你，也谈到了你对微习作的认识，她特别高兴，希望我转达你：人生是缘分，不是我的课带你走到了一个新的方向上，而是你本身就走在这条路上，只是我们恰好遇到了而已。很高兴遇到你。

我也很高兴遇到你。

对了，我准备开始写实验过程了。有了实验准备，再加上皇甫老师教授的清单式表达，我现在脑海中是有基本框架的。

皇甫老师上一次有一句话讲得对——科学课的逻辑严谨，就用严谨的思维去写。实验过程，跟实验准备是一样的，要分步骤来，一步接着一步，走好每一步。因此，我要写清楚每一个步骤。为了有连贯性，也方便理解，仍然是“影响食盐在水中溶解快慢的因素”的实验，这回先详细研究“水温”的因素。

我先列一个清单：

1. 取相同分量的热水和冷水及两份相同质量的食盐；

2. 同一时间将两份食盐分别倒入两个杯子里；

3. 静置后观察现象。

水温对食盐溶解速度的影响

实验过程：

1. 取两个烧杯，分别注入50毫升的热水和冷水，在烧杯上标注“热水”和“冷水”字样；

2. 同一时间将两份10克的食盐分别倒入两个烧杯中；

3. 静置片刻，观察现象。

再转换表达方式，写进微习作里。

水温对食盐溶解速度的影响

实验开始了！我拿了两个烧杯，分别注入50毫升的热水和冷水，在烧杯上分别标注好“热水”和“冷水”字样；接着，在同一时间将两份10克的食盐分别倒入两个烧杯中。然后静置片刻，仔细观察现象。

你觉得我写得怎么样？

我这次尝试了“水温”这个因素，还有一个因素——是否搅拌，你要不要试试看？尝试，才更能体会其中的乐趣哦。

期待你的尝试。

小泡芙

2023年10月29日

小泡芙：

见信如面。

现在的你，跟上次的你有很大的变化。上次的你，字里行间还有点不自信；可今天的你，每个字都在发光。

我真没想到你会给我这样一个挑战，谢谢。犹豫了很久，我本想拒绝，因为对没有尝试过的东西总会有一点害怕。可想想是写给你看，这份不安就消失了。

我先列一个清单：

1. 准备两个水量和温度都相同的烧杯，分别标注搅拌和不搅拌，再准备两份质量相同的食盐；

2. 同一时间将两份食盐分别倒入两个杯子里；

3. 拿搅拌棒对标有搅拌字样的杯子搅拌，另一杯不动；

4. 观察现象。

是否搅拌对食盐溶解速度的影响

实验过程：

1. 取两个烧杯，分别注入50毫升冷水，且在烧杯上标注“搅拌”和“不搅拌”字样；

2. 同一时间将两份10克的食盐分别倒入两个烧杯中，一个烧杯静置不动，另一个烧杯用搅拌棒搅拌；

3. 搅拌一分钟后，将两个烧杯放在一起观察现象。

再转换表达方式，写进微习作里。

是否搅拌对食盐溶解速度的影响

实验开始了！我拿了两个烧杯，每个烧杯里都装了50毫升的冷水，再在一个烧杯上标注“搅拌”，另一个标注“不搅拌”。接着，在同一时间将两份10克的食盐分别倒入两个烧杯中，一个烧杯静置不动，另一个烧杯则用搅拌棒用力搅拌，搅拌一分钟后停下，将两个烧杯放在一块儿，观察现象。

怎么样？如果觉得不好，请一定要直说哦。你的意见是我进步的源泉。

祝天天开心。

小吐司

2023年11月5日

小吐司：

见信好。

你写得很棒啊。不过，我夸你未免有点不好意思，毕竟你是五年级的，比我厉害是应该的。倒是，我觉得我们可以通过写信的方式沟通微习作，真的很有趣。

对了，朱梓天不是也在尝试微习作吗？你记得他上次写的“如何从水中过滤食盐”的实验吧？他也写了实验过程呢，感觉在跟我比赛似的。我也给你看看吧。

首先，我将20毫升的盐水轻轻地倒入蒸发皿中，接着将石棉网放在三脚架上，把盛有盐水的蒸发皿放到石棉网上，然后点燃酒精灯，眼睛仔细盯着蒸发皿，观察现象。

也好，你来评评看，我和朱梓天，谁写得更好呢？

小泡芙

2023年11月13日

3 观察务必入木三分

小泡芙：

见信好。

天气越来越冷了呢，山里总是冷得很快，我早起去上学的路上，发现小草上都结霜了。浙江呢？冷了吗？

这次，我想要跟你讨论一个问题。我上回写了实验过程，写得很顺畅，写完后的感觉也很好，收到你的表扬真高兴。可现在，我好像遇到了一个问题，我写完了实验现象，可一篇微习作，只有实验准备、实验过程和实验现象，就太显单薄了，是不是？

是否搅拌对食盐溶解速度的影响

今天，我打算做一个实验，研究是否搅拌对食盐溶解速度的影响。我准备了两个烧杯，都装上了50毫升的冷水，还有两份质量为10克的食盐。

实验开始了！我拿了两个烧杯，每个烧杯里都装了50毫升的冷水，再在一个烧杯上标注“搅拌”，另一个标注“不搅拌”。接着，在同一时间将两份10克的食盐分别倒入两个烧杯中，一个烧杯静置不动，另一个烧杯则用搅拌棒用力搅拌，搅拌一分钟后停下，将两个烧杯放在一块儿，观察现象。

搅拌后的烧杯里的食盐已经全部溶解，未经搅拌的烧杯里还有很多未溶解的食盐，说明搅拌会影响食盐的溶解速度。

你看，好像没有法布尔的《蜜蜂》生动、有趣呢。

能不能请你，或者请皇甫老师告诉我，怎么样才能更饱满呢？

期待你的信。

小吐司

2023年11月21日

小吐司：

见信好啊。

没想到，我们俩这么有默契。在收到你的信时，我刚刚从皇甫老师的办公室里走出来，问的也是这个问题。

别急，马上就替你解答。

把科学课写进微习作里，就说明二者是可以融在一起的。在微习作当中，虽然“微”，可仍然脱离不开习作。习作最重要的是什么？是思考！也就是说，虽然是在做科学实验，要求每一步都准确，却仍然不能忘记思考，就是在实验的过程中一边做一边思考，而这种思考就可以用微习作的方式来表达。

以法布尔的《蜜蜂》为例，聚焦实验过程。

一天，我在我家草料棚的蜂窝里捉了一些蜜蜂，把它们放在纸袋里。我叫小女儿在蜂窝旁等着，自己带着蜜蜂，走了四公里路，打开纸袋，在它们身上做了白色记号，然后放了出来。二十只左右被闷了好久的蜜蜂向四面飞散，好像在寻找回家的方向。这时候刮起了狂风，蜜蜂飞得很低，几乎要触到地面，大概这样可以减少阻力。我想，它们飞得这么低，怎么能看到遥远的家呢？

在回家的路上，我推测蜜蜂可能找不到家了。没等我跨进家门，小女儿就冲过来，脸红红的，看上去很激动。她高声喊道："有两只蜜蜂飞回来了！它们两点四十分回到蜂窝里，肚皮下面还沾着花粉呢。"

法布尔的这个实验过程是：

（1）捉蜜蜂——做记号；

（2）放蜜蜂——测能力；

（3）检查蜂窝，记录飞回的蜜蜂数。

蓝色标记的部分，就是法布尔在实验过程中的思考。

现象	思考
蜜蜂向四面飞散	好像在寻找回家的方向
蜜蜂飞得很低	几乎要触到地面，大概这样可以减少阻力。我想，它们飞得这么低，怎么能看到遥远的家呢？

有了思考的痕迹，科学实验就不再只是简单的科学实验了，而是一篇充实的微习作。况且，思维的火花不是只有看到了实验现象才能产生的，而是一边实验一边思考，随时随地产生。

你明白了吗？我是明白了，以上次的"水温对食盐溶解速度的影响"实验给你打个样吧。

现象	思考
准备相同分量的热水和冷水及两份相同质量的食盐	为什么要相同分量的水和相同质量的食盐呢？是为了实验的准确性吗？
同一时间将两份食盐分别倒入两个杯子里	为什么要同时呢？如果不同时，会有什么不一样吗？
静置后观察现象	这个现象一定准吗？每一次实验都能观察到这样的现象吗？

是不是有点期待我的微习作？不过，我得卖个关子，让我先看看你的。

期待你的微习作哦。

小泡芙

2023年12月4日

小泡芙：

见信好。

看了你的信，我觉得自己又成长了。从前可能还在旧的思维里打转，认为实验是科学的事，习作是语文的事，没有真正把这两者融为一体。现在，我终于懂了。

是否搅拌对食盐溶解速度的影响

今天，我打算做一个实验，研究是否搅拌对食盐溶解速度的影响。我准备了两个烧杯，都装上了50毫升的冷水，还有两份质量为10克的食盐。

实验开始了！我拿了两个烧杯，每个烧杯里都装了50毫升的冷水，再在一个烧杯上标注“搅拌”，另一个标注“不搅拌”。为什么都是冷水呢？因为每个对比实验都只能有一个变量，搅拌与否已经是了，不能再有第二个。接着，在同一时间将两份10克的食盐分别倒入两个烧杯中，一个烧杯静置不动，另一个烧杯则用搅拌棒用力搅拌。时间也是实验中的变量，必须同时，不然会有干扰。搅拌一分钟后停下，将两个烧杯放在一块儿，观察现象。

搅拌后的烧杯里的食盐已经全部溶解，未经搅拌的烧杯里还有很多未溶解的食盐，说明搅拌会影响食盐的溶解速度。我在想，搅拌的力度大小是不是也会对速度有一定程度的影响？

这次，我猜你还是会夸我。

也期待你的微习作哦。

小吐司

2023年12月9日

小吐司：

见信好。

浙江开始真正冷了，我感觉冷了。现在的冷，是有点刺骨的，哪怕衣服穿得再多，风只要吹到脸上，就可疼了。

夸你的话就不多说了，毕竟我也不差，请欣赏——

水温对食盐溶解速度的影响

今天，我打算做一个实验，研究水温对食盐溶解速度的影响。我准备了两个烧杯，一杯里有50毫升的热水，另一杯则是50毫升的冷水，还有两份质量为10克的食盐。

实验开始了！我拿了两个烧杯，分别注入50毫升的热水和冷水，在烧杯上分别标注好“热水”和“冷水”字样。为什么要分量相同呢？原来科学实验中有一个规矩，对比实验时只能改变一个条件，其他条件必须一致。不愧是严谨的学科。接着，在同一时间将两份10克的食盐分别倒入两个烧杯中。之所以同时，也是为了让实验结果更准确，如果一前一后，就多了一个改变的条件，影响实验的结果。之后静置片刻，仔细观察现象。

装热水的烧杯中只剩下少许食盐，而装冷水的烧杯中则剩下较多食盐，从而得出结论：水温高，食盐溶解得快；水温低，食盐溶解得慢。不知道，温度是不是可以影响所有物质的溶解速度？

再跟你分享下我同桌的习作。

如何从水中过滤食盐？如果不思考，你肯定会说："这么简单，就用筛子过滤呗。"其实并不这么轻松。这个实验需要准备的材料可有点多呢，一杯溶化了5克食盐的50毫升的水、一张蒸发皿、一个三脚架、一个酒精灯（配火柴）和一张石棉网。材料虽多，却都是必需。做好准备，才能万事俱备不欠东风啊。

首先，我将20毫升的盐水轻轻地倒入蒸发皿中，为什么盐水的量不能太多呢？主要是避免在实验过程中溢出蒸发皿。接着将石棉网放在三脚架上，把盛有盐水的蒸发皿放到石棉网上，然后点燃酒精灯，眼睛仔细盯着蒸发皿，大概几分钟后，蒸发皿上就出现了不少食盐晶体，这说明过滤的方法能从水中分离出食盐。

要注意的是，盐水的沉积是很重要的一个环节，却又很容易被忽视，需要及时采取措施校正。

我觉得他写得也很棒！要不，我们仨组个"三剑客"，"杀入"微习作领域？不对，我们已经是"江湖中人"了，就看谁的"武功"更高了。虽然你俩都很厉害，可我不会轻易认输哦。

提前祝你新年快乐。

小泡芙

2023年12月25日

素描式表达：

美术课尤其美

学过素描吗？用一支铅笔、一块橡皮，利用光线就呈现了复杂的光影世界。

谈起素描，自然要牵扯出“素描五大调子”的概念。素描五大调子，指的就是高光、中间调、明暗交界线（也称“明暗线”）、反光和投影。

小贴士

高光是最亮的部分，不同材质的高光强度也不一样。

中间调一般是指物体本身的颜色。

明暗交界线是最深的部分，深浅的程度跟光线和物体的材质都有关系。

反光跟光线强弱和材质也有关系，同时也受环境色的影响。

投影也跟光线强弱和材质一样有密切的联系。

其中，明暗交界线交界的是物体的灰面与暗面，是正方体上颜色最深的地方。但是，你知道吗，美术课里的素描知识还可以用在微习作里。不信你看，部编版小学语文六年级上册的《桥》就藏着一条鲜明的明暗交界线呢。

桥

老汉沙哑地喊话："桥窄！排成一队，不要挤！党员排在后边！"

有人喊了一声："党员也是人。"

老汉冷冷地说："可以退党，到我这儿报名。"

…………

老汉突然冲上前，从队伍里揪出一个小伙子，吼道："你还算是个党员吗？排到后面去！"老汉凶得像只豹子。

小伙子瞪了老汉一眼，站到了后面。

木桥开始发抖，开始痛苦地呻吟。

水，爬上了老汉的胸膛。最后，只剩下了他和小伙子。

…………

五天以后，洪水退了。

一个老太太，被人搀扶着，来这里祭奠。

她来祭奠两个人。

她丈夫和她儿子。

亮面是“老汉要求党员最后撤退，以保群众安全”，灰面是“老汉竟是小伙子的父亲”，着重刻画老汉的责任感。

习作永远是主观的，在亮面与灰面的选择中，习作的人可以选择自己的位置和角度，但容易造成人物干瘪、故事片面，不够饱满。一个饱满的人物，一件饱满的事，不可能只有亮面，也不可能只有灰面，一定是亮面和灰面的叠加。

试一试，变动位置和角度，笔下的人物和故事就会饱满多了。

1 光线里的明暗相争

小泡芙

我最近有件烦心事，打算和好朋友小叶子一起写一个人物小传。我们最先物色好的角色是班级里一个特别调皮的男生。小叶子说这个男生太讨人厌了，有事没事总是恶作剧，非把人气哭不可。有时候，他还会选择性地欺负人，看哪个男生最容易生气，就故意去招惹，这样就有人跟他一块儿打闹了。而我却看过这个男生特别落寞的模样，一个人孤零零地从操场走到教室，看上去真的有点儿可怜。同一个人，我和好朋友的观点截然不同，到底要怎么写呢？

1天前

♡ 皇甫老师 小土豆 小叶子

皇甫老师：你喜欢素描吗？

小泡芙：嗯？美术课学过，皇甫老师怎么突然想起问这个？

皇甫老师回复小泡芙：西方的绘画都是以素描为基准的，色彩其实就是画明暗关系里的光影关系，给人或物披上了美丽的衣服。

小泡芙回复皇甫老师：您的意思难道是说美术课也能写进微习作里？

皇甫老师回复小泡芙：当然！只有你们不敢想，没有微习作不敢写的。我今天想教一个新方法——素描式表达，把美术知识用在习作里。这个调皮的男生，存在一条"明暗交界线"，有亮面，也有灰面，这都是他这个人的组成部分，为什么要舍去一面呢？素描式表达，实际上就是教你们用不同的角度去观察、感受和表达。

小叶子回复皇甫老师：我明白了，对一个人的印象，不同的人，感受也是不一样的。

我写亮面：

班上有一个男生，下课是他最开心的时候。铃声一响，他就立刻跑向走廊——这里是他的“领地”。不管走过来的人是谁，他都会上前拍打，有些人不理他，就自顾自走开了；有些人不愿意受欺负，就打回来，他的兴致就来了，拳打脚踢地“你来我往”……哪怕他被打得特别重，脸上仍然是一个得逞的笑容——这也太好玩了！最后，往往是班主任把他拎到办公室，直到上课的铃声响起。

因为这样，谁都躲他远远的，可他从不气馁，一直挑战路过自己“领地”的人……

我写灰面。

他最喜欢穿深蓝的衣服，跟脸上的表情不大符合，因为他平时总是嘻嘻哈哈，直到有一天——好像是一节体育课下课，同学们早就排着队回到了教室，他因为太吵被体育老师罚站了。快上课了，我看到他孤零零的身影从小操场路过，脸上没有了笑容，十分落寞。等走得近了，他一抬头，好像发现了我的目光，忽然——脸上讪讪一笑，跟以往的调皮、得逞全然不同，就只是一个发自内心的对一个同学的笑。

我忽然觉得，他好像也挺可爱的。

群聊

你们俩可以当编剧了。

笨！编剧就是写剧本的，电视剧或电影都需要塑造人物，这都不懂。

第一次见到这么“理直气壮”的小叶子。小叶子说得对，电视剧或电影需要饱满的任务，小泡芙和小叶子的这一篇人物片段剪影就是一个栩栩如生的角色。

生活中其实很多人存在“亮面”与“灰面”，我们可以用明暗交界线的方法去刻画他们。这篇《我的妈妈》就从两个维度描写了妈妈，将人物刻画得十分丰满、形象。

我的妈妈

我的妈妈是个美丽的女人，瓜子脸上有一双大大的眼睛，高高的鼻梁，一张樱桃小嘴，每次笑起来，眼睛弯弯的，好像一道月牙，别提多美了。

一个过渡句，从外表和心灵两个维度描述了妈妈的美。

妈妈不仅外表美，而且心灵更美。有一次，我和妈妈一起逛商场，她路过一家服装店就停住了，眼睛一直盯着一件衣裳，我想她是很喜欢，不然不会眼珠子都不带转的。果然，只见她一咬牙走了进去，瞄了一眼衣裳，轻声问营业员要多少钱。一听说要一两千块钱，她低下头，拉起我的手就往外走，一边走一边小声嘀咕：“太贵了，还是不买了。”

在两件事情的对比中，用具体的神态描写进一步凸显妈妈的心灵美：对自己小气，对女儿大方。

过了几天，我得报画画兴趣班了，学费也得一两千块钱，估计妈妈会心疼，可能不给我报，我顿时就有点儿失落，可还是支支吾吾地说了这件事，结果妈妈二话没说，直接把钱转给了兴趣班，这可够她买好几件衣服了！

有这样的妈妈，是不是做梦都得笑醒？可我却常常是哭着睡觉——

“我最多再等你半小时！”妈妈竭力嘶吼的声音几乎夜夜回荡在房间里，“你要是再不能完成这项作业，今晚就别想睡觉了！”

你说我敢不完成吗？每天都得打起十二分的精神，一点儿心都不敢分，赶在她规定的时间之前完成作业。唉……下次可不敢拖拉了。希望没有下次了。

妈妈不仅凶巴巴的，还很挑剔。不是嫌弃我这个字的横写得太长，就是那个字写得歪歪扭扭，又或者眼睛距离书本太近，好像就没有能让她满意的事。

还是一个过渡句，从两个维度描述了妈妈的“凶”。

不过，这些又有什么关系呢？

2 颜色里的冷暖互补

小泡芙

我和小叶子一块儿创作的人物片段剪影越来越多了，形式真有意思，现在很有点儿深度，可太棒了！现在，我想挑战下写事情。一件事情是不是也可以分为“亮面”和“灰面”呢？不过，这样会不会跟人物片段有点重复？事情的亮和灰要如何分配呢？我最近就很想写隔壁班的小虎“欺负”同学以救猫的故事。

1天前

♡ 皇甫老师 小土豆 小叶子

皇甫老师：报告小泡芙，我看了你写的人物片段剪影！我也很喜欢，我打算当你的“粉头”了。

小叶子：看样子，我得先找小泡芙签个名，感觉她要出名了。

皇甫老师回复小叶子：我已经要到了，你可能得排队。

小泡芙回复皇甫老师：不开玩笑了！您觉得事情的亮面灰面也可以写吗？

皇甫老师回复小泡芙：为什么不可以？我们不是讨论过吗？写作是随处、随时发生的，没有限制。

小叶子回复皇甫老师：我们目前的困扰是如果仍然按照亮面和灰面，就会有点单调，好像把事情与人物穿插了，不大有识别度。

皇甫老师：你们有这个思考很不错。你们发现没有，很多时候写事情也是为了写人，二者之间是一个辅助的概念，所以你们不能觉得自己在写事就不能牵扯到写人，这一点需要说明。同样，你们也不要把素描想得太过于狭隘。美术这门学科，以明暗交界线为基点，还有很多丰富的知识呢，我们要把目光放得远一些。

素描是没有颜色的，可人的眼睛是看得到颜色的，就让我们戴上有色彩的眼镜重新认识素描式表达吧。仍然以“明暗交界线”为基点，再穿插冷暖色调的概念。

冷暖色，指色彩心理上的冷热感觉。红色、橙色、黄色、棕色等颜色往往给人一种热烈、热情、温和的感觉，所以称为暖色；而绿色、蓝色、紫色等颜色常常给人一种镇静、凉爽、开阔、通透的感觉，所以称为冷色。

不过，色彩的冷暖感觉其实是相对的，也就是说，除了橙色与蓝色是色彩冷暖的两个极端外，其他颜色的冷暖感觉都是相对的。举个例子，紫色有很多种，红紫色给人的感觉较暖，而蓝紫色给人的感觉则较冷。暖和冷更多的是人心理上的感觉。

我看到的是灰面。

灰面（冷色调）

街道上是来来往往热闹的人，在一个转角处，停留了不少的步伐。人高马大的小虎背对着马路，嘴里喋喋不休："知不知道我是谁？我可告诉你们，我的力气别提有多大，一个拳头就能把你打得脸上乌青。你去告老师吧，我可不怕。"再走近一看，王虎的跟前是两个男生，书包耷拉着，头几乎要低到地下了，看不清脸。

路过一个大人，停了下来，对着小虎说："小朋友，你不能这样欺负同学。同学之前应该团结友爱……"小虎头一撇，说："用你管啊！"大人叹了一口气，走到两个男生的跟前，说："你们走吧。我在，他不敢动你们。"小虎仍然昂着头，白眼都快翻到天上去了。

我看到的是亮面。

亮面（暖色调）

两个男生走了，大人也摇着头走了，周围顿时安静了。过了一会儿，一只流浪猫忽然从街角走了出来，走到小虎的旁边。小虎从书包里拿出一点儿小鱼干，放在地上，又摸了摸流浪猫的头，说："别谁给你的东西都吃，小心吃坏了！"

夜晚更暗了，可好像亮起来一束光。

我看懂了！小虎救猫这件事也是一样，看似欺负了同学，是"冷色调"事件，可实际上他的举动是为了救一只可怜的猫，本质上是"暖色调"事件。

同一篇文章中既有暖色调，又有冷色调，强烈的反差对比会更引人发思。这篇《雪天》就很好地讲述了一个既简单又复杂的故事，同时让人陷入沉思。

雪天

一夜之间，江山俱白，是下雪了。

雪已经停了，可皑皑的白雪却在每个角落都留下了痕迹：街道、树、花草都盖上了厚厚的雪。虽然是一抹的色彩，却在人的心头上跳起了舞！你瞧，两个小孩正在路边欣赏雪景呢。哇！这美丽的雪花，一朵有一朵的姿势，看看这一朵，很美；看看那一朵，也很美。

美丽的雪景之下，藏着无数颗跳跃的心，展露出这个故事的一面：快乐。

踩一踩，一坨一坨的雪像极了柔软的沙子，还会"咯吱咯吱"响呢。心血来潮的两个小孩玩起了打雪仗，你一个雪球，我一个雪球，"啪——""砰——"的声音断断续续的，"战斗"十分激烈。陆续也有路过的车子停下，车上的大人竟也忍不住下车，自发地加入这个"战场"，先是防御，再是攻击，笑容天真烂漫。

"多少年前，我也曾有过这般闲情啊。"一辆汽车的司机忽然出了神，车子慢了下来，后面的车子毫无察觉，大概也被吸引住了，这窗外的自由自在太美

这条明暗交界线，由一句"心理想法"引出，把故事的画面从一面迅速转向了另一个面。两个"面"，都是在雪景的场景之中，却指向不同的方向。

好了。“砰”的一声，一辆大卡车狠狠地撞上了一辆小汽车，接着是一辆奔驰，再是一辆别克……一个悲剧就在漫天的雪中发生了。

车祸现场人山人海，有的捶胸顿足，号啕大哭；有的懵懵懂懂；还有的急不可耐，迫切地想要离开现场……长长的车队一望无际，一辆接着一辆。白色的雪景犹在，却安静了下来，仿佛进入了睡梦。

雪景仍美，却揭示了这个故事的另一面：悲伤。

突然，响起一个稚嫩的声音：“妈妈，我也想玩碰碰车，我也想玩。”

3 布局里的黑白交织

皇甫老师

我很喜欢《我的妈妈》和《雪天》，两个同学都在文章当中悄悄地布置了一条明暗交界线，让我读着读着就感受到了鲜明的明与暗、冷与暖。

是的，一个是人物的亮与灰，一个是事情的亮与灰。

我也想学着写。

可以啊，不过，这两篇相对简单，要不要挑战一点难度？

当然！接受挑战！

就从我上过的一堂公开课讲起吧。2022 年，我在杭州市小学语文课堂教学评比活动中执教《军神》一课，至今对这篇课文印象深刻。

在备课的过程中，我发现这篇课文有明暗两个方面的内容在交错，一方面是沃克医生的言行，一方面是刘伯承的言行。这两个方面，放在素描知识里，也可以称为“亮面”和“灰面”。

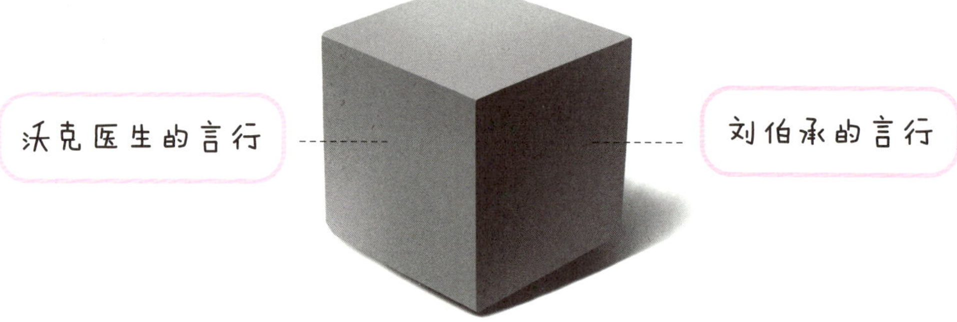

我们通常认为，“亮面”和“灰面”是很明显的对立。《我的妈妈》中，妈妈展现出的小气和大方、温柔和凶悍是对立的两个方面；《雪天》中，下雪的快乐与悲伤也是很明确的对立的两个方面，这些都是浅层的明暗

交界线。更多时候，文章中明暗交界线是很淡很淡的，并不明显，乍一看，也许不会轻易观察得到，得细细地品。

回到《军神》，先看亮面——沃克医生的情绪和态度的变化。

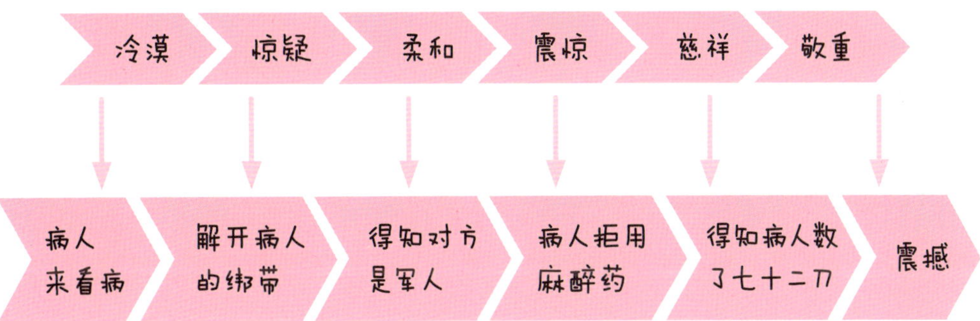

亮面是显而易见的，而这明显的情绪和神态的变化，实际上是为了衬托刘伯承钢铁般的意志，表达对刘伯承的敬佩和赞扬。因此，灰面就是刘伯承的“身份”的变化。

病人

军人

伤势很重
从容镇定
微微一笑

军神

一声不吭
紧紧抓住
青筋暴起
汗如雨下
越来越使劲
白床单被抓破

用显性的沃克医生的情绪变化衬托刘伯承“身边”的变化，就是一条明暗交界线分割的亮面和灰面，而读者并不会刻意割裂二者，而是将其看作一个整体，在情绪的变化中一点点形成并加深对刘伯承的印象，认识到刘伯承是一个具有坚强不屈的品质和超强毅力的军人，堪称军神。

这样的双线结构，是一种高超的写作手法。中国现代文学的奠基人鲁迅也曾用过这样的结构，创造了一篇小说《药》。

这篇小说讲了一个茶馆主人华老栓夫妇为儿子小栓买人血馒头治病的故事，揭露了人民在长期的封建统治下的麻木与愚昧，指出辛亥革命没有贴近群众的局限性，暗中赞扬了革命者夏瑜英勇不屈的精神。

在结构安排上，鲁迅就安排了一条明暗交界线。

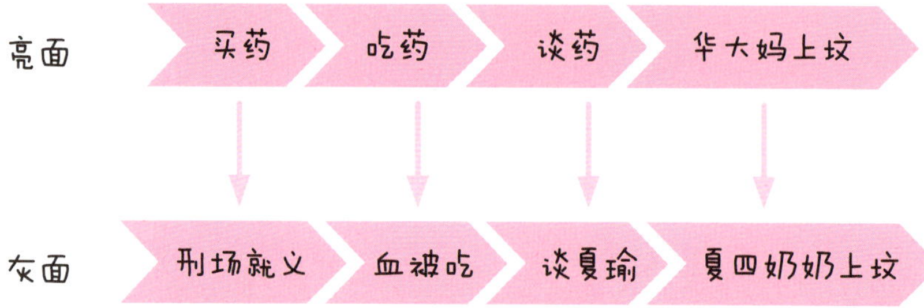

高超的明暗交界线不是对立的，而是互相交织的。《药》的亮面与灰面就通过三个地点，即刑场、茶馆和坟场完成交织的，串联成一个完整的小说故事。

我现在到底是“美术高材生”还是“习作小能手”啊？如果美术老师知道我把素描中的“明暗交界线”理解得这般透彻，一定会很高兴；可要是她知道我把这“明暗交界线”理解成在写作过程中设置两条线索，叙述两件事或一件事情的两个方面，是不是得摆出个意味深长的微笑？

美术老师怎么想，我不知道，可我知道有个人肯定很高兴，因为你连上个美术课都想到写作文。

将素描课中的“明暗交界线”嫁接到微习作中，可以让我们的文章焕然一新，不信你读一下这篇《打败黑暗怪兽》。

打败黑暗怪兽

家里有一只黑暗怪兽，只要我一关灯睡觉，它就会准时出现。不管是晴天，还是雨天，它都会准时到我的房间里，发出“沙沙沙”的声音，特别恐怖。我每次只能紧紧地捂住自己的眼睛和耳朵，躲进被子里默念“我不怕，我不怕”的咒语才能睡着。

这样也不是办法，每天神情恍惚的，所以我求助了爸爸。爸爸听后，问我：“你以前是不是问过我，天上好似一座桥的彩色东西是什么？”

我摸不着头脑，可也回答了：“对啊，你告诉我那是彩虹。可是，我在跟你讨论黑暗怪兽的事啊！”

“彩虹，只在雨停了之后才会出现。”爸爸不紧不慢地说，“黑暗怪兽如果不出现，白天就不会到来，所以你必须接受它的出现，不然你就没办法迎接白天。”

唉，爸爸在说什么啊，我真听不懂。看样子，只能自己想办法了。我想啊想，想啊想，脑袋瓜子都要想破了，也没能想出什么妙招。胆战心惊地过了好几个晚上，直到有一天，黑暗怪兽如期光临，我开着灯，仔细地查看房间，这个黑暗怪兽到底躲在哪里呢？就在这时，我瞄到床头柜上有一个独立开关，是什么啊？我好奇地按了一下，没有什么反应。

等等，床底下怎么会有光呢？我赶紧关了房间的大灯，发现亮光是床沿发出的，很淡，却能让黑暗怪兽无处藏身。这个夜晚，每个夜晚，我都睡得特别安稳。

我读了两遍，找到了作者写的明暗交界线，亮面是作者与黑暗怪兽的对抗，灰面则是爸爸对作者的爱，先解说黑暗怪兽并不存在，然后帮作者“解决”黑暗怪兽，融合得真好。

后记

一直以来，我在指导孩子们写作的时候，都会用一种形象的比喻或通俗的方法进行引导。比如理解过渡句时，我会说一篇文章就像人，而过渡句就像人的脖子、腰、膝盖、脚踝，把上下自然地联结起来，可以起到承上启下的效果。通过这样的比喻来引导学生在写作中使用过渡句，这样的方法孩子们会觉得很有趣，很好理解，写起来就水到渠成了。我很想把这样的方法写出来，于是，就有了这套书。

回首编写这套书的时光，我的心中一直充满感慨与期待。从构思到探讨，再到成稿，我时刻提醒自己，要以最严谨的态度、最实用的方法，引导孩子们进行写作，让他们在文字的海洋中畅游，感受文字带来的力量与美感。

在这里，我想感谢帮助和支持我的人。感谢师傅俞虹老师，她像一盏灯，指导和引领我向前走，鼓励我不断挑战自己，把心中一直想写的写出来。感谢李梦佩老师，她像我的经纪人，时刻提醒我写作进度的推进，催着我交稿交稿，《把科学写进微习作》感谢她协助整理。感谢梅丽萍老师协助整理《稻花香里说丰年》。感谢胡燕飞老师协助整理《这个节日，“社牛”出没》。感谢骆民老师协助整理《热火朝天的劳动课》。感谢翁依娜老师、童雪珍老师协助整理《含羞草，NO！ NO！！ NO！！！》。感谢沈滢老师、赵攀老师协助整理《会飞的兔子》。感谢桐庐县学府小学三（7）班、五（5）班的孩子们提供例文。感谢编审、编辑的认真审读。感谢学校、教师、学生的系列活动，为我的创作再现诸多情境。谢谢每一位与我一起努力、并肩作战的人，你们是我前进的动力。

在这里，我想对孩子们说：写作并非易事，但是只要你肯努力，肯坚持，就一定会享受到写作的幸福，就一定能写出属于自己的精彩作品。孩子们，我希望这套书能够成为你们写作路上的良师益友，陪伴你们一同成长、一同进步。

孩子们，这套书只是你们写作路上的一个引导者，真正的写作之路还需要你们自己去探索、去实践。祝愿你们在写作的道路上越走越远，越写越好！

感谢每一位读过这套书的人，多提供宝贵意见和建议，你们的反馈会让我不断完善这套书，并让我明确新的努力方向。

好了，我们继续一起努力吧！

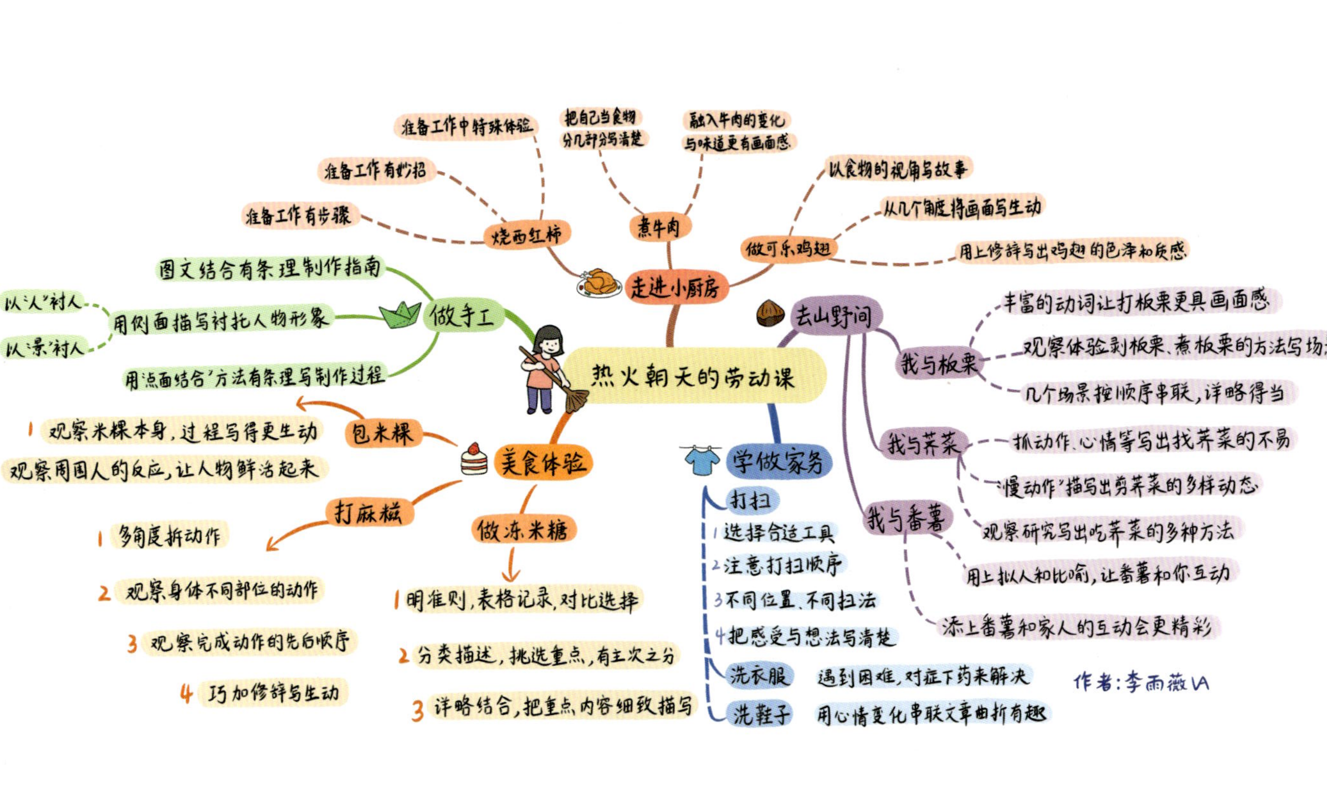
热火朝天的劳动课
走进小厨房
烧西红柿
准备工作有步骤
准备工作有妙招
准备工作中特殊体验
煮牛肉
把自己当食物
分几部分写清楚
融入牛肉的变化
与味道更有画面感
做可乐鸡翅
以食物的视角写故事
从几个角度将画面写生动
用上修辞写出鸡翅的色泽和质感
去山野间
我与板栗
丰富的动词让打板栗更具画面感
观察体验剥板栗、煮板栗的方法写场景
几个场景按顺序串联，详略得当
我与荠菜
抓动作、心情等写出找荠菜的不易
“慢动作”描写出剪荠菜的多样动态
观察研究写出吃荠菜的多种方法
我与番薯
用上拟人和比喻，让番薯和你互动
添上番薯和家人的互动会更精彩
学做家务
打扫
1 选择合适工具
2 注意打扫顺序
3 不同位置、不同扫法
4 把感受与想法写清楚
洗衣服
遇到困难，对症下药来解决
洗鞋子
用心情变化串联文章曲折有趣
美食体验
做冻米糖
1 明准则，表格记录，对比选择
2 分类描述，挑选重点，有主次之分
3 详略结合，把重点内容细致描写
打麻糍
1 多角度拆动作
2 观察身体不同部位的动作
3 观察完成动作的先后顺序
4 巧加修辞写生动
包米粿
1 观察米粿本身，过程写得更生动
2 观察周围人的反应，让人物鲜活起来
做手工
图文结合有条理制作指南
用侧面描写衬托人物形象
以“人”衬人
以“景”衬人
用“点面结合”方法有条理写制作过程
作者：李雨薇

微习作里看世界

热火朝天的劳动课

皇甫芬 著

WUHAN UNIVERSITY PRESS
武汉大学出版社

图书在版编目(CIP)数据

微习作里看世界.热火朝天的劳动课/皇甫芬著.—武汉:武汉大学出版社,2025.4

ISBN 978-7-307-24412-2

Ⅰ.微… Ⅱ.皇… Ⅲ.作文课—小学—教学参考资料
Ⅳ.G624.243

中国国家版本馆CIP数据核字(2024)第109385号

责任编辑:冯红彩　　责任校对:汪欣怡　　版式设计:曹　凝

出版发行:**武汉大学出版社**　(430072　武昌　珞珈山)
(电子邮箱:cbs22@whu.edu.cn　网址:www.wdp.com.cn)
印刷:湖北金港彩印有限公司
开本:787×1300　1/24　印张:35.25　字数:457千字
版次:2025年4月第1版　2025年4月第1次印刷
ISBN 978-7-307-24412-2　定价:168.00元(全六册)

前言

听，孩子的声音：写作，写作，是为了什么呢？在你迷茫无措的时候，打开这套书，里面有很多生活故事，你会发现写作是一件很快乐的事，是一种本领。这套书给予你用文字记录生活、表达自己、理解和感知世界的勇气。

听，孩子的声音：写作，写作，写什么呢？在你无从落笔的时候，打开这套书，里面涉及多个角度，有生活圈、节日圈、劳动圈、交际圈、跨界圈、未知圈。你会发现很多微小的世界值得写，获得写作的灵感。

听，孩子的声音：写作，写作，怎么写呢？在你毫无章法的时候，打开这套书，里面把写作方法和生活情境、常见事物或现象结合起来，从课堂走向课外，形象生动，通俗易懂。你会学到很多巧妙的方法，拥有写作的力量。

听，孩子的声音：写作，写作，水平怎么提升呢？在你失去写作动力的时候，打开这套书，里面告诉你写作需要持之以恒，还需要阅读来补充能量。细水长流方能水滴石穿，写着写着，你就会遇见灵感，遇见故事，遇见希望！

什么是微习作？大家最初的理解便是写简短的文章，其实不全是。皇甫老师觉得，文章可长可短，要根据表达的需要而定，这里

的微习作更体现的是写作要随处、随时发生。生活中有许多看似微不足道的小事物、小角落、小事件，都蕴藏无尽的“大作文”，我们要学习在微小的世界里自由表达，用文字记录点点滴滴，表达自己独特的体验与创作，提升观察与思维的能力，从而更深刻地理解和感知世界。

《热火朝天的劳动课》是本套书的第三册。本书带领孩子们在劳动中学会观察。我们可以在小厨房里煎炸烹煮，发现当大厨的乐趣；我们可以去山野间挖打剥剪，发现大自然的馈赠；我们可以在家里拖洗刷擦，发现做家务的惊喜；我们可以在家乡揉捏敲打，发现做美食的旅程；我们在课堂上画折剪裁，发现手工制作的巧妙。每一种劳动都有其独特的味道，只要你细细观察，就会发现其中的奥秘，就能感受到劳动背后的故事和情感。

目录

那些年，我学会的家务 /56

生活中的美食体验 /81

手工趣味多 /115

后记 /142

小厨房里的煎炸烹煮

小厨房，那不就是美食的诞生地嘛！一想到那香气四溢的煎炸声，还有烹煮时咕嘟咕嘟的声音，我就已经迫不及待想品尝美食了。

小厨房，这个看似平常却充满魔法的地方，每一次的煎炸烹煮都是一次美味的探险。在这里，食材与调料相遇，火焰与热情交织，共同演绎出令人垂涎欲滴的佳肴。

我最喜欢做的一道菜是什么呢？我最喜欢的一道菜，嗯……其实有很多呢！但是最近特别喜欢做一道菜——宫保鸡丁，那鲜嫩的鸡肉搭配香辣的调料，配上花生米等作料，又香又辣。幸福的时刻就是品尝自己做的美味，每一口都充满惊喜，简直是美味至极！最幸福的时刻还是别人品尝自己做的美味，那种满足感和赞美声会让我有成就感。

你呢，你最喜欢什么菜式？有没有什么独家的烹饪小秘诀呀？

我们一同走进小厨房，探索食材的奥秘，品味调料的魅力，感受火焰的热情，感受那些煎炸烹煮的美好瞬间。无论是那滋滋作响的煎炸声，还是那咕嘟冒泡的烹煮景象，都将成为我们共同的回忆。

在这里，每一次的尝试都是一次成长，每一次的成功都是一次喜悦。

走进小厨房，让你更爱小厨房，煎炸烹煮，快来分享一下吧！

1 西红柿在下锅前的经历

同学们有过写西红柿炒蛋的作文经历吗？每次写西红柿炒蛋，我们通常会重点写炒的这一部分，往往忽略下锅前的准备工作，导致写出来的文章千篇一律……下锅前你是怎么样写西红柿的呢？

我会这样写：我先准备两个西红柿，用清水洗干净，然后切块……这样写是不是很单调？

其实，可以从准备工作入手，结合生活实际，怎么样才能把西红柿洗干净？切西红柿的方法有哪些？还有没有让西红柿更入味的办法？

第一步：把西红柿洗干净

劳动小妙招：如何把西红柿洗干净？

想把西红柿洗得干干净净，其实挺简单的。你可以先用流动的清水冲洗西红柿，这样可以去除表面的灰尘和大部分杂质。然后，你可以使用淡盐水或者小苏打水来进一步清洁。在清水里加点盐或者小苏打，把西红柿放进去浸泡几分钟，这样可以帮助去除农药残留和更顽固的污渍。

记得，在浸泡的时候轻轻搅动一下，确保西红柿的每个部分都能接触到盐水或小苏打水。最后，再用清水冲洗一遍，把盐水或小苏打水冲干净。这样，你的西红柿就会洗得干干净净，可以放心享用啦！

阅读完"劳动小妙招"，你就可以自己动手去试试看，一定可以把西红柿洗干净。

我轻轻拿起一枚红彤彤的西红柿，它的表皮光滑细腻，散发着诱人的香气。我拧开水龙头，一股清凉的水流冲刷着我的双手。我把西红柿放在水流下，用手掌轻轻搓洗着它的表皮，感受着水流和西红柿之间的亲密接触。随着我的搓洗，西红柿表皮上的污垢和农药残留逐渐被冲走，变得十分干净。

哇，这样写起来，西红柿的经历一下子就丰富了。

把西红柿洗干净后，接下来要做什么呢？

我知道，切西红柿！

切西红柿也能写出花样，你看老师帮你整理的小妙招。

第二步：处理西红柿

劳动小妙招：西红柿要怎么处理呢？

方法 1：

做西红柿炒蛋，一般是将西红柿切丁。切丁有技巧，大小要均匀。

方法 2：

如果想要保留西红柿的汁液和营养，可以采用保留瓤囊的切法。仔细观察西红柿的底部，你会发现几条凹槽，将刀对准这些凹槽的位置切下去，下刀的部位正好在瓤与瓤的中间，这样切出来的西红柿不仅不会流汁，而且瓤囊紧锁，籽粒和汁液都包裹在里面，丝毫无损。

方法 3：

如果想让西红柿的口感更好，可以去皮。将西红柿放入沸水中烫 20 秒，然后捞出冷却 1 分钟，这样就可以很容易地去掉皮了。另外，也可以用刀在西红柿表皮上轻轻划两刀，然后浇上沸水，划口处的西红柿皮会卷起来，然后就可以轻松地撕下西红柿皮。

一个小小的西红柿，原来还有这么大的学问呢！之前我都不知道对准凹槽切，能保留汁液和营养呢。看来在做菜之前，学习一些劳动小妙招真的非常有必要。

对呀，这样你的体验就多了，西红柿的经历也就多起来了，你的作文也不会简单地只有“处理”这个字。你看，这位同学写的“切西红柿”就很不错

我拿起一颗熟透的西红柿，开始准备切块。我找到西红柿的底部，摸到了几条凹槽，再轻轻握住刀柄，刀刃对准这些凹槽的位置，轻轻一切，嘿，妈妈说这样切能保留西红柿的汁液和营养，果然是真的。随着刀刃的舞动，西红柿被我熟练地切成大小均匀的块状，它们整齐地排列在案板上，像一颗颗晶莹剔透的红宝石，散发出诱人的香气。

第三步：丰富西红柿的经历

劳动的过程是美好的，但也会有“小插曲”发生，例如，西红柿掉地上了，西红柿切得太碎了，买的西红柿品质不好……其实，这些都是我们劳动的特殊经历，也是西红柿的特殊经历，正是在这样一次次的经历中，我们的劳动才变得更加有意思，我们的经验也会越来越丰富。

如果能把这些特殊经历写进作文中，那么文字就会变得真实且有特色……

西红柿掉地上了

刚刚还在我手中的那颗红彤彤的西红柿，不小心滑脱了我的掌心，掉在了地上。它在地上滚了几圈，然后静静地躺在那里，表皮上沾染了些许尘土。我蹲下身，看着这颗掉在地上的西红柿，心中不禁有些惋惜。它的鲜艳色彩和诱人香气，似乎在无声地诉说着它的不幸遭遇。我轻轻地拾起它，感受着它的温度和重量，心中涌起一股对食材的珍视之情。

这里的西红柿真的让人心疼与惋惜……

西红柿切得太碎了

手中的刀似乎没听我的使唤，一不小心，那颗原本饱满圆润的西红柿就被我切得过于细碎。看着案板上那些零散的碎片，我不禁有些懊恼。原本想象中的完美切块，此刻却变得杂乱无章，仿佛是一幅未完成的拼图。我叹了口气，心中感叹着烹饪的烦琐与不易。

不是每一次切，都能完美，但没有切好，也挺有意思的……

西红柿撕不开皮

我轻轻捏住西红柿，手指沿着表皮的纹路，尝试用力撕开。然而，那层看似脆弱的表皮却异常坚韧，似乎在与我作对，始终不肯轻易离开。我加大了力度，手指间传来微微的痛感，但西红柿的表皮依然完好无损。

你是否也有类似经历，有了真正的生活体验，你再来写一写，你的作文会变得与众不同。

跟着小泡芙一起行动

@所有人　同学们，原来西红柿下锅前的经历可以那么丰富，像这样，借助一些“劳动小妙招”，并结合自己的特殊体验，你的劳动经历就会丰富起来，写出来的作文也不会千篇一律。

也请你试试看，写一写青椒炒肉片的时候，肉片在下锅前的经历吧！

2 如果我是牛肉

皇甫老师，最近我学会了把土豆洗干净的绝招，也学会了切牛肉。所以我打算做一份土豆炖牛肉，味道肯定很棒。

哈哈，你打算如何做呢？

我根据网上土豆炖牛肉的做法，自己写了一份食谱。

泡芙习作

首先，我们需要准备好食材：牛肉、土豆、洋葱、胡萝卜，以及蒜瓣、姜片、八角、桂皮、香叶等香料，还有酱油、料酒、盐、糖等调味料。

然后，将牛肉切块，并用料酒和酱油腌制一会儿，再将土豆、洋葱、胡萝卜切块备用。接着，热锅凉油，放入香料炒香，再加入牛肉块煸炒至变色。

之后，放入土豆、洋葱、胡萝卜，加入适量的水，大火烧开后转小火慢慢炖煮。最后，根据口味加入盐、糖调味，收汁后即可出锅。

这样，一道色香味俱佳的土豆炖牛肉就做好了。

根据你的食谱，牛肉在你的菜里可是扮演了重要角色哦！咱们换个视角，把自己想象成牛肉，那肯定更有意思！

哇，那我这块牛肉岂不是会说话了，也能感受到疼痛，跟童话里的人物一样了。

对呀，我们可以围绕"如果我是牛肉"，分成几部分写清楚。

当我在菜市场里

现在，我正静静地躺在菜市场的摊位上，看着来来往往的目光在自己的身上停留或划过，忽然产生了一种奇妙的感觉，茫茫人海中一定会有一个人挖掘出我的魅力，而我也即将开始一段新的旅程。虽然不能与路过的人交流，可就是在微妙的眼神接触里，我能感受到"伯乐"的用心。你听，"哟"的一声，是发现我后的惊喜感啊！就这样，我被装进了一个塑料袋里，我的故事马上迎来新的发展！

你瞧，这样的表达方式是不是很有趣，就感觉牛肉开启了一次奇妙的旅程。

举一反三，我会写牛肉在锅里的画面了……

当我在锅里

假如我现在是一块牛肉，此刻的我正静静地躺在热气腾腾的锅里。周围弥漫着浓郁的香气，那是各种调料与我自身肉质的完美结合。锅中的汤汁逐渐沸腾，温暖的水流轻轻包裹着我，仿佛在诉说着一段温柔的故事。

当我被轻轻放入那口沸腾的锅中，一种无法言喻的奇妙体验便开始了。锅中的热水立刻包围了我，带着微微的热浪，仿佛在诉说着一段即将展开的烹饪故事。

随着水温的逐渐上升，我感到自己的身体开始发生变化。那种由生硬到柔软的转变，就像是在经历一场奇妙的魔法。与此同时，锅中的调料开始与我交融，释放出浓郁的香气，那是酱油的咸鲜、香料的芬芳以及料酒的醇厚的完美结合。

接下来就是"牛肉出锅"了，下面有两段文字，你更喜哪一段？

第一段

当火候恰到好处时，我被捞出，放置在盘子上。此刻的我，外表美味诱人，肉质鲜嫩多汁。轻轻咬一口，便能感受到那饱满的口感和丰富的层次感。肉质的细腻与调料的浓郁交织在一起，形成了一种无法抗拒的美味。

第二段

此刻我正与土豆一同，被主人从锅中轻轻捞出，稳稳地放置在精美的盘子里。盘子洁白如玉，边缘描绘着细腻的花纹，仿佛一件艺术品。我躺在盘子中央，身上还残留着锅中的汤汁，微微泛着油光，显得格外诱人。土豆则紧挨着我，它们已经被炖得软糯，金黄色的外皮微微裂开，露出里面绵密的质感。它们的香气与我的肉香交织在一起，形成了一种令人陶醉的味道。整个盘子就像一幅和谐的画面，我与土豆相互映衬，共同构成了这道美味的土豆炖牛肉。看着主人满意的笑容，我知道自己又一次完成了使命，为人们带去了美味与幸福。

我喜欢第二段，不仅写了自己，还写了盘子、土豆和主人的表情，这样写出来，感觉太有意思了。

你评价得非常到位，所以我们还可以把主人品尝牛肉时的神态写出来，这样有始有终，画面感就更强了。

主人尝牛肉

他的双眼闪烁着喜悦的光芒，仿佛被这道土豆炖牛肉的美味吸引。眉宇间流露出的轻松和愉悦，彰显出内心的满足和幸福。嘴角微微上扬，形成了一个温暖的弧度，仿佛是在品味这道菜的美味，享受这难得的味蕾盛宴。他的脸庞洋溢着满足且幸福的笑容，仿佛所有的疲惫和忧虑都在这一刻烟消云散。

他拿起筷子，轻轻地夹起一块牛肉放进嘴里，细细地咀嚼着，品味着。每一个动作都显得那么自然和从容，仿佛在这一刻，他完全沉浸在这道美味的世界中。

看着主人满足的表情，我也感到无比的欣慰和自豪。我知道，自己的努力和付出，都得到了最好的回报。我也期待着下一次，能够再次为主人带去更多的美味和幸福。

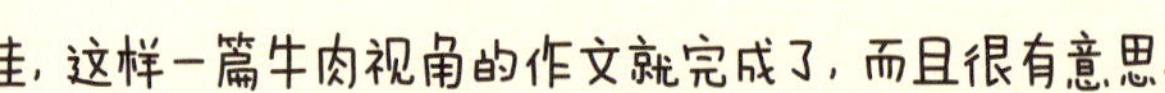

从人的视角出发去写，往往会忽视很多细节，当从食物本身着手，观察会更到位，语言也会更生动。我们把这篇作文连起来读一读。

土豆炖牛肉

大家好，我是今天的主角——牛肉。

现在，我正静静地躺在菜市场的摊位上，看着来来往往的目光在自己的身上停留或划过，忽然产生了一种奇妙的感觉，茫茫人海中一定会有一个人挖掘出我的魅力，而我也即将开始一段新的旅程。虽然不能与路过的人交流，可就是在微妙的眼神接触里，我能感受到“伯乐”的用心。你听，“哟”的一声，是发现我后的惊喜感啊！就这样，我被装进了一个塑料袋里，我的故事马上迎来新的发展！

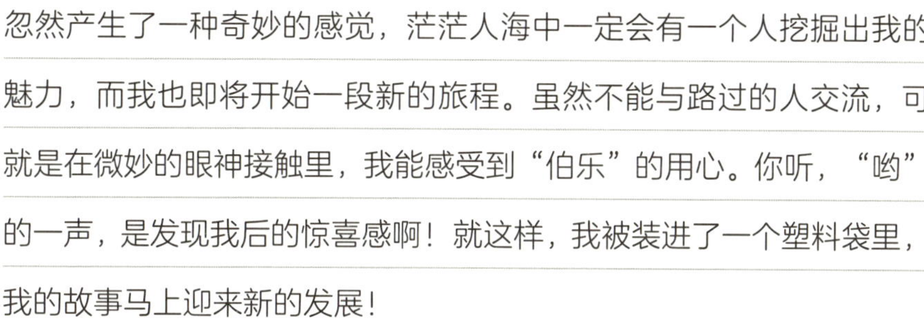

当我被轻轻放入那口沸腾的锅中，一种无法言喻的奇妙体验便开始了。锅中的热水立刻包围了我，带着微微的热浪，仿佛在诉说着一段即将展开的烹饪故事。

随着水温的逐渐上升，我感到自己的身体开始发生变化。那种由生硬到柔软的转变，就像是在经历一场奇妙的魔法。与此同时，锅中的调料开始与我交融，释放出浓郁的香气，那是酱油的咸鲜、香料的芬芳以及料酒的醇厚的完美结合。

此刻我正与土豆一同，被主人从锅中轻轻捞出，稳稳地放置在精美的盘子里。盘子洁白如玉，边缘描绘着细腻的花纹，仿佛一件艺术品。我躺在盘子中央，身上还残留着锅中的汤汁，微微泛着油光，显得格外诱人。土豆则紧挨着我，它们已经被炖得软糯，金黄色的外皮微微裂开，露出里面绵密的质感。它们的香气与我的肉香交织在一起，形成了一种令人陶醉的味道。整个盘子就像一幅和谐的画面，我与土豆相互映衬，共同构成了这道美味的土豆炖牛肉。

主人的双眼闪烁着喜悦的光芒，仿佛被这道土豆炖牛肉的美味吸引。眉宇间流露出的轻松和愉悦，彰显出内心的满足和幸福。嘴角微微上扬，形成了一个温暖的弧度，仿佛是在品味这道菜的美味，享受这难得的味蕾盛宴。他的脸庞洋溢着满足且幸福的笑容，仿佛所有的疲惫和忧虑都在这一刻烟消云散。

他拿起筷子，轻轻地夹起一块牛肉和土豆放入嘴里，细细地咀嚼着，品味着。每一个动作都显得那么自然和从容，仿佛在这一刻，他完全沉浸在这道美味的世界中。

看着主人满足的表情，我也感到无比的欣慰和自豪。我知道，自己的努力和付出为主人带去了美味和幸福。

跟着小泡芙一起行动

同学们，油炸薯条你肯定爱吃，尝试做一次吧！如果你现在就是那颗土豆，回想一下你的经历，以“土豆”的视角，写一个有趣的小故事吧！

3 可乐鸡翅端上桌啦

皇甫老师，我最近的厨艺越来越精湛了，还尝试了可乐鸡翅，味道很不错哦。

可乐鸡翅端上桌后，我们可以从哪些方面去描写呢？

皇甫老师，我知道，我们可以从色泽、香味、口感这几个角度去描写。

很好，我们可以用这样的表格去记录。

角度	描述
色泽	
香味	
口感	

皇甫老师，我用了这样的思维图，您看可以吗？

这样也很棒，更有画面感了。我们可以围绕这张图，试着写一段话了。

泡芙习作

可乐鸡翅端上桌后，一股诱人的香气立刻弥漫开来。那香味中混合着可乐的甜香和鸡翅的鲜美，让人闻之即食欲大增。细细观察，只见鸡翅色泽红亮，外皮微微焦黄，泛着诱人的光泽。每一块鸡翅都饱满多汁，可乐的甜味与鸡翅的油脂完美融合，形成了一种独特而迷人的口感。用筷子轻轻夹起一块，那饱满的肉质仿佛随时都要溢出汁水来。一口咬下，外皮的软糯与内里的鲜嫩相互映衬，而那浓郁的甜香更是在口中久久不散。

皇甫老师，您瞧，我抓住了鸡翅的香味、色泽和口感，串起来写了，你觉得如何？

写得很棒，我们可以用上比喻句，更生动地描写一下鸡翅的色泽和质感。

泡芙习作

可乐鸡翅端上桌后，立刻成为众人瞩目的焦点。那色泽，简直就像深秋傍晚的晚霞，红亮中透着一丝金黄，闪烁着诱人的光泽。鸡翅的外皮微微焦黄，就像被阳光轻吻过的秋叶，软糯中带着一丝焦香。

用筷子轻轻夹起一块鸡翅，那饱满的肉质仿佛拥有生命一般，微微颤动着，随时准备释放出诱人的汁水。咬上一口，外皮软糯，而内里则鲜嫩多汁，仿佛轻轻一挤就能溢出甘甜的汁液。肉的质感，就像是细腻的丝绸在舌尖上滑过，既柔软又富有弹性。

而那可乐的甜香，更是与鸡翅的鲜美完美融合，形成了一种令人陶醉的味道。每一口都是一场味蕾的盛宴，让人忍不住想要一直品尝下去，直到盘中的鸡翅被一扫而光。

哇，在原有的基础上，加上一些比喻句，这样的描写更加有画面感了。

对呀，这就是可乐鸡翅端上桌的第二步，比喻让食物更诱人，小泡芙，你学会了吗？

皇甫老师，我明白了，我在想，是不是也可以用拟人、夸张这些修辞手法呀？

当然可以，这些方法都可以表现出可乐鸡翅的诱人。你很会举一反三。但这远远不够哦。鸡翅的口感不是只能从你的口中表达出来哦，如果能观察一下周围人吃可乐鸡翅的表情，听听他们的评价，那会更好哦。

泡芙习作

可乐鸡翅一上桌，便立刻吸引了众人的目光。那诱人的色泽和香气，让人忍不住想要一尝为快。

只见小李率先夹起一块鸡翅，放入口中细细品味。他的眼睛立刻亮了起来，仿佛发现了什么宝藏一般。他连连点头，赞不绝口：“这可乐鸡翅，真是太好吃了！外皮软糯，内里鲜嫩多汁，还有那浓郁的甜香，简直让人回味无穷！”

随着小李的赞美声，其他人也纷纷动筷，争相品尝这美味佳肴。

一时间，筷子交错，欢声笑语，此起彼伏。盘子里的可乐鸡翅迅速减少，仿佛大家都在抢着吃，生怕错过这难得的美味。

“太好吃了，我也要抢一个！”小张笑着喊道，一边伸出筷子去夹一块鸡翅。

“别抢，给我留一个！”小王也不甘示弱，迅速出手，成功夹到了一块鸡翅。

不一会儿，盘子里的可乐鸡翅就被一扫而光，只剩下一些汤汁和调味料。但大家的脸上都洋溢着满足和幸福的笑容，仿佛这顿美食之旅让他们感受到无尽的幸福和满足。

哇，原来可以把周围人的表情和评价写进去，那我的可乐鸡翅真的就是最受欢迎的美食了。

所以，当我们把可乐鸡翅端上桌后，就可以这样写一写。让我们把这些部分合起来，再来读一读。

泡芙习作

可乐鸡翅端上桌啦

可乐鸡翅端上桌后，立刻成为众人瞩目的焦点。那色泽，简直就像深秋傍晚的晚霞，红亮中透着一丝金黄，闪烁着诱人的光泽。鸡翅的外皮微微焦黄，就像被阳光轻吻过的秋叶，软糯中带着一丝焦香。

用筷子轻轻夹起一块鸡翅，那饱满的肉质仿佛拥有生命一般，微微颤动着，随时准备释放出诱人的汁水。咬上一口，外皮酥脆软糯，而内里则鲜嫩多汁，仿佛轻轻一挤就能溢出甘甜的汁液。肉的质感，就像是细腻的丝绸在舌尖上滑过，既柔软又富有弹性。

可乐鸡翅一上桌，便立刻吸引了众人的目光。那诱人的色泽和香气，让人忍不住想要一尝为快。

只见小李率先夹起一块鸡翅，放入口中细细品味。他的眼睛立刻亮了起来，仿佛发现了什么宝藏一般。他连连点头，赞不绝口："这可乐鸡翅，真是太好吃了！外皮软糯，内里鲜嫩多汁，还有那浓郁的甜香，简直让人回味无穷！"

随着小李的赞美声，其他人也纷纷动筷，争相品尝这美味佳肴。

一时间，筷子交错，欢声笑语，此起彼伏。盘子里的可乐鸡翅迅速减少，仿佛大家都在抢着吃，生怕错过这难得的美味。

“太好吃了，我也要抢一个！”小张笑着喊道，一边伸出筷子去夹一块鸡翅。

“别抢，给我留一个！”小王也不甘示弱，迅速出手，成功夹到了一块鸡翅。

不一会儿，盘子里的可乐鸡翅就被一扫而光，只剩下一些汤汁和调味料。但大家的脸上都洋溢着满足和幸福的笑容，仿佛这顿美食之旅让他们感受到无尽的幸福和满足。

跟着小泡芙一起行动

@所有人 同学们，你们学会这样的表达方式了吗？在我们的美食制作历程中，把食物端上桌是必须经历的，色香味俱全的食物总能让人垂涎欲滴，而他人的反应就是你做的食物是否美味的最好评价。

试着做一份酸辣土豆丝，端上桌后，又会是怎么样的呢？请你根据今天所学，完成一个片段描写。

走吧，我们去山野间

走吧，我们去山野间：
手握锄头与镰刀，
沐浴阳光，挥洒汗水，
在劳动中感受生活的真谛。

你尝试过打板栗吗？认识各种野菜吗？有跟着长辈们下地挖番薯、掰玉米吗？多么有意思的山野趣味，每一次的体验都会给你的生活留下浓墨重彩的一笔，让我们怀着一颗炽热的心，用最真实的文字记录我们多彩的山野劳动经历……

1 我与板栗的三重奏

皇甫老师，板栗真的是一种非常受欢迎的美食，板栗烧鸡、糖炒栗子、板栗肉粽……

是呀，小泡芙，那你知道板栗长在哪里吗？

板栗长在树上呀，每年的九十月份是板栗成熟的季节。

哇，小泡芙，你真是博学多识。平时我们买回来的板栗都是加工好的，总感觉缺少一种味道。其实我们可以自己走进大自然，与板栗来一次不一样的碰撞。

皇甫老师，那我们就跟着您的步伐，去山林间走一走吧！

我与板栗的一重奏：打板栗

高高的板栗树就在我们眼前，小泡芙，你打算怎么样把这些成熟的板栗打下来呢？

皇甫老师，我会用长一点的竹竿哦。

你选对了打板栗的工具，那要怎么打呢？你可以用上一些丰富的动词哦。

可以把你想到的动词按顺序写在下面的方框中。

相信很多同学和你一样，都会用上“跳起来”“伸长手臂”“用力打”这些动作，非常不错哦。我们来看看这段话，你找找还可以用上哪些动词？

秋风起，栗叶黄，板栗林中，我手持长竹竿，眼中闪烁着期待的光芒。我仔细寻找着树上熟透的大板栗，它们犹如一颗颗糖果，散发着诱人的香气。

我瞄准了一个大板栗，深吸一口气，然后用力挥动竹竿。竹竿在空中画出一道优美的弧线，准确地击中了目标。只听“啪”的一声，大板栗从树上落下，砸在地面上，弹起又落下，滚到了我的脚边。我迅速弯下腰，伸出手，一把抓住了这颗大板栗。我轻轻地将它放入篮子里，仿佛是在珍藏一份秋天的记忆。

接着，我又瞄准了另一个大板栗，再次挥动竹竿。这一次，我更加用力，竹竿击打在树枝上，发出“砰”的一声巨响。几个板栗同时落下，我忙不迭地弯腰捡起，生怕错过了任何一个。

皇甫老师

原来打板栗并不是只“打”这一个动作，还可以用上“仔细寻找”“弯下腰捡”“挥动竹竿”等丰富的动词。

在打板栗的过程中，光有丰富的动词也是不够的。小泡芙，你再读一读，还发现了什么？

我发现只写“我”打板栗会有些单调，动词再丰富，也是千篇一律的过程。站在板栗的视角，“落”“砸”“弹”“滚”几个动词生动有趣。

小泡芙，除了动词，你还有其他发现吗？

皇甫老师，我发现了“我”在打板栗时的专注表情，以及板栗的状态。

对呀，小泡芙，如果在动词的基础上适当添加人物的表情和板栗的状态，你的打板栗就更具有画面感了。

我与板栗的二重奏：剥板栗

小泡芙你瞧，这就是板栗，你看它的外壳是不是很独特。

哇，皇甫老师，板栗的外壳我之前都没见到过，现在我要好好观察一下。

板栗的外壳犹如一位身披铠甲的勇士，威武而庄重。板栗的外壳坚硬而粗糙，布满了密密麻麻的细小刺点，仿佛每一颗板栗都在用自己的方式向世界宣告自己的存在。

小泡芙，你观察得很细致。去掉这层毛刺外壳后，我们就得用剪刀来剥开板栗了。观察剥板栗的过程，发现其中的奥秘吧！

我手握剪刀，微微张开剪刀口，小心翼翼地靠近板栗。剪刀的尖端轻轻抵住板栗的缝隙，仿佛在与板栗进行一场无声的较量。我轻轻用力，剪刀尖慢慢刺入板栗的外壳，伴随轻微的“咔嚓”声，外壳开始裂开。

随着剪刀的深入，板栗的外壳逐渐被剥开，附着的一层薄薄的膜似乎还想顽强抵抗，可哪里抵得住锋利的剪刀？他用剪刀轻轻一挑，膜就自动“让路”了，露出棕色的板栗，有时是三颗，有时是一颗大的带着一颗小的，像是一对父子。

在剥板栗的时候，要非常地小心，不能使用蛮力。另外，剪刀的使用也很讲究。看来剥板栗，也是大有学问哦！

我与板栗的三重奏：煮板栗

美食不可辜负味蕾，咱们要下锅煮板栗啦！

这个我会，之前我刚学过土豆炖牛肉，我知道煮法。

每种食材煮的方式都是不一样的哦，板栗也有自己的煮法，这次我们用一口小铁锅来煮板栗，你没有试过吧！

小铁锅静静地躺在灶台上，等待着它的使命。我小心地将洗净的板栗放入小铁锅中，它们像是乖巧的孩子，静静地躺在那里。然后，我加入适量的清水，轻轻盖上锅盖，旋转好安全阀。

随着火焰的跳动，小铁锅开始发出轻微的“嘶嘶”声，那是棕色的板栗壳贴着铁锅壁的声音。我紧张而期待地注视着小铁锅，期待着板栗的香气溢出。渐渐地，“咳咳”声频繁了起来，这是板栗壳受热鼓起来的声音。我知道，板栗正在慢慢变软，变得香甜可口。

等待的过程似乎有些漫长，但每一次“咳咳”声都像是板栗在告诉我，它们正在变得更加美味。终于，当水几乎烧干，我小心翼翼地打开锅盖，一股浓郁的板栗香气扑鼻而来。只见锅中的板栗已经变得饱满而柔软，仿佛是一颗颗金黄色的宝石，诱人至极。我轻轻地用勺子将它们捞出，放在盘子里，准备享用这煮出的美味板栗。

哇，皇甫老师，我学会用小铁锅煮板栗的方法了。

小泡芙，你瞧，我们与板栗的三重奏就完成了，如果把“打板栗”“剥板栗”“煮板栗”三个片段连起来，进行详略处理，就是一篇很好的习作了。

皇甫老师，我明白了，我们可以围绕某一种食材，分几个场景去描写，再把这些场景按一定顺序串起来，就可以完成一篇习作了。

我与板栗的故事

秋风起，栗叶黄，板栗林中，我手持长竹竿，眼中闪烁着期待的光芒。我仔细寻找着树上熟透的大板栗，它们犹如一颗颗糖果，散发着诱人的香气。

我瞄准了一个大板栗，深吸一口气，然后用力挥动竹竿。竹竿在空中画出一道优美的弧线，准确地击中了目标。只听“啪”的一声，大板栗从树上落下，砸在地面上，弹起又落下，滚到了我的脚边。我迅速弯下腰，伸出手，一把抓住了这颗大板栗。我轻轻地将它放入篮子里，仿佛是在珍藏一份秋天的记忆。

接着，我又瞄准了另一个大板栗，再次挥动竹竿。这一次，我更加用力，竹竿击打在树枝上，发出“砰”的一声巨响。几个板栗同时落下，我忙不迭地弯腰捡起，生怕错过了任何一个。

拿回家后，我手握剪刀，微微张开剪刀口，小心翼翼地靠近板栗。剪刀的尖端轻轻抵住板栗的缝隙，仿佛在与板栗进行一场无声的较量。我轻轻用力，剪刀尖慢慢刺入板栗的外壳，伴随轻微的“咔嚓”声，外壳开始裂开。随着剪刀的深入，板栗的外壳逐渐被剥开，附着的一层薄薄的膜似乎还想顽强抵抗，可哪里抵得住锋利的剪刀？我用剪刀轻轻一挑，膜就自动“让路”了，露出棕色的板栗，有时是三颗，有时是一颗大的带着一颗小的，像是一对父子。

捡起棕色的板栗，洗净。这些洗干净的板栗，其实还不是真正能吃的部分，里面嫩黄的果肉才是。但是，剥这层紧贴着皮肤的壳可太不容易哦，最好还是先煮熟。我小心地将洗净的板栗放入小铁锅中，它们像是乖巧的孩子，静静地躺在那里。然后，我加入适量的清水，轻轻盖上锅盖，旋转好安全阀。

随着火焰的跳动，小铁锅开始发出轻微的“嘶嘶”声，那是棕色的板栗壳贴着铁锅壁的声音。我紧张而期待地注视着小铁锅，期待着板栗的香气溢出。渐渐地，“咳咳”声频繁了起来，这是板栗壳受热鼓起来的声音。我知道，板栗正在慢慢变软，变得香甜可口。

等待的过程似乎有些漫长，但每一次“咳咳”声都像是板栗在告诉我，它们正在变得更加美味。终于，当水几乎烧干，我小心翼翼地打开锅盖，一股浓郁的板栗香气扑鼻而来。只见锅中的板栗已经变得饱满而柔软，仿佛是一颗颗金黄色的宝石，诱人至极。我轻轻地用勺子将它们捞出，放在盘子里，准备享用这煮出的美味板栗。

跟着小泡芙一起行动

@所有人 让我们一起去菜地里拔萝卜吧，做一碗萝卜焖肉，味道肯定很好。想一想，围绕萝卜可以写哪三个场景？你重点打算写哪个场景呢？动笔写一写吧！

2 剪荠菜的特色回忆

皇甫老师，最近我跟妈妈到田野里剪荠菜，但回来写“剪荠菜”的过程时，我绞尽脑汁，也不知道怎么下笔。您可以帮帮我吗？

没问题。小泡芙，当我们做完一件事以后，回忆是一种很好的写作方式，剪荠菜也不单单只是剪，我们要“瞻前顾后”式地回忆。

小贴士：荠菜长什么样子？

回忆一：找荠菜不简单

在写剪荠菜之前，我们还可以回忆一下，自己是如何搜寻荠菜的……

哇，皇甫老师，我想起来了，我当时走在田埂上不停地搜寻，走了很久才发现几棵荠菜………

所以，第一部分就可以把"找荠菜不简单"写清楚。

我蹲下身子，用手轻轻拨开那些茂盛的杂草，生怕错过了任何一个可能藏着荠菜的地方。尽管我小心翼翼地搜寻着，但荠菜似乎总是在和我捉迷藏，让我找不到它的踪影。有时，我会在一丛杂草中发现几片翠绿的叶子，心中一阵欣喜，但仔细一看，却发现那只是和荠菜长得相似的野草。这种失望感让我更加坚定了要找到荠菜的决心。

就这样，我在田野上走来走去，时而蹲下，时而站起，时而低头寻找，时而抬头张望。汗水浸湿了我的衣服，但我没有一丝怨言。因为我知道，只有付出努力，才能找到那些隐藏在草丛中的荠菜。

回忆二：剪荠菜不止一个“剪”字

小泡芙，你感觉写剪荠菜难写，很大一部分原因就是在回忆的时候没有放慢动作，所以你想到的动词就少了，语言就会比较单一。

皇甫老师，我能够回忆起来的，无非就是拎着篮子，拿着剪刀，弯腰，蹲下来，低头，用力剪……其他我暂时没想到。

那我们就放慢镜头来试试看。

镜头一：蹲下来

慢动作：放下篮子，卷起衣袖，擦擦脸上的汗水，蹲下来……

小泡芙，有感觉了吗？这就是放慢镜头写。

镜头二： 剪荠菜

慢动作： 用剪刀将荠菜周围的泥土扒拉开，使荠菜的根显露出来，再捏住荠菜的根部，使劲向上拔，一株完整的荠菜就成功出土啦！

小泡芙，你再看第二个镜头的慢动作，是不是觉得和你想象中的剪荠菜不一样？

对呀，我以为只要用剪刀剪就好了，没想到是这样的，难怪我很容易把荠菜剪碎……

不同的植物有自己不同的生长方式，并不是简单地拿把剪刀或拿个锄头就能完成。只有自己体验过，才会慢慢掌握诀窍，写出来的作文才会有真情实感。

哇，皇甫老师，那我明白了。这样我就明白剪荠菜真的不止一个“剪”字了。

回忆三：荠菜的特色吃法

荠菜是野菜的一种，怎么样把这别具风味的荠菜加工成美食，发挥其特色，是我们需要思考的，这样你写出来的文章就不会千篇一律。这其中的秘诀就是你要找到它的特点。

荠菜的吃法多种多样，每一种都能展现出它独特的鲜味和营养价值。以下是一些常见的荠菜吃法：

荠菜鸡蛋饼：将荠菜洗净切碎，与鸡蛋、面粉及其他调味料（如葱花、盐等）混合均匀，然后在热锅中煎熟。这种做法简单快捷，既保留了荠菜的鲜味，又增加了口感的多样性。

荠菜水饺：将荠菜洗净切碎，与猪肉等馅料混合，包入饺子皮中，放入锅中煮熟。水饺口感鲜美，荠菜的清香与肉馅的醇厚相得益彰。

荠菜豆腐汤：将豆腐切块，荠菜洗净切段，一同放入沸水中煮熟，再加入盐、鸡精等调料调味。这款汤品清爽可口，营养丰富，是春季养生的好选择。

荠菜炒笋肉：将荠菜、春笋和猪肉分别处理干净并切好，然后依次下锅翻炒。这道菜色彩鲜艳，口感丰富，既有荠菜的清香，又有春笋的脆嫩和猪肉的醇厚。

你瞧，荠菜不仅有这么多吃法，而且每种吃法别具一格，独具特色。所以一定要抓住食材特色，用心观察研究，这样写出来的文章才会有自己的魅力。

皇甫老师，我明白了，我这就去做一份荠菜鸡蛋饼。

清晨，阳光透过窗帘的缝隙洒进厨房，温暖而明亮。我拿出一把鲜嫩的荠菜，洗净后切碎，与鸡蛋、盐和少许面粉混合搅拌成均匀的糊状。随后，我在热锅中倒入适量的油，待油温适中时，将荠菜鸡蛋糊缓缓倒入锅中，用锅铲轻轻摊开，煎至两面金黄。不一会儿，香气四溢的荠菜鸡蛋饼就出锅了。它外皮酥脆，内馅鲜嫩，既有荠菜的清香，又有鸡蛋的浓郁，每一口都让人回味无穷。这样的早餐，不仅美味可口，还充满了春天的气息，让人心情愉悦地迎接新的一天。

同学们，当我们体验了山野劳动的趣味，想要用文字记录这次的美好时光，可以回忆体验活动中独具特色的画面，例如“摘桑葚”，同学们能想到哪些属于“桑葚”的特色回忆呢？

桑葚和荠菜就不一样，我回想自己摘桑葚的记忆，“边摘边吃”“把嘴巴吃成紫色”“被蜘蛛网缠住”“做果酱”这几个比较有特色。

你瞧，这样你的采摘桑葚的习作就会与众不同，独具特色。

跟着小泡芙一起行动

@所有人 亲爱的同学们，清明节到了，让我们一起去大自然的田野里剪艾草，做青粿吧！剪艾草又会给你带来一种怎么样的特殊体验呢？用文字记录下来吧！

3 挖番薯是可以互动的

皇甫老师，今天爷爷带我去自家地里挖番薯啦！

你的劳动领域越来越宽广了，那你知道挖番薯要带什么工具吗？

我当然知道啊！手套、锄头、桶……一应俱全，我怕口渴，还带了瓶水呢！

不错，给咱们小泡芙点赞！

互动一：与番薯互动

皇甫老师，那挖番薯怎么才能挖出与别人不一样的体验呢？

小泡芙，你真会思考，我想告诉你，挖番薯是可以互动的哦！我们在描写挖番薯的过程中，除了写自己挖番薯的过程，也可以写写番薯的样子。

挖番薯可真不是一件容易的事呢！每次到田里，我总是兴奋地拿起小铲子，想要挖出那些藏在地下的番薯。可是，它们好像跟我捉迷藏一样，总是躲得深深的，让我找不到。我小心翼翼地用铲子挖呀挖，可是番薯的根好像特别牢固，总是挖不断。有时候，我挖得太用力，还会把番薯给挖破了，看着那个破洞，我心里好难过啊。

互动二：与爷爷互动

小泡芙，我们经常会有这样的经历，凡事都想自己先尝试，遇到困难再寻求帮助。挖番薯也是如此，如果爷爷可以在你身边指点迷津，肯定可以事半功倍。

我想起来了，爷爷会教我怎么样铲土，叮嘱我怎么挖才不会把番薯挖伤，还会和我一起挖番薯，很开心。

对呀，你瞧，这就是你与爷爷的互动。你可以写一写爷爷的叮嘱，这是语言上的互动；还可以写一写爷爷身体力行的指导，这是动作上的互动。

阳光透过稀疏的云层，洒在田野上，一片金黄。我兴奋地跟在爷爷身后，手里拿着小铲子，准备开始挖番薯。爷爷教我如何正确地铲土，他耐心地叮嘱我，挖的时候要用巧劲，轻轻地拨开土层，以免伤到番薯的娇嫩身体。

我按照爷爷的指示，小心翼翼地挖着。每当铲子碰到硬硬的东西，我就知道那是番薯的踪迹。我兴奋地叫起来，爷爷总是微笑着鼓励我，告诉我不要心急，要慢慢来。我们一起挖着番薯，爷孙俩的欢声笑语在田野上回荡。阳光洒在爷爷的脸上，他的皱纹仿佛都舒展开来，显得特别慈祥。我看着爷爷，心里充满了温暖和幸福。

那天，我们挖了很多番薯，有的大如拳头，有的小如鸡蛋。我捧着这些劳动成果，满心欢喜。爷爷看着我，眼里满是宠溺和欣慰。那一刻，我觉得自己是世界上最幸福的孩子。

你瞧，在爷爷的指导和鼓励下，挖番薯也变得有趣、有爱了。

互动三：跟弟弟互动

这次挖番薯，我还带上了弟弟，感觉很有意思。

哇，那你的经历会更有意思，可以开启一次与弟弟的互动：来一场挖番薯比赛。

“三、二、一，开始！”随着我的一声令下，我和弟弟立刻蹲下身，挥舞起手中的小铲子。弟弟力气小，但他非常努力，每一铲子都挖得很深，生怕漏掉了番薯。我则利用我的力气和技巧，快速地拨开土层，寻找着番薯的踪迹。

不一会儿，我就挖到了一个小番薯，我高兴地举起来向弟弟炫耀。弟弟见状也不甘示弱，更加努力地挖起来。我们两人的铲子声此起彼伏，形成了一曲美妙的田园交响乐。

比赛进行得如火如荼，我和弟弟都挖到了不少番薯。有时，我们会同时发现一个大番薯，于是我们会暂停比赛，合力将它挖出来，然后相视而笑，分享着胜利的喜悦。

小泡芙，你写得真棒，从你的文字里，让我感受到你们挖番薯时卖力的样子和激动的心情，也能感受到你和弟弟之间的美好感情。

其实我们有很多劳动是可以互动的。比如，“摘冬瓜”时可以和冬瓜来一次亲密接触，还能和家人一起抬回家，感觉不错吧；跟奶奶“打油菜籽”可以和油菜来一场别有风味的演奏会，还可以和奶奶一起装油菜籽，别提多有趣了……我们的劳动就是在一次次的互动中收获快乐和成长的。

跟着小泡芙一起行动

@所有人 去吧，让我们去乡野间，和你的家人朋友一起去，摘个西瓜，吃个山楂……与大自然来一次亲密的互动吧！把你们的互动用文字记录下来！

那些年，我学会的家务

你会扫地吗？你会洗衣服吗？你会刷鞋子吗？……

家务活啊，可是每个小朋友都应该学会的哦，不仅能让自己和自己的家变得很干净、很漂亮，也能增强体质，锻炼不同的身体部位，是很好的有氧运动呢，还能培养好的心态，不急躁、耐心、细心。

在实践过程中，你会发现，有些家务活看着简单，其实也不容易，怎么把地扫干净？怎么去除衣服上的污渍？怎么能把鞋刷得如新？……这里，可是有不少奥秘的呢。

同样，把做家务活的过程清楚、生动地写出来，也有不少的诀窍呢。现在，就让我们走进家务活中，在做好家务的同时，也感受写作的魅力和神奇吧！

1 把地扫干净的秘密

你知道怎么把地扫干净吗？

以四人小组为单位，讨论如何在一篇文章里清楚地写出"我把地扫干净了"。

收集好所有小组的意见，我发现一个问题：同学们的写作疑问其实多于写作方法，可能是由于大家生活在一个幸福的时代，很少有同学在家里扫过地吧，所以一窍不通。

小泡芙简单整合了同学们的问题：

@皇甫老师 扫地前要做哪些准备？

@皇甫老师 按什么顺序扫地？

@皇甫老师 如何清扫墙角、墙边、桌脚？

@皇甫老师 垃圾是要一边扫一边装，还是扫好后一起装？

@皇甫老师 ……

我个人认为，要想写好这篇习作，首先得真的在家里好好地扫回地。

小泡芙点出了问题的关键，任何体验型习作的前提一定是亲自尝试。当然，如果能掌握些方法与技巧，说不定能把地扫得更干净，也把习作写得更好。

扫地这件小小的事，其实藏着诸多有意思的知识呢。

同学们提出的这些问题，其实都很关键。你是不是也想成为家务小能手？来，送你几条锦囊妙计吧，保你把地扫得干干净净。当然，习作水平也能在把地扫干净的过程中，得到一定程度的提升哦。

根据情况，选好工具

根据你需要打扫的环境，选择适合的卫生工具。

竹扫把

打扫天台、水泥地等露天场所，竹子不怕磨损，经久耐用。

塑料扫把

打扫瓷砖等室内环境，既轻巧方便，又不会产生磨损，还能把灰尘、头发等微小的垃圾清扫干净。

同时，写作也是这样，选择合适的内容、合适的方式、合适的文体，就能让习作大放异彩！

说到合适的写作方法，就必须提一提“五感法”了。我们不说高深的语言，直接用我最喜欢的板栗举个例子。噔——“板栗”闪亮登场！

视觉：用眼睛看

形状：圆形，顶部有尖尖头

颜色：外壳呈棕色，有光泽，成熟后的果肉是金黄色的

听觉：用耳朵听

板栗不会发出声音，但是可以联想板栗被摘下，在锅里翻炒的声音

嗅觉：用鼻子闻

非常香甜

味觉：用嘴巴尝

香香的，糯糯的，甘甜

触觉：用手感受

表面非常光滑，底部有点粗糙，外壳十分坚硬

小泡芙，你肯定不会忘记自己曾经用“五感法”写过许多与板栗有关的片段吧。

怎么可能忘记！我可是经历过打板栗、剥板栗、煮板栗的人。在这个过程中，“五感法”可帮了我不少忙。

泡芙习作

瞧，树上的板栗被栗子壳紧紧地包裹着，没有成熟的栗子就像一个长满绿色刺的小毛球，一根一根向外舒展着，我小心地伸出手，啊！刺是软的。

描写栗子时加入了视觉和触觉的体验，让我们眼前一下子就出现了一个小小的，软软的，长满刺的小毛球，更贴近生活。

吃栗子时，只要用牙齿使劲咬栗子壳的前后两面，栗子壳便会“咔”一声裂开，栗子肉是淡黄色的，软软的，带有一些香甜，我非常喜欢吃栗子。

抓住了吃板栗时的声音，选择从听觉处入手，打开栗子后，自然地选择介绍板栗的味道，实现听觉和味觉的自然融合，流畅无比。

我发现糖炒栗子里的果肉和没有被炒的栗子果肉不一样，糖炒栗子是深黄色的，没有被炒的则是淡淡的黄色，我想：一定是糖炒栗子吸收了糖分，所以才变得那么金黄，那么诱人。

描写两种不同状态下的板栗颜色，进行视觉对比，更能感受到小作者观察的细致，认真的思考。

这就是五感法了。在写作时，我们可以运用它，将看到的、听到的、闻到的、尝到的、感受到的，通过多种感官把自己的发现更好地描写出来。只有真实的感受，才会有真实的记录。

从里到外，从上到下

清扫垃圾时，应当注意扫地的顺序，从里到外，从厨房到厕所到卧室再到客厅。习作时，顺序也是相当重要的一环。例如，三年级下册第 10 课《纸的发明》，按照时间顺序介绍了纸的发明历程。

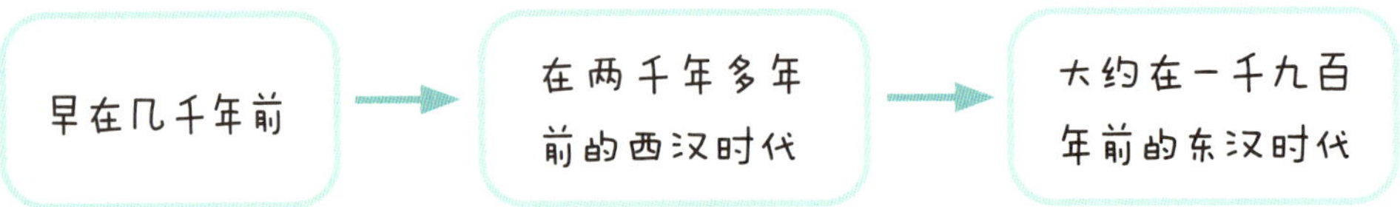

介绍一朵花的生长过程、一个人的成长过程、一件事的发展过程等，都可以按照时间顺序来写，使文章简明扼要，条理清晰。时间顺序，指的就是时间的先后，三年级上册《美丽的小兴安岭》就是按照春夏秋冬的时间顺序介绍了小兴安岭四季的美景的。

除了时间顺序，游览的先后顺序也很普遍。按游览的先后顺序写，常用于写游记、参观记、活动。如《记金华的双龙洞》一文，是按金华城→罗店→路上→洞口→外洞→孔隙→内洞→出洞的先后顺序，记叙金华双龙洞的总体情况和主要特征。

事情发展顺序也很常见，即按事情的起因、经过、结果的顺序来写。例如，四年级上册的《麻雀》，篇幅虽然短小，但是详细描写了故事的起因（第一至三自然段：打猎回来的路上，我的猎狗发现了一只掉在地上的小麻雀）、经过（第四至六自然段：鬣狗想伤害小麻雀，老麻雀飞落下来保护小麻雀）、结果（第七自然段：我急忙唤回猎狗，走开了）。

还有，按事物的性质把内容分为若干类别，再按照分类顺序记叙。这种方法常用于写带有说明性的文章和状物的文章。例如，在六年级上册《我的伯父鲁迅先生》一文中，作者写了不同内容的四件事，即讲《水浒传》、谈“碰壁”、救护车夫、关心女佣，表达了鲁迅先生“为自己想得少，为别人想得多”的高贵品质。

锦囊妙计 3

不同位置，不同方法

扫地时，要根据不同的位置，选择不同的清扫方式。写作也是这样，想要达到效果，可以选择不同的方式，如直接抒情或侧面烘托。

暖国的雨，向来没有变过冰冷的坚硬的灿烂的雪花。博识的人们觉得他单调，他自己也以为不幸否耶？江南的雪，可是滋润美艳之至了；那是还在隐约着的青春的消息，是极壮健的处子的皮肤。雪野中有血红的宝珠山茶，白中隐青的单瓣梅花，深黄的磬口的腊梅花；雪下面还有冷绿的杂草。胡蝶确乎没有；蜜蜂是否来采山茶花和梅花的蜜，我可记不真切了。但我的眼前仿佛看见冬花开在雪野中，有许多蜜蜂们忙碌地飞着，也听得他们嗡嗡地闹着。

——鲁迅《雪》

已讶衾枕冷，复见窗户明。

夜深知雪重，时闻折竹声。

——白居易《夜雪》

都是写雪，鲁迅通过细致描绘江南柔美的雪景和北方壮美的雪景，表达了对北方雪的喜爱之情；白居易则运用侧面烘托手法，从触觉、视觉、感觉、听觉等四个不同的角度来描写“夜雪”， 一场大而寒冷的夜雪跃然纸上，透露出自己的孤寂心情。

挪开桌椅，捡起垃圾

遇到茶几下难以清扫的垃圾或掉落的小东西时，应当挪开茶几，弯腰拾起。写作时，也是这样，一种办法有时并不适合解决所有的困难，所以要灵活运用所学过的写作方法，把感受与想法写清楚。

垃圾集中，清扫完毕

清扫好所有的垃圾后，将所有的垃圾集中汇总，使用簸箕，将它们一起倒入垃圾桶。在写作中也是如此，要留心观察生活中的事情，收集每一次的发现，汇总在一起，整理成文字形式，就一定是一篇有内容、有想法、有感受的好文章。例如，三年级下册《赵州桥》。

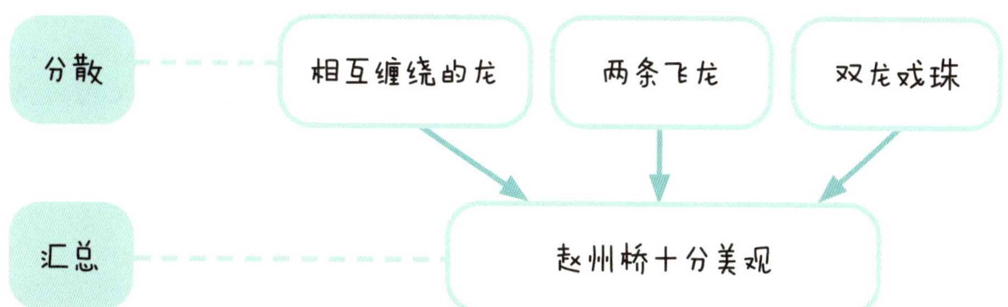

这不就是我们常说的围绕一个意思，从几个方面把它写清楚，也可以反着来，通过几个方面找到这段话的关键意思，在写作中尝试，能让文章更加紧凑。

泡芙习作

这里用了第一个锦囊妙计：用五感法中的视觉、听觉、感觉比较了两种扫把的区别，也做好了扫地的第一步，即选择合适的工具。

妈妈出差了，我翻身当主人，打算先扫地，给回到家的妈妈一个惊喜。

说干咱就干。我拿了一把竹扫把，特别大，碰到地面还会发出“嗦嗦”的声音，肯定是个好帮手。可是，我轻轻地弯下腰，拿着扫把用力扫，灰尘就像顽皮的小孩似的到处乱跑，一扫，一大片灰尘都漏在了原处，怎么回事？忽然，我瞄到角落里的塑料扫把，要不试试？一拿，轻轻的，几乎没有什么重量，一只手就能灵活把控，也不知道能不能扫得干净。嘿，没想到啊，塑料扫把就像一位威武的大将军，灰尘、垃圾一见到它，就乖乖地“投降”了。

扫了五分钟，我就有点累了。我才刚刚把客厅扫干净，转身又扫了自己的房间，结果垃圾又堆到了客厅，我又得再扫一遍，待会儿我要是打扫爸爸妈妈的房间，是不是又得扫客厅？这样不行，我停下来，在脑海里画了一条路线图，原来只有从最里面的房间扫起，依次往外，才能保证每个地方只需要扫一遍就够。

用第一句话引出了第二个锦囊妙计，即由里到外直接写出这个自然段的意思：扫地不简单。接着，又用了第三个锦囊妙计：针对不同的地方，要用不同的方法，才能扫干净。

扫着扫着，我发现扫地可没那么简单。过道空间大，扫把一过，垃圾就无处可藏；而房间的角落就不一样了，得斜着扫把，用一个“头”轻轻地抖出来；客厅的茶几下更艰难，得压下扫把，横着兜出……

引用第四个锦囊妙计：灵活运用打扫方法。

过了一会儿，堆在我面前的垃圾就像一座小山了，我用扫把仔细地把垃圾扫进了簸箕，倒进了垃圾桶。

这是最后一个锦囊妙计：集中垃圾，结束扫地！

2 洗衣服也会遇到困难

小泡芙

呜呜呜，今天出师不利。书法课上，同桌的墨水洒到了我的新衣服上；劳动课去校园里挖土，新衣服又不小心粘了点土；吃午饭时，又沾染了红烧肉的油渍……天哪，这衣服要怎么洗干净啊？

1天前

♡ 皇甫老师 小土豆 小叶子

小叶子：不考虑去求个签？

小土豆：我觉得买张彩票也是不错的选择呢。

皇甫老师：别着急，有着二三十年洗衣服经验的我有好办法哦。不同类型的污渍，要选择不同的去污产品，对症下药方能解决衣服上的顽固污渍。写作亦是如此。

小泡芙回复**皇甫老师：**洗衣服也跟写作有关？

洗衣服，最麻烦的就是遇到很难去除的污渍，而最好的解决方法就是因“污”制宜。四年级上册的《扁鹊治病》就详细说明了因“污”制宜的方法，把蔡桓侯的病症看作衣服上的顽固污渍，对症的去污产品便是治疗的良药。

阶段	病情（污渍）	医治方法（产品）
第一阶段	皮肤上有点儿小病	热敷
第二阶段	皮肉之间	扎针
第三阶段	肠胃里	汤药
第四阶段	深入骨髓	无能为力

洗衣服会遇到污渍，写作文也会遇到困难。遇到困难，解决就好，迎难而上永远是上上策。

孙中山想：这样糊里糊涂地背，有什么用呢？于是，他壮着胆子站起来，问：“先生，您刚才让我背的这段书是什么意思？请您给我讲讲吧！”

这一问，把正在摇头晃脑高声念书的同学们吓呆了，课堂里霎时变得鸦雀无声。

先生拿着戒尺，走到孙中山跟前，厉声问道：“你会背了吗？”

“会背了。”孙中山说着，就把那段书一字不漏地背了出来。

以三年级上册《不懂就要问》为例，困难是“冒着被先生骂的风险提问”，解决方法是“真诚地一字不漏地背出那段书”。这还是比较隐晦的，更明显的是课文《那一定会很好》。

一粒种子最后变成阳台上的木地板，经历了诸多困难，是如何一个个解决的呢？

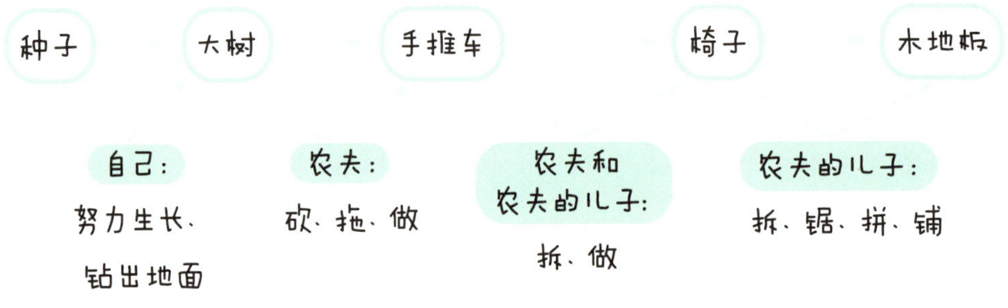

种子　大树　手推车　椅子　木地板

自己：努力生长、钻出地面

农夫：砍、拖、做

农夫和农夫的儿子：拆、做

农夫的儿子：拆、锯、拼、铺

就是在这一系列的动作里，种子终于实现了自己每个时刻的心愿：“要是……那一定会很好！”这也从一个角度启示我们：洗衣服不管遇到什么污渍，除了找对产品，找对方法也相当重要，而这也是掌握洗衣服这件家务活的精髓所在。

泡芙创意

听皇甫老师上完这一课，我忽然想到上次扫地的事。我扫地的时候，发现有昨天晚上吃的饭粒掉在地上，扫不掉，我蹲下身用指甲抠了抠，饭粒还是牢牢地粘在地上，这可难倒我了。忽然，我想起妈妈以前是怎么弄的，就学着妈妈的样子，去拿了块肥皂，在地上抹了又抹，再用点水，然后用指甲一抠就掉了。扫完地后，从远处看，地面像被太阳照到的湖面，闪闪发光，美极了！

结合生活经验，我发现要把做家务的过程写清楚，动词是很重要的帮手。“拿”“抹”“洒”“抠”四个动词，就把扫地的过程写清楚了。

这下，洗衣服还有什么难的吗？

泡芙习作

洗衣“历险记”

开篇直接点明困难，一目了然，凸显了作者的烦恼。

墨水！泥土！油渍！还有神秘的未知物质！这件衣服已经满是污渍了，可我真的舍不得扔，毕竟这是爸爸送给我的生日礼物啊。于是，我开始了一场名副其实的洗衣“历险记”。

第一次尝试

我首先尝试挤了一些洗衣液在衣服上，再用力搓啊搓，揉啊揉。然而，污渍似乎并没有被洗衣液“打动”，依然顽固地附着在衣物上。我皱了皱眉，这场战斗果然如我预料，并不能轻易获胜。

第二次尝试

接着，我在污渍上撒了一些洗衣粉，使劲地刷了刷。洗衣粉沾了水，泡沫泛起，可污渍依然没有消失，这也太难了！就在我想要放弃时，我忽然想到皇甫老师给的小妙招。先解决最难的油渍吧，我去厨房找了点面粉，抹在油渍上，再撒点洗衣粉，过了两分钟，果然淡去

第三次尝试

了！接着是墨水，这得用酒精，我翻箱倒柜找了一圈，也没看到酒精，想着算了吧。路过玄关时，瞄到了消毒洗手液，我记得它含有 75% 的酒精，应该可以替代，就兴冲冲地拿去喷在了衣服上，再擦点肥皂水，呀！真神奇！墨水渍真的不见了！

这么一折腾，其他污渍也都洗干净！衣物恢复了原本的洁白。

这时，阳光透过窗户，照进阳台，晒到洗干净的洗衣服上，忽然感受到一种真实的幸福。毕竟，这场“历险记”，我终于赢了！

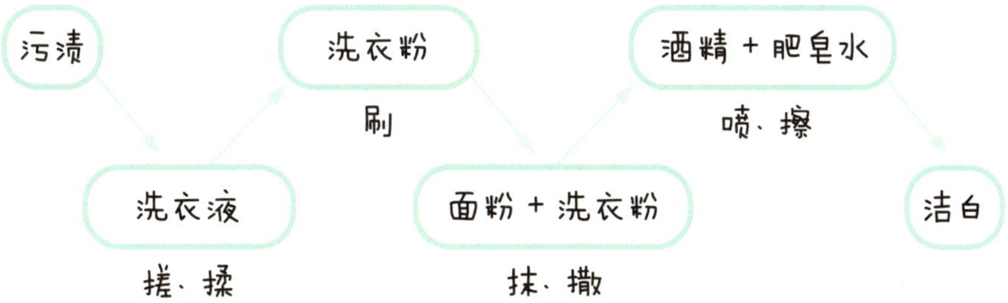

污渍 → 洗衣液（搓、揉） → 洗衣粉（刷） → 面粉 + 洗衣粉（抹、撒） → 酒精 + 肥皂水（喷、擦） → 洁白

3 洗鞋子也是有心情的

群聊

听说了吗？咱们的爸爸妈妈打算组织去杭州乐园玩！

耶耶耶！我最喜欢过山车了。超级刺激，很爽！我要拿出我的宝贝鞋子，穿上它嗨翻杭州乐园！

@ 小泡芙 你是不是忘记了，上次足球赛，因为捡球，你的宝贝鞋子黏上一堆泥，你说根本洗不掉。

皇甫老师还给你留了一篇洗鞋子的习作作业，要当成劳动课范例呢，你是不是忘了？

鞋子洗干净没问题，可文章怎么写啊？我又要去找皇甫老师了。

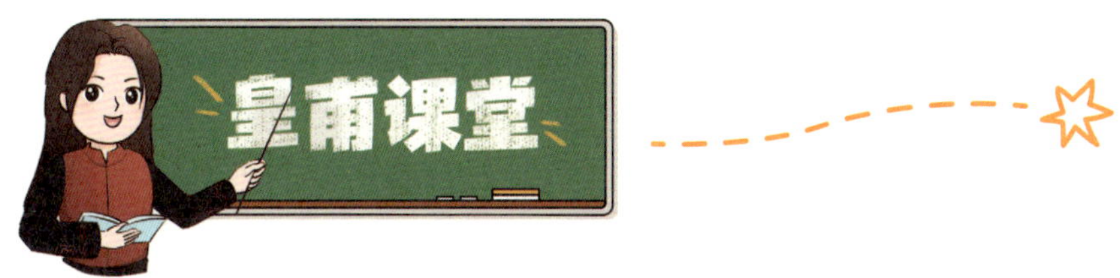

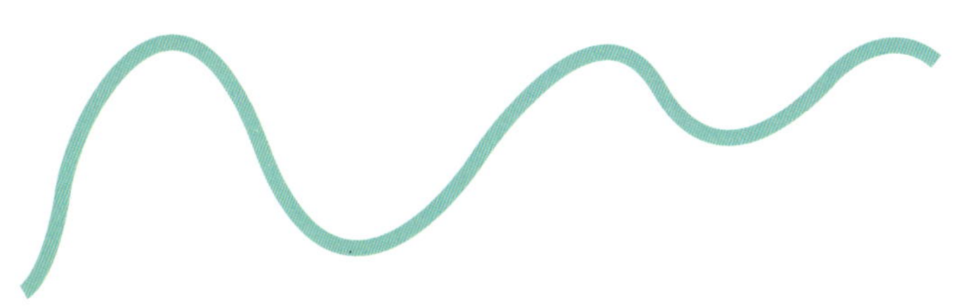

瞧，这就是过山车时的心情曲线，兴奋至顶，瞬间又会跌落谷底，然而内心又会是另一种期待，那种心情变化的未知感，让人着迷。这也是无数人喜欢过山车的原因，而这也可以是写作的好方法！

一年级下册《一个接一个》是一首简单的儿童诗，描绘的是孩子的心声，从开心到难过，再到开心，让每一个读到的人都会产生情感共鸣。

月夜，正玩着踩影子，

就听大人叫着：“快回家睡觉！”

唉，我好想再多玩一会儿啊。

不过，回家睡着了，

到可以做各种各样的梦呢！

正做着好梦，

又听见大人在叫：“该起床上学啦！”

唉，要是不上学就好了。

不过，去了学校，

就能见到小伙伴，多么开心哪！

正和小伙伴们玩着跳房子，

操场上却响起了上课铃声。

唉，要是没有上课铃就好了。

不过，听老师讲故事，

也是很快乐很有趣的呀！

二年级上册的《玲玲的画》讲述了玲玲准备参加评奖的画不小心被弄脏，已经没有时间重画一张，所以着急地哭了。在爸爸的启发下，她开动脑筋，在弄脏的地方画了一只小花狗，不仅巧妙地掩盖了污渍，还给作品平添了几分家的温馨。

玲玲得意地端详着自己画的《我家的一角》。这幅画明天就要参加评奖了。

…………

就在这时候，水彩笔啪的一声掉到了纸上，把画弄脏了。玲玲伤心地哭了起来。

…………

玲玲想了想，拿起笔，在弄脏的地方画了一只小花狗。小花狗眯着眼睛，懒洋洋地趴在楼梯上，整张画看上去更好了。玲玲满意地笑了。

六年级上册的《盼》以孩子的视角，叙述了“我”得到新雨衣，盼望下雨穿雨衣、想借买酱油穿雨衣、如愿穿上新雨衣的经历，通过语言、动作、心理的描写，详细、具体地展示了小主人公“盼”的心理变化，表现了童真童趣。

得到新雨衣
高兴
盼下雨
急切
下雨了
喜悦、兴奋
盼出去
焦急、沮丧、无奈
盼雨停、明天下
担心、快乐
穿上新雨衣
兴奋、激动

这就是过山车写法。一件小小的事，加上变化的心情，也会变得趣味盎然。你的洗鞋子，还难写吗?

泡芙创意

说起《盼》，我可太有话想说了。

写“高兴”，她写：“我一边想，一边在屋里走来走去，戴上雨帽，又抖抖袖子，把雨衣弄得窸窸窣窣响。”

写“急切”，她写：“每天放学路上我都在想，太阳把天烤得这样干，还能长云彩吗？为什么我一有了雨衣，天气预报就总是‘晴’呢？”

写“喜悦”，她写：“我兴奋地仰起头，甩打着书包就大步跑进了楼门。”

写“担心”，她写：“要是今天雨都下完了，那明天还有雨可下吗？最好还是留到明天吧。”

写“激动”，她写：“我几步跑回家，理直气壮地打开柜门，拿出雨衣冲妈妈说：‘妈妈，下呢，还在下呢！’”

看，心情可以这么精彩！我一定也可以！

泡芙习作

洗鞋子

宝贝鞋子躲在阳台的角落里，布满了灰尘，特别寂寞。别急，杭州乐园的征途仍然需要你，你不会一个人的。

就是足球场上的泥巴而已，能有多难洗？连不知名的污渍都能让我战胜，这肯定很简单。于是，我一边哼着歌，一边打开了水龙头，准备洗鞋了。然而，当我真正把刷子刷向鞋面，才知道这并不简单：泥土和灰尘紧紧地粘附在鞋面上，加上前几天阳光曝晒，都有点“结痂”了。

一句简短的反问突出“我”的自信。写心情，可以不直白，但要有力度，让人一目了然。

一刷，再刷，又刷，还是难以彻底洗干净，我不禁加大了力度，用力地一推，鞋带大概没能忍受住这“疼痛”，顿时“起了毛”。我深呼吸一口气，想着它还要替我征战杭州乐园，就又收了收力气，继续耐心地刷。

妙用动词

终于，鞋面上的泥土渐渐消失了，露出了原本的颜色。嘴角不禁往上扬，原来，只要坚持坚持，还是能成功的。我不由得哼着小曲，愉快地刷洗着鞋子的每一个角落。

哼歌的节奏越来越快，身体也不自觉地跟着摆动，宝贝鞋子在我的不懈努力下，再次展现出原本的亮丽和风采。我一边满意地欣赏着这双焕然一新的鞋子，一边任由窗外的风轻轻地吹拂着我的脸庞。

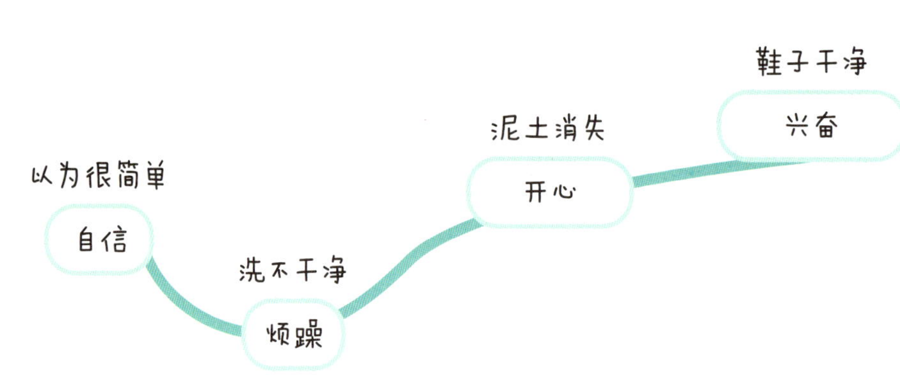

生活中的美食体验

桐庐，有着不少美食呢。

米粿，曾被端上亚运会餐桌的中国传统美食，以其独特的口感和美味，已经成功地在国际舞台上崭露头角了。外观洁白如雪、皮层糯软清香且稍有韧性，内馅有猪肉、春笋、雪菜、油豆腐或豆腐干、辣椒，味道别提有多鲜美了。

麻糍，口感也很好，犹如丝滑的糯米绸带，咬一口就一丝丝的弹牙，配上那醇厚的芝麻糖酱，香甜可口，让人忍不住一口接一口。

冻米糖的味道就更独特了，它融合了糯米的香、红糖的甜、花生的香、芝麻的醇等多种味，创造了属于它自己的甜。

俗话说：民以食为天。美食，永远是每个人心目中最具有治愈性的东西，也是很多作家笔下的灵感。我们能不能像作家一样，把美食体验写得有意思呢？这一章就在桐庐美食的海洋里尽情探索吧。

1 奶奶是这样包米粿的

米粿是桐庐的特色美食，相信同学们一定都吃过吧，那么大家有过和家人包米粿的经历吗？

我爷爷奶奶家在农村，每年我都会和他们一起包米粿吃，我当然也写过包米粿的作文。

噢，那你是怎么把包米粿这样一件简单的事情写生动的？

我参与包米粿很多次，于是就有了一些亲身经历的感受和体验。学包米粿的情形还历历在目呢，你看！

今天，我去了奶奶家。奶奶说下午要做米粿，我听了可开心呢。等到了下午，奶奶果然开始包米粿了。我在边上看着奶奶包米粿，连花边都做得那么好看，忍不住自己也学着包了起来。我拿起一张被压成薄饼状的粿皮，放入自己喜欢的馅料，对折粘贴成半个圆形，准备封口。可是在边缘捏了半天也没封上，不是这边开口就是那边漏了馅料，最后还是由奶奶接手解决了我的尴尬。再看看奶奶，动作可熟练了，很快就包了满满一桌子的米粿。

我一个劲儿缠着奶奶，催她赶紧蒸几个给我吃。等啊等，米粿终于熟了。我不顾烫嘴，立马咬了起来，真是太好吃了。

这就是我有趣的一天，那么你呢，有什么有趣的故事吗？

你这是常规视角下的作文，以你自己的经历感受为主。其实在你学包米粿的过程中，有一个人物很重要，那就是你的奶奶。咱们换个视角观察，把目光集中在奶奶和周围人物身上，那肯定更有意思！

皇甫老师，我知道了，我要去观察奶奶的动作、神态，听听奶奶说的话。

对呀，你看故事中的“我”和奶奶，没有说话，没有表情，没有动作。就像是纸片人、提线木偶。他们的一切行为，都是你告诉我们的，而不是他们自己表达的，多没意思！

所以，我们要做的就是把奶奶的话还给奶奶，让奶奶自己说话，自己动手。让文中的“我”也自己说话，自己动手喽！

是的，赋予人物说话动手的能力，让人物“活”过来，故事才会精彩，文章才会有意思。可以按包粿前、包粿时和包粿后分步去观察，分别写清楚。

包粿前

清明节前，我去了奶奶家。奶奶看到我，乐坏了，拉着我的手说：“知道你今天要来，一大早就准备好了食材，一会儿就做你最爱吃的米粿。”

“太好啦！”我听到有米粿，高兴坏了，对奶奶说，“您教我做可以吗？”奶奶笑着点点头说：“那你可要好好学。”说着，奶奶开始准备起来。只见她洗干净双手，端出来一大盆馅料和一袋洁白的米粉，接着又从锅中拿出蒸好的一大团面团，坐下来开始揉搓。我见了，忙搬张凳子坐在边上看。只见她揉呀揉，搓呀搓，面粉团就揉搓成了长长的棍子，再一截一截扯下，变魔术似的，搓揉一番后又变成了一个个“白胖子”，太好玩了！

皇甫老师，我观察了包米粿前的情形，看到了奶奶是怎么准备的，您觉得写得怎么样？

故事里面的人物“活了过来”，奶奶自己开口说话、做动作了，人物有了独立的意识。文章看起来也就更自然、更生动了。

举一反三，我会写接下去的故事了……

包粿时（一）

开始包米粿了。奶奶左手拿起乒乓球大小的米粉团，送进机器里，右手操纵杆子，用力往下一压，面团没一会儿就成了一个“洞”。奶奶的动作一气呵成，一边拿着面皮“洞”，一边用筷子夹了满满一大团馅料。

接下来，神奇的一幕出现了。左手是半成品的米粿，右手虚握成拳，捏着开口，就看奶奶的拇指和食指的指腹轻轻一压，开口很快被束在了一起，馅料被完美地包在了里面。不愧是奶奶，动作这么熟练！我惊叹一声：“好厉害！我也想要试试。”奶奶笑着让出位置，指导我如何使用这个机器，一边指导一边感慨：“现在包米粿，比起以前啊，可真是简单多了。以前我们都没有机器，得靠自己用手做出这个壳子。”

人物有血有肉，这样写就有意思了！

其实我知道米粿有好几种，除了这种灯盏粿，还有元宝形、月牙形的，用模具压的扁平粿。除了白色米粿，还有清明节时用艾草汁做的青色米粿，其实我都想介绍一下。

可以啊，可以从米粿的角度去观察一番，那就可以写得更生动了。老师这里就有一段。

包粿时（二）

邻居们闻到香味，相继来到了奶奶家，各种馅料相继端上了桌，菜馅、豆沙馅、芝麻馅，香味沁人心脾，我差点流下口水。

机器只有一台，其他人就“卖弄”起手工活。只见王姨把一个大面团搓成条状，切成一个个小剂子，再拿起一个放在手掌心里，不停地揉搓，像是变戏法似的，就成了小圆球，简直是“如来神掌”啊！李婶将搓圆了的粉团放进木板夹中，用力往下一压，就成了一张圆形的米粿外衣。妈妈快速拿出外衣，用勺子舀一大团馅料放在面皮的中间，先从对角线捏起，再慢慢将两边的面皮拾拢捏皱出花边。这米粿如一弯新月，照亮了妈妈的手，又如一艘小船，翘起尖尖的船头，漫游在妈妈手指间的小河里。我惊叹：“这也太好看了，这哪是米粿，简直是艺术品！”妈妈笑着说：“以前粮食紧缺，不放菜，用模具压直接压米团做成印版粿，后来还包灯盏粿，因为面皮要一个个捏，很费时，现在又流行这种元宝米粿，既简单又好看。长见识了吧？”就这样，亲朋好友围在一起，一边包米粿，一边聊着各自家中的琐事，不一会儿，各种米粿在粿布上排开了阵势，蔚为壮观。瞧，那扁扁平平的是带着花纹的印版粿，像个小山包的是“白胖子”灯盏粿，最多的就是梳子状的元宝粿了。青的艾草米粿，透着淡淡的艾草清香，与白色米粿相映成趣！

里面多了对周围人物的观察，各个人物都鲜活起来了，还有对米粿的描写，我觉得角度丰富，非常生动！

是呀，我们观察的角度要多样，不能只停留在自己，还要关注他人和主要事物。尝试把蒸米粿、吃米粿都写出来，这样有始有终，画面感更强了。

接下来就是蒸米粿了。奶奶把米粿秩序井然地放在蒸笼里，架起灶台里的柴火，火苗丝丝地烧着锅底，烟在锅的周围环绕。我坐在旁边静静地等着，不一会儿，水蒸气掺合米粿的香味，不断从锅里冒出来，让人直流口水。

当锅的上空飘起白色的热气后，奶奶便打开蒸笼。腾腾的热气笼罩了整个厨房，一股米香味扑鼻而来。奶奶用手指轻轻一压，粿胚弹弹的便是蒸熟了。

白色米粿色泽鲜亮，透着糯润，十分诱人；青色米粿绿莹莹，像精美的碧玉。阖家团圆的气息，在乡间柴火灶上弥漫开来。奶奶马上夹了两个递给我：“来，尝尝看，小心烫嘴哦！”我哪还顾得上这些，立马咬上一口，冬笋、雪菜、豆腐、猪肉、葱花等，和着恰到好处的鲜美，糅杂在口中，是家的味道，是妈妈的味道。“别急，还有豆沙馅、芝麻馅的，都尝尝！”奶奶笑着嘱咐我。那甜的是扁平状的印版粿，上面有各种好看的花纹；咸的形状像饺子，像元宝。无论甜或咸，我都爱吃，吃在嘴里清香滑糯，恨不得多吃几个。

水蒸气一直在厨房氤氲着，奶奶一直在厨房忙碌着，家的温馨让人倍感温暖。

哇，这样一篇他人视角的作文就完成了！

对呀，而且人物都“活了起来”，有细节，有场景，很有意思。一般而言，我们都是从自己的角度展开观察，往往会忽视其他角度。有时候从他人或者事物的本身着手，观察会更到位，而且语言也会更生动。我们把这篇作文连起来读一读。

米粿飘香

清明节前，我去了奶奶家。奶奶看到我，乐坏了，拉着我的手说：“知道你今天要来，一大早就准备好了食材，一会儿就做你最爱吃的米粿。”

“太好啦！”我听到有米粿，高兴坏了，对奶奶说，“您教我做可以吗？”奶奶笑着点点头说：“那你可要好好学。”说着，奶奶开始准备起来。只见她洗干净双手，端出来一大盆馅料和一袋洁白的米粉，接着又从锅中拿出蒸好的一大团面团，坐下来开始揉搓。我见了，忙搬张凳子坐在边上看。只见她揉呀揉，搓呀搓，面粉团就揉搓成了长长的棍子，再一截一截扯下，变魔术似的，搓揉一番后又变成了一个个“白胖子”，太好玩了！

开始包米粿了。奶奶左手拿起乒乓球大小的米粉团，送进机器里，右手操纵杆子，用力往下一压，面团没一会儿就成了一个“洞”。奶奶的动作一气呵成，一边拿着面皮“洞”，一边用筷子夹了满满一大团馅料。

接下来，神奇的一幕出现了。左手是半成品的米粿，右手虚握成拳，捏着开口，就看奶奶的拇指和食指的指腹轻轻一压，开口很快被束在了一起，馅料被完美地包在了里面。不愧是奶奶，动作这么熟练！我惊叹一声：“好厉害！我也想要试试。”奶奶笑着让出位置，指导我如何使用这个机器，一边指导一边感慨：“现在包米粿，比起以前啊，可真是简单多了。以前我们都没有机器，得靠自己用手做出这个壳子。”

邻居们闻到香味，相继来到了奶奶家，各种馅料相继端上了桌，菜馅、豆沙馅、芝麻馅，香味沁人心脾，我差点流下口水。

机器只有一台，其他人就“卖弄”起手工活。只见王姨把一个大面团搓成条状，切成一个个小剂子，再拿起一个放在手掌心里，不停地揉搓，像是变戏法似的，就成了小圆球，简直是“如来神掌”啊！

李婶将搓圆了的粉团放进木板夹中，用力往下一压，就成了一张圆形的米粿外衣。妈妈就快速拿出外衣，用勺子舀一大团馅料放在面皮的中间，先从对角线捏起，再慢慢将两边的面皮合拢捏皱出花边。这米粿如一弯新月，照亮了妈妈的手，又如一艘小船，翘起尖尖的船头，漫游在妈妈手指间的小河里。我惊叹："这也太好看了，这哪是米粿，简直是艺术品！"妈妈笑着说："以前粮食紧缺，不放菜，直接用模具将米团压成印版粿，后来还包灯盏粿，因为面皮要一个个捏，很费时，现在又流行这种元宝米粿，既简单又好看。长见识了吧？"就这样，亲朋好友围在一起，一边包米粿，一边聊着各自家中的琐事，不一会儿，各种米粿在粿布上排开了阵势，蔚为壮观。瞧，那扁扁平平的是带着花纹的印版粿，像个小山包的是"白胖子"灯盏粿，最多的就是梳子状的元宝粿了。青的艾草米粿，透着淡淡的艾草清香，与白色米粿相映成趣！

接下来就是蒸米粿了。奶奶把米粿秩序井然地放在蒸笼里，架起灶台里的柴火，火苗丝丝地烧着锅底，烟在锅的周围环绕。我坐在旁边静静地等着，不一会儿，水蒸气掺和米粿的香味，不断从锅里冒出来，让人直流口水。

当锅的上空飘起白色的热气，奶奶便打开蒸笼。腾腾的热气笼罩了整个厨房，一股米香味扑鼻而来。奶奶用手指轻轻一压，粿胚弹弹的便是蒸熟了。

白色米粿色泽鲜亮，透着糯润，十分诱人；青色米粿绿莹莹，像精美的碧玉。阖家团圆的气息，在乡间柴火灶上弥漫开来。奶奶马上夹了两个递给我："来，尝尝看，小心烫嘴哦！"我哪还顾得上这些，立马咬上一口，冬笋、雪菜、豆腐、猪肉、葱花等，和着恰到好处的鲜美，糅杂在口中，是家的味道，是妈妈的味道。"别急，还有豆沙馅、芝麻馅的，都尝尝！"奶奶笑着嘱咐我。那甜的是扁平状的印版粿，上面有各种好看的花纹；咸的形状像饺子，像元宝。无论甜或咸，我都爱吃，吃在嘴里清香滑糯，恨不得多吃几个。

水蒸气一直在厨房氤氲着，奶奶一直在厨房忙碌着，家的温馨让人倍感温暖。

跟着小泡芙一起行动

@所有人 同学们，你一定吃过饺子吧！如果你的观察角度由自己转向他人和饺子，让人物自己说话、自己做动作，拥有自己的表情，这样人物就立体起来了，写的文章也就生动有趣了！回忆你包饺子的经历，尝试写写包饺子的有趣故事吧！

2 麻糍在石臼里的变化

麻糍的味道，仿佛是一首悠扬的诗篇，让人陶醉其中，久久不能忘怀。一口咬下，迎来的是外皮那淡淡的米香和酥脆的口感，仿佛春风拂过脸颊，轻柔而舒适。内馅的香甜便如潮水般涌来，黑芝麻的浓郁、花生的醇香、白糖的甜蜜交织在一起，形成了一种独特而诱人的风味。这种味道既不过于甜腻，又恰到好处地满足了味蕾的渴望，让人忍不住一口接一口地品尝。这样美味的麻糍是怎么打出来的呢？让人物“活过来”，可以让文章变得生动，这在上一篇中我们已经交流过了。接下来我们试着怎么从更多不同的角度，让人物“活过来”。打麻糍，必然少不了的就是动作。人物是如何动作的，每一步动作是在做什么，试着通过观察，把动作写出来。

观察人的动作不就是看他做了什么，然后写出来就好了吗？怎么多角度观察动作？

小泡芙，你看看下面的两句话你更喜欢哪一句？

①其间有一个十一二岁的少年，项戴银圈，手拿一柄钢叉，向一匹猹尽力地打去。那猹逃走了。

②其间有一个十一二岁的少年，项戴银圈，手捏一柄钢叉，向一匹猹尽力地刺去。那猹却将身一扭，反从他的胯下逃走了。

皇甫老师，我喜欢第②句，读着读着，我仿佛看到了他“捏”着钢叉，蹑手蹑脚生怕把猹吓跑了，还看到了那猹是如此机敏，一扭就从他的身下消失了。

是的，精确的动词能让你的文章更生动，画面更灵动，所以在写动作的时候我们要选择更精确的动词。

常见的动词

- 头部：点、转、扭、摇、仰、垂、晃动……
- 手部：举、伸、抬、摆、拍、提、捏、推、拉……
- 腿部：蹬、跳、踩、踢、蹦、蹲……
- 身体：扭、弯、转、翻、伸展、躬身……

当然，光有动词还不行，我们还要学习如何把这些动词组成一段话，这里面可是有大学问的。

多角度拆动作

观察身体不同部位的动作：

春日的午后，阳光温暖而柔和，微风轻拂。小明手握风筝线，全神贯注地盯着空中的风筝。他轻轻拉动风筝线，风筝便随着风势缓缓升起，像一只色彩斑斓的大鸟在空中翱翔。他时而小步快跑，让风筝飞得更高更远；时而轻轻调整线的角度，使风筝在空中平稳飞翔。

观察完成动作的先后顺序：

在田径场上，阳光洒在绿色的草坪上，映照着一位跳高运动员矫健的身影。他站在起跳线前，双眼紧盯着横杆，双手紧握成拳，似乎在积蓄着全身的力量。突然，他深吸一口气，猛地向前冲刺，速度越来越快。在接近横杆的一刹那，他猛地抬起双腿，身体在空中划出一道优美的弧线。他的双腿迅速收拢，身体轻盈地越过横杆，稳稳地落在垫子上。整个动作一气呵成，流畅而有力，仿佛是一次完美的飞翔，赢得了观众的阵阵掌声。

跳高完成的先后顺序：

吸气→冲刺→抬起双腿→双腿收拢→越过→落

巧加修饰写生动：

轻重　　使劲地、轻轻地、重重地、狠狠地、轻柔地……

快慢　　猛地、慢慢地、缓缓地、不紧不慢地……

拟声词　咚、嘭、啪、扑通……

家乡的麻糍

麻糍，记忆中的美食。小时候，每到冬至，家家户户都会去打麻糍。每年冬至前后，村里有石臼的那户人家就变得异常热闹。家家户户都搬着箩筐去他们家排队。因为要打麻糍的人家多，常常要排到晚上才能轮到。

每到这一天，我忙得可欢了。一会儿跑到那户人家看看，努力辨认一下我们家的那个筐，一会儿又飞奔着回家，跟家人汇报最新的进度。生

短短几个动作，就把一个兴奋、十分喜爱麻糍的小孩形象展现在读者面前。

怕家人忘了这头等大事，错过了打麻糍的时间。至于这忙前忙后有没有用，检查排队进度能不能查出什么，就不得而知了。

能知道的就是，当家里长辈终于出发去那户人家时，我比谁都开心，亦步亦趋地跟在他们身后。看着前面还有几户人家在石臼前，我又着急又兴奋，伸长了脖子使劲看，真希望他们能早点结束。我们能早点开始。

打麻糍的动作顺序：拿、浸、捶打、掬、抹

终于，打麻糍开始了。这可是一个大工程。光靠一个人可不够。拿出一团蒸好的糯米，放进石臼中。我使劲探头往石臼里一看，一团糯米正静静地躺着。这时候，爸爸拿起一根大木槌，槌头往水里浸了浸，然后便开始了捶打石臼中的糯米。妈妈则在一旁，不时地用手掬了水，抹在槌头上。

随着木槌的捶打，糯米渐渐失去了原本的样子，它们慢慢黏合在一起，成了一整个白团子。这时候，爸爸不再像一开始一样，只是用木槌按压，而是抡起木槌，奋力捶向石臼中的白团子。一下，一下……妈妈则在旁边仔细看着，等爸爸的木槌收回去的时候，就抓住空隙，把手伸进石臼中，拉过“白团子”的一边，用力压向中间，然后马上收回双手，而这个时候，爸爸的第二槌也紧跟着捶了下来。

加了修饰动作的词语，更显示了父母相互配合的默契。

一下，一下……

很快，原本的糯米完全消失了，此刻呈现在眼前的，是一个紧紧黏在一起的面团子了，哪还有原本糯米的样子。这一团东西，白白的，韧性极强，轻易分不开，不仅如此，黏性也是不得了，木槌每捶个两三下，就必须加点水，否则非黏在这一团东西里不可。

终于捶好了，把它从石臼中拿出来，也是个技术活，这时候，它们已经完完全全融为一体了，底部又和石臼黏在了一起，需要慢慢加水，从石臼内壁用锅铲铲进去，将它和石臼分离开来。

跟着小泡芙一起行动

@所有人 小伙伴们怎么样，通过动作让人物“活过来”，你学会了吗？为你的家乡美食代言吧，写一写美食是怎么制作的。

3 跳跃在舌尖的冻米糖

任务卡

亲爱的小泡芙：

请你带着弟弟去集市挑选冻米糖，要求：口感酥脆、老少皆宜。

友情提示：你的假期作文就写这个吧，一举两得！

爱你的妈妈

小泡芙弟弟的十万个为什么

姐姐，我们要买哪种口味的冻米糖？

姐姐，怎么样的冻米糖是好吃的呢？我看着好像都差不多。

姐姐，我最喜欢番薯味的了，你喜欢什么口味？奶奶喜欢什么？妈妈呢？

冻米糖很黏牙吧，那爷爷能吃吗？

我让老板切成薄片可以吗？

……

妈妈也真是的，我只吃过冻米糖，但可没买过，还带了一个问号弟弟，他除了吃和说，什么忙也帮不上。这作文可怎么写呀？唉，我真是太难了。

一个鲜活的人物，会动、会说，还有生动的表情。很多时候，事物的变化往往就折射在这些微小的细节里。我们可以留心观察，去读懂一个人物丰富的内心世界。虽然你们两人都不会挑冻米糖，那你可不可以从弟弟试吃、挑选的动作、语言和神态中看出他对冻米糖的满意度呢？当然，你也可以通过亲身试吃去做最后的决定。老师给你支几个好招，保你顺利完成妈妈的任务。

一、明示底牌

首先，我们要明确完成这项艰巨的任务核心的要素是哪几样。即使我们不擅长挑选，但总吃过冻米糖，那就以“什么样的冻米糖好吃”为挑选的准则。比如最喜欢什么口味的，是番薯味，还是芝麻味？个人满意口感酥脆的，还是硬的？然后，把这些要素整理成表格的形式，不仅方便统计，还可以在习作中进行有效的对比，这便是“底牌明示”在先。

	口味	口感	甜度	切片薄厚	外形美观
1 号					
2 号					
3 号					
4 号					

【小泡芙有话问】

写的时候，是不是就按照这个表格，一条条地记录？用这样的方法是能够将挑选的准确度写出来，但是很担心写成“美食介绍”，类似下面这种。

好的冻米糖需要符合一定的要求：

第一，要选择多种口味的，因为家里人数多，要满足不同人群的需要。

第二，弟弟牙齿好，喜欢嚼硬的番薯味，奶奶牙口不好，只能吃酥酥的。

第三，因为是节日用的，肯定还要招待客人，那得挑漂亮的来摆盘。

习作通关卡：分类描述，大局意识

“挑选冻米糖的四大要素”在习作中不用作为重点一直循环强调，反而可以将它作为一种“挑选导航”放在前面，这样既讲出了挑选的重点，又不会显得太呆板。如果很正式地介绍，的确会变成“条条框框的面试条例”，读起来索然无味，甚至会让文章结构显得零零散散，失去逻辑。因此，开头可以借鉴下面这个例子。

拿着母上大人留下的任务卡，我带着弟弟直奔集市，突然，弟弟一个急刹车，嘴里蹦出一句：“姐姐，你知道怎么挑选冻米糖吗？”我瞬间愣在原地，看来在实际操作之前，我们得制作“冻米糖的挑选导航”啊！

二、主次排位

为了挑选到让全家人都爱吃的冻米糖，我们要重视挑选的每一个因素。但当这部分内容写进作文里，也必须这么逐个逐个地写出来吗？显而易见，这是不合适的，那我们只能进行取舍，此“取舍”并不是删除其中一块，而是“压缩”，减少这块在文中的占比。

比如挑选冻米糖时，口味这个因素并不是最重要的。为了满足所有人的需求，我们就多选几种，包括“切片薄厚”也是如此，可以迁就家里的老少，尽量把片切得薄一些，或者让师傅两种都切一些。而“酥脆和甜度”是不能将就的，要作为重点要素进行选拔，麦芽糖、蜂蜜等材料放得多，不仅会让成品糖口感偏甜腻，而且会让冻米紧紧黏在一起，无法被牙齿分离，吃起来粘成一团，体验感差，甚至会给孩子和老人家带来一定的危险。

习作通关卡：详略结合，C 位明确

面对要写的因素比较多，又必须进行取舍割爱的，我们一般用“详略结合”的写法，把重点内容细致地描写出来，对次要内容，用一两句话或较简单的一段话，简明地叙述一下。

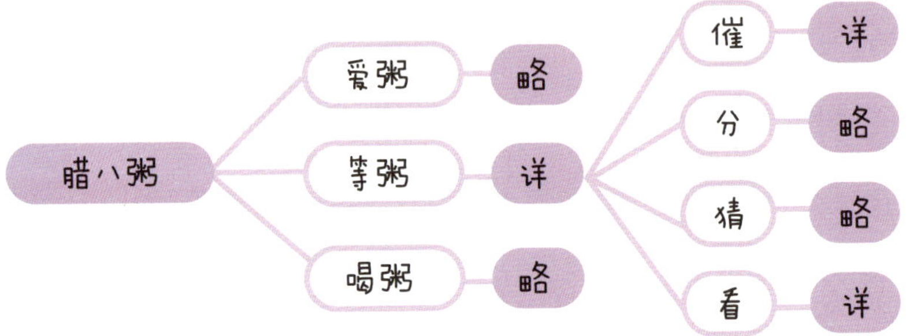

一篇文章中，看似详写和略写是对立统一，但其实是互为补充的，详写必须有略写配合，略写补充详写，使文章繁简适当，重点突出。二者是红花与绿叶的关系。

人教版六年级下册的课文《腊八粥》中非常明确地表现了“详略结合”写法的“三爱”原则。

对表现中心起重要作用的典型材料，要“偏爱”，当详写，如孩子们眼巴巴地等着八宝粥熟的过程。

对表现中心起辅助作用的一般材料，要“关爱”，当略写，如粥熟了之后，大人分粥以及孩子们猜粥的部分只适当地补充一部分内容。

对表现中心无关的材料，要“割爱”，舍掉不写。

我们可以参照“三爱”原则将“影响冻米糖挑选的因素”进行详略分布，文章的结构就一目了然了。

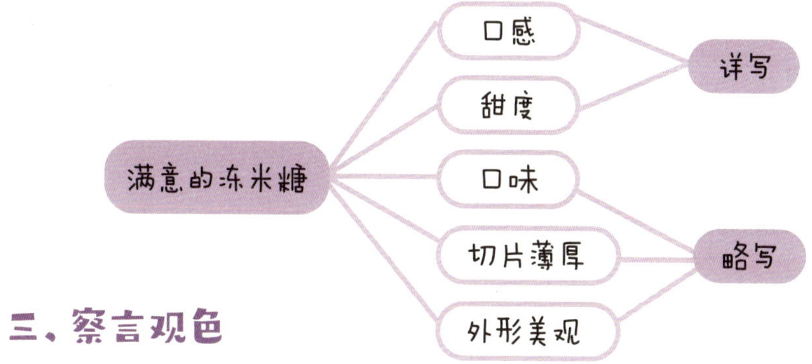

三、察言观色

前面的铺垫做好了，接下来就是实施操作了，如果直接写“我”自己一一去品尝，当然能又快又好地挑选出满意的冻米糖，但这未免太乏味了一些，而且弟弟满心欢喜地来挑战，是否可以让他的参与度更高一些，让习作显得更有趣呢？“我”只作为旁观者，弟弟为“品尝者”，姐弟两人各司其职，合作完成妈妈的任务，挑出令家人满意的冻米糖。

习作通关卡：留心观察，细节传话

既然弟弟是主要的“品尝者”，我就必须紧紧盯着他的一言一行，根据他身体与表情的各个细节来猜测所尝冻米糖的优缺点。

在教科书里，曹雪芹通过外貌和神态描写给大家展示了泼辣张狂、精明能干的王熙凤。吴敬梓在《两茎灯草》中只用“两根手指”搅乱了众人的心，读者和文中的亲人都在猜，最终急坏了严监生，满腔急火无处述。

这个人打扮与众姑娘不同，彩绣辉煌，恍若神妃神子：头上戴着金丝八宝攒珠髻，绾着朝阳五凤挂珠钗；项上戴着赤金盘螭璎珞圈；裙边系着豆绿宫绦，双衡比目玫瑰佩；身上穿着缕金百蝶穿花大红洋缎窄褙袄，外罩五彩刻丝石青银鼠褂；下着翡翠撒花洋绉裙。一双丹凤三角眼，两弯柳叶吊梢眉，身量苗条，体格风骚，粉面含春威不露，丹唇未启笑先闻。

——选自曹雪芹的《红楼梦》

	两个指头的含义	严监生的表现	严监生的心理
大侄子	两个亲人	把头摇了两三摇	着急
二侄子	两笔银子	把两眼睁得滴溜圆，把头又狠狠摇了几摇，越发指得紧了	焦急、生气
奶妈	两位舅爷	把眼闭着摇头，那手只是指着不动	气极
赵氏	两茎灯草	点一点头，把手垂下，登时就没了气	安心

课外名著中也有不少通过刻画人物细节来表现人物的内心、情感。如在《我的母亲》中，胡适通过具体的事例，回忆了母亲的点点细节，展示了母亲对自己的爱和母亲善良、宽容、有刚气的性格特征。

有一个初秋的傍晚，我吃了晚饭，在门口玩，身上只穿着一件单背心。这时候我母亲的妹子玉英姨母在我家住，她怕我冷了，拿了一件小衫出来叫我穿上。我不肯穿，她说："穿上吧，凉了。"我随口回答："娘（凉）什么！老子都不老子呀。"我刚说了这句话，一抬头，看见母亲从家里走出，我赶快把小衫穿上。但她已听见这句轻薄的话了。晚上人静后，她罚我跪下，重重地责罚了一顿。她说："你没了老子，是多么得意的事！好用来说嘴！"她气得坐着发抖，也不许我上床去睡。我跪着哭，用手擦眼泪，不知擦进了什么微菌，后来足足害了一年多的眼翳病。医来医去，总医不好。我母亲心里又悔又急，听说眼翳可以用舌头舔去，有一夜她把我叫醒，她真用舌头舔我的病眼。这是我的严师，我的慈母。

——选自胡适的《我的母亲》

皇甫老师，您提供的切入点真是太新颖了，我尝试写了几句，您看看。

弟弟拿起一小块刚出炉的冻米糖，还没等凉透就塞进了嘴巴里。突然，他面目狰狞，手指急巴巴地在口里来回拉扯着……

“太烫了吧，谁叫你那么猴急！”

哪知，弟弟听了这话，头摇得跟拨浪鼓一样。

我纳闷极了，耐着性子凑近看他，发现他正用手指甲扣着牙齿，还时不时地用上下牙齿合在一起磨一磨。由于痛苦，弟弟的五官都挤压成一团了，分不清眉毛眼睛，只有嘴巴被他的手越撑越大，口水开始在嘴角流淌。

啊！想必是这家冻米糖加了太多的麦芽糖，黏性太强，不好咀嚼，最后全粘到牙齿上，弟弟才会这般难受！

你瞧，短短一段内容，主角只有弟弟一人，通过你的观察，一个牙齿被过多冻米糖黏住、无法开口叫苦的痛苦模样跃然纸上，这就是细节描写带来的。在细节描写的习作中，事情是人物自己去做这些事，而不是你“转述”给大家；动作要人物自己做，而不是你概括后形容给大家看的；语言让人物自己说，而不是你听了以后转达他的意思。把人物的动作、语言、神态等内容，还给人物自己去完成。作为旁观者，你只需完成自己的职责：观察并记录。

泡芙习作

我们来到集市，直奔冻米糖一条街，这里汇聚了镇上制作冻米糖的高手，弟弟已经两双发光，直咽口水了。我灵机一动，说道："弟弟，这条街上的冻米糖你可以一个个试吃，不过试吃时必须真实表现出你对它的喜欢或者不满。还有，我们不能随便买，要考虑甜度、软硬、薄厚……"来不及等我说完话，弟弟已经矫健如飞地踏进了眼前第一家。

第一家店的冻米糖是镇上出名的招牌，弟弟一个箭步冲向了摊位上的冻米糖，伸手拿起一块，迫不及待地对着冻米糖咬了下去，可能许久没有感受到熟悉的味道，他的眉毛似乎也来了精神，舞成了弯月，一耸一耸的。莫非这第一块就是他最喜欢的"番薯味"？往年只有吃到番薯味的冻米糖，他才会这般兴奋不已。我凑近一看，果真是"番薯味"，还没来得及细想，他又往另一边咬下一口，随之而来的是"咔嚓咔嚓"的咀嚼声，我仿佛看到一粒粒的冻米从牙齿上跳跃开来，一圈一圈，跑到嘴巴的角角落落戏耍，直到口水大军把它们抓捕起来，一起冲向喉咙深处。"就买这番薯味吧，姐姐，赶紧拿袋子装。"我赶忙拦住了弟弟的冲动行为，拉着他迈向下一家。

弟弟扫视了一圈二号摊位，慎重地拿起一块"芝麻味"的冻米糖，轻轻地咬下一口，似乎还不错，他的眉眼都舒展开了，咀嚼的频率越来越快。“看来这家的冻米糖很酥脆，他咬动起来毫无压力，适合老年人。”我赶紧在小本本上记下这一笔。“弟弟，奶奶喜欢吃芝麻味的，我们多买一些吧。”我拿起袋子准备装，弟弟却若有所思地拽着我快步走开。“姐姐啊，你看二号冻米糖形状各异，大大小小都有，切口也不整齐，怎么摆出来招待客人？”我朝着弟弟竖起了大拇指：这小子，心还挺细。

我们满心期待地来到了三号商铺，正巧碰上一锅新出炉的冻米糖。老板切工了得，“刷刷刷”，几秒内一条长长的冻米糖就变成了一排整齐的薄片，大小正适合放进嘴巴，老少咸宜。弟弟拿起一小块刚切好的冻米糖，还没等凉透就塞进了嘴巴里。突然，他面目狰狞，手指急巴巴地在口里来回拉扯着……

“太烫了吧，谁叫你那么猴急！”

哪知，弟弟听了这话，头摇得跟拨浪鼓一样。

我纳闷极了，耐着性子凑近看他，发现他正用手指甲抠着牙齿，还时不时地用上下牙齿合在一起磨一磨。由于痛苦，弟弟的五官都挤压成一团，分不清眉毛眼睛，只有嘴巴被他的手越撑越大，口水开始在嘴角流淌。

啊！想必是这家冻米糖加了太多的麦芽糖，黏性太强，不好咀嚼，最后全粘到牙齿上，弟弟才会这般难受！

手工趣味多

嗨，小朋友！手工制作可是个非常有趣的活动哦，不仅能让你在动手的过程中感受到乐趣，还能让你学会耐心和细心。

一些简单的材料，纸、黏土、珠子、竹片等或折，或捏，或剪，或穿……不经意间，各种形状的作品便会诞生了！

看，这是一艘手工制作的小船，简直是一件精美的艺术品！它的船身线条流畅，细节精致，展现出制作者的巧思和匠心。小船的颜色鲜亮，让人眼前一亮，仿佛能够在水中乘风破浪，畅游四海。它不仅是一艘小船，更是一份承载着创意和情感的珍贵礼物，适合送给好朋友，让他在玩耍中感受你亲手制作的乐趣和情意。

看着自己创作的手工作品，你会产生一种自豪感，不仅可以锻炼你的动手能力，还可以发挥你的创造力呢！

比如：一只简单的纸飞机，虽然简单，但是不同的纸张，不同的折法，飞起来的感觉不同，飞出去的路程不同，会激发你去研究，琢磨出飞得最远的纸飞机。

你也想拥有一双巧手吗？就从欣赏别人的手工制作开始吧！去观察，去动手，手工制作可以慢慢锻炼你的手艺，还可在手工制作中激发你创作的灵感。

当你拥有了一双巧手，不仅可以做出漂亮的作品，还可以培养耐心力、专注力和创造力，做出属于自己的精彩作品！

加油，期待你制作出独一无二的作品哦！

1 一起做灯笼吧

上劳动课啦！上劳动课啦！小泡芙和同学们一起到劳动教室上手工课啦。

小泡芙看到桌上的材料：一张红色的卡纸、一把剪刀、尺子、铅笔、胶水或双面胶、一根细绳（用于悬挂灯笼）。

“我们要制作灯笼了？”小泡芙猜。之前都是看灯笼，还从没有做过灯笼呢。学校每年都在元宵节时挂很多的红灯笼，喜气洋洋，如果能挂上自己的灯笼作品，那多好啊！越想小泡芙越开心。

…………

听，老师在介绍制作灯笼的方法呢！

听老师介绍完，同学们就兴致勃勃地动手起来，都想制作属于自己的灯笼，那场面热闹非凡，折、剪、贴等，同学们每个人做灯笼都很努力，过了一段时间，同学们的小灯笼就诞生了。

小泡芙觉得这个制作场景太有意思了，就把这个过程和画面记录下来。

泡芙习作

一起做灯笼

上劳动课啦，我们来到劳动教室上手工课。

呀，要做灯笼呢！看，同学们的脸上洋溢着天真无邪的笑容，眼睛里闪烁着好奇和期待的光芒。

老师耐心地给我们讲解制作灯笼的步骤和注意点，我们听得津津有味，迫不及待地拿起笔，开始画图案，准备大展身手。

同学们细心地剪裁着红纸，小手灵活地操作着剪刀，不一会儿，一个个不同形状的灯笼就诞生了。用彩笔在灯笼上画上各种可爱的图案，有小花、小草、小动物，还有五彩斑斓的彩虹。每个灯笼都独一无二，充满了想象力和创造力。

我们兴奋地举起自己的作品，向小伙伴们展示，脸上洋溢着自豪和喜悦。快乐的时光总是很短暂，最后，当所有的灯笼都制作完成，我和同学们一起带到室外展示，这些五彩斑斓的灯笼在微风中轻轻摇曳，将走廊装点得如梦如幻。

我们不仅学会了制作灯笼，还在动手中收获了友谊和快乐。我们的笑声和欢呼声此起彼伏，成为这个美好时光中最动人的旋律。

小泡芙，你真能干，有写作意识，做灯笼的过程真有趣，也写清楚了。但是做灯笼的画面没有写具体，那么该怎么写才能把一个画面或场景写具体，写生动呢？

众人先还发怔，后来一想，上上下下都一齐哈哈地大笑起来。湘云掌不住，一口茶都喷出来。黛玉笑岔了气，伏着桌子只叫“嗳哟！”宝玉滚到贾母怀里，贾母笑的搂着叫“心肝”，王夫人笑的用手指着凤姐儿，却说不出话来。薛姨妈也掌不住，口里茶喷了探春一裙子。探春的茶碗都合在迎春身上。惜春离了坐位，拉着他奶母，叫“揉揉肠子”。地下无一个不弯腰屈背，也有躲出去蹲着笑去的，也有忍着笑上来替他姐妹换衣裳的。独有凤姐鸳鸯二人掌着，还只管让刘姥姥。

——《红楼梦》第四十回《刘姥姥进大观园》

这个场景很精彩，很有画面感，是不是感觉这个场景就在眼前，那是因为用了“点面结合”的方法。

什么是“点面结合”呢?

点面结合是一种非常有趣的方法，就像我们画画一样。“面”像是画作的整体构图和色彩布局，它是对多个事物或场景的概括性描述，能够展现出一种全局的视角和广度。这种“面”的描写可以让读者对整体情况有一个清晰的认识。

“点”就像画作中的某一处精细的描绘，它可能是一个人物的神态、一个景物的特色，这些“点”的描写，能够突出重点和特色，让读者深入感受事物的具体形象和状态特征，从而引发深思和共鸣。

例如: 整片森林是“面”，每一棵树、每一朵花的小细节，就是“点”。

《刘姥姥进大观园》选段在开头总说了场面的热烈与欢快，这是“面”；然后选取了湘云、黛玉、宝玉、贾母、王夫人、薛姨妈、探春、惜春八个“点”进行了细致的描写，表现人物不同的“笑”；最后又是一句“面”的描写，展现了场面的热烈。这样点面结合，丰富了整个宴会欢快的氛围，让人感同身受，身临其境。

小泡芙，你明白了吗？用一用“点面结合”这种方法，可以具体地写出“做灯笼”的热闹场景哦！

泡芙习作

一起做灯笼

上劳动课啦，我们来到劳动教室上手工课。

呀，要做灯笼呢！看，同学们的脸上洋溢着天真无邪的笑容，眼睛里闪烁着好奇和期待的光芒。

老师耐心地给我们讲解制作灯笼的步骤和注意点，我们听得津津有味，迫不及待地拿起笔，开始画图案，准备大展身手。

同学们细心地画着竖线，小手灵活地操作着剪刀，不一会儿，需要的材料就准备好了。小土豆开始忙着粘贴，他小心翼翼地涂抹胶水，将纸片粘贴在一起，形成灯笼的雏形。小叶子稍微慢一点，认真地用小刀划开竖线，生怕弄疼自己的手。巧克力发挥创意，用彩笔在灯笼上画上各种可爱的图案，有小花、小草、小动物，还有五彩斑斓的彩虹。没过多久，同学们手中的灯笼逐渐变得完整起来，一个个姿态各异的灯笼出现了，每个灯笼都独一无二，充满了想象力和创造力。我给我的灯笼加上了一对兔子耳朵，很是可爱呢！

我们兴奋地举起自己的作品，向小伙伴们展示，脸上洋溢着自豪和喜悦。快乐的时光总是很短暂，最后，当所有的灯笼都制作完成，我和同学们一起带到室外展示，这些五彩斑斓的灯笼在微风中轻轻摇曳，将走廊装点得如梦如幻。

我们不仅学会了制作灯笼，还在动手中收获了友谊和快乐。我们的笑声和欢呼声此起彼伏，成为这个美好时光中最动人的旋律。

这样一改，感觉生动多了！跟着泡芙一起行动吧！

跟着小泡芙一起行动

@爱手工制作的人　你做过什么手工制作，把制作过程有条理地记录下来，记得用上“点面结合”的方法写一写当时的画面哦！

2 红花需要“绿叶”衬

在这春意盎然的季节，百花盛开，今天的劳动课我们一起做了“花”。

皇甫老师

咦，我发现，有些花有叶子，有些花没有叶子，光秃秃的。

那是有绿叶的花好看，还是没有绿叶的花好看呢？

当然有绿叶的花好看呀，显得花更生动、可爱。

说得对！绿叶虽然不如红花抢眼，但它们为红花提供了必要的背景和支持，使花朵更加艳丽、耀眼夺目，它们共同构成了一个和谐美丽的画面。在写作中，我们也可以运用“绿叶来衬托红花”的方法描写人物、事物或者场景。通过突出主要角色或特点，同时展现其周围事物和背景来丰富和衬托，发挥这些事物和背景的辅助作用，让文章更加生动、有趣，给读者留下深刻印象。

走进《小英雄雨来》中，去寻找“红花”和“绿叶”

大家呆呆地在河沿上立着。还乡河静静的，河水打着漩涡哗哗地向下流去。虫子在草窝里叫着。不知谁说：“也许鬼子把雨来扔在河里，冲走了！”

——管桦《小英雄雨来》（片段）

通过描写还乡河静静的，河水打着漩涡哗哗流的景衬托雨来生死未卜，更能牵动读者的心，也能从侧面感受雨来的机智勇敢。

屋外寒风呼啸，汹涌澎湃的海浪拍击着海岸，溅起一阵阵浪花。海上正起着风暴，外面又黑又冷，这间渔家的小屋里却温暖而舒适。地扫得干干净净，炉子里的火还没有熄，食具在搁板上闪闪发亮。挂着白色帐子的床上，五个孩子正在海风呼啸声中安静地睡着。

——列夫·托尔斯泰《穷人》（片段）

这里的环境描写刻画了屋外环境的恶劣，屋内的温馨，突出了桑娜的勤劳贤惠，以及其对在外捕鱼的渔夫的担忧。

走进《俗世奇人》中的《刷子李》，去寻找“红花”和“绿叶”

红花

……只见师傅的手臂悠然摆来，悠然摆去，如同伴着鼓点，和着琴音，每一摆刷，那长长的带浆的毛刷便在墙面啪地清脆一响，极是好听。啪啪声里，一道道浆，衔接得天衣无缝，刷过去的墙面，真好比平平整整打开一面雪白的屏障。

直接描写刷子李的技艺高超，是正面描写。这是主角——“红花”的魅力。

绿叶

听说刷子李干完活身上没白点

曹小三一直半信半疑，非要亲眼瞧瞧。

↓

每一面墙刷完……曹小三居然连一个芝麻大小的粉点也没发现。

他真觉得这身黑色的衣服有种神圣不可侵犯的威严。

↓

刷完最后一面墙，他竟然瞧见刷子李裤子上出现一个白点。

完了，师父露馅了，他不是神仙，往日传说中那如山般的形象轰然倒去。

↓

他凑上脸用神再瞧，那白点原来是一个小洞。

曹小三发怔发傻。

大量笔墨描写曹小三的动作和心情变化，衬托刷子李的高超技艺，用配角衬托主角，以“人”衬人，这就是侧面描写，如果没有曹小三的描写，文章就缺少这样“一波三折”的心情变化了，这就是配角——绿叶的魅力。

这样的描写还有很多呢！

比如《清贫》一文：

敌人的描写成了“绿叶”

“赶快将钱拿出来，不然就是一炸弹，把你炸死去！”

…………

“你骗谁！像你这样当大官的人会没有钱！”拿榴弹的兵士坚决不相信。

“绝不会没有钱的，一定是藏在哪里，我是老出门的，骗不得我”另一个兵士一面说，一面弓着背将我的衣角裤裆过细地捏，总企望着有新的发现。

这些对敌人搜身时的语言、动作描写是侧面描写，表现了敌人的凶恶、贪婪是为了衬托出方志敏的廉洁奉公，洁白朴素的品质。

还有《鱼游到了纸上》中写道：

正面描写（红花）

“哟，金鱼游到了他的纸上来啦！”一个女孩惊奇地叫起来。

……他有时工笔细描，把金鱼的每个部位一丝不苟地画下来，像姑娘绣花那样细致；有时又挥笔速写，很快地画出金鱼的动态，仿佛金鱼在纸上游动。

围观的人越来越多，大家赞叹着，议论着……

这些围观的人便成了绿叶，衬托出青年的画技高超。

表现人物可以用“正面描写”，所谓正面描写是指直接对作品中的人物、事件，作具体生动而形象的描摹和刻画。常见的正面描写的方法有外貌描写、神态描写、动作描写、语言描写、心理描写。

还可以用“侧面描写”，描写周围人物、环境来表现所要描写的对象，让对象特点更鲜明，即间接地对描写对象进行刻画描绘，侧面来衬托正面描写，对其进行有益的补充，更能塑造人物形象，增强立体感，便是漂亮的红花也需要绿叶来衬托它的美。

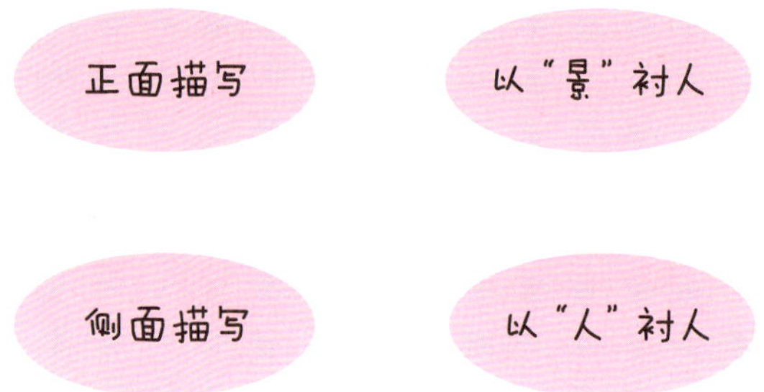

学会这种方法在描写手工制作，突出人物特点会有意想不到的效果哦！

瞧，小泡芙行动了起来，对做手工花时的班长及周围同学进行了观察，从而想写文章突出班长做花时专心致志、做花技术高的特点。

泡芙习作

做手工花

空气中弥漫着春的气息，明媚的阳光从窗户斜斜地洒进来，照亮了一片色彩斑斓的手工花材料，还有一群在做手工花的孩子们，构成了一个独特的下午。

大家的手指在各色纸片间穿梭，时不时互相看看，聊上几句。“哇，她做得真快！”一个同学叫了起来。我们循声看了过去，那是鼎鼎大名的班长，是我们班做事最认真的人。只见她的手指纤细而灵巧，像是一位专业的舞者，在纸张的舞台上轻盈地跳跃。她时而轻轻折叠，时而小心翼翼地粘贴，每一个动作都显得那么优雅而专注。很多同学也对她竖起了大拇指：“心灵手巧，不愧是班长！”

她的眼睛闪烁着专注的光芒，花瓣的弧度、颜色的搭配、粘贴的角度，每一个步骤都在她的指尖变化，仿佛要将每一片花瓣、每一片叶子都刻画得栩栩如生。她的眉头微微蹙起，似乎在思考着如何将手中的材料组合成最完美的花朵。随着时间的推移，一朵朵精美的手工花在她的手中逐渐成形。它们或娇艳欲滴，或清新淡雅，或高贵典雅，每一朵都散发着独特的魅力。她的身边也多了好几个围观的同学，“哇，这花像真的一样”，赞美声不断地响起，一下问这个怎么折，一下问那个怎么绕，无数崇拜的眼神投向她。

当最后一朵手工花完成时，她轻轻地松了一口气，脸上露出了满意的微笑。她仔细地欣赏着自己的作品，仿佛在欣赏一件珍贵的艺术品。老师把她的作品当展品，也忍不住赞美：“这花瓣，这叶片，在阳光下仿佛有了生命，绽放舒展，熠熠生辉。”而后，班长走出了位置，开始指导更多的同学。

周围的世界仿佛都安静了下来，只有纸张摩挲的声音和轻微的呼吸声。在这个宁静的下午，我们与手工花共同度过了一段美好的时光。我们轻轻地捧起这朵手工花，心中充满了成就感。它虽然不及真实的花朵那样芬芳四溢，但是有着独特的韵味和美感。它不仅是一朵花，更是用心和汗水创造出来的艺术品。

班长在做手工花的过程中，展现出她的耐心、专注和创造力，除了正面描写外，绿色部分的侧面描写也给文章增添了很多趣味和惊喜，更能突出班长做事的安静、专注。

跟着小泡芙一起行动

@爱手工制作的人　可以向班主任提议来一次做糖葫芦（或其他的手工制作）的活动，做的时候抓一个人物仔细观察，再观察其他同学的反应来突出这个人物的特点，记得把“红花需要绿叶衬托”用起来哦，这是一次挑战，加油！

3 细致活得多唠叨几句

【材料】

毛笔杆 3 支　线　小木棍（做武器）　锯子　钩针 2 支

【制作过程】

第一步：把毛笔杆锯成寸把长的一截。

第二步：将这一截当作身体，钻一对小眼，用来装手臂的。

第三步：再锯八截短的，当作四肢。

第四步：用一根嵌鞋底的鞋线穿起。

第五步：用钩针制作一副得心应手的武器，绑扎在手的位置，打好结。

咦，你们在干什么？哦，在设计竹节人的制作指南啊？

对啊，我们打算做成小手册，发给每个同学，这样同学就可以按照指南去做了。

啊，你们这么厉害啊，可你们怎么知道是这样做的呢？又没有拜师学艺过，会不会哪一步有问题啊？

六年级上册有篇课文就叫《竹节人》啊，那里面就藏着“竹节人”的制作方法。你可以仔细读一读。我就是根据这段文字自己琢磨做出来的。

把毛笔杆锯成寸把长的一截，这就是竹节人的脑袋连同身躯了，在上面钻一对小眼，供装手臂用。再锯八截短的，分别当四肢。用一根纳鞋底的线把它们穿在一起，就成了。锯的时候要小心，弄不好一个个崩裂，前功尽弃。

——《竹节人》

制作指南可以是文字形式的，也可以结合图来说明，那样会更棒！我给你看几幅“图文结合”的制作指南吧！

竹节人制作指南

工具：

毛笔杆、小锯子、毛线、细木棍（也可以用其他材料制成武器）、小电钻

制作方法：

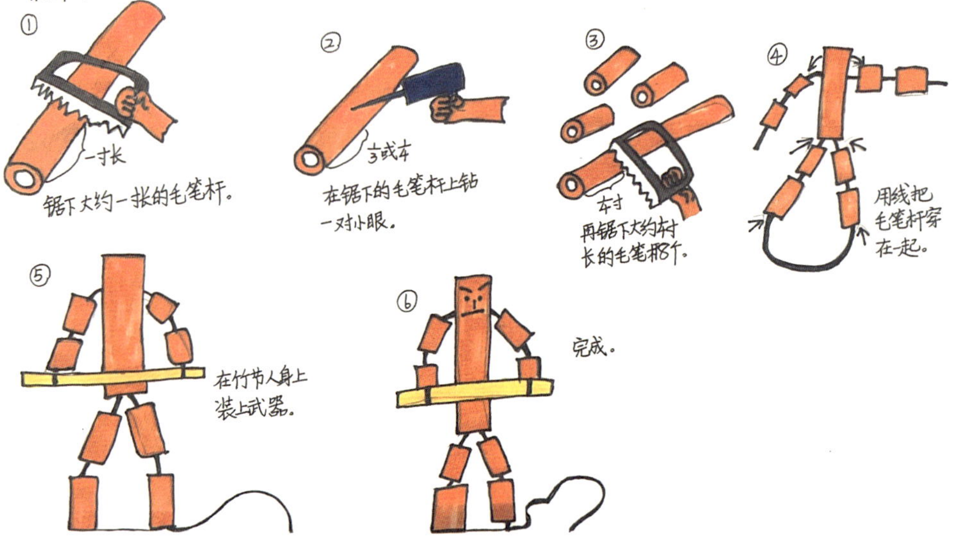

① 锯下大约一拃的毛笔杆。（一寸长）

② 在锯下的毛笔杆上钻一对小眼。（寸或半）

③ 再锯下大约半寸长的毛笔杆8个。（半寸）

④ 用线把毛笔杆穿在一起。

⑤ 在竹节人身上装上武器。

⑥ 完成。

我懂了，原来从一篇文章的表达中是可以提取出“竹节人”的一份制作说明书的，写作可真了不起啊。

我回过头再读《竹节人》，忽然产生一个疑问，就是前面读到“就成了”的时候，我已经知道竹节人怎么制作了，你看，我能够写出制作指南，别的同学也能画出图文结合的了，为什么作者还要加一句“锯的时候要小心，弄不好一个个崩裂，前功尽弃”呢？

看过药品的说明书吗？说明书里通常都会有一条“注意事项”，这是发明药品的人给用药者的几句“唠叨”，相当于是一个小小的提醒。

同样地，制作方法通常都是一些清楚、理性的表达，为的是让他人能够快速地理解。可是，在制作过程中，会涉及很多更细致的步骤，如折千纸鹤时的对折角度、剪手工花花瓣时的弧度、锯毛笔杆时施加的力度大小等，这都是需要多唠叨几句的，不仅能体现作者的细致，也能让读者在操作过程中“特别注意”。

如果再细致一点，《竹节人》中的“用一根纳鞋底的线把它们穿在一起，就成了”可以改为“用一根纳鞋底的线把它们穿在一起，线必须是牢固的有韧劲的，穿的时候从下往上穿会更好，就成了”，读者就一目了然了。

其实啊，这些唠叨是在解决制作的过程中的困难点。大家熟知的法国昆虫学家、文学家法布尔就是这样一个细致的人，他在做“确认蜜蜂是否有辨认方向的能力”的实验时，就有非常贴心的“特别提醒”。

原文	特别提醒
把它们放在纸袋里	要确保蜜蜂分不清方向
叫小女儿在蜂窝旁等着	要准确记录实验结果
自己带着蜜蜂，走了四公里路	要让实验更有说服力
在它们身上做了白色记号	要与其他蜜蜂区分开

你瞧，在关键处一一做好提醒，既让读者相信法布尔做的这个实验的可靠性，也能给同样想要做这个实验的人一些经验参照。

当然，在给出提醒时，不需要说“特别提醒”，而是将其内化在文章里就可以，更显自然而贴心。

我在执教这堂课时，曾经试图模拟这个实验过程，前面几个步骤都能实现，但在“在它们身上做了白色记号”犯了难，如何实现呢？学生们的回答就五花八门了，有的说“一只只抓起来做记号”，也有的说“先在纸袋里洒一圈面粉”，这些回答都被一一反驳了，最后共同想出的最合理方法应该是“先把纸袋松开一个小口子，戴上手套，往纸袋里撒面粉”。

要是法布尔写的是实验指南，我相信他一定会给出答案的。这样看来，给出“特别提醒”真的能够体现作者的用心和细致，对吧？也正因为这样，在手工制作时也会考虑得更仔细、更周全。

其实，也不光只有实验、制作的文章中才有“特别提醒”，其实它无处不在，只是你没有发现而已。

特别提醒：燕子的独特作用。

这时候，那些小燕子，那么伶俐可爱的小燕子，也由南方飞来，加入这光彩夺目的图画中，为春光平添了许多生趣。

——郑振铎《燕子》

特别提醒：作者可不喜欢这种不文明的行为。

这种蚂蚱，抓住它，它就吐出一泡褐色的口水，顶讨厌。

——汪曾祺《昆虫备忘录》

发现了吗？其实，“特别提醒”就是写作者的一种主观感受，拉近与读者之间的距离。

铝箔小船制作指南

材料及工具：铝箔纸（正方形）一张，铝箔胶带6cm、尺子一把、剪刀一把

步骤：

①

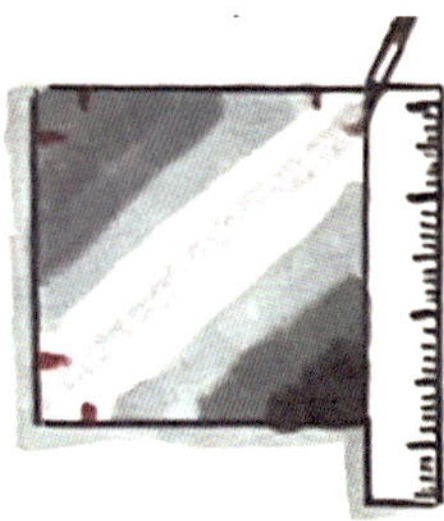

把铝箔纸平摊在桌上，用尺子量出先前计算好的船舷高度，做上记号。（2-3cm）

②

根据记号将四条船舷向上折，与船底形成90°直角，并用手将船舷的四角拧紧。

③

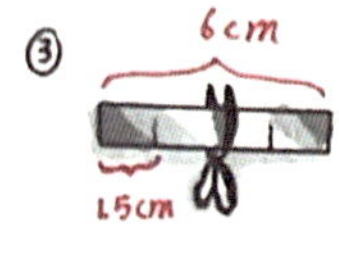

将6cm的铝箔胶带平均分为4份，把它们分别贴在船舷的四个角上，使其更加牢固。

④

完成。

注意事项：

在制作过程中，为避免因“金属疲劳”而导致铝箔纸断裂，请不要在同一个位置反复折叠。

我在科学实验室看到了郑轶同学的“铝箔小船制作指南”，手就有点痒痒了，我也玩过，打算在这个基础上写一篇《铝箔小船》，不知道能不能媲美《竹节人》呢？

泡芙习作

铝箔小船

现在的玩具，大多是在玩具店里买的，只需要花钱，不需要出力。这就导致很多人一时兴起，没玩几次就厌烦了；反倒是自己做的，玩得不亦乐乎。

最近，全班就沉浸在“船战”的游戏里。

“船战”的游戏道具是船。首先，把铝箔纸平摊在桌上，用尺子量出先前计算好的船舷高度，一般为 2 到 3 厘米，在四条边上都做上记号，再根据记号将四条船舷向上折，与船底形成 90 度的直角，并用手将船舷的四个角拧在一起；然后，将 6 厘米长的铝箔胶带平均分成四份，每份 1.5 厘米，把它们分别贴在船舷的四个角上，使其更加牢固。这样，一艘正方形的铝箔船就做好了。在制作的过程中，为避免因“金属疲劳”而导致铝箔纸断裂，我们不能将它反复折叠。

这是我们组的船。其他组的船也毫不逊色，有

第一处特别提醒：在初次制作时，因为不知道“湖”（脸盆）的大小，所以容易把船设计得过大或过小，作者的提醒很贴心。

第二处特别提醒：这一定是经验之谈，小泡芙肯定在制作的过程中遇到过“金属疲劳”，才能给出这般细致的提醒。

的造型别致，有的色彩斑斓，就像一道彩虹。

随着劳动课老师的一声令下，比赛拉开了帷幕，“湖面”上顿时热闹起来，同学们紧张而兴奋地操纵着自己的船只，激烈的角逐开始了！有的船快速穿梭，如剑鱼一般灵活；有的船晃晃荡荡的，好像没了马力，还得靠水波推一推；我们组主打一个稳当，可看着其他的船都在往前走，我们组的组员耐不住性子了，吹了一股风，我们的船就快速地前进了。

周围的呐喊声一阵接着一阵，终点就在眼前了，可我的心好像被这艘船带去了很远的地方，好像是一汪望不到边的大海……

跟着小泡芙一起行动

@爱动手的你　小泡芙还会做风筝，你会做吗？会的话，就为风筝画一份制作指南吧！如果你会做什么其他手工，就把制作指南写下来，让更多的人根据你的指南写一篇文章，记得多给点唠叨的“特别提醒”哦。

后记

一直以来，我在指导孩子们写作的时候，都会用一种形象的比喻或通俗的方法进行引导。比如理解过渡句时，我会说一篇文章就像人，而过渡句就像人的脖子、腰、膝盖、脚踝，把上下自然地联结起来，可以起到承上启下的效果。通过这样的比喻来引导学生在写作中使用过渡句，这样的方法孩子们会觉得很有趣，很好理解，写起来就水到渠成了。我很想把这样的方法写出来，于是，就有了这套书。

回首编写这套书的时光，我的心中一直充满感慨与期待。从构思到探讨，再到成稿，我时刻提醒自己，要以最严谨的态度、最实用的方法，引导孩子们进行写作，让他们在文字的海洋中畅游，感受文字带来的力量与美感。

在这里，我想感谢帮助和支持我的人。感谢师傅俞虹老师，她像一盏灯，指导和引领我向前走，鼓励我不断挑战自己，把心中一直想写的写出来。感谢李梦佩老师，她像我的经纪人，时刻提醒我写作进度的推进，催着我交稿交稿，《把科学写进微习作》感谢她协助整理。感谢梅丽萍老师协助整理《稻花香里说丰年》。感谢胡燕飞老师协助整理《这个节日，“社牛”出没》。感谢骆民老师协助整理《热火朝天的劳动课》。感谢翁依娜老师、童雪珍老师协助整理《含羞草，NO！ NO！！ NO！！！》。感谢沈滢老师、赵攀老师协助整理《会飞的兔子》。感谢桐庐县学府小学三（7）班、五（5）班的孩子们提供例文。感谢编审、编辑的认真审读。感谢学校、教师、学生的系列活动，为我的创作再现诸多情境。谢谢每一位与我一起努力、并肩作战的人，你们是我前进的动力。

在这里，我想对孩子们说：写作并非易事，但是只要你肯努力，肯坚持，就一定会享受到写作的幸福，就一定能写出属于自己的精彩作品。孩子们，我希望这套书能够成为你们写作路上的良师益友，陪伴你们一同成长、一同进步。孩

子们，这套书只是你们写作路上的一个引导者，真正的写作之路还需要你们自己去探索、去实践。祝愿你们在写作的道路上越走越远，越写越好！

感谢每一位读过这套书的人，多提供宝贵意见和建议，你们的反馈会让我不断完善这套书，并让我明确新的努力方向。

好了，我们继续一起努力吧！

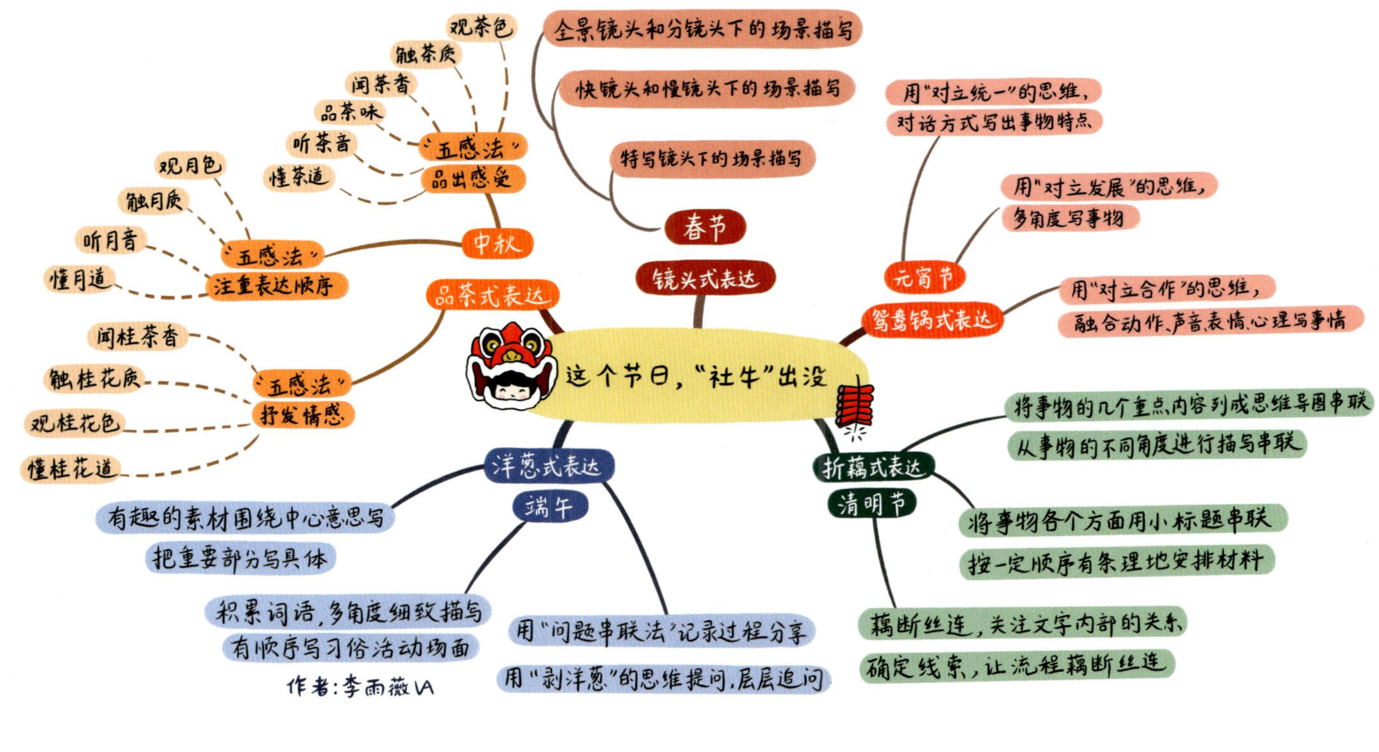

这个节日，"社牛"出没
镜头式表达
春节
全景镜头和分镜头下的场景描写
快镜头和慢镜头下的场景描写
特写镜头下的场景描写
鸳鸯锅式表达
元宵节
用"对立统一"的思维，
对话方式写出事物特点
用"对立发展"的思维，
多角度写事物
用"对立合作"的思维，
融合动作、声音、表情、心理写事情
折藕式表达
清明节
将事物的几个重点内容列成思维导图串联
从事物的不同角度进行描写串联
将事物各个方面用小标题串联
按一定顺序有条理地安排材料
藕断丝连，关注文字内部的关系
确定线索，让流程藕断丝连
洋葱式表达
端午
有趣的素材围绕中心意思写
把重要部分写具体
积累词语，多角度细致描写
有顺序写习俗活动场面
用"问题串联法"记录过程分享
用"剥洋葱"的思维提问，层层追问
品茶式表达
中秋
"五感法"
品出感受
观茶色
触茶质
闻茶香
品茶味
听茶音
懂茶道
"五感法"
注重表达顺序
观月色
触月质
听月音
懂月道
"五感法"
抒发情感
闻桂茶香
触桂花质
观桂花色
懂桂花道
作者：李雨薇 lA

微习作里看世界

皇甫芬 著

这个节日，“社牛”出没

WUHAN UNIVERSITY PRESS
武汉大学出版社

图书在版编目(CIP)数据

微习作里看世界.这个节日,“社牛”出没/皇甫芬著.—武汉:武汉大学出版社,2025.4
ISBN 978-7-307-24412-2

Ⅰ.微…　Ⅱ.皇…　Ⅲ.作文课—小学—教学参考资料
Ⅳ.G624.243

中国国家版本馆 CIP 数据核字(2024)第 109384 号

责任编辑:冯红彩　　责任校对:汪欣怡　　版式设计:曹　凝

出版发行:**武汉大学出版社**　(430072　武昌　珞珈山)
(电子邮箱:cbs22@whu.edu.cn　网址:www.wdp.com.cn)
印刷:湖北金港彩印有限公司
开本:787×1300　1/24　印张:35.25　字数:457 千字
版次:2025 年 4 月第 1 版　2025 年 4 月第 1 次印刷
ISBN 978-7-307-24412-2　定价:168.00 元(全六册)

前言

听，孩子的声音：写作，写作，是为了什么呢？在你迷茫无措的时候，打开这套书，里面有很多生活故事，你会发现写作是一件很快乐的事，是一种本领。这套书给予你用文字记录生活、表达自己、理解和感知世界的勇气。

听，孩子的声音：写作，写作，写什么呢？在你无从落笔的时候，打开这套书，里面涉及多个角度，有生活圈、节日圈、劳动圈、交际圈、跨界圈、未知圈。你会发现很多微小的世界值得写，获得写作的灵感。

听，孩子的声音：写作，写作，怎么写呢？在你毫无章法的时候，打开这套书，里面把写作方法和生活情境、常见事物或现象结合起来，从课堂走向课外，形象生动，通俗易懂。你会学到很多巧妙的方法，拥有写作的力量。

听，孩子的声音：写作，写作，水平怎么提升呢？在你失去写作动力的时候，打开这套书，里面告诉你写作需要持之以恒，还需要阅读来补充能量。细水长流方能水滴石穿，写着写着，你就会遇见灵感，遇见故事，遇见希望！

什么是微习作？大家最初的理解便是写简短的文章，其实不全是。皇甫老师觉得，文章可长可短，要根据表达的需要而定，这里

的微习作更体现的是写作要随处、随时发生。生活中有许多看似微不足道的小事物、小角落、小事件，都蕴藏无尽的“大作文”，我们要学习在微小的世界里自由表达，用文字记录点点滴滴，表达自己独特的体验与创作，提升观察与思维的能力，从而更深刻地理解和感知世界。

《这个节日，“社牛”出没》是本套书的第二本。本书带领孩子们在节日里寻找写作素材。“镜头式表达”指导我们用镜头的切换，寻找与众不同的写作视角；“鸳鸯锅式表达”指导我们用对立且统一的思维去发现写作元素；“折藕式表达”指导我们梳理素材，联结素材的方法；“洋葱式表达”指导我们像剥洋葱一样层层拨开寻内容，集中一点有序表达；“品茶式表达”指导我们带着品茶的感觉寻找节日的味道，探究节日的美。每一种方法如同一扇窗户，透过它，我们会发现节日里当“社牛”很有趣，可以增进彼此的情感，可以学会倾听和表达，可以度过美好的时光。

目录

镜头式表达：

春节，我当家 /1

鸳鸯锅式表达：

元宵，合与和 /27

折藕式表达：

洋葱式表达：

品茶式表达：

镜头式表达：

春节，我当家

生活中，我们经常会用不同的镜头拍摄，可这拍摄与写作又有什么关系呢？

1 全景镜头：年夜饭谁来做呢？

小泡芙

一年一度的春节到了，每个寒假都要写以“春节”为主题的作文，大家也都会想到写大年三十，也会选择写年夜饭。哎，今年的厨房又是奶奶一人在忙活，去年已经写“奶奶的手艺”了，怎么将大年三十写出新意呢？

1天前

♡ **皇甫老师 小土豆 小叶子**

皇甫老师： 嗯，给你支个招，不如写一写其他家人做菜的画面，就像手机拍直播镜头一样。

小泡芙回复**皇甫老师：** 好主意，我拿手机拍摄记录，请每位家人都做一道美食，拼在一起才叫“团圆饭”嘛！

皇甫老师回复**小泡芙：** 聪明，手机相机先调到“全景”模式拍摄镜头，写下所有家人的活动，再以“分镜头”描写，好像你就是导演，用镜头去选取素材。

小泡芙回复**皇甫老师：** 我决定当一回“直播导演”。这个春节，由我做主！

小泡芙行动一

首先用思维导图的方式确定大年三十年夜饭的拍摄“脚本”，根据家里的人员情况进行以下镜头设计。

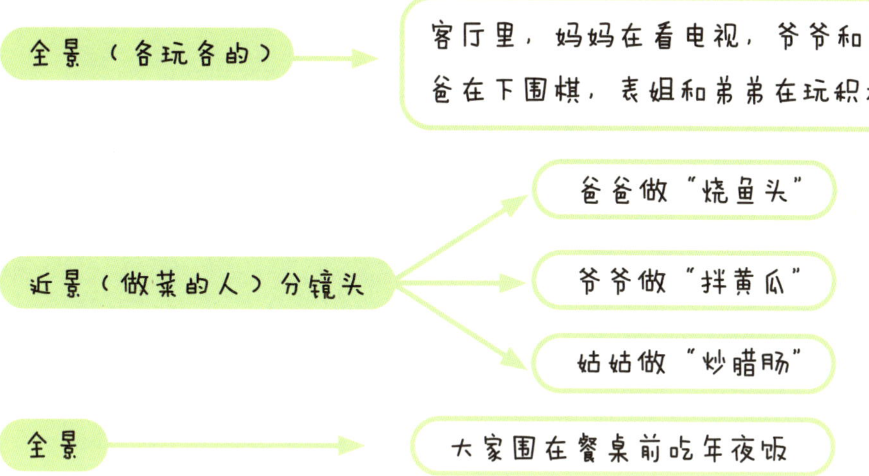

步骤 1 用“全景模式”拍摄中远镜头，一镜到底，镜头接连移动到每一位家人身上，关注他们各自在忙什么。

步骤 2 近景聚焦拍摄奶奶独自忙碌的模样和每个人做菜的镜头，注意这段镜头是一个个的分镜头，和第一个全景镜头有很大的区别。

步骤 3 镜头再回归全家齐聚圆桌吃年夜饭的样子。

小泡芙行动二

根据设计的镜头，拍摄下来的场景令人非常满意，于是顺利地写下年夜饭重点部分的文字。

泡芙习作

全景镜头下的场景，整体画面的描写

“奶奶，酱油买回来了！”带着一股寒气，我推开了家门。客厅里放着“一年又一年”节目，妈妈目不转睛地盯着看，爷爷和爸爸为了一盘围棋绞尽脑汁，姑姑呢？噢，带着表姐和弟弟在玩积木，家里每个人似乎都在忙碌着。厨房里，奶奶一人忙上忙下。

“奶奶，我来帮您。”

“不用，做哪些菜我最清楚了，你出去玩。”

一人搞定一桌菜，这似乎成了我家的传统，即使奶奶外出，妈妈也是独立完成年夜饭。如果每个人都做一道菜，拼在一起也是一大桌菜，就这样行动！我举起手机：亲爱的家人们，本人正在录制寒假作业“年夜饭 vlog”，今天我们家的年夜饭将由大家接力完成，每人挑选食材，完成一道拿手好菜，挑战成功的小伙伴将得到博主特别赠送的大红包哦。

“我先来，挑战红烧鱼头！”老早跃跃欲试的爸爸一把抢过奶奶手里的锅铲，将她请出了厨房。没等奶奶拒绝，妈妈也抢下了“酸汤肥牛”这道下饭菜。“我第三。”“那我第四。”抢答声接连不断，奶奶无奈又欣慰地笑了：“那我就收尾，做八宝鱼饭吧！”

分镜头下的场景，每个做菜人成了素材，关键要对做菜人做菜进行细细描写

“滋啦”，鱼头下锅，老爸熟练地翻转着大鱼头，愣是没让锅粘半点鱼皮，然后有序地撒上各种调料，最后加入他的秘密武器“水淀粉”，大火烧开收汁，一气呵成，不愧是爸爸的拿手绝活。我看着手机屏幕里的鲜美鱼头，垂涎三尺。“赶紧来，我菜备好了。”原来是爷爷已经开始拌黄瓜了，凉菜可以同步进行，我连忙将镜头切至厨房另一头，他老人家平时也鼓捣一些小菜，这会儿正利索地在大碗里调制独家秘方，我拉大镜头想拍拍他的秘方，爷爷一个转身挡住了

镜头。“不能外传的！”爷爷说着将调料倒进了摆好造型的黄瓜里。爷爷一向不喜拍黄瓜，而是像做雕花一般，把黄瓜切得又薄又长，方便摆出各种好看的造型，今年做的居然是“龙头”！

“轮到我掌厨了吧？”姑姑扯着嗓门，挤入了镜头……

小泡芙，你太厉害了。你不仅是一名作家，还是一名出色的导演。通过你的设计，大年三十的年夜饭变成了一部温馨的家庭电影，有细节，有感动！

其实这样的写法就是场面描写中的点面结合写法，全景镜头是“面”，写的是整体的画面，写每个人做菜的分镜头就是“点”。写场景时点面结合才生动，既关注整体，又聚焦局部细节，使文章具有层次感和说服力。

比如：《开国大典》中的人们到天安门广场的片段。

全景镜头（面）：整体描写人们从四面八方聚拢来。

分镜头（点）：详细描写工人和农民的状态，表现他们心情的激动、兴奋。

丁字形的广场汇集了从四面八方来的群众队伍。早上六点钟起，就有群众的队伍入场了。人们有的擎着红旗，有的提着红灯。进入会场后，按照预定的地点排列。工人队伍中，有从老远的长辛店、丰台、通县来的铁路工人，他们清早到了北京车站，一下火车就直奔会场。郊区的农民是五更天摸着黑起床，步行四五十里路赶来的。到了正午，天安门广场已经成了人的海洋，红旗翻动，像海上的波浪。

比如，《狼牙山五壮士》中五壮士痛歼敌人片段。

前面概括描写五壮士痛击敌人的状态，后面通过动作描写、神态描写，具体写出五壮士各自不同的战斗形象。点面结合，不仅表现出他们对敌人的愤怒，也表现出他们战斗的勇敢。

为了拖住敌人，七连六班的五个战士一边痛击追上来的敌人，一边有计划地把大批敌人引上了狼牙山。他们利用险要的地形，把冲上来的敌人一次又一次地打了下去。班长马宝玉沉着地指挥战斗，让敌人走近了，才下命令狠狠地打。副班长葛振林打一枪就大吼一声，好像细小的枪口喷不完他的满腔怒火。战士宋学义扔手榴弹总要把胳膊抡一个圈，好使出浑身的力气。胡德林和胡福才这两个小战士把脸绷得紧紧的，全神贯注地瞄准敌人射击。

这种方法，你学会了吗！

跟着小泡芙一起行动

@所有人　每当我们和家人欢度节日时，总会发生各种有趣的事，产生很多暖心的画面，不如用现在流行的 vlog 形式（视频记录的方式）把这些珍贵的瞬间记录下来吧！相信你与亲人之间也有很多暖心的画面吧，以 vlog 的形式把它们写下来吧。

2 快慢镜头：我给你压岁钱呀！

小泡芙

我把年夜饭vlog发布在班级群，收到了老师同学的好多赞，我很有成就感。还可以记录什么呢？我发现收压岁钱是一件很快乐的事。这次我想记录一下"收压岁钱"的过程，要是能用镜头拍下来，一定会有很多惊喜的！

1天前

♡ **皇甫老师 小土豆 小叶子**

小土豆：老实交代，收了多少压岁钱？

皇甫老师：老了，老了，都不记得有多少年没收到过压岁钱了。

小土豆回复皇甫老师：不收没关系，多发发也有滋味。

小泡芙回复小土豆：哈哈，就不告诉你。

小叶子：所以，小泡芙，你打算怎么拍呀？

小泡芙回复小叶子：有点头绪了，但是不知道能不能行。

皇甫老师回复小泡芙：先动起来吧，别犹豫！

小泡芙行动一

经过拍摄，小泡芙完成了第一次写作。

泡芙习作

太好了！我又收到压岁钱了，爷爷奶奶给了我一个大红包，祝我在新的一年里学习进步，爸爸妈妈也给了我红包，说：“祝宝贝身体健康，新年有新目标！”我连说谢谢，也祝爷爷奶奶身体健康，长命百岁！祝爸爸妈妈工作顺利，幸福健康！我拆开红包一看，有好多钱。这压岁钱是中国春节的传统习俗，收到压岁钱代表得到了来自长辈的关爱和祝福。

这是一般选材，一般的写作思维。

我就是这么想的，那还可以怎么想呢？

这个镜头拍的是孩子收压岁钱，拍摄对象是不是也可以变换一下？如果将“我收压岁钱”改为“我发压岁钱”，那“收压岁钱”的人是不是就不同了呢？

那我没有那么多钱怎么办呀？

压岁钱不一定都用钱，你能创造出别样的“压岁钱”呀！比如：祝福卡、一幅画、幸福钱等。

哦，我明白皇甫老师的意思了。但这次应该不能用镜头式来写了吧，没办法人为移动镜头了。

建议把手机或相机悄悄固定在某个位置，这叫“固定机位”，相当于设置了一台“隐形摄像机”，“偷拍”你想要拍摄的重要惊喜部分，剪辑的时候尝试调整镜头的速度，这样也可以让人感受到镜头语言的变化哦。

比如，著名作家梁晓声的小说《慈母情深》中的片段：

片段一：背直起来了，我的母亲。转过身来了，我的母亲。褐色的口罩上方，一对眼神疲惫的眼睛吃惊地望着我，我的母亲……

这段文字重点突出了母亲转身吃惊望着我的样子。如果将这段文字改成“我的母亲背直起来，我的母亲转过身来了，我的母亲一双疲惫的眼睛吃惊地望着我……”，跟梁晓声笔下的文字比一比，是不是原文更强调“背直起来”“转过身来”“疲惫的眼神”，并且感觉慢下来了，就像电影中的慢镜头，让你对这个镜头印象特别深刻。把语言倒过来写，三个“我的母亲”的反复，这种写法可以学哦！

片段二：母亲说完，立刻又坐了下去，立刻又弯曲了背，立刻又将头俯在缝纫机板上了，立刻又陷入了忙碌……

这个片段用四个“立刻”写出了母亲的连续动作，生动地把母亲忙碌工作的状态表现出来了，就像电影中的快镜头。这种写法也可以学习！

小泡芙行动二

首先调整“隐形摄像机”的拍摄对象，并且准备好“快慢镜头”的设计方案，着重用“慢镜头”记录爸爸拆红包的过程。

快镜头	慢镜头（爸爸拆红包）	快镜头

小泡芙行动三

根据镜头设计，小泡芙完成了第二次写作。

泡芙习作

快镜头写长辈和表姐给压岁钱！

年夜饭桌上，爷爷奶奶迫不及待地拿出厚厚的红包塞给我，爸爸妈妈也同样没落下，送给我两个红包，就连刚上大学的表姐也从零花钱中匀一部分给我和弟弟，弟弟拿着压岁钱躲进房间偷着乐去了，年年如此。

而我马上进行“隐形摄像机”的录制准备，我拿出早早准备好的大红包，悄悄放到大人们的枕头底下：他们看到红包肯定会很开心，我要偷偷拍下这惊喜的一刻。我持续观察着，奈何大人们就是不回房，我渐渐撑不住了。哎呀，他们怎么还不睡觉？我先去眯一会儿。等我猛然惊醒，天已经大亮，大人们老早出门拜年去了。

我不担心，把手机点开，画面中的老爸刚洗完头，他站在床前翻找睡衣，一会掀开了枕头，盯着红彤彤的红包愣住了。我紧张起来，他拿起红包了，轻轻抽出里面的现金和卡片，用手指轻轻摩挲着卡片，久久没挪动身子，目光一直停留在短短的两行字上，眼睛里似乎含着晶莹的东西。

慢镜头显然把父亲收到红包时的内心触动写生动了，强化出来。

“谁写的？”妈妈走了过来。

“哦，女儿写的。”

“说送我一张万能卡，让我在她生气时拿出来用。”

“有意思。哎，你哭什么？”

“闺女还说，100 元和卡都是压岁钱，压祟驱邪的，让我们大人也平安过年，永远陪着她。”

“别哭呀，多贴心啊。”

“没哭，那是头发滴的水，我没哭！”

说着，老爸拽走了妈妈手里的毛巾，盖住了头发，肩膀轻微颤动着。

收发压岁钱是一个有始有终的过程，你准备的“隐形摄像机”记录了全部经过。为了避免太过冗长的视觉体验，你巧妙地把前期“塞红包”的画面进行了“倍速处理”，也就是设置成了“快镜头”，重点部分进行了慢镜头的展示。

是的，有了快慢镜头的巧妙结合，我很轻松地写下了因压岁钱引发的这段趣事。不会再像以前那样纠结从哪里入手，从哪里结束，简直治好了我的选择综合征！

跟着小泡芙一起行动

@所有人 这个春节，小泡芙狠狠地过了一把当导演的瘾，让热闹无序的节日变得有条有理，而且学会了用“快慢镜头”去调控事情的发展节奏，把原本略显单调的画面调整得饱满动人。你能学习她的这种快慢镜头表达法写一写节日中的小事吗？让小事中的某个画面慢下来，或者快起来，从而给人留下深刻的印象。

3 特写镜头：让我守岁成功吧！

小泡芙

大年三十 22 点，祝大家新年快乐，心想事成！我想跟着大人们一起守岁，迎接新年的第一声钟响，辞旧迎新。往年我都守岁失败了，半途撑不住就睡着了。今年我想坚持到最后，一直吃东西、看电视、玩游戏，这感觉既新奇又无聊。

你是怎么守岁的？留言告诉我，给我写作的灵感。

1天前

♡ **皇甫老师 小土豆 小叶子**

小土豆：我家差不多就是这样，很无趣的。

小叶子：泡芙泡芙，可以从守岁习俗的特点、怎样守岁、守岁的寓意等来写啊！给你看我写的大年三十。

小泡芙回复**小叶子：**你太棒了！

守岁是中国春节年俗活动之一，通常在农历除夕之夜进行。守岁的习俗源远流长，象征着辞旧迎新、团聚和对来年的美好期盼。在这一天，家人们会团聚在一起，共同等待新一年的来临，享用丰盛的年夜饭，并进行各种娱乐活动，如看春晚、打牌、聊天等。守岁时，家里灯火通明，以示“照虚耗”之意，即照亮过去一年的时光，驱赶一切不吉利的东西，保佑大家在新的一年里平安顺利、吉祥如意。随着午夜新年钟声的敲响，人们会燃放烟花爆竹庆祝新年到来，同时祈福新的一年生活幸福、事业有成。

小叶子的这种写法，是在用说明性语言表述守岁习俗的特点和寓意，将守岁介绍得非常全面。小泡芙，你想写什么类型的守岁呢？如果是记录守岁过程就不能这样写了。

我想把自己怎么守岁的过程写下来，我感觉没什么好写的，也写不了几个字。您看，我是这样写的，才写一点就写不下去了呢。

大年三十，我和大人们一起守岁。爷爷奶奶一边喝茶一边看着中央广播电视总台的春节联欢晚会，时不时对节目进行点评。爸爸妈妈在跟叔叔婶婶打麻将，我一会儿吃美食，一会儿看电视，一会儿打游戏。

这是大众的写法，基本上就是把自己看到的苍白地记录下来，缺少自己最真切的感受。

我也很想挑战，但是守岁的人那么多，只写我的感受好像太简单了一些，像在“自言自语”……求助，求助！！！

其实，你已经发现问题所在了呀。守岁的人一般都很多，为什么只写“你”的感受呢？可不可以从他人的角度来写呢？

大家看过电影和电视剧，那些叙述故事的影视剧，里面镜头最多的人是主角，其他人物是配角，是用来衬托主角的。

这跟写作有啥关系？？？

为了获得守岁的写作素材，可以做好以下几步：

步骤一

定好主角——守岁的时候，先定下主角。为了突出自己守岁的过程，不如把自己定为主角。

步骤二

全景推进——守岁不是一个人，为了突出主角，更好地拍“特写”，可以先拍全景，然后定格到主角，再到全景，这是一个动态的过程。

步骤三

拍“特写”——拍特写镜头，主要对人物的面部等某一局部或事物的某一部分进行近距离仔细拍摄。让你的家人把镜头随时对准你这个主角进行特写拍摄。

摄影师随时抓拍主角的瞬间，记录定格在某一瞬间的特写镜头。

步骤四 播放欣赏——欣赏拍下的镜头，重点赏析特写镜头，关注特写中主角的动作、神态变化。除了动作神态的细节，还要加入主角的感受，加入心情的来回转变那会更棒。

步骤五 把所有的镜头连接起来。

你明白了吗？这样去拍摄，你会有意想不到的收获哦！

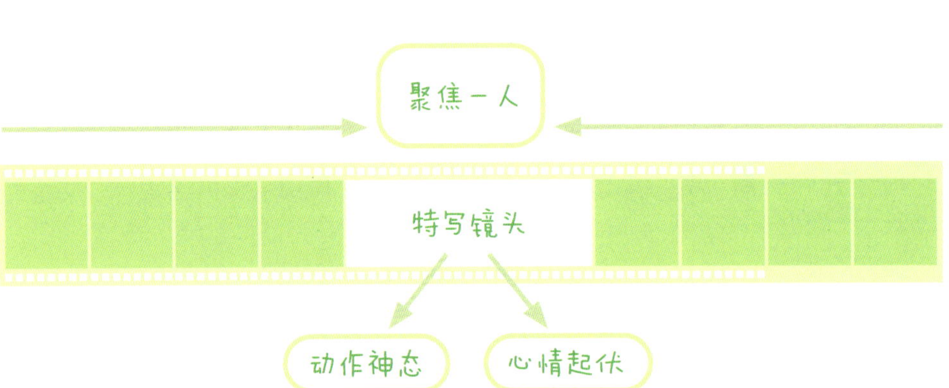

哇，原来可以这样写，我马上行动起来！

泡芙习作

守岁之夜

全景

守岁，通俗点说就是“熬夜”。每年除夕，我都想跟着大人一起守岁，但因各种原因未能成功。今年，我一定要守岁到新年到来。父母得知消息，一脸惊异地看着我:“小孩子家家的，熬夜对身体不好，会长不高。”经不住我的哀求，他们最终还是同意了：“行吧，你可别熬到一半睡着了。”

特写

年夜饭后，守岁算正式开始了，我异常兴奋。家人们围在火炉前看起了春晚，爸爸带着闲不住的弟弟在门口玩起了丢丢炮，妈妈和姑姑盯着主持人的口红研究起来。“听说你今天要守岁啊！”表姐无聊地来打趣我，大家都是一副精神奕奕的模样。我和表姐聊了一会儿，便感到有些疲乏，但想起“我肯定不会睡着的”这信誓旦旦的话语，便只得强打起精神。

我打开窗子，凛冽的寒风吹了过来，吹散了少许睡意。可渐渐地，我感到困意席卷而来，眼皮子止不住地打架，眼球胀得难受，四肢也很无力，就着沙发靠背倒了下去。“你看她，哈哈哈！”周围的笑声将我从“睡神”手里拉了回来，我立马板正身子，瞪大双眼盯着电视，假装在认真观看，用指甲悄悄地划拉手板心，这让我勉强保持清醒。“奶奶，马上 12 点了，你喜欢的李谷一老师要来了！”随着家人的喊声，我意识到守岁快要成功了，可此时的我已经瘫坐在躺椅上，身子随着椅子的来回摆动渐渐沉重，耷拉着的眼皮终于耗尽了所有的能量，我感到眼前越来越暗……

老师，你看，在我的文章中，“我”的镜头在放大放细，把困意袭来的“我”写得生动有趣，特别是眼睛的几次特写，穿插配角的行为，让“我”想办法保持清醒，到最后的倒下就像在看视频一样，画面就在眼前，这其实是人物描写常用的方法，对吗？

是的，这便是对人物的细节描写，抓住人物的某个细小处进行细致观察，进行细致入微的描写。用特写的镜头进行细节描写，你会觉得很有意思，同时在镜头式的表达中，人的镜头是在移动的，平移或伸缩，并不是一成不变的，你充分地写出了这点，给你点赞！

跟着小泡芙一起行动

@所有人 把镜头对准一个人，去放大对象的一举一动，你会发现“特写镜头”下的人物是多么丰富多彩呀，那隐藏在面具下开心或难过的内心世界都被你捕捉到了呢！找一找你身边的主人公，比如拔河比赛时的某个人、足球场上的那个守门员、大扫除中的劳动委员……记录下他们的特写镜头吧。

鸳鸯锅式表达：

元宵，合与和

生活中，朋友们会经常聚在一起开心地吃火锅，可鸳鸯锅与写作有什么关系呢？

1 对立且统一：甜咸汤圆之争

小泡芙

今天元宵节，表哥来家做客，他非说汤圆里面应该包腊肠、冬菇才好吃。太奇怪了，那样汤圆不就咸了吗？咸汤圆怎么吃呀？汤圆不都是甜的吗？

1天前

♡ **皇甫老师 小土豆 小叶子**

皇甫老师：南北方差异大，有些地方的确盛行吃咸汤圆，你查阅一下资料看看。

小泡芙回复**皇甫老师：**老师，我查了，表哥来自福建，原来他们真的很少吃甜汤圆。

皇甫老师回复**小泡芙：**不同的地方习惯也不一样，你不如将汤圆之争记下来，探讨一下。

小泡芙回复**皇甫老师：**这两种口味如此不同，各写各家，写出来的内容会不会很零散呀。

皇甫老师回复**小泡芙：**汤圆的甜与咸从口感上来说，是相对的，但它们之间有没有共同点呢？

小泡芙回复**皇甫老师：**您是说两种相对的事物达成统一？

皇甫老师的话让小泡芙陷入了沉思，她决定一探究竟。

小泡芙行动一

用思维导图的方式厘清甜汤圆与咸汤圆的区别和共同之处，从外形、馅料、口感、寓意等方面进行描述。

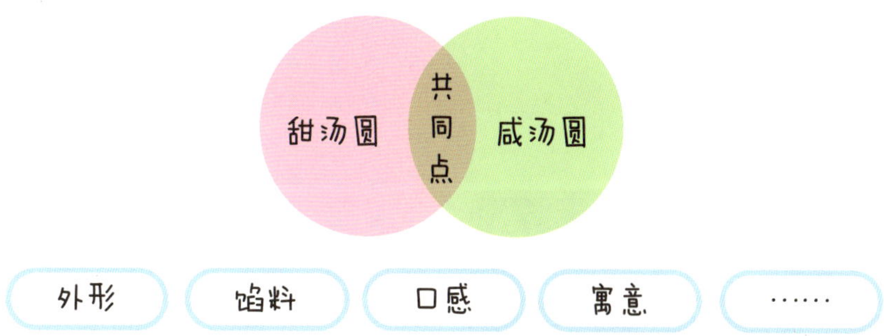

外形：绝大部分是圆圆的，被搓成一个圆圆的小团子，颜色都是糯米白，但现在有的咸汤圆是水滴状的，并不是很圆润。市面上也出现了五颜六色的汤圆，比如柿柿如意汤圆、艾草汤圆等。

馅料：汤圆大多是甜的，馅料以坚果为主，比如黑芝麻、红豆沙、花生仁等。现在市面上的汤圆有各种各样的馅料，如荠菜鲜肉馅儿、香甜芋泥馅儿、芝士奶酪馅儿、梅菜烧肉馅儿等。

口感：甜汤圆软糯香甜，咸汤圆鲜香可口。

寓意：汤圆象征合家团圆美满，吃汤圆意味着在新的一年里合家幸福、团团圆圆，也表达了人民对幸福生活的一种向往和期盼。

这样的罗列只是对相同点和不同点的简单梳理，还可以更有趣、更有意思一点！

我也觉得这样整理过于常规了，那还可以怎么有趣一些呢？

鸳鸯锅为何如此受人喜爱？“白汤”清香浓郁，回味无穷；“红汤”红亮醇香，火辣十足，两者同时满足了不同人的食物需求，解决了众口难调的问题，所以它们和谐共生，甚至应该说是相得益彰的。

甜咸汤圆也是如此，各自都达到了极致的好吃，组合起来才是“王炸”。用甜汤圆为好心情“充值”，也可以让咸香汤圆在舌尖起舞。所以，看似完全对立的两种事物其实也可以和谐共存，合作创造出新的意义。那些经典课文里就有很多这样的例子，让我们找来看看。

例如，著名儿童文学作家孙幼军的短篇童话《小柳树和小枣树》中的片段：

小柳树的腰细细的，真好看。小柳树看看小枣树，树枝弯弯曲曲的，一点儿也不好看。小柳树说："喂，小枣树，你的树枝多难看哪！你看我，多漂亮！"

春天，小柳树发芽儿了。过了几天，小柳树的芽变成小叶子，她穿上一身浅绿色的衣服，真美！她看看小枣树，小枣树还是光秃秃的。小柳树说："喂，小枣树，你怎么不长叶子啊？你看我，多漂亮！"

又过了好些日子，小枣树才长出了小小的叶子。这时候，小柳树的叶子已经长得又细又长了。她在微风里得意地跳起舞来。

到了秋天，小枣树结了许多又大又红的枣子。人们把枣子打下来，坐在院子里，高高兴兴地吃起来。

小柳树看看自己，什么也没结……

这篇文章通过小柳树和小枣树的对话，把它们在春天和秋天各自不同的样子描述得十分清晰，而且这篇文章采用了拟人这种有趣的写法，读起来充满画面感。

又如，寓言故事《陶罐和铁罐》片段：

这样通过双方对话争辩的方式，有序呈现各自的特点，在小故事里感受大道理。红与白的锅底将会碰撞出怎样的火花呢？请选好自己属意的"汤底"，用你的专属"食材"写一写甜咸汤圆之争吧。

"你敢碰我吗，陶罐子！"铁罐傲慢地问。

"不敢，铁罐兄弟。"陶罐谦虚地回答。

"我就知道你不敢，懦弱的东西！"铁罐说，带着更加轻蔑的神气。

"我确实不敢碰你，但并不是懦弱。"陶罐争辩说，"我们生来就是盛东西的，并不是来互相碰撞的。说到盛东西，我不见得就比你差。再说……"

"住嘴！"铁罐恼怒了，"你怎么敢和我相提并论！你等着吧，要不了几天，你就会破成碎片，我却永远在这里，什么也不怕。"

小泡芙行动二

采用“对立又统一”的思维，用对话的方式写一写甜咸汤圆之争，最后达成和谐统一。

泡芙习作

元宵节，姥姥给我和表哥煮汤圆吃，没想到我们就此开始了一场激烈的辩论。

“什么？汤圆还有咸的？这也太重口味了。”

“我只吃过咸的，甜的难吃。”

“咸的怎么咬得下去？”我真的疑惑至极。

“汤圆就是咸的好吃！”表哥一副傲娇的模样。

我们仿佛两只斗鸡一般，相互瞪眼，互不服输。

“哎呀，甜的咸的两种都好吃，都尝尝吧！”姥姥想要做和事佬。

“不行！”我们异口同声地拒绝了。

汤圆应是甜味还是咸味，究竟谁更胜一筹？这可真是个世纪大难题。作为甜方辩手的我先发制人，

“我”与表哥你来我往，通过简短对话表明各自立场。

甜方：从外形找突破口。

从汤圆的形状上找到突破口："汤圆寓意着团团圆圆，而甜汤圆都被搓成圆圆的小团子，迎合了寓意，你的咸汤圆是水滴状，不够圆润！"

咸方：巧妙从外形转移到内在。

"你这是金玉其外，"咸方代表表哥不甘示弱，"咸汤圆有更多的包容性，能接纳各种各样的馅料，荠菜鲜肉馅、山药猪肉馅、梅菜烧肉馅，等等，只要你想吃，就连胡萝卜、腊肠腊肉、冬菇、虾米都可以包进咸汤圆里。而你的甜汤圆只能选择几种甜腻腻的馅料。"他甚至拿出了热搜截图作为佐证。

甜方：抓住内在营养角度。

"其实，自古汤圆都是甜的，以芝麻、核桃、花生这些坚果为馅儿，加上植物油，营养价值就'更上一层楼'了，可以补虚、调血、健脾、开胃，具有保健功能呢！"我也是理直气壮。

咸方：切入咸汤圆的"地位"来对战。

"就算咸汤圆晚出生，现在也越来越流行，还能被当作一道主菜。"

我一时语塞，不知如何反驳。"吃瓜"的阿姨端来了两碗汤圆："好了，最佳辩手们，汤圆煮好了，甜咸都有，每人可以多尝一种口味，何乐而不为呢？”

盯着碗里挨挨挤挤、圆滚滚的汤圆，我和表哥相视一笑，开始狼吞虎咽地吃起来。元宵节吃汤圆，甜的也好，咸的也罢，图的就是个合家团圆、如意美满的好寓意嘛。

根据您建议的鸳鸯锅式写法，用对话的方式展现甜咸汤圆的特点，我写好了，看看怎么样啊！

哈哈哈，蛮有意思的，这样我就爱看爱读了。恭喜你又完成了一次挑战！

谢谢皇甫老师的指导，我要把方法分享出去。

跟着小泡芙一起行动

@ 所有人 当两样东西摆在眼前，我们会不自觉地会去选择、比较。小伙伴们！成年人才做选择题，小孩子当然可以任性地全都要。学习鸳鸯锅式的写作方法，其实没有绝对对立的事物，用统一的观点和思维去写一写南北方的辩论大题——“番茄炒饭放不放糖？”请尝试找到事物的共通之处，赋予其新的意义。

2 真假花灯都是福

小泡芙

刚过元宵佳节，分享一则我改编的《花灯歌》

看花灯，闹元宵，
葡萄灯，小兔灯，
金鱼灯儿尾巴摇；
风筝灯，火箭灯，
泡芙最爱纸花灯。

1天前

♡ **皇甫老师 小土豆 小叶子**

小叶子：小泡芙，我也做了花灯，是莲花款式的。

小泡芙回复小叶子：我们这周日一起出来做花灯吧！

皇甫老师：真有才！花灯这么好看，可要及时用笔记录下美好的画面啊！

小泡芙回复皇甫老师：那我要写一写现场看到的震撼场景，把元宵挂灯的寓意、款式图案及制灯技术等方面写具体，还想把现代的花灯和古代的花灯做一个对比。

皇甫老师回复小泡芙：勇于尝试，给你点赞！

小泡芙行动一

根据自己的设想，开始第一次写作。

泡芙习作

每年元宵节，我们这里都会举办花灯展，年年如此，今年也不例外。

夜幕降临，放下碗筷，我拉着奶奶直奔广场而去。路上，奶奶给我讲了元宵节的由来，那是一个动人的传说故事。元宵节张灯结彩，寓意祈许光明、幸福平安、前途光明等美好愿望。

来到广场，这里已是人山人海，热闹非凡。

这里简直是灯的海洋，各式各样的花灯挂满了广场一圈，远远望去，就像繁星闪闪发光。有小白兔温柔地竖起耳朵笑盈盈，调皮的小猴子翻跟头，可爱的金鱼吐泡泡，样式精巧，工艺精湛。花灯款式丰富多样、五花八门，有六边形的、正方体的、椭圆形的、圆柱形的，甚至还有圆锥形的；图案也很有特色，或古风，或现代，仕女图、各种花色图、山水画，甚至还有高铁和火箭图案的花灯，让人觉得仿佛穿越了。

广场成了人的海洋，光的世界。

你的这种写法比较常规，对读者没有太大吸引力。

怎么写才能“不走寻常路”，还能吸引读者呢？

花灯是有历史传承的，你有没有仔细看看现代花灯与古代花灯，看看现代花灯是否融入了科技元素？你知道一种投影出来的假花灯吗？虽然好像少了一些年味，但是角度很新奇，读者肯定都想了解，你可以从这个角度切入去写一写两种花灯。纸花灯和投影花灯之间的区别明显，从传统角度来说，投影的花灯的确是假的，我们摸不到它，可它却实实在在地存在着，你能说它是“假”的吗？

吃鸳鸯火锅的时候你有没有注意，通常红汤一侧会先沸腾，白汤一侧就没那么快了。这是因为红汤一侧漂浮着油层，它减少了热量的散失，使其更容易加热到沸点。这跟外在的加热力度是没有关系的。

就鸳鸯锅式表达而言，白汤和红汤分别代表有时代感的纸花灯和现代的投影花灯，而科技就是后续加入的一种重要的火锅底料，对于后续的发展很重要。虽然还是用对比的外在形式去表现写作对象，但是由于最初内在的火锅底料不一样，随着时间的推移和科技力量的加入，后续的发展也是不同的。因此，要用发展的眼光去思考，投影花灯其实是纸花灯在科技时代的进化品，是新与旧、科技与传统的碰撞。

所以，写花灯，不要只写眼前的花灯，还要写以后的花灯、隐形的花灯，多角度观察，多加一些佐料。

谢谢皇甫老师，我的思路又打开了，就是用“对立又发展”的思维写作，那我就开始行动喽！

小泡芙行动二

修改习作，重点对比纸花灯和投影花灯，融入现代科技元素，用发展的眼光多角度写花灯。

泡芙习作

每年元宵节，中心广场都会举办花灯展，年年如此，今年也不例外。

夜幕降临，我们一家带着难得来县城的奶奶去逛了花灯展。路上，奶奶给我讲了元宵节的由来，那是一个动人的传说故事。我这才知道元宵节张灯结彩，寓意祈许光明、幸福平安、前途光明等美好愿望。

来到广场，这里已是人山人海，热闹非凡，简直是灯的海洋、光的世界。各式各样的花灯挂满了广场一圈，远远望去，就像繁星闪闪发光。有小白兔温柔地竖起耳朵笑盈盈，有调皮的小猴子翻跟头，有可爱的金鱼吐泡泡，花灯样式精巧，工艺精湛。花灯款式丰富多样、五花八门，有六边形的、正方体的、椭圆形的、圆柱形的，甚至还有圆锥形的；图案也很有特色，或古风，或现代，仕女图、各种花色图、山水画，甚至还有高铁和火箭图案的花灯，让人觉得仿佛穿越了。

奶奶像第一次进大观园的刘姥姥一样，瞧瞧这个，摸摸那个，看哪盏灯都新奇。“咦，这个花灯怎么摸不着？”我耐心地跟她解释：“这是电脑投影出来的花灯，不是真的。今年的灯会运用了大量的创新科技元素，通过先进的灯光控制系统和投影技术，将整个中心广场打造成了一个梦幻的光影世界。”这时，一些动物花灯从我们的身体掠过，在地面静静地停留了几秒，等你想要去触摸它时，这些花灯又闪过头顶走散了。还没来得及低头，一朵朵荷花样式的花灯从树顶、墙壁散落下来，一会儿变成绿色，一会儿变成粉色，脚下也出现了水波纹的花灯样子，花与水交相辉映，让人仿佛置身于夏日池塘，逼真极了！

“花灯还能这样，我这老花眼都看不过来了啊！这社会发展得真好啊，奶奶老了，饱眼福喽。”回家路上，奶奶还在对花灯展赞不绝口，我的目光却被角落里的花灯吸引了。那是古老的莲花样式，大绿叶子垫在底部托盘，略显陈旧的粉色软纸剪裁成的半圆花瓣层叠于绿叶之上，花瓣中心托着一支小小的蜡烛。“这是你小时候最爱的花灯，奶奶还给你扎过一盏呢，没想到外面的花灯这么漂亮了，这花灯……过时喽。”我拉着奶奶的手说：“怎么会呢？真花灯、假花灯、手工灯、科技灯都藏着满满的祝福、美好的愿望啊，我都很喜欢！”

跟着小泡芙一起行动

@所有人 同样是鸳鸯锅式表达法，你发现其中的差别了吗？不同的事物可以进行对比，同一件事物也可以对比，比如不同的方面、不同的时期……就看你的火眼金睛能不能找到独特的区别。

你见过“大年初五请财神”吗？建议你现场去请一请神，不能去的，看看视频，用“对立与发展”的思维去写一写今天请财神的方式。与老一辈的传统相比，这种方式有什么创新之处呢？

3 左右脚，步步升

小泡芙

从幼儿版高跷到爸爸特制的“儿童高跷”，我全部会踩啦，你们猜猜速成秘诀是什么？

1天前

♡ **皇甫老师 小土豆 小叶子**

皇甫老师：两只脚要均匀用力，对吗？

小泡芙回复**皇甫老师：**是的，尤其是两只脚的作用力要一致，这样踩上去就不会倒啦。老师，我想要用鸳鸯锅式的写法来记录学习踩高跷的经过，您看可以吗？

皇甫老师回复**小泡芙：**当然可以的，两只脚既要独立开，又要合作，就像鸳鸯锅，清汤和红汤供不同的人选择，满足众口，团结合作效果更佳，期待你将技巧写下来分享给其他同学哦。

小泡芙行动一

按照自己的理解，画一画思维导图，除了看到事物的对立，还要注重统一、发展、合作的关系。

泡芙习作

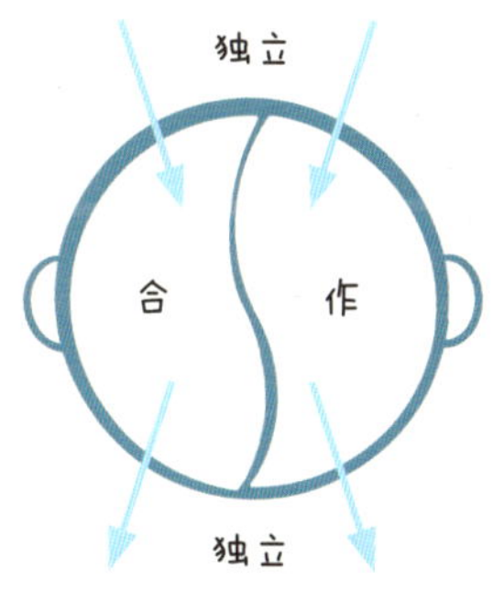

自从元宵节在集市观赏了踩高跷表演，我就念念不忘、跃跃欲试。爸爸便用竹筒、粗绳做了一个“幼儿版”高跷。看着俩小小的竹筒，我略显失望：“这个也太简单了吧，跟街上表演的也差太多了。”老爸一脸笑意，示意我上去踩踩。我大踏步走上前，左脚稳稳地踩在竹筒上，右脚紧跟其上，满脸不情愿地拎起辅助红绳。左脚刚往前挪一步，身子就倾斜下来。我不服气，再次尝试，从右脚起步，右手同时拉起红绳，谁知左脚不自觉就挪动了，又掉了下来。爸爸看我垂头丧气的模样，耐心地讲解：“竹筒到底不是你的鞋子，需要手脚协作、左右脚配合，比如你刚才右脚右手走得很好，但是左手就慢了一步，这竹筒是不是就脱离了？”嘿，看来，真是我小瞧了这“幼儿版”的高跷。

合作的关键是手与脚的动作，多观察，再学学动作的描写方法。

我觉得手脚的动作写来写去也就这几个，感觉重复，没什么好写了。

别急，我来给你找找方法。

1. 给动作“化功大法”

就是要把一个很笼统的大动作，分解成若干个连贯的小动作，给大动作一个过程。《凡卡》一课中，写凡卡写信的动作，就是大动作，其中有一个细节：

……他想了一想，蘸一蘸墨水，写上地址：

“乡下爷爷收”

然后他抓抓脑袋，再想一想，添上几个字：

“康司坦丁 · 玛卡里奇”

这里的想、蘸、写、抓、添等一系列动作，把不会写信的凡卡渴望爷爷收到信，救他出火坑的复杂心理刻画得淋漓尽致。

2. 给动作“涂脂抹粉”

写好人物的动作，选用表示动作的词语进行修饰，是不是就很美呢？李本深的《丰碑》中有这么一句话：

他深深地呼了一口气，缓缓地举起右手，举到齐眉处，向那位跟巍巍群山化为一体的牺牲者敬了一个礼。

这句话对动作进行了“涂脂抹粉”，在动词前面加上适当的修饰语，如“深深”“缓缓”使动作的幅度、速度、力度等更清晰，也更能体现人物内心的悲痛，从而达到直抵人心的效果。

3. 给动作“配上声音”

在动作中载入声音，就会让你笔下的动作活灵活现。这里说的“配上声音”可以分为两种：一是配上人物的语言描写；二是配上适当的象声词，如小猫叫的声音“喵喵”、刮北风的声音“呼呼”、汽车的喇叭声“嘟嘟”、爆竹发出的声响“噼里啪啦”等。

4. 给动作“加上表情”

让动作与表情、神态结合起来，从而更好地表现人物。《全神贯注》一文中描写罗丹修改塑像的一段，我们一起来看看。

只见罗丹一会儿上前，一会儿后退，嘴里叽哩咕噜的，好像跟谁在说悄悄话；忽然眼睛闪着异样的光，似乎在跟谁激烈地争吵。他把地板踩得吱吱响，手不停地挥动……一刻钟过去了，半小时过去了，罗丹越干越有劲，情绪更加激动了。他像喝醉了酒一样，整个世界对他来讲好像已经消失了——大约过了一个小时，罗丹才停下来，对着女像痴痴地微笑，然后轻轻地吁了口气，重新把湿布披在塑像上。

这段文字通过描写罗丹的动作和神态表情，让我们看到了一个工作一丝不苟、对艺术执着追求的罗丹，看到了一个如痴如醉、忘我工作的全神贯注的艺术家形象。

5. 给动作“融入心理”

在描写动作时加入对心理活动的描写，所写的动作就更加“有血有肉”，特别是动作的动机将更加突出，人物行动将更加明晰。鲁迅的《故乡》中“我”与中年闰土相见的场面：

他站住了，脸上现出欢喜和凄凉的神情；动着嘴唇，却没有作声。他的态度终于恭敬起来了，分明地叫道：

“老爷！……”

我似乎打了一个寒噤；我就知道，我们之间已经隔了一层可悲的厚障壁了。我也说不出话。

从闰土的行为举止看得出他的内心是怎么想的，就知道他与“我”之间的隔阂之深，以及“我”内心窒息般的辛酸。

小泡芙行动二

细化动作描写，采用动作、声音、表情、心理融合的写法，描写学踩高跷的过程。

泡芙习作

踩高跷，踩高跷，左脚右脚，步步高升！自从元宵节在集市观赏了踩高跷表演，我就念念不忘、跃跃欲试。爸爸便用竹筒、粗绳做了一个“幼儿版”高跷，看着俩小小的竹筒，我略显失望：这个也太简单了吧，跟街上表演的落差太大了。

老爸一脸笑意，示意我上去踩踩。我大踏步走上前，左脚稳稳地踩在竹筒上，右脚紧跟其上，极不情愿地拎起辅助红绳。左脚刚往前挪一步，身子就倾斜下来了。我不服气，再次尝试，从右脚起步，右手同时拉起红绳，谁知左脚不自觉就挪动了，又掉了下来。

我真是又尴尬又疑惑：看着稳稳的两只“脚”，怎么就这么容易倾斜呢？爸爸看我垂头丧气的模样，耐心地讲解：“竹筒到底不是你的鞋子，需要左右脚协调，手脚并用，别气馁，慢慢来！”看来，真是我小瞧了这“幼儿版”的高跷。

我耐下性子，暗暗下了决心：今天一定要把你征服不可！我又开启了多次练习。我深吸一口气，左脚稳稳地踩上竹筒，左手立马拉紧左边的红绳，紧接着借着这股紧绷的力量，上了右脚。“哎呦！”我重重地摔在地上。爸爸指出我的身体不够平衡，肩膀的力量没有平分到两只脚上：“两只脚看似是分开的，其实受力是统一的，你不能偏心哪一方，不然另一方就不高兴了。”我又深呼一口气，调整了力量，稍稍加重了左脚踩踏的力度，双脚最终成功离地。啊，我踩上啦！我不敢喘大气，生怕又掉下来。然后小心翼翼，左一步右一步地挪动着，心里不断给自己打气：稳住，别慌！爸爸眯缝着眼，露出欣慰的笑容，估计他也不敢说话来打扰我。

几步下来，我已汗流浃背，但那种感觉真好：高高耸立，居高临下，仿佛自己突然长高了许多，可以看到平时视角里看不到的风景。那种一晃三摇、步履飘忽的感觉，仿佛置身于云端，一切都变得那么新奇、那么不可思议。

我在你的文字中看到了两个词，独立、合作，不单单是指你的左脚右脚，更是指你在学习踩高跷时对方法的融合，以及学写文章时对方法的融合，老师真心为你点赞！

跟着小泡芙一起行动

@所有人 小伙伴们，你们在体育课上最擅长哪种运动？挑选一样运动或者才艺，用鸳鸯锅式表达法，挑战用“对立与合作”的思维写一写过程吧，比如弹钢琴、跳舞、打击乐、短跑、跳绳、仰卧起坐……

折藕式表达：

清明，念往昔

莲藕之本味甘甜，吃法变化无穷，加上其出淤泥而不染的高洁品性，深受文人墨客的偏爱。苏东坡在词中留下美句：“但丝莼玉藕，珠粳锦鲤，相留恋，又经岁。”意思是，甘为莲藕虚度光阴，日复一日地吃，也留恋这样的时光。周敦颐在《爱莲说》中称赞莲花出淤泥而不染，中通外直，品性高洁……

著名作家张中行提到：“藕断丝连”是写作行文的一种高境界。读好的名作，语句扣紧主题，像是完完整整的串珠，珠与珠连得紧凑，断得利落，几乎是读了上句，预想的下句便跃然而出。相反，有些文章，则是当断不断，当连不连，读到一处，不知道该不该停止，似乎应该停了，却忽然又来一句。两类文章为何如此不同？

我想，这大抵是没把握好文章中“连”与“断”的关系。想改善、提高，

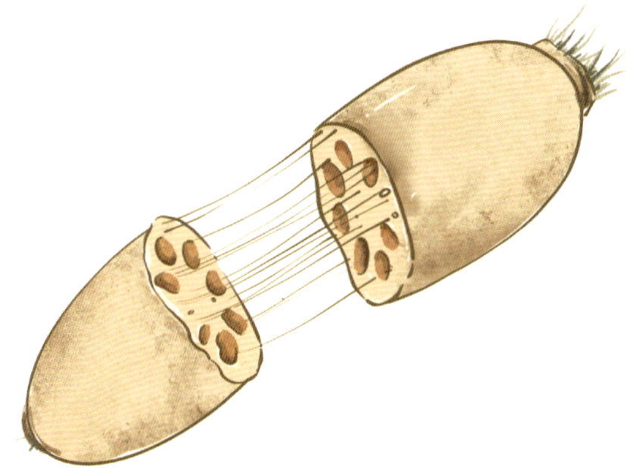

就要在思路、情感和语言表达方面兼程并进，做到“藕断丝连”。断藕，是文章的句、段，要断得利索；连丝，是思、情，要连得紧密。

1 青团的前世今生

小泡芙正在用手机查阅写作资料，收到了小伙伴的求助信息。

群聊

给大家展示下我家做的青团，你们家的青团也这么千奇百怪吗？

是的呀，方的、圆的，还有爱心形状！我奶奶家的青团都是手工印板压模型的，就跟橡皮泥一样，花式好多。

小伙伴们，我准备假期小作文写这个！不知道从哪里下手，内容太多反而无从下手，要不就写“花式青团”吧？光是青团的样式都可以写好几百字，再加一些馅料、做法，差不多是一篇文章了吧。

不不不，亲爱的小伙伴们，作文可不是花生瓜子，不能随意拼盘的。你得先把想写的重点梳理出来，并排放在一起，就像莲藕一样，一节一节的。不过，每一节都有自己的特点，吃的时候剪一段最嫩的部位来吃。同理，先仔细观察罗列出的“藕段”，再去挑选要写的内容也不迟。

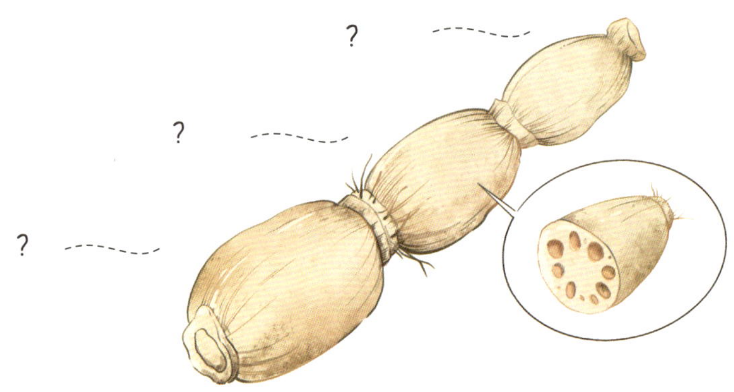

你再看，每节藕中间都有孔洞，内部是线形连通的，用于通气、排水。所以写作时并不能将材料一股脑儿地堆积起来，而要注意材料的筛选与运用，以保证你的文章能像藕一般通畅、清新。这样的写法在我们三年级的课文中就出现了。

秋天的雨，有一盒五彩缤纷的颜料。你看，它把黄色给了银杏树，黄黄的叶子像一把把小扇子，扇哪扇哪，扇走了夏天的炎热。它把红色给了枫树，红红的枫叶像一枚枚邮票，飘哇飘哇，邮来了秋天的凉爽……

秋天的雨，藏着非常好闻的气味。梨香香的，菠萝甜甜的，还有苹果、橘子，好多好多香甜的气味，都躲在小雨滴里呢！小朋友的脚，常被那香味勾住。

秋天的雨，吹起了金色的小喇叭。它告诉大家，冬天快要来了。小松鼠找来松果当粮食，小青蛙在加紧挖洞，准备舒舒服服地睡大觉。松柏穿上厚厚的、油亮亮的衣裳，杨树、柳树的叶子飘到树妈妈的脚下。它们都在准备过冬了。

——选自人教版语文三年级上册《秋天的雨》

课文抓住秋天的特点，把秋天的色彩、气味和动植物准备过冬的情景巧妙而自然地串联起来。每段内容围绕第一句话展开，分别描写了秋天的三个方面。为了让不同的方面有逻辑地承接在一起，作者在第一句用同样的句式“秋天的雨……”写出每段的中心思想，让整篇文章的结构变得统一、整齐。

中国传统佳节中的写作素材很丰富，让学生写时“挑花了眼”，反而写不出“闪光点”。此时，用上折藕法，理理思绪、打打样板正合适，你赶紧挑战试试吧！

小泡芙行动一

初步学习折藕法，将自己想写的几个重点内容列成简单的思维导图。接着，再思考如何将几个并列却看似无关的藕节打通，最终选择用相同的句式作为孔洞，连接前后藕节，使文章内容紧密勾连。

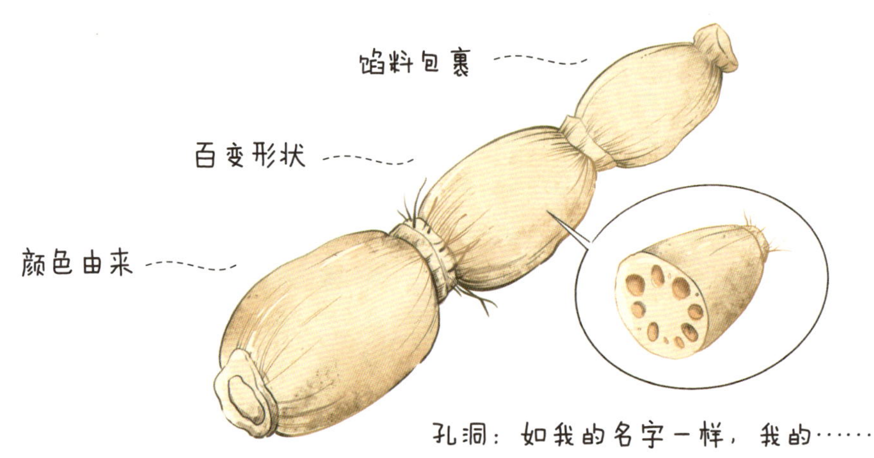

小泡芙行动二

从青团的“色”“形”“馅”三个角度进行描写，为了增加文章的趣味性，小泡芙以青团的第一视角写下了这篇文章。

泡芙习作

青团的前世今生

我是青团。

如我的名字一样，我的外观颜色是青色的，这是春天的颜色。那我的“青”来自何处呢？其实呀，这要归功于我的好友们。和我合作最密切的是艾蒿兄弟，我们合作已久，生产出来的团子口感比较浓郁，老辈人习惯将我们组合在一起。其实我还有许多野草兄弟，比如鼠曲草、泥胡菜，同样可以赋予我青汁，口感不输艾蒿。

如我的名字一样，我的形状一般是圆形的，寓意大团圆。后来，人们尝试着给我换造型，于是现在的我有时是水滴形、圆柱形，甚至是锥形。伟大的人类发明了一种叫“印版模”的工具，只要把不成型的我放进去轻轻一压，马上就出现了各种造型的我。比如身穿福字、喜字，或者镶嵌着多种花边造型，甚至把我变成小动物、植物的模样，这些尤其受孩子们的喜爱。

如我的名字一样，我有着极大的包容性，无论是甜味朋友还是咸味邻居，我都能与他们相谈甚欢。咸味的从早期的咸肉雪菜笋丁到自家组合肉类蔬菜，甜味的从家喻户晓的豆沙馅延伸至芝麻、奶黄甚至莲蓉，只要是人们爱吃的，全部成了我的好朋友。

你们瞧，这便是我的前世今生，期待我的未来更具传奇色彩。

小泡芙，你的思维真活跃，能以青团为主角，自述“前世今生”，切入点与众不同！以“如我的名字一样”这样的句式为线索，将青团的“色”“形”“馅”三方面有逻辑地串联在一起了，把易枯燥的状物文写得多么鲜活啊！所以啊，只要你愿意去思考与突破，就能将身边的一切事物写得不落俗套，独具一格。

跟着小泡芙一起行动

@ 所有人 你能学习《青团的前世今生》的写法，站在事物的角度，进行独特的解析吗，记得用上折藕式的写法，一节一节地梳理清楚，有条理地写。

2 清明柳，至尊宝

语文课要进行以“中华传统节日”为主题的综合性学习活动。小泡芙所在的小组准备以“清明柳”为其中的一个小主题，写一写清明柳的身上都是宝，并现场展示柳树各部分的功能。

但是小组成员针对选用何种文章类型有不同的想法。小泡芙想要用散文或者记叙文，她觉得这样更能表现传统节日的温情与人情味。其他成员认为这样容易写得零零散散，不连贯，不如写说明文，简单明了。

在中国传统的清明节中，柳树作为一个重要的文化符号，承载着丰富的民俗意蕴和深厚的文化内涵。清明插柳、戴柳这一习俗，不仅在各地有着显著的地域特色，而且在其历史长河中经历了丰富多样的演变过程。

从北方地区看，北京、天津、河北等地盛行清明插柳的习俗，人们相信佩戴柳枝可以带来吉祥与健康，俗语“清明不戴柳，红颜成皓首”“清明不戴柳，死在黄巢手”生动反映了这一习俗。北地民众往往会在清明节当天将新鲜柳枝插于门前或坟头，寓意驱邪避凶与生命复苏。

南方地区的清明习俗对柳枝的使用可能有所区别。比如，在江南水乡等地，柳树因其“留”的谐音而被赋予挽留亲人、寄托哀思之意，而在某些地方，柳叶还可能成为制作寒食食品的材料，从而与清明禁火、冷食的传统相结合。

小泡芙行动一

小泡芙不服气，画了文章的结构图，请皇甫老师评评理。

小小的一棵柳树，身体的各个部位却各有妙处，你们小组选择的这个“清明柳”主题真的是新颖又别致呀，老师先给你们点个赞！前面我们已经学过折藕式写法，用在这里不正适合吗？

折藕式写法可以分类别大小，比如将藕分成一节一节，或者选择其中一节再切分成块状，无论如何切割，藕都能组合起来，只要它的孔洞是连接完整的。小泡芙，你画的结构图表现得很明确，只差穿一条孔洞把所有的藕片连起来。

皇甫老师帮你请个好帮手——小标题。怎么样？

小泡芙行动二

小泡芙在皇甫老师的指导下，调整了文章的结构。

泡芙习作

姥姥家有棵神奇的柳树，一到清明节就变成了宝贝，浑身上下都有用。

一宝 柳枝插

临近清明节，姥姥会剪下一截柳枝插在大门上，听闻村里还有人把柳条插在床头，防止蜈蚣、蝎子等毒虫爬进来。去祭祖，姥姥顺手折下路边的一段柳枝，竖在墓碑旁，看着我疑惑的表情，她让我念念“柳”字和“留”字。是同音字！是的，大家都希望亲人能围绕在身边。

二宝 柳条戴

周围的孩子最爱清明节时到村头柳树上折些柳枝，他们会把几条柳枝交叉绕成粗粗的一条，再弯成一个圈，就像一顶绿色的花环似的，这叫“柳帽”。不仅小孩戴，老人家也常戴柳帽，说是用来辟邪的。绿绿的柳条就像长长的生命力一样，大家都希望亲人长久地陪伴在身边。

三宝 柳笛吹

我最喜欢的就是柳笛了，从树上折下一节小拇指般粗细的柳枝，用小刀将两边切整齐，然后用手紧紧握住柳树皮使劲转动，柳树皮就会被整个拽下来。接着，将一头捏扁，含在嘴里吹，吹的时候用手遮住另一头，不断变换遮挡的位置，就能吹出不同的曲子了。清明时节，总有悠扬的柳笛声响起，那是对亲人浓浓的思念啊。

四宝 柳叶服

清明节前后，姥姥村子有服柳叶的习俗。早晨起来，老人会将鲜嫩的柳叶芽洗净，伴着凉开水吞下。我常将柳叶当作没炒熟的茶叶，不情愿吃，惹得姥姥唉声叹气。现在我长大了一点，懂得了一些，偶尔也会帮姥姥用柳条将祭祖剩余的蒸糕穿起来晾干，储存起来，到立夏那天用油煎着吃。老人家精心烹饪美食，只为亲人多吃多尝，有一个健康的身体。

小泡芙真是一点就通，你瞧，原来硬邦邦地介绍“清明柳”的一段说明性文字经过你的改编，变得如此温情！最难能可贵的是，你在小标题上也花了巧思，四个小标题的格式一致，内容从“插柳枝”到“服柳叶”，递进呈现，对写作素材的处理井井有条。其实，这种方法在我们四年级课文中已经接触过了，不信你读四年级下册的略读课文《我们家的男子汉》。

我们家里有一个男子汉，那是姐姐的孩子。姐姐生下他后，就和姐夫到安徽去了，把他留在家中由我们来照看。

他对食物的兴趣

“他吃饭很爽气。”带他的保姆这么说他。确实，他吃饭吃得很好，量很多，范围很广——什么都要吃，而且吃得极有滋味，叫人看了不由得也会嘴馋起来。当然，和所有的孩子一样，他不爱吃青菜。可是我对他说：“不吃青菜会死的。”他便吃了，吃得很多……

他对独立的要求

不知从什么时候起，和他出去，他不愿让人牵他的手了。一只胖胖的手在我的手掌里，像一条倔强的活鱼一样挣扎着……

他面对生活挑战的沉着

当他满了两周岁的时候，我们决定把他送进托儿所。去的那天早晨，他一声不吭，很镇静地四下打量着。当别的孩子哭的时候，他才想起哭。哭声嘹亮，并无伤感，似乎只为了参加一个仪式……

这篇文章来自作家王安忆，是一篇成年人写孩子趣事的文章。课文按人物的性格特点组织、安排材料，以“男子汉”面对生活的挑战逐步成长为线索来叙述事情。

一个小孩子在成长过程中发生的事情很多，如果未组织好材料，就会显得杂乱无章。作家王安忆在“材料的组织上”下了一番功夫，按人物的性格特点把材料分成几个方面，再加上小标题，这就使文章条理清楚，眉目分明。作者在“材料的安排上”也是动了脑筋，按现在的顺序安排材料，不仅条理清楚，而且可以使人清楚地看到“男子汉”的性格是怎样逐步显现的。将凌乱的材料进行挑选、排序、组织，最后就像切得整齐的一盘藕片似的呈现出来，这就是折藕法的典型运用。

跟着小泡芙一起行动

@所有人 中国传统佳节中有很多好寓意的“物”，比如月亮、菊花、竹、梅花等，它们在生活中可能很平凡，不会引人关注，但其实它们隐含着美好的寓意，或是对亲人的祝愿，或是对健康的祈祷……请你选择一种事物，从几个方面有序地介绍，表现出它的美好。

3 奶奶的“碎碎念”

小泡芙

清明祭祖，弟弟的“十万个为什么”打断了奶奶的碎碎念，想写一写他们之间的对话，挺有趣的呀，但是为什么只得了 B？

祭祖对话

一到爷爷的墓碑前，奶奶利索地拿出了一叠纸钱，用打火机一张一张地烧。

“奶奶，这是什么呀?”第一次来祭祖的弟弟好奇不已。

“这是给你爷爷用的，让他住上别墅，开上轿车。”

“奶奶，你怎么往地上倒酒啊？”

“你爷爷喜欢喝，他会保佑我们全家身体健康的，”倒完酒，奶奶再次开始念，“这杯保佑孙予孙女好好学习，平平安安……”

“够了，够了，爷爷喝不下了！”听着弟弟的童言童语，大家不禁笑出了声。

“你快跟爷爷说，保佑你快快长大，做有用的人，快！”奶奶一把拉过弟弟，催他说。

“爷爷真的听得到我们说话吗？”

得到大家的肯定后，弟弟迈着坚定的步伐走上前，大声地喊：“爷爷，我想不写作业，妈妈也不会催我，然后，期末还是考一百分！”

全家被逗得哈哈大笑。

情节不明确
对话较零散

1天前

♡ 皇甫老师 小土豆 小叶子

皇甫老师：要不听听我的看法吧？

小泡芙回复皇甫老师：小板凳已搬好，快来讲吧！

小泡芙，你观察过断藕吗？一节藕被折断，中间会有无数的细丝连接着。写作文也是如此，除了形式，我们还需关注文章内部的关系。那么文章内部靠着什么联系起来的呢？可以是人物情感、事物寓意。你先读读《祖父的园子》，里面写了许许多多的事物，有花草、黄瓜、铲土、蜻蜓、蚂蚱，也有一段祖孙的对话，但通篇并不会给读者杂乱无章的感觉，这是什么原因呢？

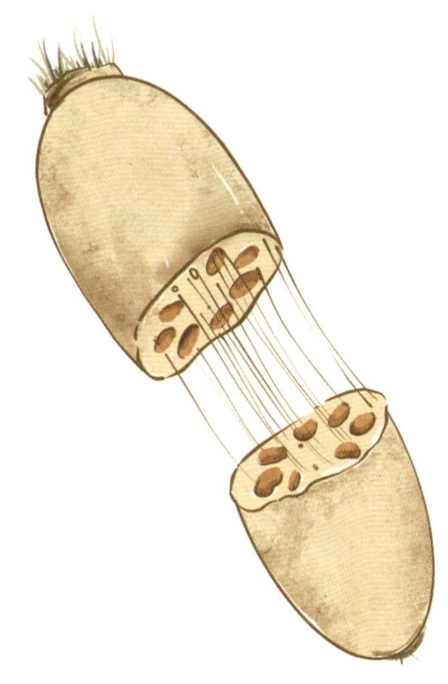

祖父整天都在园子里，我也跟着他在里面转。祖父戴一顶大草帽，我戴一顶小草帽；祖父栽花，我就栽花；祖父拔草，我就拔草。祖父种小白菜的时候，我就跟在后边，用脚把那下了种的土窝一个一个地溜平。哪里会溜得准，不过是东一脚西一脚地瞎闹。有时不但没有把菜种盖上，反而把它踢飞了。

祖父铲地，我也铲地。因为我太小，拿不动锄头杆，祖父就把锄头杆拔下来，让我单拿着那个锄头的“头”来铲。其实哪里是铲，不过是伏在地上，用锄头乱钩一阵。我认不得哪个是苗，哪个是草，往往把韭菜当作野草割掉，把狗尾草当作谷穗留着。

祖父发现我铲的那块地还留着一片狗尾草，就问我：“这是什么？”

我说：“谷子。”

祖父大笑起来，笑够了，把草拔下来，问我：“你每天吃的就是这个吗？”

我说：“是的。”

我看祖父还在笑，就说：“你不信，我到屋里拿来你看。”

我跑到屋里拿了一个谷穗，远远地就抛给祖父，说：“这不是一样的吗？”

我与祖父的对话穿插在文章中，充满了趣味与祖孙情。

祖父把我叫过去，慢慢讲给我听，说谷子是有芒针的，狗尾草却没有，只是毛嘟嘟的，很像狗尾巴。

——萧红 《祖父的园子》节选

小泡芙先仔细对比了自己写的文章与《祖父的园子》之间的区别，发现萧红写的事物的确很多，看上去似乎很杂乱，但是文章读下来却给人浓浓的温情和欢乐，读者一直在被感动着，真正做到了“藕断丝连”。而自己的文章，恰恰缺少了这种细微的感情，“藕断丝也断”，所以无法牵动读者的心。小泡芙尝试摸索，修改了文章并根据写好的内容做了思维导图发给皇甫老师。

泡芙习作

祭祖时，奶奶总有自己的一套流程，家人们便跟在后面照着做。

“奶奶，这是什么呀？”第一次来祭祖的弟弟看着在火中燃烧的“房子、车子、冰箱、洗衣机”好奇不已。“这是给爷爷用的，让他住上别墅，开上轿车。”奶奶开始了“念念叨”：多给你烧一些，有“人民币”，还有美元、英镑、欧元，你想买啥就买啥，别舍不得，过得好一些。弟弟似懂非懂，多拿了一叠冥币也往火里放。

“奶奶，你怎么往地上倒酒啊？”奶奶将小碟饭菜铺好，举起爷爷生前喜欢的酒，向地上洒一杯，嘴里紧跟着碎碎念：“老头，你好这一口，记得保佑全家身体健康。”紧接着奶奶又倒满洒一杯，再次开始念着：“这杯保佑孙子孙女好好学习，平平安安。”“够了，够了，爷爷喝不下了！”我们往弟弟指的地方一瞧，原来是酒倒在了干草泥土上，冒起了泡泡，看上去就像装不下的水一直往外溢出来。听到这童言童语，大家不禁笑出了声，气氛轻松了不少。

“奶奶，我可以跟爷爷说话吗？”奶奶一把拉过弟弟，在他耳边念叨：“你快跟爷爷说，保佑你快快长大，做有用的人，快！”弟弟满脸不解，直愣愣地站着不愿挪动脚步，妈妈摸摸他毛茸茸的短发，劝抚着他。“爷爷真的听得到我讲话吗？”他一脸天真地抬头望向众人。得到肯定的回答了，他迈着坚定的步伐走上前，大声地喊：“爷爷，我想不写作业，妈妈也不会催我，然后，期末还是考一百分！”全家被逗得哈哈大笑。

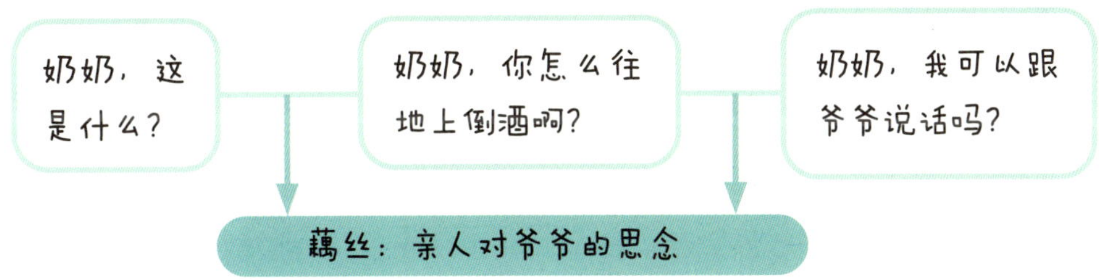

小泡芙修改后的文章用了三段式，每一段开头还是延续弟弟问奶奶的话语，但在后面的内容中加了具体的事例，分别是烧纸、倒酒、说话。表面上看，这三件事例只是时间上的延续，没有其他的交集，但其实全文是以弟弟的问题为线索，引出奶奶祭拜的流程，看似是年复一年的例行祭拜行为，却藏着奶奶与亲人们对逝者的怀念。比如“希望爷爷在下面有钱花”是担心，“给倒爱喝的酒”是关怀，“请爷爷保佑家人”是依赖，最终汇聚成一根浓浓的思念丝。这样的写法让奶奶每年一次的日常念叨显得如此真实，弟弟表现得既懵懂又纯真，冲散了清明祭拜的悲伤气氛，仿佛逝去的亲人还在身边，给读者亲切、温馨的感觉。

跟着小泡芙一起行动

@所有人 小伙伴们，我们越长越大，却越来越害羞，多久没有向身边的亲人表达你的爱了？如果觉得不好意思，那就学习折藕式的表达法，把你的心情、感情通过一两件小事表现出来，写时注意藕断丝不能断。

洋葱式表达：

端午，探奥秘

这是洋葱呀！我们吃的是它的茎，你吃过吗？根茎外边包着一层薄薄的皮，里面是一层一层的肉，就像树的年轮，一般是白色或淡黄色。它是我们日常生活中常见的食材，不仅具有丰富的营养，还具有很多对人体有益的健康功效。

有诗人这样写洋葱：

一只洋葱，一层一层地剥开
就像剥开生活中层层包裹的自己
一只洋葱，一直灰头土脸地埋在泥里
她要包裹多少的辛酸和热爱
才能刺激出，我们几尽枯竭的泪液

真形象呀！由洋葱联系到生活，联想到人生，情感便融在其间了。

那么，这普通的洋葱，又藏着怎样的写作秘密呢？

1 粽子的选择

小泡芙的习作任务

端午节到了，我们中华民族有很多传统习俗，包粽子、吃粽子就是习俗之一。小朋友们要去学一学，去继承和发扬我们的传统文化。学会了，你就能吃到自己包的粽子啦。

请把你包粽子的经历记录下来，分享给大家。

小泡芙请求爸爸妈妈教包粽子，结果他们不会。小泡芙急了：“完蛋了，传统手艺要失传了，以后我怎么才能吃到自己家的粽子？”“写作又不能单凭空想，我一定要学会包粽子。”于是，爸爸妈妈就带着小泡芙回老家过节，向奶奶拜师学艺。

一到老家，家里面可热闹了，节日氛围也很浓，门边摆上了艾草，奶奶给小泡芙挂上了香袋。“这是我喜欢的味道。”说完，小泡芙马上拉着奶奶求教包粽子！

泡芙习作

我首先将糯米清洗干净，然后用清水浸泡，时间从几个小时到一晚上不等，以确保糯米充分吸水变软。同时，奶奶还需要准备粽叶，将其清洗干净后，用开水煮软或浸泡，以便于包裹。

奶奶开始准备馅料。根据个人喜好，我们可以选择不同的馅料，如五花肉、咸鸭蛋、蜜枣等。对于咸味的粽子，还需要准备一些调味料，如食盐、鸡精、老抽、蚝油等。

开始包粽子。我跟着奶奶将粽叶折成漏斗状，放入适量的糯米，然后加入准备好的馅料，再覆盖一层糯米，用手指轻轻按压，使糯米紧实。接着，将粽叶的两侧折回，包裹住糯米和馅料，最后用线绳捆绑结实。

将包好的粽子放入锅中，加入足够的清水，用小火煮制。煮制时间从几个小时到一晚上不等，具体时间取决于粽子的大小和馅料的种类。煮制过程中需要适时添水，以防粽子烧焦。煮好后，让粽子在水中浸泡一段时间，以便更好地吸收水分，增加口感。

@皇甫老师 我写了包粽子的过程，但总觉得少点什么。

这样的写法是按照包粽子的先后顺序来写的，是大家通常的思维。那我们怎么从不同角度去写呢？

我想介绍一种“剥洋葱”的思维，也许能帮到大家，学习从另一个角度寻找写作素材。也就是说，在开始写作之前，要学会提问，对自己感兴趣或有疑问的现象不断地追问，并且想办法去解决，这个过程就像剥洋葱，“一层一层地剥开”，才能渐渐地发现洋葱最里面的顶芽。

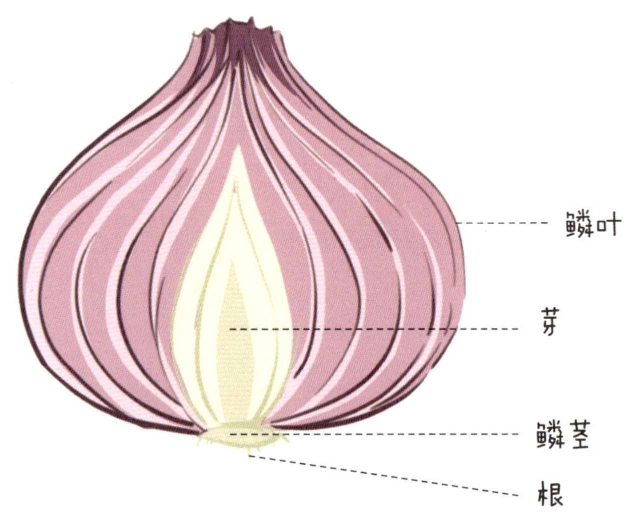

哦，我明白了，在包粽子的过程中，我对“米为什么一定要是糯米很疑惑”。我提出问题，并通过不同方法去解决，找到奥秘。这就可以成为写作素材，把这个解决过程记录下来，文章就与众不同了！

建议先列个问题清单，按先后顺序，一层层去追问！

1 列问题清单

问题一：包粽子时用什么米最合适？

问题二：包粽子一定要用粽榈叶吗？

问题三：包粽子的棉线能不能换成普通的线？

……

2 选择方法去一探究竟

问题	材料	实验结果
包粽子时用什么米最合适？	小米	煮的时候易漏米
	大米	吃起来像饭团
	糯米	软软糯糯的
包粽子的棉线能不能换成普通的线？	细棉绳	没有味，健康
	棕榈树叶	有韧劲，有一股清香
	塑料绳	有异味
	麻绳	吸水，变重

有思考，勇于实践，记录了真实的结果，这是一份简单而清晰的实验报告。真棒！记录实验过程和分析总结都做得非常好。

在现实中经历过，才能有真切的感受，那么怎样把上面的实验报告转变成写包粽子经历的习作呢？想办法把这些问题串联起来就是一篇作文啦！我把这个方法称为“问题串联法”。

3 用问题串联法记录包粽子

包粽子时用什么米最合适？奶奶也讲不清，于是我进行了一场包粽子“米”的选拔赛，采用的是淘汰制。有请米类参赛选手，我在桌上分别摆上小米、大米、糯米，将它们提前洗净、沥干，浸泡一个晚上。我取了六张粽叶，分成三组，分别往卷好的漏斗状粽叶里面放入三种米，再加入馅料，最后铺同类米填满，用绳子捆绑结实。接下来，我把三只粽子放进煮开的水中煮，然后静静地等待。煮了好长一段时间，我透过玻璃盖一看，呀，其中一只棕子里的米跑出来了，不知是什么米包的。等煮熟后拆开粽叶，我发现是小米粽漏米了，看来小米没熬过第一关。剩下的两只粽子外观看上去非常完整，我轻尝一口。糯米软软的，嚼着很有韧劲，与里面的馅相融，与粽叶的清香交织在一起，太美味了。大米粽的口感稍差了些，有点像平时吃的饭团，米和肉是分离的，没有黏性，大米在第二关被淘汰，糯米取得了冠军。

盯着随手扯下的包粽子的线，我很好奇：为什么包粽子一定要用细棉线？普通的线可不可以替代？我把细棉绳、棕榈树叶撕的绳、塑料绳、麻绳四种绳同时放进开水中煮，塑料绳散发出刺鼻的气味，不适合绑在食品上，而麻绳吸收了水分变得沉重、松散，无法紧紧捆绑住粽子。这两种绳子都不过关，似乎细棉绳是最佳选择。我用筷子夹了棕榈树叶撕的绳，发现居然越煮越有韧性，很难相信这只是撕成长条的树叶，而且随着煮的时间加长，它散发出一股天然的清香。

没有对比没有伤害，人们自古选择糯米和棕榈树叶撕的绳来包粽子真是智慧的选择！

由两个问题，引发了一系列的实验，太有趣了！带着问题思考，用问题串联写，味道不一样了！你可以试一试哦！

这种问答式的写法，古代诗人早在用了呢！

问渠那得清如许？为有源头活水来。—— 朱熹《观书有感》

不知细叶谁裁出，二月春风似剪刀。—— 贺知章《咏柳》

借问酒家何处有？牧童遥指杏花村。——杜牧《清明》

问君能有几多愁？恰似一江春水向东流。——李煜《虞美人》

如果改编成小短文，不就是经历了“剥洋葱”的思维过程吗？！

跟着小泡芙一起行动

@所有人 传统节日蕴藏着中国先人的无数智慧，过节时，那些让你好奇的传统食物、包装及一些流传的习俗，它们经过千年的传承，居然还能在我们生活中有着重要的地位，多么神奇啊！选择一样事物或者习俗，不断追问，借助资料或者询问他人或者做实验，一层一层、有条理地挖掘出它们的奥秘吧！

2 赛龙舟，细节控

小泡芙

小伙伴们，这个端午节爸爸妈妈为了让我感受节日氛围，特意带我去福建看了赛龙舟。我从来都没有看过这么热闹的场面，我还记录了下来，现在分享给大家。

我的乐游记

赛龙舟是福建一种非常盛行的风俗活动，它不仅是一种体育竞技，更是一种文化和精神的传承。

每年端午节，福建人都会热热闹闹地参与赛龙舟的活动。在江边，人们搭建起彩色的帐篷，摆放着供品，燃起香烛，为的就是迎接这场盛大的活动。参赛的队伍来自各个村子或者社区，他们为了荣誉而战，同时也为了传承和弘扬家乡的文化。

赛龙舟的场面非常壮观。江面上，参赛的龙舟如同一条条蛟龙，在号令下飞速前进。船上的队员们齐心协力，喊着统一的口号，奋力划动船桨。岸上，观众们也是热血沸腾，为各自支持的队伍加油鼓劲。当裁判宣布获胜队伍时，整个江边都会沸腾起来，人们欢呼雀跃，庆祝胜利。

1天前

♡ 皇甫老师 小土豆 小叶子

小叶子：小泡芙，真羡慕你，我也想看赛龙舟呢！

皇甫老师：小泡芙，赛龙舟是端午节一个重要的风俗，你选的这个素材非常好，但是赛龙舟那种热闹的场面表达得还不够清楚。刚好老师这边有一篇写得很好的《赛龙舟记》，你看看。

赛龙舟记

端午节到了。中午，沿江路河堤上早已人山人海，十分热闹，人们都在焦急地盼着龙舟的到来。

隐隐听到远处一片锣鼓声，龙舟出现了，龙舟过来了！它们就像一条条出海的蛟龙。长长的“龙体”上涂满了鳞甲形的斑斓花纹。那昂起的龙头威武无比，那翘起的龙尾直指蓝天。每条龙舟上，都整齐地坐着两排划船手。他们穿着一式的运动衣，划着一式的短桨。船头还有一个站着的人，身子一颠一颠地使劲击鼓、敲锣、吹哨子。

随着“咚锵，咚锵”的锣鼓声，短桨整齐、急促地一起一落，激起了一团团雪白的浪花。龙舟就在这浪花中有节奏地起伏着，飞快地前进着，真像是龙腾大海，好看极了！壮观极了！竞赛进行得十分激烈。前面的几条龙舟，你追我赶，忽而这条在前，忽而那条在前，船与船之间的距离不到一个“龙头”，咬得可紧了！堤上的人群激动地呐喊着：“加油！加油！”许多人还点燃鞭炮抛向江面助威。我也禁不住握紧拳头大喊大叫，直到龙舟都过去了，还久久不能平静下来。

龙舟竞赛，充满着公平竞争、积极向上的精神。那热烈的气氛、壮阔的场面，以及你追我赶、力争上游的劲头，让人久久难忘。

皇甫老师，这个赛龙舟比赛场面太壮观，我的词汇量有限，即使看得心潮澎湃，写到纸上还是很平淡。看着这篇作文，同样写赛龙舟的场景，怎么就写得这么生动形象，我比不过人家。

小泡芙，别气馁呀，想写出这么精彩的赛龙舟故事是有小窍门的，皇甫老师这就告诉你。

1 写场面有顺序

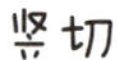

竖切

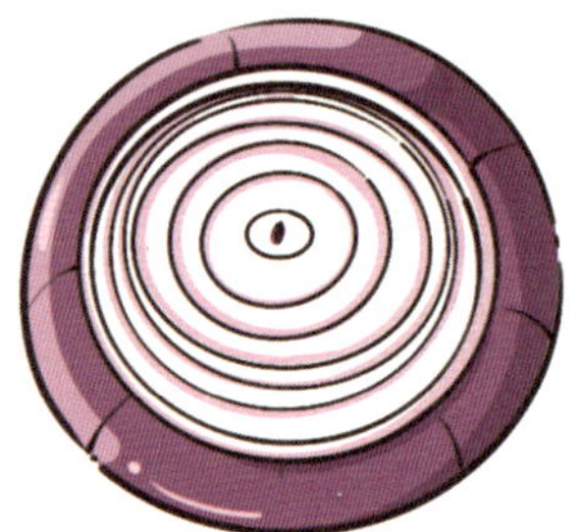

横切

你看洋葱横着切，一圈一圈匀称有序；把洋葱竖着切，一层一层也有自己的序列。如果写事写场面时，我们也能做到有序，文章的脉络也会清晰起来。

《赛龙舟记》是按照龙舟来前——龙舟出现——龙舟过去的时间顺序写的。按照这样的顺序写，可以把场面写清楚，其实就像洋葱一样，乍一看，是一个球，切开看，层层叠叠的，脉络清晰有规律。

其实在很多文章中出现过体现写作顺序的方法。例如，《日月潭》中的时间顺序：

清晨，湖面上飘着薄薄的雾。天边的晨星和山上的点点灯光，隐隐约约地倒映在湖水中。

中午，太阳高照，整个日月潭的美景和周围的建筑，都清晰地展现在眼前。要是下起蒙蒙细雨，日月潭好像披上轻纱，周围的景物一片朦胧，就像童话中的仙境。

又如，《故宫博物院》中的方位顺序：

紫禁城城墙十米多高，有四座城门：南边午门，北边神武门，东西边分别是东华门、西华门。宫城呈长方形，占地七十二万平方米，有大小宫殿七十多座、房屋九千多间。城墙外是五十多米宽的护城河。城墙的四角，各有一座玲珑奇巧的角楼。故宫建筑群规模宏大，建筑精美，布局统一，集中体现了我国古代建筑艺术的独特风格。

再如，《记金华的双龙洞》的游览顺序：

一路迎着溪流。随着山势，溪流时而宽，时而窄，时而缓，时而急，溪声也时时变换调子。入山大约五公里就来到双龙洞口，那溪流就是从洞里出来的。

在洞口抬头望，山相当高，突兀森郁，很有气势。洞口像桥洞似的，很宽。走进去，仿佛到了个大会堂，周围是石壁，头上是高高的石顶，在那里聚集一千或是八百人开个会，一定不觉得拥挤。泉水靠着洞口的右边往外流。这是外洞。

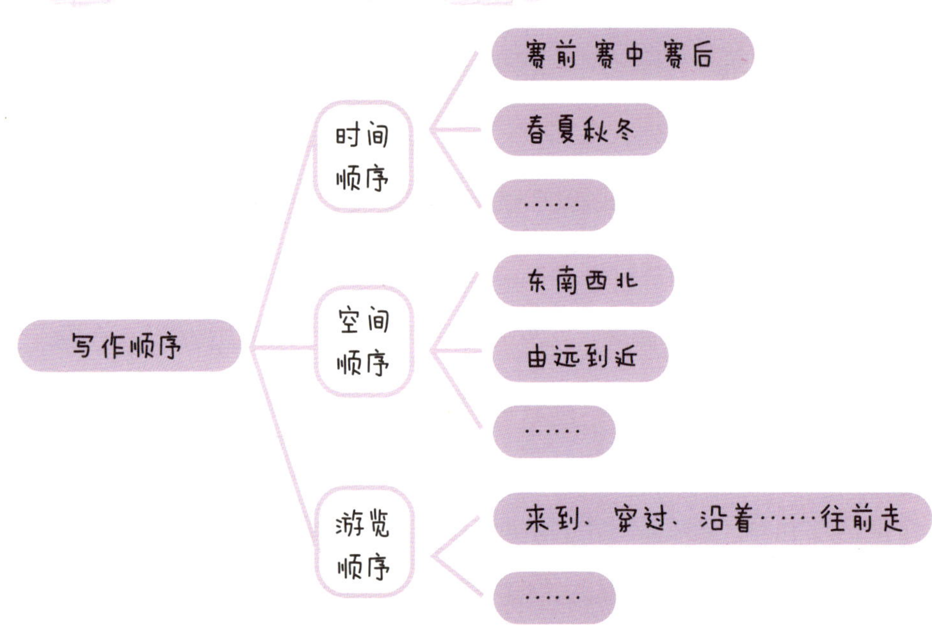

善于积累词语

重点的内容要写具体，为了展现龙舟、划船手的样子，作者用了很多形象的动词，这样的词语。不是凭空想出来的，我们平时阅读的时候可以积累这样的词语。

其实写端午绕不开写龙舟，但写龙舟不一定要按照时间先后顺序，不如改变思路，围绕“赛龙舟”的几个要素去写，从多个角度来描写这项比赛。

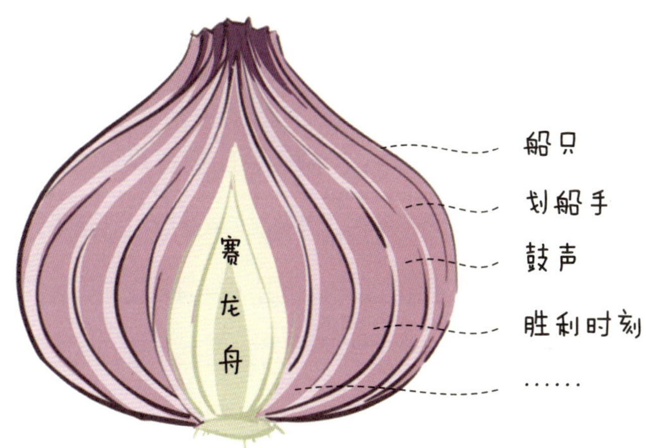

由图可知，一层一个方面，从众多的要素里选择赛龙舟时“船只、划船手、鼓声、胜利时刻”等几个方面，一层层写清楚，也能让文章有条理、有顺序。

沈从文先生曾写过《端午日》，里面就用了这个方法来写“赛龙舟”。

划船的事各人在数天以前就早有了准备，分组分帮，各自选出了若干身体结实、手脚伶俐的小伙子，在潭中练习进退。船只的形式，与平常木船大不相同，形体一律又长又狭，两头高高翘起，船身绘着朱红颜色长线，平常时节多搁在河边干燥洞穴里，要用它时，拖下水去。每只船可坐十二个到十八个桨手，一个带头的，一个鼓手，一个锣手。桨手每人持一支短桨，随了鼓声缓促为节拍，把船向前划去。坐在船头上，头上缠裹着红布包头，手上拿两支小令旗，左右挥动，指挥船只的进退。擂鼓打锣的，多坐在船只的中部，船一划动便即刻嘭嘭铛铛把锣鼓很单纯地敲打起来，为划桨水手调理下桨节拍。

一船快慢既不得不靠鼓声，故每当两船竞赛到激烈时，鼓声如雷鸣，加上两岸人呐喊助威，便使人想起小说故事上梁红玉老鹳河水战时擂鼓的种种情形。凡是把船划到前面一点的，必可在税关前领赏，一匹红布，一块小银牌，不拘缠挂到船上某一个人头上去，都显出这一船合作努力的光荣。好事的军人，当每次某一只船胜利时，必在水边放些表示胜利庆祝的 500 响鞭炮。

赛船过后，城中的戍军长官，为了与民同乐，增加这个节日的愉快起见，便派士兵把 30 只绿头长颈大雄鸭，颈脖上缚了红布条子，放入河中，尽善于泅水的军民人等，自由下水追赶鸭子。不拘谁把鸭子捉到，谁就成为这鸭子的主人。于是长潭换了新的花样，水面各处是鸭子，同时各处有追赶鸭子的人。

船与船的竞赛，人与鸭子的竞赛，直到天晚方能完事。

——沈从文《端午日》

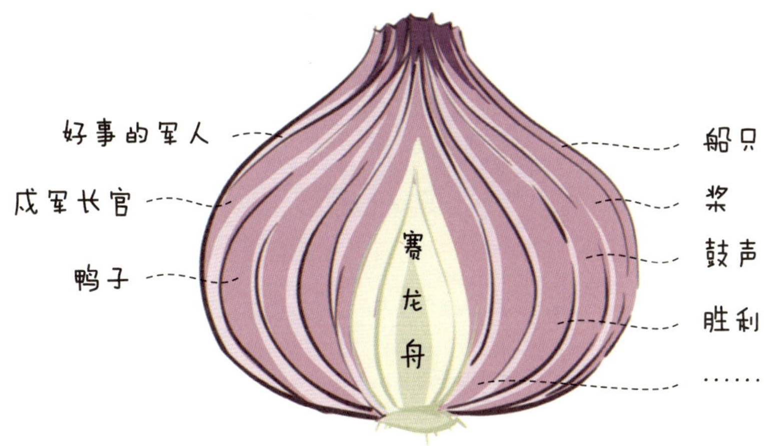

沈从文先生写赛龙舟，没有从壮大的比赛场面、激动的人们等角度去写，而是细细地述说和龙舟相关的一些事与物，比如船只的模样、桨手的打扮、鼓声与桨手及前进的节奏之间的关系等，描写细致入微，事物前后衔接顺畅。

同时，文中还穿插写了“好事的军人、戍军长官、鸭子”，这种穿插就如一层一层肉之间的衔接，似乎给文章增添了润滑剂，这便是从侧面衬托了赛龙舟的热闹场面，特别写胜利者穿插的传统特色——捉鸭子，也没有偏离“赛”的主题，用上“船与船的竞赛，人与鸭子的竞赛”与主题相呼应的结尾，妙趣横生。

其实写作时，我们站在不同角度看到的风景是不相同的。

	观众的角度	俯视	选手的角度	鼓手的角度
风景	·比赛的激烈 ·观众的呐喊	·龙舟的队形 ·比赛的进程	·手中的船桨 ·队友的配合	·鼓声与队友的配合 ·鼓声的节奏

你想写出不同的“赛龙舟”或生活中其他的活动场景，那就想办法站在不同的角度去观察、去感受吧！

跟着小泡芙一起行动

@所有人 每次看到节日庆祝活动，端午节的龙舟赛，元宵节的舞龙舞狮、踩高跷，重阳节的射箭、荡秋千……小伙伴们都非常兴奋，跃跃欲试，梦想着自己也能上台去表演一番。看似简单的民俗运动，其实很考验技术。写一写你感兴趣的民俗运动，用洋葱式写法发现其中的智慧所在。

3 喝雄黄酒，蛇出没

你读过《白蛇传》吗？

《白蛇传》是中国四大民间故事之一，这个故事可神奇了，蛇精修炼千年成人形，篷船借伞，白娘子盗灵芝仙草，水漫金山，断桥，雷峰塔，许仙之子仕林祭塔，等等，情节非常吸引人。

你听过下面这首歌吗？

青城山下白素贞，洞中千年修此身，啊～～啊～～～
勤修苦练来得道，脱胎换骨变成人，啊～～啊～～～
一心向道无杂念，皈依三宝弃红尘，啊～～啊～～～
望求菩萨来点化，渡我素贞出凡尘，嗨呀嗨嗨哟，嗨呀嗨嗨哟
渡我素贞出凡尘，嗨呀嗨嗨哟，嗨呀嗨嗨哟，渡我素贞出凡尘

这是电视剧《新白娘子传奇》的主题曲《青城山下白素贞》

小泡芙和堂弟在奶奶家一起看电视剧《新白娘子传奇》，两人都被“端午惊变”的情节迷住了。

端午惊变

白素贞陪着许仙在人间过端午节，谁知这许仙非要拉着白娘子喝酒，一杯又一杯，白素贞连干了三杯酒下肚，才知道许仙在酒里放了雄黄，这可是它们蛇类的大忌，白素贞浑身不舒服只想摆脱许仙，让他自己去看龙舟表演。

可这许仙着急娘子的安危，说醋可以解雄黄，此时雄黄发挥药性让白素贞难挨，没多久便现出了原形——一条大白蛇。正好许仙端着醋回到房间，看到了床上的大蛇便吓得昏死过去了。

那我喝了雄黄酒会怎样呢？也会变成一条蛇吗？小泡芙想着想着有了写作灵感，便马上写了下来。

泡芙习作

偷吃雄黄酒

今天是端午节，我和堂弟在看《新白娘子传奇》。看到端午节白素贞喝雄黄酒的情节，我们被深深吸引了，也想尝尝雄黄酒。

吃中饭时间到了，桌上摆了粽子，还有黄鱼、黄瓜、黄鳝、鸭蛋，当然也少不了黄酒（雄黄酒），这在我们当地叫“五黄”，端午必吃。我和堂弟趁大人不注意，偷偷地拿来雄黄酒，躲到房间里，喝了三杯，等着变成蛇，结果头晕乎乎的，没过多久就倒下了。

不知过了多久，我们才醒来，于是研究了一下酒，是不是和电视里的雄黄酒一样，我着急地问：“妈妈，你买的雄黄酒是不是假冒的，我怎么不会变？”妈妈哈哈大笑起来……那是民间故事啊，蛇怕雄黄酒，你又不是蛇。

写不下去了，皇甫老师，求助，求助。

老师要十分严肃地告诉你，未成年人不可以饮酒，你和堂弟的行为十分不妥，以后万万不可偷偷饮酒了。就这篇文章而言，“今日趣事，我和堂弟偷喝雄黄酒，只为验明真身”，多么有趣的作文素材呀！那为什么会呈现“流水账”的样子呢？因为你没有集中一点去写。

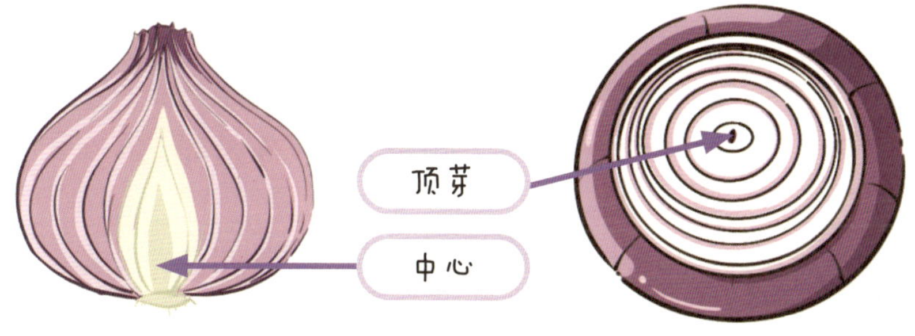

看，洋葱，围绕着顶芽一圈一圈地往外包裹，层层叠叠，但都绕不开洋葱的中心，无论是从外皮开始剥，还是切开往内剥。

这提示我们写作要围绕一个中心意思去写，同时紧紧包裹便是要把重要的部分写具体。小泡芙，老师用导图对你的文章结构进行了修改。

看电视 → 吃端午饭 → 偷尝酒 → 研究酒

小泡芙，你的文章感觉是完整的，但是舍不得丢弃不相干的素材，缺少集中一点去突破。从你这次习作来看“雄黄酒”是核心，“喝雄黄酒的傻”是你想表达的中心意思，表达孩童的天真可爱，进一步认识端午习俗和文化传统。建议你努力地围绕“雄黄酒”去写，用洋葱式表达，第一步就是剥皮，把无关紧要的内容刨开，第二步向着中心努力靠近，写详细，写具体，才能给读者留下深刻的印象。

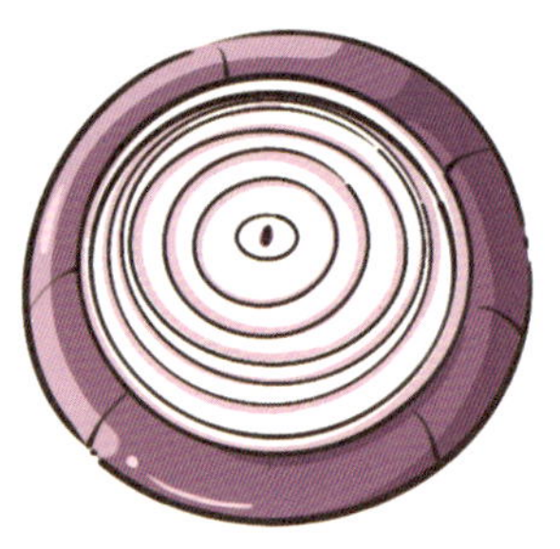

看《新白娘子传奇》产生疑问

听爷爷讲雄黄酒，加深好奇心

按捺不住，偷喝雄黄酒验证

相互观察酒后身体反应，是否变蛇

老师我学会了，我有了新的灵感，看我修改后的文章。

喝雄黄酒，蛇出没

堂弟一家过来过端午，电视机里播放着奶奶看了几百遍的《新白娘子传奇》。

“吃饭了，”大家聚在餐桌前，爷爷拿出一壶酒，看上去不像他平时喝的白烧酒，堂弟好奇地摸着壶身，“这是雄黄酒，专门放到端午节喝，能驱毒虫蛇蚁。”我和堂弟相视一笑，抢着也想喝两口，结果被大人们拦下了。

我俩不甘心，吃完饭就躲进储藏室，不一会儿翻出另一壶没开封的雄黄酒。

“我先喝？”

“还是我先，你看着我点。”

堂弟抢过酒壶，闭上眼睛轻轻喝了一口，只见他眉头紧皱，小脸挤压成一团：这酒好辣，我有点热。快看看，我有没有什么变化？我围着他转了一圈，盯着双腿瞧了老半天：没有啊，就脸红红的，腿还在，没变出尾巴。

原来，在吃饭前，《新白娘子传奇》刚好播到端午节的情节，天气闷热，许仙听信法海，哄白娘子饮下了雄黄酒，白娘子不胜酒力，结果现出蛇身，将许仙吓死了。雄黄酒究竟是什么神仙水，能让修炼千年的蛇妖现出原形呢？我和堂弟觉着神奇极了，我俩生肖都属蛇，喝了雄黄酒会不会也有什么变化？想到这，我也举起酒壶猛灌一口，想着堂弟也许是因为喝的量太少才没起效果。酒刚过喉咙，我只觉得喉咙燥得很，紧接着肚子一阵灼热，仿佛着火了一般滚烫，我一屁股坐在地上捂着肚子，喊出了声。堂弟急得直嚷嚷：难道雄黄酒真的可以驱蛇吗，这可怎么办？我们两个不会真的变成蛇吧！看着堂弟也是面红耳赤，眼冒红光，我有点害怕，什么也顾不上了，扯开嗓子大叫："爷爷，快来救命，我们要变蛇了！"

饮酒过量有害健康，
青少年一定要杜绝饮酒。

写作有一定艺术加工，小泡芙可没有真的饮酒哦。

跟着小泡芙一起行动

@所有人 每个人脑中都有自己的“十万个为什么”，为了满足自己的好奇心，揭开未知的奥秘，我们总是会做出千奇百怪的探索行为，让人忍俊不禁。学习《喝雄黄酒，蛇出没》的写法，把你探秘的“窘事”写下来，注意围绕“洋葱”的中心层层揭秘，会更有意思哦！

品茶式表达：

中秋，故乡情

围炉煮茶时，一壶茶“咕嘟咕嘟”冒泡，清香四溢，多享受啊！品一品茶，惬意万分。可你有没有想过？其实，习作也跟品茶一样呢。

走，赶紧“品”一“品”。

1 外婆的专属月饼

一、研究缘起

（一）有利因素

1. 中秋小假期，语文老师布置了一篇作文，写一写月饼。

2. 妈妈今年心血来潮，打算自己做月饼，邀请我当小助手。

（二）不利因素

1. 奶奶去年体检，确诊了糖尿病，甜食是不能碰了，害我也少了点儿心情。

2. 想写的内容太多，怕自己写得太杂，不知道从哪里开始写。

二、研究过程

（一）确定中心

1. 比起写做月饼的过程，我更喜欢写月饼的样子。

2. 妈妈亲自动手，的确是充满诱惑的作文素材，可我更想写写外婆，因为外婆从前可喜欢吃月饼了，现在不能吃，该有多失落。

综上，本次习作的中心词：月饼的样子、外婆。

（二）确定方法

1. 观察法

描述一种事物的样子，观察法最适合，充分调动眼睛，描述视觉中的外形。

2. ？

皇甫老师

不得不说，我卡住了。

我看到了你的“？”，让我帮你疏通疏通。

观察法的方向没有问题，可在习作中，很多人会狭隘地理解“观察”的含义。实际上，观察需要调动所有的感觉器官。感觉指的是视觉、嗅觉、味觉、听觉、触觉等，俗称“五感”。利用五感来观察的写作方法，就叫“五感法”。

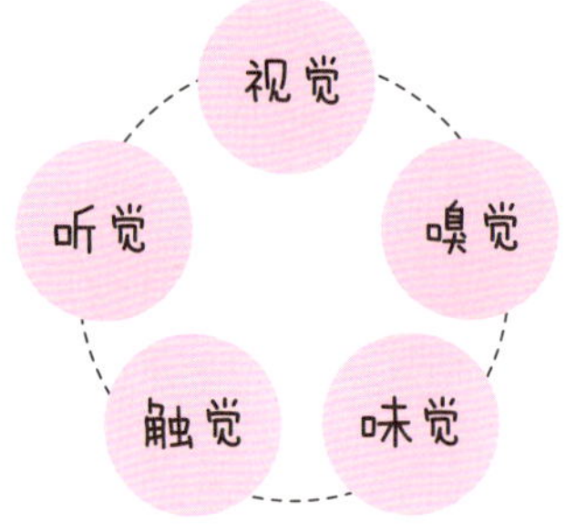

可“五感法”太笼统，学生只能理解其中的意思，说起来头头是道，但在真正习作时却常常忘记，或不能真正为己所用，或不能与想要表达的内容融会贯通。通常，学生在使用“五感法”时只记录了最直接的五种感觉，却常常忽略最为重要的“感觉”，通俗地讲，就是一个人的想法。有想法，习作才有内容，才更能吸引人，这跟静心品一壶茶是一样的。

品茶，要观茶色，还要听茶音、闻茶香、触茶质、品茶味、懂茶道，才能真正对得起这一壶好茶。

有意思吧？你可知道，很多作家爱“品茶”，而且“品”得有声有色？只是，我们太心急了，总想着学啊学，却常常忘记静下心来“品一品”。

郑振铎的《燕子》大家一定很熟悉吧？仅是描写燕子的外形，就藏着郑爷爷的独特“品法”：观“茶”色、懂“茶”道。

一身乌黑的羽毛，一对轻快有力的翅膀，加上剪刀似的尾巴，凑成了那样可爱的活泼的小燕子。

观“茶”色：“乌黑的”“剪刀似的”，是视觉所得。

懂“茶”道：“轻快有力的”“可爱的活泼的”，是感觉所得。

再看看郭沫若的《白鹭》，句子不长，可“品法”非常值得学习。

色素的配合，身段的大小，一切都很适宜。

观“茶”色：“色素”“身段的大小”，是视觉。

懂“茶”道：“配合”“适宜”，是郭沫若的独特感觉。

这么一“品”，是不是就“品”出独特的感受了？世间万壶茶，只有一壶属于你。

我学会了，看我后续的研究方案。

二、研究过程

……

（二）确定方法

1. 品茶式表达

（1）观茶色（视觉）：月饼的个头小小的。

（2）触茶质（触觉）：外层的皮摸上去凹凸不平，有点粗糙。

（3）闻茶香（嗅觉）：轻微的奶香。

（4）品茶味（味觉）：吃起来不甜。

（5）懂茶道（感觉）：对奶奶的爱。

2. 语言描写

（1）通过妈妈与我的对话，凸显妈妈的耐心。

（2）通过我与外婆的对话，凸显外婆的惊喜。

三、研究成果

完成习作任务。习作内容如下：

外婆钟爱黑芝麻月饼，但是她得了糖尿病后就不能再吃这些甜食了。到了中秋节，她总是吃了饭就一个人待着，也不跟家人赏月、吃月饼。

又到中秋，妈妈把我拉到厨房，看着灶台上的食材，我惊得合不拢嘴：面皮、芝麻，还有模具，样样俱全。“你来帮妈妈一起做，这是给外婆吃的改良式月饼，尺寸比外面卖的要小一点。”妈妈一边忙着手里的活，一边跟我说。

顾不上多问，我学着妈妈的手艺开始行动，终于把月饼送进了烤箱。在等待的过程中，我听着面皮发胀传出的“砰砰”声，想象着外婆吃到月饼的表情，我不由得兴奋起来。

“叮——”出锅了。不同于礼盒里的月饼，烤盘上的月饼个头小小的，大概只有外面卖的一半大小吧，最适合小孩和老人吃了；外层的皮混合了面粉和杂粮粉，看似不太光滑，摸上去凹凸不平，有点粗糙，好在含糖量低——这就是妈妈特意为外婆改良的苏式月饼，虽然样子不华丽，但健康安全，散发着轻微的奶香。

观茶色（视觉）
触茶质（触觉）
闻茶香（嗅觉）

外婆盯着眼前满满的一盘“一口酥”月饼，愣住了，“这是月饼？我吃不了呀，太甜了。”

“您先尝尝，我知道您有糖尿病，放心。”我赶忙拉住外婆。外婆半信半疑地拿起一块，放进嘴里轻咬一口，迟疑地嚼了嚼。“芝麻馅哎，怎么不甜？”

品茶味（味觉）
懂茶道（感觉）

外婆惊喜地大口品尝起来，“有牛奶的香味，吃起来不甜，真好吃，你们也拿着吃，来……”家人们都围了过来，我也选了一块月饼放进嘴里，月饼不甜，心里很甜。

四、研究成就

这篇习作真正融合了视觉、触觉、嗅觉、味觉、听觉和感觉，不仅让人看到了这份为外婆定制的月饼的模样，更让人体会到浓浓的亲情。

五、研究反思

1. 经过这次研究，我发现食物很好写，因为食物跟茶太相似了，色香味俱全，所以很容易“品”。真的是这样吗？要是我换一种食物，是不是也能写得这么好？

2. 可看了郑振铎笔下的“燕子”，郭沫若笔下的“白鹭”，好像描写动物也能运用品茶式表达，也能从多个方面去描写，要是换成植物呢？也能这么“品”，而且“品”得相当有“感觉”吗？

跟着小泡芙一起行动

@所有人 你的心中有没有一种独特的食物，它的味道只有你能品尝得出来？试着用“品尝式表达”来写一写这种食物吧。

2 和月亮聊了会儿天

提起月亮，总想起李白的“举杯邀明月，对影成三人”，总想起孟浩然的“野旷天低树，江清月近人”，总想起王维的“明月松间照，清泉石上流”，总想起白居易的“可怜九月初三夜，露似珍珠月似弓”……月亮，在每个人的心里似乎都有一番独特的模样。

一、写月亮之美的必要性

1. 机会难得

八月十五的月亮真的又大又圆，奶奶家的院子都被照亮了。虽然说月亮每个月都圆一回，可一年只有一个“八月十五”，意义不同。

2. 意义非凡

中秋节是中国传统节日，在这一天，无数游子都会想尽办法回到家中，与亲人共度团圆之夜。这是除了新年外，第二个具有团圆意义的节日。

3. 实至名归

月亮真的很美，有阴晴圆缺的变化，还有着“嫦娥奔月”等美好故事的象征。

有时，阿妈给我讲月亮的故事，一个古老的传说；有时，却什么也不讲，只是静静地走着，走着。走过月光闪闪的溪岸，走过石拱桥，走过月影团团的果园，走过庄稼地和菜地……啊，在我仰起脸看阿妈的时候，我突然看见，美丽的月亮牵着那些闪闪烁烁的小星星，好像也在天上走着，走着……

——吴然《走月亮》

奶奶瞧着我们，就笑了：“傻孩子，那里边已经有人了呢。”

“谁？”我们都吃惊了。

“嫦娥。”奶奶说。

“嫦娥是谁？”

“一个女子。”

哦，一个女子。我想：月亮里，地该是银铺的，墙该是玉砌的，那么好个地方，配住的一定是十分漂亮的女子了。

——贾平凹《月迹》

夸大一点儿说，此地有茂林修竹，绿水环流，还有几座土山点缀其间，风光无疑是绝妙的。每逢望夜，一轮当空，月光闪耀于碧波之上，上下空蒙，一碧数顷，荷香远溢，宿鸟幽鸣，真不能不说是赏月胜地。荷塘月色的奇景，就在我的窗外。然而，每逢这样的良辰美景，我想到的却仍然是故乡苇坑里的那个平凡的小月亮。

——季羡林《月是故乡明》

二、写月亮之美的绊脚石

1. 竞争对手多

语文书里就有好多篇写月亮的课文，而且写得都很有特色。

2. 事物认知度高

月亮是每个人都熟悉的事物，每个人都能观察得到，都能说上几句。

3. 表达方式欠缺

月亮是美，可在表达时很容易陷入两个极端：一是写别人写过的，二是写不出心中所想。

三、写月亮之美的方法探究

1. 品茶式表达

“品茶式表达”的含义：品茶，要观茶色，还要听茶音、闻茶香、触茶质、品茶味、懂茶道。月亮这一事物，看似只能远看，所以只能写其观？不是的，在生活中，我们不仅能看到月亮，也能听到、摸到、感受到月亮。

微风拂过树梢，悄悄带来了月亮姐姐的低吟：孩子，回家了，就好好休息吧。

这是我听到的月亮的声音。

银白光芒还照在了我的身上，摸上去软软的。

这是我摸到的月亮的质地。

中秋的月亮，可真像一位体贴游子的小姐姐啊。

这是我感受到的月亮的个性。

2. 注重表达顺序

时间顺序？可我就想写月光之下的事。

地点顺序？月光下的躺椅是我心目中的唯一。

事情发展顺序？除了月光，一切都很安静，每个人都在享受团圆。

……

每次到方法，我好像就会有点儿卡壳。

很正常，写作这件事不是马上就能学会的，得在长年累月的阅读中积累方法，也要学会在习作中使用方法。

在品茶式表达的基础上注重习作顺序，这已经是一条很棒的发现了，这意味着在精准选材的基础上思考了表达方式，可以让习作的结构趋于清晰、明确。

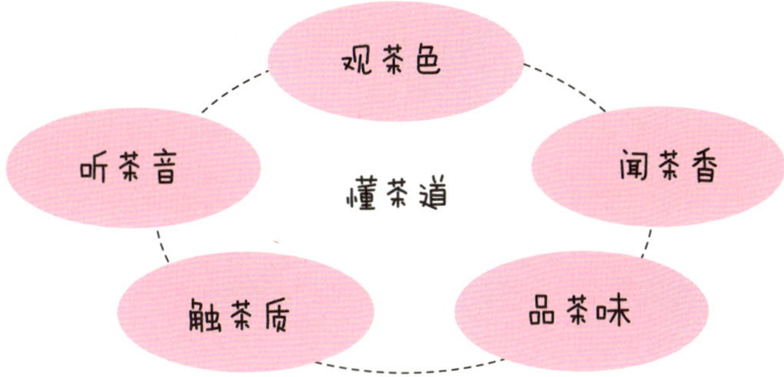

一般而言，品茶式表达的五个方面相互独立，各占一方，在实际的习作过程中，可以都写，也可以只择其二三写，这是选材。仔细观察，大多数时候，你一定是写了一个方面，再写其他一个方面，而不会混杂，这就是顺序。品茶也是这样：有的人喜欢先闻茶香，再观茶色，然后品茶味；有的人却喜欢先听茶音，再观茶色，然后品茶味……

你想写月亮，写月亮的样子、声音和质地，这三者之间就会形成一个顺序，跟想要表达的思路统一的顺序。

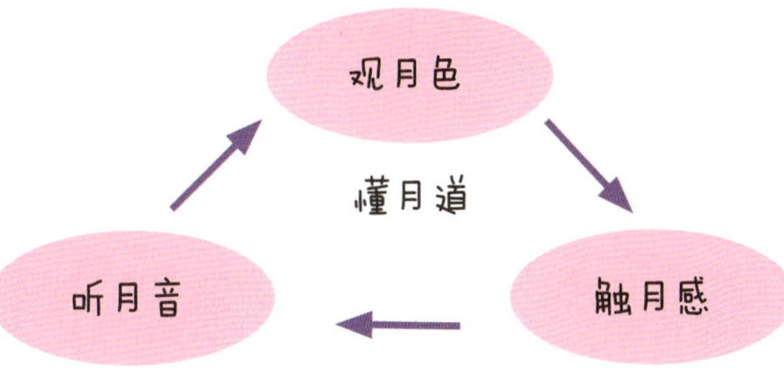

请注意，不管是品茶，还是品月，我都把“懂”独立了，而且放在了最中心的位置，因为由感觉而生的文字永远是最独特的，是其他任何方面都无法相比的。

四、写月亮之美的具体实践

一轮金黄的明月照在院子里，我们正围着石桌过中秋佳节，爷爷奶奶看到亲人回来笑得合不拢嘴，尽情享受着团聚的幸福感。

观月色

懂月道

八月十五的月亮越爬越高，挂到了夜空正中，远远望去真是又圆又亮，倾洒下的银白光芒，铺满了小小的院子，仿佛白昼一般，却又那么温温柔柔的，刚好能让人们好好地欣赏她的美。中秋的月亮，可真像一位体贴游子的小姐姐啊。

触月质

银白光芒还照在了我的身上，摸上去软软的，让坐了一天车的我，舒服地闭上了双眼，懒懒地躺在躺椅上。熟悉的香味扑鼻而来，一定是桂花茶，还夹杂着白天太阳的气息呢。轻抿一口，舌尖尝到一丝甜味，滑过喉咙就消散不见了，只剩下花香蔓延在唇齿。妹妹喝不惯桂花茶，急不可耐地剥开糖果吃，是乡村小店特卖的水果糖，清新、香甜，不似奶油或巧克力那般的浓郁、甜腻。整个空气中弥漫着淡淡的花香，装饰着这温柔的月夜。

微风拂过树梢，悄悄带来了月亮姐姐的低吟：孩子，回家了，就好好休息吧。远处传来虫鸣声、树叶舞动的声响、溪水涌动的叮咚声，看来大自然好多朋友都苏醒了，跃跃欲试地想和月亮姐姐说会心里话呢……

听月音

夜深了，和月亮姐姐的茶话会进入了尾声，我也困得睁不开眼睛了。月亮姐姐抚摸着大自然的孩子们，拉上他们掉落了一半的被子，用她妈妈般的温柔哄着孩子们进入了梦乡。

懂月道

五、写月亮之美的未来展望

月亮高不可攀，可观不可玩，但在中国，它代表着团圆，寄托着思念，所以我们总能用眼、用手、用心去靠近它，感受它的美。

跟着小泡芙一起行动

@所有人 你有没有过这样的经历，即使摸不到或者看不到某样事物，却对它有不一样的感情。回想它的样子，想象它的味道，用品茶式表达法，再运用想要的顺序写一写吧。

3 桂花何止三千元

品茶时，其实最难的是懂茶道。茶，就像是人生，人生中有很多道理，都是要不断经历才能懂的。可以说，品茶，就是品人生。

当然，这个“道”并不单单指的是“道理”。人生的确有很多道理要去找寻，可是光有道理不一定能过好这一生。人在成长的过程中，最容易有的是“情感”，最能让自己觉得一生值得的也是“情感”。情感，不也是“道”的一种形式吗？

……在这期间，我曾到过将近三十个国家，看到过许许多多的月亮。在风光旖旎的瑞士莱芒湖上，在无边无垠的非洲大沙漠中，在碧波万顷的大海中，在巍峨雄奇的高山上，我都看到过月亮。这些月亮应该说都是美妙绝伦的，我都非常喜欢。但是，看到它们，我立刻就会想到故乡苇坑上面和水中的那个小月亮。对比之下，我感到这些广阔世界的大月亮，无论如何比不上我那心爱的小月亮。不管我离开我们故乡多远，我的心立刻就飞回去了。我的小月亮，我永远忘不掉你！

——季羡林《月是故乡明》

像是《月是故乡明》，写月亮，是为了借助月亮抒发自己对故乡的想念与热爱的情感。在习作中，我们描写一种事物的方方面面，也都是为了抒发情感。

跟品茶一样，观茶色也好，闻茶香也好，品茶味也罢，其实都是为了懂茶道，体味人生。

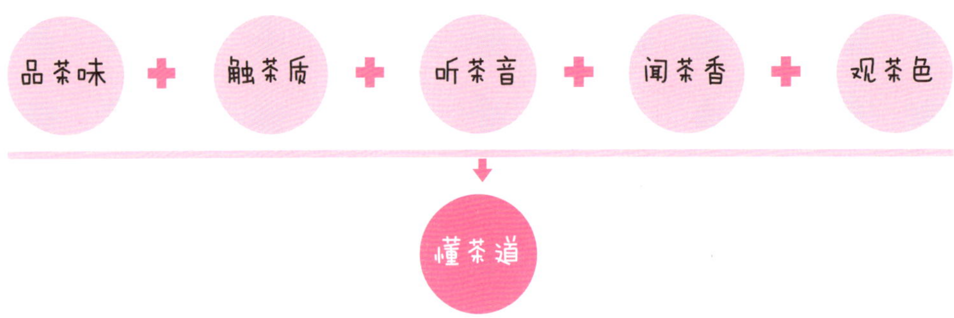

当然，体味人生也别想得太难，就是表达自己在经历的事情当中的情感。就算经历不同，人与人之间其实很多时候情感是相通的。这种互通有无，更能触动人的内心，产生共鸣。

小泡芙，之前听你谈起外公家的桂花树，我忽然想到了作家琦君，她小时候也与桂花有不解之缘，写过一篇《桂花雨》。我分享几个片段给你。

……我喜欢的是桂花。桂花树的样子笨笨的，不像梅树那样有姿态。不开花时，只见到满树的叶子；开花时，仔细地在树丛里寻找，才能看到那些小花。可是桂花的香气，太迷人了。

…………

桂花盛开的时候，不说香飘十里，至少前后左右十几家邻居，没有不浸在桂花香里的。桂花成熟时，就应当“摇”。摇下来的桂花，朵朵完整、新鲜。如果让它开过了，落在泥土里，尤其是被风吹落，比摇下来的香味就差多了。

…………

我念中学的时候，全家到了杭州。杭州有一处小山，全是桂花树，花开时那才是香飘十里。秋天，我常到那儿去赏桂花。回家时，总要捡一大袋桂花给母亲。可是母亲说：“这里的桂花再香，也比不上家乡院子里的桂花。”

你是不是可以学一学琦君，写一写对桂花树的感情，再读给你外公听，反正你外公也没有答应，如果你打动了他，他说不定就不卖了呢！

泡芙习作

中秋佳节，县城来的客人看中了外公老房子前的老桂花树，谈论着以三千元的价格连着根运走。外公站在桂花树下久久没有点头，客人以为外公想加价，就说：“这桂花树老了，不够粗壮，三千元差不多了。”

我的房间在二楼，可巧了，窗户一打开，伸手就能够到花枝。一到花季，未见其花但闻其香，总能勾着我趴在窗口闻半天，直到鼻子满满的都是桂花香。家人从来不去扯摘桂花：“这花就跟地里的小白菜一样，得娇着养。”我偶尔轻触花朵也是极其小心。和玫瑰、百合不同，桂花的花苞实在小得很，柔柔软软地扫过皮肤，让手指连同心脏都变得轻轻的。明艳的黄色总是聚在一起，一簇一簇的，它们肯定是“群居”生物，即使到了季末，它们也凑成一团，慢慢变橘黄，直至凋谢。

最怕雨夜，一阵秋雨落下，“滴滴答”，

闻桂花香：虽然没有一个形容花香的词，可“但闻”“满满”已塑造了浓郁的印象。这是动情之一。

触桂花质：“极其”“小得很”“柔柔弱弱”“轻轻”几个词写出了桂花的温和。这是动情之二。

观桂花色：“明艳的黄色”“橘黄”是颜色，“一簇一簇”“凑成”是形态，桂花的模样跃然纸上。这是动情之三。

轻打在桂花上，密密麻麻的声音持续不断，让熟睡的我在梦里都不禁为它们担心着。还好，那些小小的桂花可顽强了，聚在一起抵抗秋雨的拍打，第二天醒来，只有零星几朵撒落在地上。只是这几朵，外公也是舍不得用扫帚碰的，都是好好地捡起来，放在竹簸箕里晒干了。

懂桂花道：一个雨夜，温和的桂花却能顽强抵抗，出乎意料。这是动情之四。

晒干的桂花用处可大了，泡茶、做糕、入菜……中秋家宴，咬着桂花糕，喝着桂花茶，吃着加入了桂花的菜，闻着桂花香，真是佳节享受。即使没有嚼到实实在在的桂花，但味蕾也充溢着浓浓的花香，一直蔓延开来，整个胃都暖暖的。

懂桂花道：是花香，也暖胃，更是小泡芙对桂花的浓厚感情。过往的回忆，已经蔓延。这是动情之五，也是之最。

看了你写的，我想到了习作的奇妙，让两个完全不认识的人在某一刻忽然间心意相通。你外公家的桂花树不能用钱来衡量，有你的童年，有外公的一生，散发着家乡的气息，蕴含着你最美好的回忆，会让你生出无数想念与美好。因此，你对桂花就有了别样的感情，所以就能把桂花写得生动、迷人，而你也真正地懂了其中的“道”。

跟着小泡芙一起行动

@所有人 在你的回忆当中，有没有一个特别的事物，值得你调动身体的所有感官去观察、感受，从而让许多人能感同身受？它也许普普通通，就因为你对它的别样感情，就让它有种令人挪不开眼的“道”？期待你与我共享其中的美好。

后记

一直以来，我在指导孩子们写作的时候，都会用一种形象的比喻或通俗的方法进行引导。比如理解过渡句时，我会说一篇文章就像人，而过渡句就像人的脖子、腰、膝盖、脚踝，把上下自然地联结起来，可以起到承上启下的效果。通过这样的比喻来引导学生在写作中使用过渡句，这样的方法孩子们会觉得很有趣，很好理解，写起来就水到渠成了。我很想把这样的方法写出来，于是，就有了这套书。

回首编写这套书的时光，我的心中一直充满感慨与期待。从构思到探讨，再到成稿，我时刻提醒自己，要以最严谨的态度、最实用的方法，引导孩子们进行写作，让他们在文字的海洋中畅游，感受文字带来的力量与美感。

在这里，我想感谢帮助和支持我的人。感谢师傅俞虹老师，她像一盏灯，指导和引领我向前走，鼓励我不断挑战自己，把心中一直想写的写出来。感谢李梦佩老师，她像我的经纪人，时刻提醒我写作进度的推进，催着我交稿交稿，《把科学写进微习作》感谢她协助整理。感谢梅丽萍老师协助整理《稻花香里说丰年》。感谢胡燕飞老师协助整理《这个节日，“社牛”出没》。感谢骆民老师协助整理《热火朝天的劳动课》。感谢翁依娜老师、童雪珍老师协助整理《含羞草，NO！ NO！！ NO！！！》。感谢沈滢老师、赵攀老师协助整理《会飞的兔子》。感谢桐庐县学府小学三（7）班、五（5）班的孩子们提供例文。感谢编审、编辑的认真审读。感谢学校、教师、学生的系列活动，为我的创作再现诸多情境。谢谢每一位与我一起努力、并肩作战的人，你们是我前进的动力。

在这里，我想对孩子们说：写作并非易事，但是只要你肯努力，肯坚持，就一定会享受到写作的幸福，就一定能写出属于自己的精彩作品。孩子们，我希望这套书能够成为你们写作路上的良师益友，陪伴你们一同成长、一同进步。孩

子们，这套书只是你们写作路上的一个引导者，真正的写作之路还需要你们自己去探索、去实践。祝愿你们在写作的道路上越走越远，越写越好！

感谢每一位读过这套书的人，多提供宝贵意见和建议，你们的反馈会让我不断完善这套书，并让我明确新的努力方向。

好了，我们继续一起努力吧！

会飞的兔子

- 衣柜式表达
  - 人物性格设定方法
    - 从单一走向复杂
      - 单一性格 → 复杂性格
      - 自卑 —— 从自卑到自信
      - 善良 —— 从善良变善妒
      - 包容 —— 包容且坦然
      - ……
    - 性格重复破一破
      - 反-反思维
      - 搬-搬思维
      - 联-联思维
    - 性格要有真实感
      - 说说角色说的话
      - 尝试角色做的事
      - 体验角色的性格
- 穿越式表达
  - 配一个神器
    - 根据角色定神器
      - 角色法力的依仗
      - 角色身份的象征
    - 寻找神器生活中的影子
      - 功能
      - 特点
      - 自然现象
      - ……
    - 发挥神器的法力
      - 想象奇妙、合理
      - 写清楚变化的事物
      - 写具体变化的过程
- 波浪式表达
  - 数字的神奇力量
    - 情节创设巧用数
      - 反复式结构
      - 特定动作的反复
      - 特定语言的反复
      - 特定画面的反复
      - ……
    - 角色设定巧用数
    - 环境设计巧用数
- 升级式表达
  - 成长之旅
    - 角色先弱后强
    - 经历一波三折
    - 三要素在童话里的成长
      - 穿插环境渲染
      - 抓细节
- 反差式表达
  - 反差的人物形象
    - 空间反差塑造法
    - 时间反差塑造法
    - 形象反差塑造法
  - 反差的故事情节
    - 前后内容有反差
    - 反差中的一波三折
  - 反差的故事结局
    - 隐藏式反差
    - 启发式反差
    - 揭露式反差

作者：李雨薇

微习作里看世界

会飞的兔子

皇甫芬 著

WUHAN UNIVERSITY PRESS
武汉大学出版社

图书在版编目(CIP)数据

微习作里看世界.会飞的兔子/皇甫芬著 .—武汉：武汉大学出版社,2025.4

ISBN 978-7-307-24412-2

Ⅰ.微…　Ⅱ.皇…　Ⅲ.作文课—小学—教学参考资料　Ⅳ.G624.243

中国国家版本馆 CIP 数据核字(2024)第 109380 号

责任编辑:冯红彩　　责任校对:汪欣怡　　版式设计:曹　凝

出版发行：**武汉大学出版社**　(430072　武昌　珞珈山)

(电子邮箱：cbs22@ whu.edu.cn　网址：www.wdp. com.cn)

印刷:湖北金港彩印有限公司

开本:787×1300　1/24　印张:35.25　字数:457 千字

版次:2025 年 4 月第 1 版　2025 年 4 月第 1 次印刷

ISBN 978-7-307-24412-2　定价:168.00 元(全六册)

前言

听，孩子的声音：写作，写作，是为了什么呢？在你迷茫无措的时候，打开这套书，里面有很多生活故事，你会发现写作是一件很快乐的事，是一种本领。这套书给予你用文字记录生活、表达自己、理解和感知世界的勇气。

听，孩子的声音：写作，写作，写什么呢？在你无从落笔的时候，打开这套书，里面涉及多个角度，有生活圈、节日圈、劳动圈、交际圈、跨界圈、未知圈。你会发现很多微小的世界值得写，获得写作的灵感。

听，孩子的声音：写作，写作，怎么写呢？在你毫无章法的时候，打开这套书，里面把写作方法和生活情境、常见事物或现象结合起来，从课堂走向课外，形象生动，通俗易懂。你会学到很多巧妙的方法，拥有写作的力量。

听，孩子的声音：写作，写作，水平怎么提升呢？在你失去写作动力的时候，打开这套书，里面告诉你写作需要持之以恒，还需要阅读来补充能量。细水长流方能水滴石穿，写着写着，你就会遇见灵感，遇见故事，遇见希望！

什么是微习作？大家最初的理解便是写简短的文章，其实不全是。皇甫老师觉得，文章可长可短，要根据表达的需要而定，这里

的微习作更体现的是写作要随处、随时发生。生活中有许多看似微不足道的小事物、小角落、小事件，都蕴藏无尽的“大作文”，我们要学习在微小的世界里自由表达，用文字记录点点滴滴，表达自己独特的体验与创作，提升观察与思维的能力，从而更深刻地理解和感知世界。

《会飞的兔子》是本套书的第六册。本书带领孩子们在幻想中拓展想象。“衣柜式表达”发现童话世界里人物设定有妙招，形成自己童话王国的主角和配角；“穿越式表达”发现童话世界里的法宝，形成自己童话王国里的神器；“波浪式表达”发现童话世界里神奇的“数”，形成自己童话王国里的层层浪花；“升级式表达”发现童话世界里的不同成长，形成自己童话王国的成长树；“反差式表达”发现童话世界里的反差设计，形成自己童话王国里的戏剧化。每一次想象，都是一次心灵的飞翔，思维的超越，带给我们无穷的乐趣和期待，而想象力便在想象中超越现实的束缚，塑造了属于自己的独特世界。

目录

衣柜式表达：

人物设定好几问

穿衣服，是每个人每天都要思考的事。今天穿什么衣服好呢？这件衣服要怎么搭配呢？这个季节适合什么样的衣服呢？这件衣服会不会跟人撞衫呢？……站在衣柜前，问自己几个与穿搭有关的问题，好像已经成了习惯。

这些问题，都会逐步得到答案，而这实际上是一个自问自答的过程。于创作童话故事而言，在想象的时间里，在落笔之前，我们也应该像每天穿衣服那般，多问自己几个问题。问得多了，问题的答案也就出来了，创编童话自然也就容易多了。

1 性格犹豫症怎么治

小泡芙

愁！愁！愁！写故事时一面对性格设定就犹豫不决。选这个性格好，还是那个性格好呢？我打算写一篇童话故事，可还没落笔呢，就与人物角色的性格战斗了好几回合，不知浪费了多少时间。我急呀，有什么办法解决这个烦恼呢？好不容易有点创作的欲望，谁能让我快速敲定人物性格，实在不想把时间浪费在这方面了，故事情节还没思路呢！

1天前

♡ **皇甫老师 小土豆 小叶子**

小土豆：我也有这样的烦恼！

小叶子：如果有什么设备能帮我们设定好每个人物的性格，就不用犯愁了。

皇甫老师：不要急，这是很多人会遇到的问题，要解决其实也很简单。

小泡芙：@皇甫老师 求支招！

超越现实去思考，解决烦恼超能力，说不定这个“人物性格创造器”会在不久的将来被发明出来呢！在这里，我可以提供一个思维方式——检核表法（提问法）。

设定人物性格像不像每天早上选择要穿什么样的衣服一样？我们可以假设眼前有一个神奇的衣柜，不断向它提问，以拓宽自己的思路，不断举例来解决方案。这个方法，我称其为衣柜提问法。

角色的性格是单一的还是合成的？

怎么能快速设定人物性格？

怎么实现人物与性格的组合？

性格可以分哪些区域？

有哪些类型的性格？

神奇的人物性格设定器

我想拥有一个神奇的人物性格设定器，它是一台隐形的电脑，可以帮我快速设定人物的性格。

我会把所有的性格放进设定器里，输入“人物生平经历”的信息内容，设定器就会根据好、坏两个基础进行自动整理。就算是同一个人物的生平经历，也会产生不同的性格色调。每个基础设定又分成若干区域，善良、温柔、勇敢、坚强等是暖色区域，凶恶、愤怒、骄傲等是冷色区域，也有中间色区域，这样，性格的明暗程度和冷暖色调一目了然。

在创设故事时，输入“搭配”信息，设定器就会科学、灵活地搭配人物性格。

一、单一性格搭配

单一性格，指的是在人物生平的影响下，只产生一种性格，这是一种单向的搭配。

角色	人物生平	性格
小猪	从小受到猪爸爸猪妈妈的宠爱	自私、善良
小老鼠	因为眼睛看不见，又与周围的老鼠长得不一样，一直遭到其他同伴的嘲笑	自卑
……	……	……

单向搭配下的性格，人物的形象会相对单薄，就像是浑身上下一色的服装，乍看显眼，看多了就会有点视觉疲劳。而这种性格自始至终影响着整个故事的进展，故事在一定程度上略显简单。

二、复杂性格搭配

与单一性格相对，复杂性格就是在人物生平和人生经历的影响下，产生两种或两种以上的性格，这是一种多向的搭配。

角色	人物生平 + 人生经历	性格
小猪	从小受到猪爸爸猪妈妈的宠爱，家里有一个什么都比自己强的猪弟弟	原本善良，变得善妒
小老鼠	因为眼睛看不见，又与周围的老鼠长得不一样，一直遭到其他同伴的嘲笑，但隔壁有一只胖乎乎的小猫，给他讲了很多故事，跟他说好多有趣的事	曾经自卑，逐渐树立梦想
……	……	……

如果今天穿了一件白色短袖，配一件白色休闲裤和一双小白鞋，就是单向搭配的服装；如果今天穿了一件白色休闲短袖，搭配一条直筒或阔腿版型的蓝色牛仔裤，再穿一双白色帆布鞋，这就是多向搭配，会让人眼前一亮。同样，多向搭配下的性格，人物的形象会比较丰富，从而影响情节的发展，让故事精彩纷呈。

每次写故事前，我只要输入相关信息，就能快速地拿到合适的人物角色性格。

输入：

①从小受到猪爸爸猪妈妈的宠爱。

②猪爸爸听信“吃多了不健康”的传言，严格控制小猪进食。

③猪妈妈爱唱歌，梦想当个歌手。

输出：

①自信。

②贪吃。

③爱唱歌。

泡芙习作

“身材胖嘟嘟，耳朵大又肥，肚子上的口袋里有一颗神奇的糖果，当遇到危险，就会产生神奇的魔力！这就是我——猪小胖。”瞧，那头趾高气昂的小猪在唱歌呢，别听它把自己夸得天花乱坠，实际上它就是个贪吃鬼。

小泡芙的发现可真的太棒了！

其实，在三年级上册的《总也倒不了的老屋》里，我们也能感受到作者慈琪在创作故事之前，也会有一个搭配人物角色性格的过程。

输入：

①老屋已经活了一百多岁了。

②它的窗户变成了黑窟窿，门板也破了洞。

③它很久很久没有人住了。

输出：

①成熟。

②包容且坦然。

③寂寞。

你瞧，其实写童话故事一点儿也不难，就像平时搭配衣服似的学着把人物生平和性格搭在一起，就会让故事情节特别合理，实现逻辑自洽。

您的方法真好，一提问，我的脑子里就冒出了很多解决方案。好像只要一个个解决问题，就能让创造力迅速迸发。

生活常常遇烦恼，大胆想象超现实，多提问列举方案，从优选择解烦恼，神奇衣柜是支架，合适搭配最重要。当然啦，衣柜只是一种支架，你也可以换成其他事物。

哈哈，我已经在用这个方法创造人物了。敬请期待我的童话故事。

2 性格总是重复怎么办

小泡芙

用上人物性格设定器后，创造性格的确简单多了，可性格越来越多，而且都重复了。举个例子，我借助了丑小鸭的角色，它是自卑的，而我创造的因为眼睛看不见，又与周围的老鼠长得不一样，一直遭到其他同伴的嘲笑的小老鼠也是自卑的，两个角色放在一起，不仅单调，而且冲突，真烦恼啊！关键是，有很多性格很好，可以说还是崭新的，从未使用过的呢，可就因为与故事中其他角色的性格产生了冲突，都闲置在那儿，越堆越多，这要怎么处理呢？

1天前

♡ **皇甫老师 小土豆 小叶子**

小土豆：我只知道，我有很多闲置的衣服，我妈妈总是叫我捐出去。

小叶子回复**小土豆：**同意！我们小区专门有人收购旧衣服，几毛钱一斤。就是不知道有没有人收购重复的性格。

皇甫老师：上次创造性格的问题，你是怎么解决的？说不定，用同一个方法，你也能解决这个问题。

小泡芙回复**皇甫老师：**是哦，那我就先用“提问法”畅想一番！

皇甫老师：顺便说一嘴，在提问的同时，可以加进更多的思维方法，产生新的创造提示。

和田十二法

1. 加一加：加高、加厚、加多、组合等，如公交车加一层变双层公交车。

2. 减一减：减轻、减少、省略等，如镜片缩小，去镜架变隐形眼镜。

3. 扩一扩：放大、扩大、提高功效等，如电影银幕加宽，变宽荧幕。

4. 缩一缩：压缩、缩小、微型化，如伞柄变二折伞、三折伞。

5. 变一变：变形状、颜色、气味、音响、次序等，如水笔形状呈三棱形，单色变双色。

6. 改一改：改缺点，改不便，改不足，如手机从按键变触摸屏。

7. 联一联：原因和结果有何联系，把某些东西联系起来，如指纹独一无二，就想到指纹锁防盗。

8. 代一代：用别的材料或别的方法代替，如塑料代替金属，减轻重量。

9. 搬一搬：移作他用，照明灯移到其他地方变信号灯。

10. 反一反：颠倒顺序、用途等，人走楼梯累，可以让楼梯自己动，就出现了自助扶梯。

11. 学一学：模仿形状、结构、方法，学习先进，如鲁班模仿草边沿小齿，发明了锯子。

12. 定一定：定个界限、标准，能提高工作效率，如限速自行车，就是自行车加上了自动限速器。

这么多思考方法，我的脑洞瞬间大开啊，可这些方法如何用来避免重复的人物性格呢？

生平相似，性格重复怎么办？

反一反：可以把其中一个角色的性格反向设定，就有了冲突感。

有相似的成长经历，性格重复怎么办？

搬一搬：把重复的性格搬到另一个场景中。

……

……

听着有点儿难以理解？给你列一些具体的案例吧。

示例一

角色：小猪、小羊。

人物生平：从小独享爸爸妈妈的宠爱。

性格：有些自私，但为人处世上又很真诚，容易轻信他人。

由于小猪和小羊的生活背景类似，导致他们的性格难以区分。这时，我们可以使用“反一反”的方法，即翻转原先因人物生平而创设的性格。具体来说，可以把小羊的性格设定为：有爱（把爸爸妈妈对自己的爱迁移到他人身上），调皮（特别喜欢到邻居家搞破坏，且从不担心被骂）；小猪性格不变。通过“反一反”，小猪、小羊的人物生平虽然类似，却是有着不同性格的两个角色。

示例二

角色：小猪、小羊。

人物生平：从小独享爸爸妈妈的宠爱。

人生经历：家里有一个十项全能的弟弟。

性格：原本善良，随着弟弟的长大，变得善妒。

除了“反一反”，我们还可以使用“搬一搬”，让因人物生平和人生经历而造就的性格在另一个场景中发挥作用。具体来说，可以把原本生活在家里的小羊，“搬”到家外。因为嫉妒，引发了小羊的一些行为，结果导致小羊迷失在森林中。为了回家，小羊需要闯过一个个难关，在这个过程中，小羊的性格发生了变化。同样，小猪的性格不变。这样就创造了性格完全不同的两个角色。

还有“联一联”的方法，在五年级下册的《他像一棵挺脱的树》里也有体现，这篇课文节选自老舍的《骆驼祥子》。

> ……这样立着，他觉得，他就很像一棵树，上下没有一个地方不挺脱的。
>
> ——《他像一棵挺脱的树》

你瞧，衣柜里的旧衣服重复了，可以通过修改后变废为宝；童话故事里的人物的性格重复了，也可以重炉回造，变废为宝。当然，这需要你动点脑筋了。

我的任督二脉好像被点通了，请点评我写的人物小传。

小猪

小猪长得十分俊俏、可爱，所以猪爸爸猪妈妈格外宠爱小猪，什么好吃的、好玩的，全都给小猪。后来，猪弟弟出生了，不管什么方面都比小猪强。小猪觉得有猪弟弟真好，能帮自己分担问题，所以非常开心，打算当猪弟弟的经纪人，替他报名森林公司的十项全能比赛。但是，随着猪弟弟变成“森林之星”，小猪的心里却开始滋生妒意……

小羊

小羊出生时爱生病，体质弱，从小被羊爸爸羊妈妈捧在手心。后来，羊爸爸羊妈妈又生了一个羊弟弟，羊弟弟十项全能。小羊的心里就不平衡了，十分嫉妒羊弟弟的才华，所以趁着羊爸爸羊妈妈不注意，想带着羊弟弟去森林里，让羊弟弟受伤，结果自己在森林里迷了路……

小泡芙的人物性格初始设定很有意思，相信这是一个精彩的故事。

3 性格缺乏真实感怎么破

小泡芙

最近有两件烦心的事，第一件是我跟妈妈在看直播，看中了一件衣服，博主穿着可好看了，想着自己穿也会好看。今天快递到了，迫不及待地试了试，结果很不好看，只能退货了，真是欣喜期待、失望退回啊！第二件是我最近在写童话故事，创设了几个人物角色，可总觉得他们的性格不真实，一点儿也不生动，说话、做事总是硬邦邦的。

1天前

♡ 皇甫老师 小土豆 小叶子

小土豆：衣服要试过才知道适不适合自己，直播间不可靠，还是到实体店买好。只是，去实体店买比较浪费时间，一家一家跑也比较累的。

小叶子：直播间里的衣服款式多，也时尚，隔着屏幕看，好像很适合，但色彩、裁剪、大小未必合适，我妈妈也经常买经常退。

皇甫老师：你这两件烦心的事，好像有一个共同点：缺乏真实感。解决了这个问题，你创作的童话故事一定会吸引很多人。

小泡芙回复**皇甫老师：**买衣服的话，我想如果能穿越到直播间就好了，可性格的真实性要怎么处理？

皇甫老师：穿越直播间的想法很好。抓住这思维的火花，继续提问和联想，两个问题说不定都能解决。

随着时代的发展，线上线下都可以买衣服了，发达的网络里无奇不有，看图片也好，看直播也好，但因为无法亲身尝试，所以买到的衣服常常是不满意的多于满意的。

怎样才能让每次的购物都满意呢？小泡芙提出了一个穿越到直播间的想法，让隔着屏幕的不真实感转变为亲身尝试的真实感，这一针见血。将神奇衣柜与直播间联结起来，让两个原本独立的空间形成一个整体，化无形的抽象状态为有形的具象。

联结成整体

化无形为有形

因此，我们可以学会迁徙，把这样的概念转移到人物性格的创造上，在此就用小泡芙之前写的《AI 衣柜》举例吧。

AI 衣柜

我的衣柜很神奇，中间有一块镜子，这镜子不仅能照出我的模样，还能帮我实感搭配呢。不懂？让我演示给你看。

“这套服装适合 11 岁左右的学生，是纯棉的布料……”我正在看手机里的直播，这一套衣服看上去还不错。刚好，演讲比赛马上要开始了，我需要买一套大方但又不失活泼的服装。

我先截图，再通过蓝牙把图片传送给衣柜，衣柜里就会出现一套一模一样的衣服，可它不是真的衣服，而是虚拟的 AI 光线，能直接照在我的身上，就仿佛我真的穿上了这套衣服，然后对着镜子照一照，就知道适不适合我了。

呦，可真好看，显得非常精神，太适合演讲了。于是，我果断让妈妈下单。衣服第二天就到了，我迫不及待地穿上，果真如此。

线上体验，总会因为各种各样的原因而导致与真实情况“不符”，创设童话故事里的人物角色也是这样。

结合人物生平、人物经历和一些思维方式，我们在创设角色性格上已经有了一定的能力，如果让自己创设的角色性格更具真实性，那么就具有说服力了。这就给我们一个启示，就是在创设角色的性格时，需要自己也“试一试”，体会其性格，亲身体验，说一说角色说的话，做一做角色做的事。具体可以参考下面这个例子：

> 严监生喉咙里痰响得一进一出，一声不倒一声的，总不得断气，还把手从被单里拿出来，伸着两个指头。
>
> ——五年级下册《两茎灯草》

严监生是吴敬梓创作的长篇小说《儒林外史》中的人物，是个典型的悭吝鬼，被称作“东方葛朗台”。初读时会觉得这段描写有点儿夸张，可再读时，却能在这份夸张里感受到真实。一个小气的人最在意的是什么？是自己的东西被他人浪费，就像家里的两茎灯草，明明点一茎就够，怎么能容忍点两茎呢？

一个创作者，只有真正地代入自己创造的角色里，才能让读者更相信，才能更有代入感。

泡芙习作

森林的奇遇

（一）小羊迷路

一辆红色的小汽车每天飞驰在森林里熟悉的道路上，“嘀嘀……”瞧，它昨晚睡得不错，精神抖擞，今天又顺利完成了任务，把布置运动会场地的材料准时、安全地送到了。电台刚刚预报说这几天有寒潮，明早将出现今年入冬以来的最低气温－16℃，会有严重冰冻。小汽车心里开始犯嘀咕了，这是要挨冻的节奏啊，得找个暖和的地方过一夜。

走着走着，忽然听到了一阵断断续续的哭声，小汽车不自觉地放慢了脚步，四处张望着，终于在道路下的一块石头上看到了一团“白毛球”，声音好像是从那儿传来的。

“滴——滴——”小汽车按了两下喇叭，那团“白毛球”回过身来，露出了两只角，原来是只小羊啊。

“咩——咩——”这哭声抑扬顿挫的，小汽车停了下来，看了看天，马上就晚上了，再不去可能就没过夜的好位置了。可这团“白毛球”哭得也太伤心了，小汽车就问：“你怎么了？”

“我……迷……路……了！”小羊吸了吸鼻子说。

小汽车又看了看天，问：“你家的草原离这里很远啊，你怎么迷路到这里来了？”

小羊眉头一皱，气呼呼地说：“都怪我弟弟啊……仗着自己本事好，天天粘着我说要报名运动会。我实在拗不过他，就想带他来见见世面啊。哪里知道，他太顽皮了，走着走着就不知道去了哪里，我到处找他，结果就迷路了。”

“这样吗？”小汽车开启了发动机，想着要走了，可还是不忍心，又问，“你需要找个暖和点的地方过一夜吗？或者我帮你带个口信？”

“不……不用……了。”小羊低着头，吞吞吐吐地四处张望，心里默念：羊爸爸羊妈妈这么相信我，总不会相信羊弟弟说我故意引诱他去森林里玩的事吧。再加上我今晚故意不回去，万一感冒了，羊爸爸羊妈妈肯定更心疼我。

小汽车慢慢往前走，仍不忘回头嘱咐：“自己注意安全啊。”

跟着小泡芙一起行动

各位同学，《森林的奇遇》的故事还在继续，第二节的标题是“小猪经纪”，讲的是小猪想当猪弟弟的经纪人，于是就带着猪弟弟去森林公司报名十项全能比赛的故事。诚挚地邀请各位同学来续写故事，创造一个丰富的、真实的小猪形象。快来跟小泡芙一起写完这个有趣的童话故事吧！

穿越式表达：

给你的想象配一个神器

杨戬的三尖两刃刀，关羽的青龙偃月刀，宇文成都的凤翅镏金镋，单雄信的金钉枣阳槊……这些英雄人物，都有一样名号响当当的兵器帮他们扬名立万。我们也需要有一样趁手的“武器”，来帮助我们写好童话故事，方便我们张开想象的翅膀振翅高飞。

可是，想象中的东西，我们要么没见过，要么没听过，该怎么去想象呢？不如来一场穿越吧！用现代思维去改变科技不发达的古代，说不定会迸发出不一样的火花！

1 打造独一无二的神器

如果穿越到上古奇异的神话世界，你会看到什么？是盘古开天？是女娲补天？是神农尝百草？还是哪吒闹海？

你有没有羡慕盘古、女娲、神农、哪吒等拥有的神奇能力，想着要是自己也有这样的能力该多好。如果我告诉你，他们的能力也借助了外界的帮助，你会不会很诧异？一起来看看吧！

场景 1

群聊

呼叫小泡芙，呼叫小泡芙。这次的习作你写得怎么样了？

哎呀，别提了！本以为会很好写，结果那些本领高强的神仙在我笔下变得千篇一律、平平无奇了。

我也有这种感觉。本来想得挺好得。女娲、盘古、孙悟空……有好多人物可以写，但一动笔感觉就不对了。

看来还是要请教皇甫老师。

这其实是大家普遍会遇到的问题。当你想描写这些神话人物施展法力的场面时，忽然不知道具体该怎么描述了。这是因为，很多人忽略了很重要的一点——绝大多数神话人物拥有一件神器。当你找到这件神器，它也将成为你们写好这篇作文的神器哦。

场景 2

小泡芙和小叶子分工合作，小泡芙找语文书上的神器，小叶子找课外的神器。小泡芙认真看了一遍四年级上册第四单元的课文，还真找到了皇甫老师说的神器。《盘古开天地》讲述的是盘古开天辟地的故事。当时小泡芙觉得盘古特别厉害，现在仔细想想，盘古是怎么开天的？书上清楚写着：巨人见身边有一把斧头，就拿起斧头，对着眼前的黑暗劈过去，只听见一声巨响，“大鸡蛋”碎了。这把斧子就是盘古开天的神器。

后来，盘古身化万物，变成山川河流：他呼出的气息变成了四季的风和飘动的云；他发出的声音化作了隆隆的雷声；他的左眼变成了太阳，照耀大地；他的右眼变成了月亮，给夜晚带来光明；他的四肢和躯干变成了大地的四极和五方的名山；他的血液变成了奔流不息的江河；他的汗毛变成了茂盛的花草树木；他的汗水变成了滋润万物的雨露……这是不是也可以理解为，他的身体就是他的神器？

《女娲补天》的神话里也有，女娲是怎么补天的？

女娲先从各地拣来赤、青、黄、白、黑五种颜色的石头，燃起神火熔炼。随着神火渐渐熄灭，五种颜色的石头被炼成了黏稠的石浆。女娲用这些石浆把天上的大窟窿修补好。

还有《精卫填海》《普罗米修斯》。

人物	事件	神器
盘古	开天辟地	一把斧头
	身化万物	自己的身体
女娲	补天	五彩神石
精卫	填海	西山之木石
普罗米修斯	给人间送去火	火种

课外的神话故事，小叶子也找到了不少，也都有各自的神器。

人物	事件	神器
王母娘娘	划出银河分隔牛郎织女	头上拔下来的簪子
汉钟离	过海	芭蕉扇
何仙姑	过海	荷花

不同的神话人物有不同的神器。这些神器，不仅是其法力的依仗，还是其身份的象征。举个例子，说到风火轮，我们马上会想到哪吒；说到金箍棒，我们就会想到孙悟空。给不同的人物设定不同的身份象征，就会让人物有辨识度，不会显得千篇一律。在写作时，我们可以有意识地给人物设计招牌动作、招牌神器等，让这些东西成为其身份的金名片。

我们可以阅读并分析下这篇《我和尼尔斯过一天》。

我和尼尔斯过一天

皎洁的月光洒向大地，轻柔的微风拂入一间恬静的小屋。房间里，我正安静地看一本名叫《骑鹅旅行记》的书。

“太神奇了，骑着鹅旅行，一定有趣又刺激，好想试试啊！”想着，我不禁蠢蠢欲动。忽然，书中闪出一丝奇异的金光，恍惚间，一只小手好像在向我招手，我犹豫了一下，就跟了上去。

“喂，醒醒，你醒醒。”一个清脆的声音传入耳畔，我睁眼一看，不禁吓了一跳。

一个巴掌大的小人，站在我面前，头戴小尖帽，身穿小皮裤，身边居然还站着一只大白鹅。等等，这不就是《骑鹅旅行记》中的主人公尼尔斯吗？

“巴掌大小”“头戴小尖帽”“身穿小皮裤”的外貌特征，再搭配神器——大白鹅，尼尔斯的辨识度就出来了

我瞬间清醒了过来，挣扎着爬起来，可走了两步才发现，我也变得很小很小，成了“拇指人”。

尼尔斯见我醒了，连忙说道：“你没事吧？我叫尼尔斯，是一个被小精灵变成拇指大小的人。对了，

鹤之舞表演大会马上要开始了，你跟我们一起去吧？”说着，他就跨上了白鹅莫顿的背，带着我飞向天空。

骑在鹅背上，风在耳边呼啦啦地吹着，这种感觉真是惬意呀！

大白鹅莫顿：飞向天空（惬意）→向下俯冲（刺激）→冲向“我们”（惊险）

来到库拉山，我们正好赶上了灰鹤们的表演。我骑上一只大雁，学着尼尔斯的样子，骑在雁背上跟着灰鹤们一起向下俯冲，一股强烈的气流伴随我们往下掉，真是刺激！

山下的动物们热情奔放，激情荡漾，节目表演也随着动物们的高涨情绪逐渐推向了高潮。

可谁知，天有不测风云，正当我和大雁马上就要降落到地面时，一只狐狸腾空跃起，一下子咬到了我和大雁，把我连同那只大雁一起拖进了深山密林。我这才看清，这正是书中觊觎了大雁很久的狐狸斯密尔。

大雁：向下俯冲（刺激）→被拖进了深山密林（担心）→拍打翅膀载“我”离开（脱险）

我无法动弹，只得挥舞着双臂大喊：“救命！”就在这时，远处传来了尼尔斯的叫唤声：“我来救你啦！”只见尼尔斯骑着白鹅，飞快地冲向我们，一把抓住狐狸斯密尔的尾巴，使劲把它往后拽。

他好像忘了自己是那么弱小，只见他用尽力气一蹬，斯密尔松了口，我和大雁终于脱身了，大雁吃力地拍打着翅膀，载着我再一次飞上天空。

见到尼尔斯，我情不自禁地抱住了他，心中无限感慨，眼前尽是他与狐狸英勇搏斗的一幕幕情景。

就在这时，那一抹金光再一次闪现，尼尔斯、白鹅、大雁奇迹般消失了，眼前出现的，还是那古朴的书桌……

在创造神器时，作者没有为“我”选择与尼尔斯一样的“大白鹅”，一是避免千篇一律，不限于重复；二是“大雁”这个神器既有能在空中飞的特点，又是《骑鹅旅行记》中出现过的角色，一举两得。

在角色体验感上，作者描写了“风在耳边呼啦啦地吹着”“一股强烈的气流伴随我们往下掉”等真实感受，这在平时的过山车等游乐园项目中体验过，迁徙到这个童话故事里更具真实性。

2 给神器开个导航

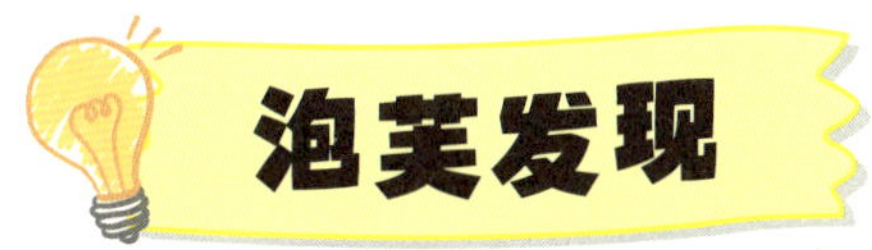

发现起源

你有没有想过？神器也能开个导航？是不是觉得很神奇？别惊讶，这还得从我写不出作文那件事开始说起。

周四放学前，学校布置了读书节的征文活动，题目是《我和＿＿＿过一天》。我想参加这个活动，所以苦思冥想，想把故事写得精彩，于是翻遍了神话故事、童话故事、民间故事，可都没有思路。

实在没办法了，我就找妈妈帮忙，请她在班级群里帮我打听打听同学们都打算写什么。过了一会儿，妈妈跟我说有三个同学写孙悟空，两个同学写女娲，还有写吕洞宾、后羿的。

孙悟空就先不说了，简直是“全民偶像”，女娲、吕洞宾、后羿，这三个都是神话人物，他们之间有什么共同点吗？对了！他们都有“神器”。我是不是可以梳理梳理神话人物在使用“神器”时具体有什么逻辑，再选一个也有“神器”的人物写一写呢？

探究《女娲补天》

女娲是如何支撑天的？课文里说：女娲担心补好的天再塌下来，于是又杀了一只大乌龟，斩下它的四条腿，竖立在大地的四方，把人类头顶上的天空撑起来，这样天就再没有了坍塌的危险。

读到这段话，我就联想到了学校的亭子，由四根柱子撑起。而神话里撑着天的四条腿，就像是亭子里的四根柱子。

神话中的神奇想象，好像和现实生活中的事物存在着一些关联。真的是这样吗？为了验证这个猜想，我得去查找、梳理其他的神话故事。

探究《吕洞宾点石成金》

有一个特别贫穷的人，一生真诚地信奉吕祖。吕祖就是吕洞宾，道教全真道派的祖师。吕洞宾被他的诚意感动，就降临到他家，看见他真的非常贫穷，不禁同情起他，于是伸出一根手指，指向他家庭院中的一块石头。没一会儿，石头就变成了闪闪的黄金，吕洞宾说："你想要它吗？"穷人拜了两次，说："不想要。"吕洞宾非常高兴，说："你如果能一直没有私心，我可以传授给你成仙的真道。"穷人忽然说道："不是这样的，我是想要你的那根手指头。"忽然，吕洞宾不见了。

吕洞宾的神奇能力：把石头变成金子。

内在联系：金子不是凭空出现的，是用石头变出来的，过一段时间后还是会变回石头。在现实生活中，石头常见，金子不常见。

探究《后羿射日》

尧统治之时，有十个太阳一同出来，花草树木全都枯死了。于是，尧派后羿去射十个太阳，后羿用弓射下了九个太阳。为了百姓的生活，后羿故意留下了一个太阳。

后羿的神奇能力：能射下远在天上的太阳。

内在联系：射日用的是弓，是现实世界中真实存在的东西。

探究结论

神话故事里的很多宝物或神奇能力，都能在生活中找到影子。

皇甫老师，这样的探究，方向对吗？

你真的没有开导航吗？那也太厉害了，一点儿也没有偏航。

谢谢您的夸奖。可在动笔之前，我还有一个疑问，怎么才能更好地写出这个“神器”的特殊能力呢？

在写《我和______过一天》时，我们可以大胆想象，设计一项神奇能力或一个神奇的宝贝，搭配上生活中了解的情况，把生活中见到过的东西进行夸张表达，或者使用“联一联”等思维方法，让想象的翅膀扇动起来。生活中的这项能力或这个东西，就成了神器的导航。

看一篇简单的例文——《我和白胡子老神仙过一天》。

这一天，我正在家里发呆，幻想着自己什么时候可以拥有一辆玩具汽车。想着想着，我感觉自己眼前一花，再睁开眼的时候，发现一位白胡子老神仙站在我的前面，笑着对我说：“孩子，我感受到了你的虔诚，是来帮助你实现愿望的。”

“真的吗？太好了！”我一下子跳了起来，欢呼一声，“我要玩具汽车，我要玩具汽车！”

白胡子老神仙笑着摸了摸胡子，连声说“好好好”。可嘴上说着，却不见他施展法力给我变出一辆玩具汽车来。在我的一再催促下，他才笑着说道：“想要我变出一辆玩具汽车来，倒也不是不可以，不过我需要一些东西。”

“什么东西？”我忙问道。

白胡子老神仙用手指了指前方，对我说：“你看到前面那座山了吗？你要去那里，在山脚下取一些被汽车轮胎压过的泥来。”

被轮胎压过，有轮胎印子的泥，在原材料上拉近与真实玩具汽车的距离。

“好，我马上去。”我兴奋地说道。

“别急，”白胡子老神仙拦住了我，继续说道，“你还要去南边荷花池里取一些荷叶上的露珠。”

需要露珠，则是参考古时候制作模型，通常是用泥与水混合，也有参考依据。

当我费尽千辛万苦，终于搜集齐这两样东西后，又按照白胡子老神仙的要求，把露珠倒在泥土上，再慢慢叠成了汽车的模样。这时候，白胡子老神仙嘴里念念有词，拐杖对着泥土做成的汽车轻轻一点，一道白烟升起，一辆崭新的玩具汽车出现了！

我兴奋极了，捧着我的玩具汽车跑到了一片空地上玩了起来。嘿，这一天，倒不如说是我和玩具汽车过的，因为白胡子神仙早就被我晾在一边发呆了。

白胡子神仙变出一辆玩具汽车的方法，与现代制作汽车的工艺相似，先设计出基本样式。因此，“我”先找到泥和露珠，再捏成玩具汽车的形状，最后经仙法一点，就出现了真的玩具汽车。

泡芙习作

我和雷公过一天

当第一缕阳光穿进窗户，我揉了揉蒙眬的双眼醒了过来，忽然看到窗前飞着一个身影。我紧紧闭上眼睛，又睁开，这不是传说中的雷公吗？他身穿黑色战袍，手持雷霆锤子，好不威武。

基于生活经验，出现雷电时，一般乌云覆盖，天色渐黑，伴随巨大声响，所以“黑色战袍”“雷霆锤子”是恰当的神器。

“小姑娘，听说你怕雷。雷，其实并不可怕，今天就跟着俺去见识下真正的雷电之力吧！”雷公的声音如同黄钟大吕，不容我拒绝。我有点担心，却又按捺不住兴奋的心，赶紧点点头，跟着雷公踏上了一段神奇的旅程。

我们穿过云层，到了高耸入云的雷山上。这里，电光闪烁，雷声隆隆，仿佛就是宇宙的核心，凝聚着最强的力量。雷公指着一道小闪电，说道：“看到闪电了吗？那其实是每一声雷的精髓。小闪电，雷声就小；大闪电，雷声就大。不管大小，都得掌握驾驭这股力量的技巧。”

雷公开始耐心地教授我秘诀："要想掌握雷电之力，你首先要相信自己可以掌握。而要掌握这无形的雷电，你可以想象闪电是一个飞镖，雷声就是一把锤子，是可以被握在手心里的。然后，去感受天地间所有像飞镖和锤子的雷电元素，将它们汇聚于掌心之中。"

我按照雷公的指导，慢慢触摸到电和雷的"形状"，掌心忽然出现了一道微弱的电光，不禁兴奋地大喊："我成功了！"雷公满意地点了点头，说："继续练习，你一定可以的！"

就这样，我不断地练习着驾驭雷电的技巧，终于——我左手握着一个黄色的飞镖，右手拿着一把黑色的锤子，轻轻地敲击，就立刻发出了一道震耳欲聋的雷霆，顿时下起了一场倾盆大雨。

因为下雨，天早就黑了，我一直听雷公分享他的经历，都忘记了回家。还是雷公催我，我才依依不舍地回到家。这一天，我将永远铭记在心。

3 让神器的法力发挥一会儿

【泡芙反思】

上次写的《我和雷公过一天》，现在回过头去看，我只能给自己打50分。倒不是觉得自己写得不好，而是有点羡慕小土豆写的《我和孙悟空过一天》，因为雷公只能教会我掌握雷电，而孙悟空却有七十二般变化，用这种变化帮助小土豆做了好多他平时做不到的事。

我和孙悟空过一天

天呐！我简直不敢相信，我居然遇到了孙悟空，他还要跟我一起去游乐园！还等什么呢？马上出发吧。

我刚要打开房门，孙悟空伸手拦住了我，口中念念有词，接着说：“好了，现在只有你才看得到俺老孙了。”

我们很快就来到了游乐园。我看着眼前的过山车，眼里充满了向往，可心里却不禁有些害怕，我可是早就听说过它的赫赫威名，很多人坐上去以后被吓哭了。我有点不敢坐了。孙悟空发现了我的异常，问我怎么了。我把自己的担忧告诉了他。

孙悟空听后嘿嘿一笑，说这有什么好害怕的，跟着他就行了。那可太好了！我忍不住欢呼了一声，跟孙悟空痛痛快快地玩了一天，都快忘记回家的时间了。

你瞧，小土豆都敢去游乐园玩过山车了，我还不敢呢。不过，小土豆写的好像太简单了，孙悟空的最厉害之处就应该是他施展七十二般变化后的神奇现象，可小土豆就一笔带过了，这让人意犹未尽，也未能开发出无限的想象力。

我得去请教下皇甫老师，怎么才能让小土豆把孙悟空施展法力后的变化过程写得清清楚楚呢？当然，我也顺便“偷个师”。

你能察觉到小土豆的文章中的问题，这很不错。小土豆可能忽略了很关键的一点，就是神器发挥是有一个过程的。这个过程，就是把神奇的变化写清楚；而要写清楚，得细细琢磨其中的用词。

这回，还是先从熟悉的课文中寻找思路吧。

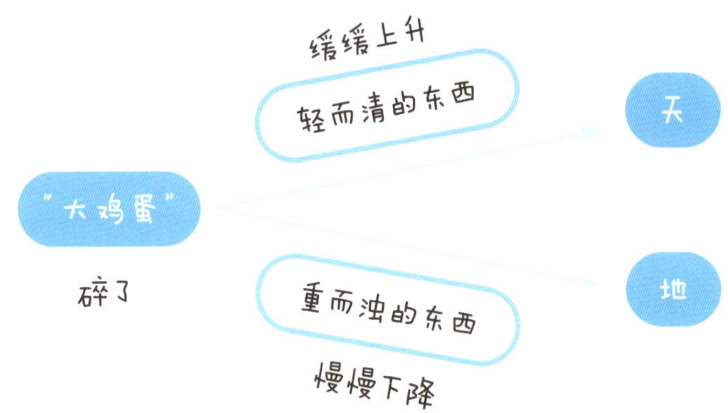

《盘古开天地》里，天与地的神奇变化就不是一蹴而就，而是清清楚楚地告诉我们，天是由“轻而清的东西”变化而来的，地是由“重而浊的东西”变化而来的，而且过程也很详细：碎了→缓缓上升 / 慢慢下降，这不仅把由什么变什么写清楚了，还把怎么变化写清楚了。

变化前的事物	变化过程	变化后的事物
气息	变成了	四季的风和飘动的云
声音	化作了	雷声
左眼	变成了	太阳
右眼		月亮
四肢和躯干		四极和名山
血液		江河
汗毛		花草树木
汗水		雨露

再来看盘古倒下之后的变化，通篇是一个“变成了”，是不是就有点单调了？这样单调的变化过程，在童话故事《灰姑娘》里也有。

变化前的事物	变化过程	变化后的事物
老鼠	变成	马夫
南瓜		马车

风和云是由“呼出的气息”变化而来的，马夫是由老鼠变化而来的……桩桩件件都清楚地告诉了我们，什么是由什么东西变化来的。可

是，这个变化的过程其实是略微单调的，通常都会借助“变成”一词，如果能有个变化，我觉得不仅会更加清楚，也会更有想象力。

举个例子：

变化	变化过程
左眼→太阳	他的左眼咕噜噜一转，就跑到天上当起了太阳，照耀大地
右眼→月亮	他的右眼一转身，挂在云朵上扮起了月亮，给夜晚带来了光明
南瓜→马车	南瓜慢慢撑大，摇身一变，就成了一辆敞亮的大马车
……	……

这样一来，是不是更有趣了？

哦，我明白了，那让我帮小土豆改一改吧！

泡芙修改

我和孙悟空过一天

天呐！我简直不敢相信！我居然遇到了孙悟空，他一身金甲，头戴金冠，手持金箍棒，足踏云鞋，俨然一个卷着长发的美猴王。

还没等我邀请他跟我一起玩，他竟然主动要求跟我一起去游乐园！还等什么呢？马上出发吧！我刚想打开房门，孙悟空伸手拦住了我，口中念念有词，只见他的身子轻轻一晃，从上往下似乎在一点点变得透明，我赶紧揉揉眼睛，定睛一看，孙悟空好端端地站在我的面前。难道是我看错了？孙悟空悠然地开口道："好了，现在只有你才看得到俺老孙了。"

嘿，人红是非多，低调点好！我们很快就来到了游乐园。游乐园，是我梦里都想来的地方，你瞧眼前的过山车，多刺激，我的眼里充满了向往，可心里不禁有些害怕，我早就听说过它的赫赫威名，很多人坐上去后甚至被吓哭了。我也不敢，我可不想被吓哭，多丢脸啊。孙悟空察觉到我的异常，问："你怎么了？"我不好意思地说出了自己的担忧。

孙悟空听后嘿嘿一笑，对我说道："这个简单，看俺老孙的。"

话音刚落，只见他从后脑勺拔下一根毫毛，对着过山车吹了口气。神奇的一幕出现了！那条长长的弯弯曲曲的跑道，忽然一仰头，跑到了天上，挂在云朵上，哦，是一条弯弯绕绕的美丽彩虹啊；而过山车的一排排座位，瞬间长出了轻盈的翅膀，扇啊扇，哦，是一只只悠然自得的蝴蝶风筝啊。天空中飘来几片大树叶，好像塞满了棉花，呀，那不是一团又一团的柔软的云吗？原本高速俯冲的地方，被云朵铺垫得松松软软的，经过时，非但一点不让人感到害怕，反而让人觉得软绵绵的，舒服极了。

太好了！我忍不住欢呼了一声。这下，游乐场还不是我的地盘？跳楼机就地躺下，瘫成了一张蹦蹦床，大摆锤缩了缩身材，晃成了荡秋千，海盗船……从前望而生畏的游乐项目，现在一点儿也不可怕了，尽收囊中。

不知不觉，夜幕降临，孙悟空要走了，我依依不舍地看着他的背影，他什么时候再来啊？

让小泡芙这么一改，小土豆的文章可就有趣多了，光看这个变化过程，就想夸赞这奇妙的想象力，而且想象得很清楚、合理。

变化前的事物	变化过程	变化后的事物
跑道	忽然一仰头，跑到了天上，挂在云朵上	彩虹
座位	一瞬间都长出了轻盈的翅膀，扇啊扇	风筝
树叶	塞满了棉花	云
跳楼机	就地躺下，瘫成了	蹦蹦床
大摆锤	缩了缩身材，晃成了	荡秋千

我和_____过一天

我们看过很多神话和童话，里面的人物有的本领高强、爱憎分明，如哪吒、葫芦娃；有的机智聪明、惩恶扬善，如神笔马良；有的美丽纯洁、温柔善良，如白雪公主。你了解他们吗？喜欢他们吗？你还喜欢哪些人物呢？

如果有机会和他们中的某一位过上一天，你会选择谁？你们会一起去哪里？会做些什么？会发生什么故事呢？

这就是在仔细研读习作要求“会做些什么？会发生什么故事呢？”后，再结合读过的课文开展的积极思考，故事最有意思的部分常常是变化的过程，也是在生活中很难实现的、最让人心神向往的。

人为什么要有想象力？当然是为了更好地做梦啊！

波浪式表达：

神奇的“数”

见过波浪线吗？

海浪是这样的，心电图上的心跳是这样的，过山车是这样的，连你一天之内的心情有时候也是这样的……哦，看来，波浪线跟我们的生活、学习密切相关。

可你有没有想过，这些波浪线跟写作之间也有点关系呢？而且，波浪线还爱跟数字做朋友呢！让我们去一探究竟吧。

1 有趣的“三叠浪”

这些物品的形状是不是很特别，在生活中常常见到吧，自行车的三角形车架、三角形衣架、起重机的三角形吊臂等，是不是都有三角形？这样的物品具有稳定性，可以支撑物品的重量，而且美观，为我们的生活和工作带来了便利。

“三角形”的稳定已经延伸到很多成语里，如“三足鼎立”“三人成虎”等，这是不是因为其中都有一个“三”？没错，很多故事里也往往藏着数字“三”哦，可以让我们的故事激起三层浪哦！

不信？听过《三只小猪》的故事吧，那就从这个故事说起吧。

三只小猪

猪妈妈生了三只小猪。三只小猪长大后，猪妈妈说："你们长大了，应该自己去盖一间属于自己的房子了。"

猪老大花了五小时用稻草搭了一座草房子。猪老二花了六天用木头造了一座木房子。猪老三决定建一座砖头房，他辛苦地一块砖一块砖地垒起房子，虽然过程艰辛，但他毫不气馁。哥哥们早就住进了新房，猪老三还在夜以继日地干活，不辞辛苦地砌墙、粉刷。过了四个月，猪老三的新房子终于盖好了，比哥哥的新房要结实多啦，他好高兴啊！

有一天，一只大灰狼来了，猪老大躲进了草房子里，大灰狼狠狠地吹了一口气，稻草房就被吹倒了，猪老大只好逃到猪老二的木房子里去。大灰狼追到猪老二的木房子前，用力一撞，木房子就倒了。兄弟俩只好逃到猪老三的砖房子里。大灰狼对着砖房子又吹又撞，可是砖房子坚不可摧。

大灰狼看见房顶有个烟囱，就想从烟囱里爬进去，三只小猪在烟囱底下烧了一锅开水，大灰狼掉进开水锅里，被烫死了。

这个故事有趣吧，我们来看看这个故事的创作思路吧！

看到神奇的“三”了吗？由三个角色，引出三座房子，遭遇狼的三次进攻，这故事就变得生动有趣了。

神奇的“三”看到了，“三叠浪”在哪呢？

一吹，吹倒了　　一撞，撞倒了　　又吹又撞，坚不可摧

狼的第一次进攻　　狼的第二次进攻　　狼的第三次进攻

草房子　　木房子　　砖房子

猪老大　　猪老二　　猪老三

整个故事的核心其实就是，三只小猪分别盖了三座房，狼想要吃小猪。第一浪，狼要吃猪老大，吹倒草房子；第二浪，狼要吃猪老大、猪老二，撞到木房子；第三浪，狼想吃三只小猪，吹不倒砖房子，撞不倒砖房子，从烟囱里进去被烫死了。

小泡芙，这就是波浪式表达形成的“三叠浪”。

哦，明白了！我可以先设计三个角色，再为三个角色设计不同的行动，然后出现一个推动情节发展的困难，前两个行动解决不了困难，最后一个成功了，每一次解决困难便是一浪。

像这样的故事还有《三个幸运儿》等。

哦，可以是三个人三件事，还可以三个人围绕一件事三次比赛，等等，我想试一试。

同学们，我们可以到故事里寻找到更多神奇的“3”，《国王与三个儿子》《三打白骨精》《三探无底洞》《三借芭蕉扇》《三英战吕布》《三气周瑜》等。选择若干故事进行梳理，相信一定会有发现的。

小泡芙的梳理

故事名称	主要情节	波浪式表达次数
《国王与三个儿子》	三个儿子各自的经历	三次
《西游记》之《三打白骨精》	白骨精三次变成人类接近唐僧都被孙悟空识破并打死了	三次
《西游记》之《三探无底洞》	孙悟空等人三次进入无底洞打探情况	三次
《三国演义》之《三气周瑜》	诸葛亮三次气周瑜，最终导致周瑜的死亡	三次

哈哈，我发现了一些规律！

其一，创作的角色可以是三个，也可以是一个，还可以是多个，可以根据创设的故事情节而定。

其二，这些故事情节里，波浪式表达都是三次的。孙悟空打白骨精打了三次，第一次白骨精变成了村姑，接近唐僧，被孙悟空识破并打死了；第二次白骨精变成妇人，接近唐僧，被孙悟空识破并打死了；第三次白骨精变成了老者，接近唐僧，被孙悟空识破并打死了。

还有诸葛亮气周瑜也是气了三次。

第一气，周瑜率军攻打南郡，在战斗中受了箭伤，诸葛亮利用这个机会占领了南郡、荆州和襄阳等地。

第二气，周瑜设计将孙权的妹妹嫁给刘备，企图通过扣留刘备来逼迫诸葛亮交出荆州。诸葛亮识破周瑜的计谋，使周瑜的计划失败，遭受了“赔了夫人又折兵”的羞辱。

第三气，周瑜计划通过“假途灭虢”之计夺取荆州，诸葛亮识破，最终周瑜的军队被围困，导致周瑜死亡。

不同的作者、不同的体裁、不同的故事，可为什么都设计为三次呢？

在古人的眼里，三生万物，三三不尽、六六无穷。三复式的写法，可以让节奏紧凑、生动有趣，符合人们的欣赏习惯。

哦，原来是这样，长知识了，我一定要灵活运用好这样的方法。

小泡芙的任务

看下面的图，会想到什么有趣的故事呢？

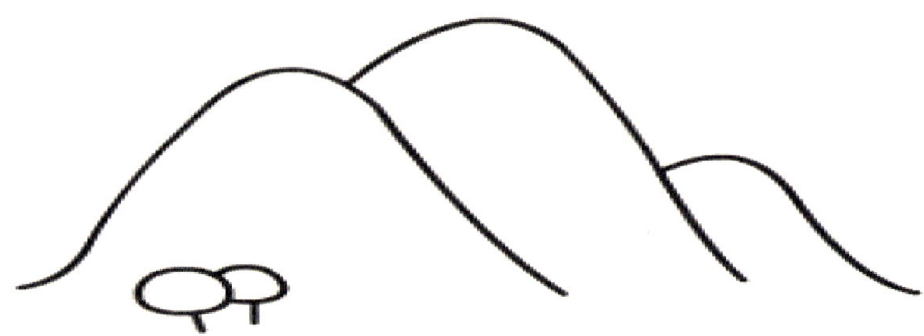

一、思考设计

我可以设计三个角色比赛登山，也可以设计成一个人登山遇到三次困难，还可以设计成多人登山遇到三种困难。

我之前在设定人物角色时，曾经写过《森林的奇遇》这个童话故事，写到小羊想让羊弟弟受伤，结果自己在森林里迷了路，但他拒绝了小汽车的帮助，这里可以继续编写，就写小羊打算翻山回家的过程中遇到三次困难。

主题	遇到的困难	解决方法
小羊翻山	一个小陡坡	轻轻松松就爬上去了
	无处下脚	用脚踢踩，做出一个落脚点
	特别滑，很容易滑下去	手脚并用，抓边上的东西

二、串联成文

三次困难，按照从易到难的顺序，用上合适的语句串联到一块，呈现一次让人印象深刻的登山。

三、成果展示

（三）小羊翻山

小汽车走远了，小羊就在想：我得赶快回家，不然爸爸妈妈问起来，都不知道该怎么作答。他看了看四周，要是没记错的话，只要翻过眼前的这座山，再走过一座桥，就能到家了。

好在这座山看着并不高，一定很快就可以爬上去。正这么想着呢，眼前忽然出现了一个陡坡，小羊全神贯注地开始往前走，可千万不能受伤，不然也不好交代，所以每一步他都走得小心翼翼，一步……两步……三步，跨过去了。小羊直起身子，双手插兜，吹着口哨就往前走。

咦！怎么感觉越来越难走了，都快没地方下脚了，一个能踩的地方都没有，小羊伏低了身子，做好随时迎接地面的准备。眼睛不断地搜寻，下一步该踩在哪呢，找来找去，怎么也找不到。

实在没办法了，小羊就用脚狠狠踩踏起来，造出一个小小的坑，方便踩，一些斜坡的地方就用脚尖踢。虽然东摇西晃的，但也爬了过来。

前面的路就好走多了，除了有点陡之外，一点都不用担心没地方落脚。正得意呢，脚下一滑，小羊掉了下去，这个地方好滑啊，他爬起来继续往前走，可等走到刚才那个地方的时候，他又滑了下去，这一次，比刚才滑得还远，前面的路算是白爬了。

怎么办？小羊想了想，看到了边上一棵顽强探出头来的草，他手脚并用地往前爬，再次接近这个地方的时候，赶紧抓住了那棵草，借着它的帮助，终于爬了过去……

那座熟悉的桥就在眼前了，马上就要到家了。到家后，还要想一想，怎么才能把羊弟弟骗到森林公司去。

这样一来，就塑造了“遇见困难一解决困难”的模式，遇到困难，想办法解决困难，再遇到困难，再想办法解决困难，又遇到困难，想办法解决困难。一次困难就相当于一浪，小羊翻山的时候遇到了三次困难，就有了三次波浪，既丰富了故事内容，又增加了趣味性。

跟着小泡芙一起行动

@爱想象的你 看下面的图，你又会创造出怎样的故事呢？

一篮鸡蛋

这也是《森林的奇遇》里的灵感哦。不信？你看小泡芙的杰作吧！

（四）小猪炒饭

猪弟弟通过了森林公司十项全能比赛的海选，接下来有很长一段时间的集训，猪爸爸猪妈妈因为要工作，根本没有办法抽身照顾，所以就不同意猪弟弟去参赛。小猪为了实现自己当经纪人的梦想，也为了猪弟弟能发光发热，信誓旦旦地说要露一手给猪爸爸猪妈妈看看，就用一碗香喷喷的蛋炒饭来证明自己可以照看好猪弟弟。

小猪哼着歌，开开心心地向厨房走去。可他四下里一转，咦！鸡蛋哪儿去了呢？这可把他急坏了，“想我刚刚夸下海口，不会这么快就打脸吧？”“不行不行，这要传出去了，猪爸爸猪妈妈怎么放心把猪弟弟交给我？”可鸡蛋在哪呢？他左看看，右看看，就是找不到鸡蛋。

别慌别慌，这么想着，他慢慢地冷静了下来，开始回忆猪妈妈平时做蛋炒饭的过程……哈，原来是在这。小猪来到记忆中的小柜子边一看，一篮鸡蛋果然就在那里静静地躺着。

可是……这鸡蛋要怎么才能变成蛋炒饭里的那个样子呢？小猪摸着脑袋，看着这个蛋壳包裹着的椭圆形物体，又犯了愁了。他想啊想，不断回忆，想起来了！“这鸡蛋呀，把它敲一下打在碗里。”他一边说，一边拿起一个碗，把鸡蛋在碗口轻轻一敲，蛋液乖乖地流到了碗里。做完这些，他又学着猪妈妈的样子拿过来一双筷子，左手拿碗，右手拿筷子，使劲地打呀打，不一会儿，鸡蛋打好了。

看着煤气灶上的火焰卖力地为蛋炒饭服务着，小猪嘿嘿笑了起来。可笑了没一会，鼻子闻到一股焦味，糟了，他大叫一声，忙拿起锅铲，卖力地翻炒起来。想起猪妈妈平时拿着锅铲上下翻飞，好像很轻松，直到现在自己做，才觉得好累啊。不过，一想到自己做的蛋炒饭马上可以出锅了，小猪还是坚持了下来。

最后，一份蛋炒饭终于香喷喷地出锅了。小猪小心翼翼地端到餐桌上，猪爸爸猪妈妈尝了一口，忽然会心一笑，又点了点头，说："去吧，带着猪弟弟去吧。"

小猪别提多高兴了，朝着自己的梦想迈进了一步。

其实，我们平时的习作，也可以参照这样的模式。生活中发生的事情，我们可以遇到三次困难，可以有三次尝试，和朋友闹矛盾可以有三次沟通……

这样就会让文章激起三叠浪，文章也不会平淡无趣了。孩子们，去发现和创造更多的神奇的数字"三"吧！

期待你的创作哦！

2 揭开反复式波浪的推手

群聊

我发现有趣的“三叠浪”是把三个浪串联起来形成的一种反复式写法，一般来说，前两个波浪差不多高，但最后一波往往掀起的浪最高，这便是故事的高潮吧！这样的文章有节奏感，读起来也更有趣。

小泡芙，你有一双善于发现的眼睛。正如你所说的那样，在文章中，有些句子、段落、情节会反复出现，它们可能内容差不多，但每次出现时会有一些小小的变化。这就像我们在说话或者唱歌时，会重复一些词语或者句子，让内容更有层次感，让文章读起来更有韵律感，更有趣哦！这样的文章结构就是反复式结构，如果用波浪来比喻可以称为“反复式波浪”。

“反复式波浪”，表现的是一种结构或过程，在这种结构或过程中，某种元素或状态会经历多次的起伏、变化或重复，但每次重复都不是简单的重复，而是带有一定的差异和变化，就像波浪一样，有高潮，也有低谷，但每次的波浪都有所不同。

需要注意的是，“反复式波浪”并不意味着无休止的重复，而是要在重复中寻求变化和突破，使每次的“波浪”都有所不同，有所新意。同时，也要避免过度使用这种结构，以免使文章显得过于烦琐和冗长。

“三叠浪”中有一浪最高，那便是故事的高潮，一般是在最后一浪，而前两波浪都是为最高潮做铺垫的。细读文章，就可以发现形成反复结构有推手哦！

1 特定动作推动

故事	特定动作的反复	读后感觉
《三片羽毛》（中心事件：三次不同的任务情节）	国王拿出三片羽毛，向空中一吹，然后说：“羽毛飞去的方向就是你们前进的方向，去吧，孩子们！”只见一片羽毛飞向东，一片飞向西，第三片一直向前飞，而且很快就掉到了地上。	每一情节的开始都有这个特定动作引出，每次反复有一点变化，避免单调，又很有画面感和节奏感。
	同上次一样，国王拿出三片羽毛，吹向空中，这三片羽毛中的一片羽毛飞向东，一片飞向西，第三片一直向前飞，而且很快就掉到了地上。	
	他第三次将羽毛吹向空中，它们所指的方向与前两次一模一样。	

2 特定语言推动

故事	特定语言的反复	读后感觉
《小壁虎借尾巴》（中心事件：借尾巴）	小壁虎爬呀爬……小鱼姐姐，你的尾巴借给我，行吗？……“不行啊，我的尾巴……”	这个特定的语言很有规律，通俗易懂，小朋友很好记，针对遇到的对象不同，说的话也略有小变化，再配上“爬呀爬”这个动作，整个故事一脉相承。
	小壁虎爬呀爬……牛伯伯，你的尾巴借给我，行吗？……“不行啊，我的尾巴……”	
	小壁虎爬呀爬……燕子阿姨，你的尾巴借给我，行吗？……“不行啊，我的尾巴……”	
《白雪公主》	“魔镜魔镜告诉我，谁是世界上最美的女人？”	这句特定的语言把整个故事串联起来。

3 特定的场景

故事	特定画面	读后感觉
《少年国王》	第一个梦是他看见贫穷的织工在暗无天日的房间里织着金丝做成的袍子。 第二个梦是他看见在一艘船上，黑奴们潜入水中为少年国王寻找嵌在权杖上的珍珠，有一个黑奴还为此毙命。 第三个梦是他站在一片幽暗的森林中，人们为了他王冠上的红宝石而忙碌着，许多劳作之人为此而丧命。	三个梦境的画面对应"在加冕前，他要穿上金丝织成的袍子，戴上镶嵌红宝石的王冠并手拿串有珍珠的权杖"。王子发现自己对美的迷恋竟造成了那么多灾难，从而改变了之前的想法和做法。
《皇帝的新装》	丞相、大臣、皇帝都不愿承认自己是笨蛋，赞美看不见的那块神奇的布料，睁着眼睛说瞎话的场景。	每一个场景都让人忍俊不禁，将故事推向高潮。
……	……	……

哇，原来还有这样的小秘诀，我要用这个方法来改编我之前写的《森林的奇遇》之《小羊翻山》。

改编（三）小羊翻山

小汽车走远了，小羊就在想：我得赶快回家，不然爸爸妈妈问起来，都不知道该怎么作答。他看了看四周，要是没记错的话，只要翻过眼前的这座山，再走过一座桥，就能到家了。

好在这座山看着并不高，小羊朝着山顶爬呀爬，爬山有什么难的，想来以自己的能力，一定很快就爬上去了。正这么想着呢，眼前忽然出现了一个陡坡，原来难度在这。“不急不急，让我来看看这个陡坡有多难。”小羊全神贯注地开始往前走，可千万不能受伤，不然也不好交代，所以每一步他都走得小心翼翼，一步……两步……三步，跨过去了。小羊直起身子，双手插兜，吹着口哨就往前走：“看来，小小一座山而已，果然是难不倒我。”

小羊继续朝着山顶爬呀爬，爬山有什么难的，想来以自己的能力，一定很快就爬上去了。咦！怎么感觉越来越难走了，都快没地方下脚了，原来难度在这。“不急不急，让我来看看这个地方有多难。”一个能踩的地方都没有，小羊伏低了身子，做好了随时迎接地面的准备。眼睛在脚下不断地搜寻，下一步该踩在哪呢，找来找去，怎么也找不到。

实在没办法了，小羊就用脚狠狠踩踏起来，造出一个小小的坑，方便踩，一些斜坡的地方就用脚尖踢。虽然东摇西晃的，但也爬了过来："看来，小小一座山而已，果然是难不倒我的。"

小羊又朝着山顶爬呀爬，爬山有什么难的，想来以自己的能力，一定很快就爬上去了。前面的路就好走多了，除了有点陡之外，一点都不用担心没地方落脚。正得意呢，脚下一滑，小羊掉了下去，这个地方好滑啊，原来难度在这。"不急不急，让我来看看到底有多滑。"他爬起来继续往前走，可等走到刚才那个地方的时候，他又滑了下去，这一次，比刚才还滑得远，前面的路算是白爬了。

怎么办？小羊想了想，看到边上一棵探出头的小草，他手脚并用地往前爬，再次接近这个地方的时候，赶紧抓住了那棵草，借着小草的帮助，终于爬了过去……"看来，小小一座山而已，果然是难不倒我的。"

小羊继续朝着山顶爬呀爬，那座熟悉的桥就在眼前了，马上就要到家了。到家后，还要想一想，怎么才能把养弟弟骗到森林公司去。

这样一改，真的感觉不一样了哎！

跟着小泡芙一起行动

@爱想象的你 请你看看自己编的故事，可以进行修改，加一加或改一改。“特定语言、特定动作、特定画面”，会让你的故事更吸引人哦！

3 五叠六叠七叠浪

群聊

我喜欢上了神奇的“三”，喜欢“三叠浪”的表达，喜欢反复式的结构，喜欢通过想象写出的文章，那么能不能掀起更多的浪呢？

我想有，我们生活中见到的波浪此起彼伏，文章也应该有多层浪。

小泡芙，为你点赞，掌握一种方法的同时，又会产生新的思考。这个问题提得好，不如我们到故事里去寻找寻找。

走进安徒生童话《卖火柴的小女孩》

卖火柴的小女孩五次擦亮火柴，每一次都看到了不同的幻象。

擦亮火柴次数	幻象
第一次	看到了一团温暖的火炉。那火焰跳跃着，散发出温暖的光芒，仿佛能驱散她身上的寒冷。她伸出手，想要靠近那团火，但火柴很快就熄灭了，火炉也随之消失。
第二次	看到了一只香喷喷的烤鹅。那只烤鹅肥美诱人，散发出令人垂涎的香气。她想象着能够咬上一口，品尝那美味的食物，但火柴再次熄灭，烤鹅也化为了泡影。
第三次	看到了一棵美丽的圣诞树。那树上挂满了彩灯和礼物，闪烁着迷人的光芒。她想象着能够围坐在圣诞树下，与家人一起庆祝节日，但火柴的光芒再次消失，圣诞树也随之不见。
第四次	看到了疼爱她的奶奶。奶奶的笑容温暖而慈祥，她伸出手，想要拥抱奶奶。在火柴的光芒中，她仿佛感受到奶奶的怀抱，那是她久违的温暖和安慰。但火柴又一次熄灭了，奶奶的身影也渐行渐远。
第五次	想要留住奶奶。这一次，奶奶没有消失，而是带着她飞向了天堂。在那里，没有寒冷，没有饥饿，没有痛苦，只有无穷的温暖和幸福。

这五次擦亮火柴的经历，便掀起了“五叠浪”，推动情节发展的是特定动作——擦亮火柴。擦亮火柴，幻象发生，火柴熄灭，幻象消失，再次擦亮……如此反复，波浪起伏，紧紧地抓住了读者的心。五次擦亮，结构基本一致，但前四次掀起的浪差不多高，到第五次掀起的浪最高，故事进入高潮。

五次幻象不仅展现了小女孩内心的渴望和向往，也是她孤苦无依生活的写照，让我们感受到她生活的艰辛和无奈。因为寒冷她幻想火炉，因为饥饿她幻想烤鹅，因为缺少快乐她幻想圣诞树，因为缺少关爱她幻想奶奶。可见，这幻象不是随意设定的，是与小女孩的现实生活形成对比的，是她渴望拥有的。

走进菲比·吉尔曼的《爷爷一定有办法》

当约瑟还是娃娃的时候，爷爷为他缝了一条奇妙的毯子。这条奇妙的毯子舒服又保暖，还可以把噩梦通通赶跑。随着约瑟的逐渐长大，毯子也被爷爷不断改造成外套，背心，领带，手帕和纽扣，毯子最终以纽扣的丢失彻底消失，约瑟把这一切变成了美好的故事。

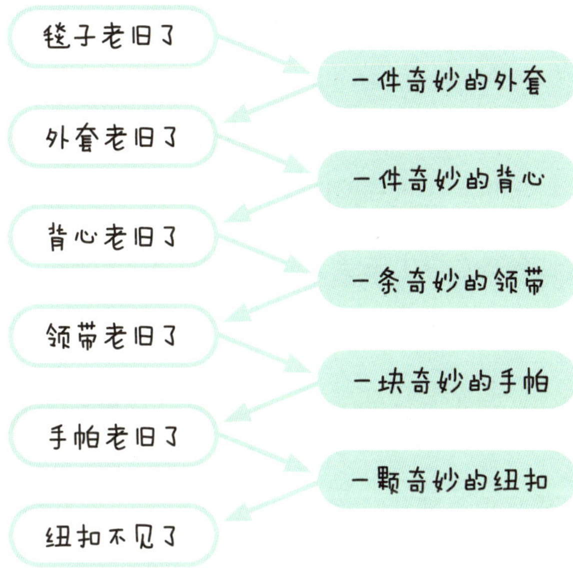

这个故事很有趣，你可以完整地去读一读，那句“爷爷一定有办法”的语言反复出现，推动情节的发展，呈现了反复结构，五个办法五叠浪，富有节奏感，既温馨又朗朗上口。在约瑟的眼中，爷爷很神奇，一定有办法把旧东西变成新的东西，表现爷爷的智慧多，也在一次次的裁裁剪剪、缝缝补补中，度过了快乐的童年时光。五个办法把旧东西创造出的新东西，其中纽扣是爷爷灵感的高峰。当读者还在想如果纽扣老旧了，爷爷还会想出什么办法呢，纽扣不见了，似乎又掀了一叠浪，结尾让故事绝处逢生，有了轻巧又诗意的告别。

走进玛格丽特·怀兹·布朗的《逃家小兔》

《逃家小兔》是很多小朋友喜欢的故事，讲了一只小兔子想离家出走，妈妈说就去追他，和他玩语言捉迷藏，无论小兔子变成什么，妈妈都能变成相应的角色追着小兔子。他们是怎么变的呢？

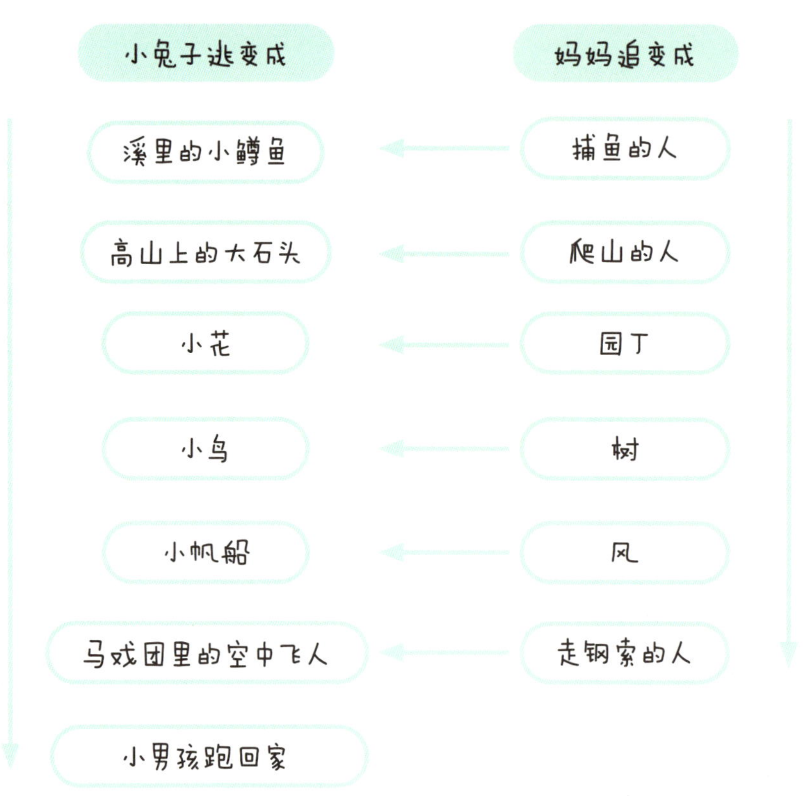

最后，小兔说：“我不如就待在这里，当你的小宝贝吧。”

书中充满创造性想象的奇妙对话：

“如果你追我，”小兔子说，“我就变成……”

“如果你变成……”妈妈说，“我就变成……”

这样的对话让情节层层推进，波浪起伏，小兔子变了七次，逃了七次，妈妈变了六次，追了六次，最后把小兔子追回了家，温馨温暖。无论孩子身处何地，妈妈都会时刻爱着、关注着、牵挂着，妈妈永远是孩子的港湾。

啊，我发现了，反复是可以多次的，是根据故事情节需要而定的。这三个童话故事掀起了多叠浪，但我们读者却不觉得无趣，不会感到冗长，反而很有趣，期待接下去的变化，因为三个故事都是围绕一个主题，进行多样的变化，之间或用特定的事物和动作创设反复结构，或用经典的语言串联形成反复结构，推动情节发展。而每一叠浪都代表着情感的加深或变化，使整体情感更加丰富多彩。

比较多的情节组合（波浪越多），有时虽是反复也可以稍有变化，也可以处理好详略（比如有些情节可简单出现或不出现）。

泡芙习作

有我呢，我帮你

有一片神秘的森林，森林里住着一个善良而勇敢的小女孩，她的名字叫作小乐乐。小乐乐有着一头黑色的长发和一双明亮的大眼睛，她走到哪儿，就把快乐带到哪儿，她看到别人有困难，总是说“有我呢，我帮你”，深受森林里的小动物们喜爱。

推动情节的特定语言

这天，小乐乐在森林里散步，突然听到一阵微弱的哭声。她顺着声音走去，发现一只受伤的小鸟躺在草地上。小乐乐心疼地抱起小鸟，用她温暖的双手轻轻抚摸着它的伤口，说：“别哭别哭，有我呢，我帮你处理伤口。”小乐乐把小鸟抱回家，给小鸟上药，喂食，小鸟的伤口渐渐愈合，它感激地看着小乐乐，然后飞向了天空。不久，窗户上多了一根金色的羽毛，

一叠浪

二叠浪

过了几天，小乐乐在森林里采果子，遇到了一个迷路的小松鼠。小松鼠找不到回家的路，急得团团转。小乐乐耐心地安慰它：“别急别急，有我呢，我帮你！”

三叠浪

她拿出指南针辨别方向，带着它一起寻找家的方向。经过一段艰难的旅程，她们终于找到了小松鼠的家。小松鼠高兴地跳上树枝，向小乐乐挥了挥手。不久，门口多了许多小松果。

四、五、六叠浪

又过了几天，小乐乐在河边遇到了一条被困在渔网里的小鱼。小鱼挣扎着想要逃脱，但无济于事。小乐乐见状，马上说："别动别动，有我呢，我帮你！"她立刻动手解开渔网，将小鱼解救了出来。小鱼在水里欢快地游来游去，送给小乐乐很多彩色的泡泡，它在向小乐乐道谢呢。

一叠二叠三叠浪详写，四叠五叠六叠浪略写

之后的日子里，小乐乐遇到了一只失去家园的小兔子，"别慌别慌，有我呢，我帮你！"又遇到拉车上坡的老黄牛，"有我呢，我帮你！"还遇到被困的小蜜蜂，"有我呢，我帮你！"……而后，家里又多了胡萝卜、大白菜、蜂蜜……

小乐乐发现，每次帮助完小动物后，她都会收到一份神秘的礼物。她把这些礼物珍藏起来，作为她善行的见证。小乐乐也在这个过程中变得更加坚强和勇敢，成了森林里的小英雄。

跟着小泡芙一起行动

@爱想象的你 你想挑战掀起更多浪的写法吗？请大胆想象，注意详略，凸显高潮，讲述一个生动的故事吧！

升级式表达：

士别三日当刮目相看

爬过楼梯吗？中国传统文化里可有很多“登楼”的古诗呢。

1

2

3

鸟啼花发柳含烟，掷却风光忆少年。

更上高楼望江水，故乡何处一归船。

——【唐】顾况《登楼望水》

白日依山尽，黄河入海流。

欲穷千里目，更上一层楼。

——【唐】王之涣《登鹳雀楼》

一上高楼万里愁，蒹葭杨柳似汀洲。
溪云初起日沉阁，山雨欲来风满楼。
鸟下绿芜秦苑夕，蝉鸣黄叶汉宫秋。
行人莫问当年事，故国东来渭水流。

——【唐】许浑《咸阳城东楼》

昔闻洞庭水，今上岳阳楼。
吴楚东南坼，乾坤日夜浮。
亲朋无一字，老病有孤舟。
戎马关山北，凭轩涕泗流。

——【唐】杜甫《登岳阳楼》

登楼，实际上就是一种升级，一级更比一级高。上了高处，看得就更远了，也就有了成长。童话故事里也有升级，只是我们更多地沉浸在童话的幻想里，而忽视了其中的成长奥秘。这一回，让我们回到童话世界里，和主人公来一次成长之旅吧。

1 先弱后强是套路

故事	丑小鸭	灰姑娘	小贝流浪记
故事梗概	丑小鸭因为长相与众不同而被大家嘲笑，到处挨打，被嫌弃，被排挤，被讥笑。丑小鸭一步一步前行，遇到过野鸭群，遇到过公雁、母鸡和小猫，无一例外地遭受了嫌弃。直到来到一群美丽的天鹅面前时，丑小鸭勇敢地走向天鹅，这才发现自己也是一只美丽的天鹅。	灰姑娘被恶毒的继母和两个姐姐欺负。有一天，城里的王子举行舞会，灰姑娘不被允许参加，可受到一位仙女的帮助，她穿着漂亮的衣服和水晶鞋参加了舞会，王子对她一见倾心。离开时，灰姑娘不小心掉了一只水晶鞋，王子靠着这只水晶鞋找到了灰姑娘。最后，他们幸福地生活在一起了。	猫妈妈生了两只小猫，小宝健壮有力，小贝则很瘦弱。有一天，一个调皮的小男孩抓走了小贝。半路上，小贝被一位旅客扔出汽车，流落到了草原上。在草原上，小贝先后遇到了凶恶的野狼、老鹰，也遇到了好心的兔子，经历了各种各样的危险，练就了一身的本领最后，他终于找到了回家的路，一家人团聚了。
发现	从一只被人嘲笑、处处受排挤的丑小鸭，成长为美丽、受到所有人喜欢的白天鹅。	从一个没人疼、受欺负的小女孩，变成受到王子喜爱的幸福女孩。	从一只瘦弱的小猫，练就了一身的本领，变成了强壮的小猫。

在小泡芙的发现之上，再往前走一步，或者往上登一步，就是“升级式表达”。

一开始都处于逆境或者弱势，遭受了很多苦难	经历了一系列的事件	从逆境走向顺境，生活开始变得美好

弱小 → 强大

这就像是游戏里的升级打怪，一开始有一个弱小的人物设定，再设计曲折的故事情节，最后变得强大。

丑小鸭自破壳后便受到种种排挤、讥笑	遇到野鸭、公雁、母鸡和小猫，丑小鸭经受各种嘲笑	长大后发现自己原来是一只白天鹅

其实，不止童话故事，很多涉及故事情节的，如民间故事《牛郎织女》，也有类似的设定。

牛郎自幼失去双亲，随哥嫂生活，嫂子对他不好

遇到黄牛，悉心照顾，黄牛指路，遇到仙女；仙女动情，二人相爱；王母阻拦，天地相隔

喜鹊自愿搭桥供牛郎织女相会

思考到这，你是否想过一个问题，读了这么多充满想象力的故事，是不是已经熟悉了“先弱后强”的阶梯式套路？可为什么还是会沉浸在有趣的故事里呢？

这就说明，每个人看故事，看的不仅是故事里的人，更是在看自己。如果能在故事里得到一些感动、启示，帮助自己更好地成长，才是最好的收获。

三年级的语文书里曾经有一篇课文——《掌声》，讲述了腿脚落下了残疾的女同学英子，因为第一次上台时获得了大家的掌声而逐步改变性格的故事。

英子腿落下了残疾，心里很自卑	同学们给了英子最热烈的掌声，英子有了自信	英子变得自信，微笑面对生活

故事里的是英子，故事外的是许许多多不自信的人。

	故事里	故事外
人物	英子	不自信的人
原因	腿脚残疾	脸上有斑 / 牙齿不整齐 / 学习成绩一般……
表现	1. 很文静，总是默默地坐在教室的一角。 2. 上课前，她早早地就来到教室，下课后，她又总是最后一个离开。 3. 轮到自己回答问题时，立刻把头低了下去，犹豫了一会儿，慢吞吞地站了起来，眼眶红红的，一摇一晃地走上讲台	1. 坐在不被人注意的角落。 2. 总是低着头走路。 3. 在人群中，总是不自在

虽然这篇课文不是想象故事，但是很好地说明了写想象故事的前提就是理解、体会读者的心理。每个人都希望自己不断成长，所以才会喜欢先弱后强的阶梯式表达，这也为想象合理奠定了基础。

泡芙习作

飘在天上的日子

我是个早产儿，妈妈说我出生后很长一段时间是住在保温箱里的。就算长大了，我的体质也很弱，动不动就生病，所以爸爸妈妈总是陪我待在家里，可他们不知道我真的好想出去看看啊。

直到有一天早上——

“快醒醒！快醒醒！”我迷迷糊糊地睁开双眼。“咦！我在哪里？”我大吃一惊，心想：这不是我的家啊！

“你在天上呢！”一位穿着金色衣服的姐姐说。“你是谁？”我惊讶地问道！“难道你不认识我了吗？白云妹妹，我是太阳姐姐啊！对了！你赶紧洗脸刷牙，出去散散步，我先走了，再见！”

我懵懵懂懂地应了一声:“好的！再见！”这时，我看到了一面镜子，一照，我真的是一朵白云，穿着纯白的裙子和白色的鞋子，在镜子前面照来照去，真神奇。

听了太阳姐姐的话，我洗完脸刷完牙，再一把推开房门。啊！我竟然在天上飞！这里也太高了吧，空荡荡的，不免有点胆怯。这时，一只小鸟飞过来，催促我：“快点！快点！升旗仪式马上快开始了，赶紧跟我来！”

虽然不知道是什么意思，但我还是紧紧地跟着小鸟，它飞呀飞呀，我飘哇飘哇。终于到了！听，一阵雄壮激昂的国歌声在学校里飘荡，只见少先队员小心翼翼地举起鲜艳的五星红旗缓缓地向前迈步……

五星红旗迎着朝阳徐徐升起，小学生们注视着五星红旗庄重地敬礼，我激动地对小鸟说：“真壮观啊！我仿佛看到了祖国欣欣向荣的景象，感觉到祖国的繁荣强大……”小鸟点点头，自豪地说：“我们的祖国还有许多大好河山呢！我带你去看看吧！”

于是，小鸟带我领略了蜿蜒的万里长城、古老的黄河、雄伟的天安门、壮观的黄果树瀑布、壮大的布达拉宫、秀丽的峨眉山……我深深地陶醉在眼前的美景中。忽然，我感觉到小鸟的速度变快了，它飞得更起劲了，我紧随其后，看到了法国的埃菲尔铁塔、埃及的胡夫金字塔、南极的极光……

不知不觉，天渐渐暗了，太阳姐姐好像在向我招手，我也要回家了。不过，还有一场时装秀正在等着我呢！太阳姐姐的余光照着我，我的衣服一会儿橘黄，一会儿浅紫，一会儿变成朱砂红。人们停下脚步，仰望天空，仿佛忘记了回家的时间，就和我一样。

跟着小泡芙一起行动

@亲爱的小伙伴们 由弱到强是故事吸引人的秘密，能紧紧抓住读者的心，让读者有所成长。跟着小泡芙一起想想，试着用这样的方式写一个想象故事。

2 经历要有层次地叠加

有一点需要重申，写想象故事真的不是一件天马行空的事，一定要基于人的正常经历进行合理“拔高”。

我们都很熟悉“先弱后强”的故事情节，可要实现从“弱”变“强”，一定要写出很多让人信服的经历，而不是随意地列举。就像人的成长，回想一下，究竟是什么？是甜甜的糖？还是苦涩的药？回首走过的路，每个人都留下了一串可以看见的或深或浅的足迹，有痛苦也有欢乐，有充实也有失落。

在成长的过程中，我们会认识各种新的事物，会尝试各种新的事情，会迎接各种新的挑战，会遇见各种问题并需要解决这些问题，而这也是想象故事中最值得读的内容。

这些经历要如何叠加呢？先做一个调查问卷吧，看看大家对主人公的经历有什么感受。

故事	丑小鸭	灰姑娘	小贝流浪记
主角遭遇的苦难	①丑小鸭到处挨打，被嫌弃，被排挤，被讥笑。 ②丑小鸭出走后，遇到过野鸭群、公雁，母鸡和小猫，无一例外地遭受了嫌弃	①被恶毒的继母和两个姐姐欺负，在家里干粗重的活，弄得全身都是灰尘。 ②无法参加王子的舞会。 ③一到晚上十二点，马车和礼服都会消失。	①被一个调皮的小男孩抓走了。 ②半路上被一名旅客扔出汽车，流落到了草原上。 ③在草原上，小贝先后遇到了凶恶的野狼、老鹰

问题一：你看到灰姑娘、丑小鸭、小贝遭受苦难、受欺负的时候，心里什么感觉？

故事	丑小鸭	灰姑娘	小贝流浪记
故事结局	丑小鸭来到一群美丽的天鹅面前时，勇敢地走向天鹅，这才发现自己也是一只天鹅，而且是最美丽的天鹅	王子靠着这只水晶鞋找到了灰姑娘，最后幸福地生活在一起了	小贝经历了各种各样的危险，练就了一身的本领，结果被当成稀有动物抓回了城里。最后，终于找到了回家的路，一家人团聚了

问题二：你看到故事结局时，心里什么感受？

好神奇啊，我发现大家的想法基本上是一样的。当故事里的主人公遇到危险或遭遇不公的时候，我们也会跟着担心和着急。当主人公有个好的结局时，我们也会跟着开心。

是啊，随着故事发展的变化，我们看着作品中的人物一步一步变得更好，自然而然地会产生共情。看着人物一步步成长起来，更容易让人有代入感，这就是成长的魅力。

哈哈，我发现习作吸引人的秘密了。在作文里给主人公设计一个成长的经历，也就是将“强弱”中的弱写得具体生动，最后由“弱”到“强”一步一步让读者感受到这种成长的力量，才能让拉扯读者的心呢。

小泡芙的发现能让故事更生动，但是我们该怎么设计主角的成长经历？其实我们读的很多故事可以带给我们一些启示。

丑小鸭的“弱”

- 自身麻烦——“丑陋”

  他们当中一个是什么丑八怪呀；我们不要他在这里。

- 他人的嘲笑

  “对是对，但是他那么大那么丑，”那怀有恶意的鸭子说，“因此必须把他赶走。”

- 意外：环境的恶劣

  暴风雨一直不停，小鸭子再也走不动。

我们在设计主角成长经历的时候可以参考《丑小鸭》，从自身、他人和环境等三个方面去考虑。

说起成长的故事，我还想到了《草房子》里杜小康的成长之路。

杜小康出生在麻油地最富有的家庭 → 家庭破产，父亲落下残疾 → 杜小康为读书，到教室偷书 → 杜小康在暴风雨中寻找受惊的鸭群 → 养了大半年的鸭被拿去赎罪 → 杜小康到校门口摆摊 → 不再自卑，不再抱怨

皇甫老师，梳理了杜小康的成长阶梯，我发现成长并不是一直往上走的，而是起起落落的。

文似看山不喜平，故事要有张力，情节不能一马平川，而应设置多个起伏。成长的阶梯上上下下，一波三折，让故事的情节发展呈螺旋式上升。

细化思路：目标 + 阻碍 + 努力 + 结果 / 意外

1	2	3
设置起点	补充过程	设置终点
遭遇阻碍一，如何应对	经历阻碍二，如何应对	经历了阻碍三（更大的危机）

泡芙习作

彩虹岛的奇幻冒险

在遥远的东方，有一个名叫彩虹岛的地方。那岛上常年挂着一道绚丽的彩虹，为这片土地增添了无尽的神秘与魅力。彩虹岛上住着各种可爱的小动物，他们和睦相处，过着快乐的生活。

有一天，彩虹岛上突然来了一位不速之客——暗黑乌鸦。正如他的名字一般，暗黑乌鸦拥有一股邪恶的力量，平日生活在黑暗中的他嫉妒彩虹岛的美好与和谐，想要将这片土地变成一片荒芜。暗黑乌鸦挥动手中的毛笔，一抹，就遮挡住了彩虹岛上的阳光，彩虹瞬间消失了，整个岛屿陷入了黑暗与寒冷。

小动物们非常害怕，可长久生活在一片祥和中，谁也没有办法改变这一切。这时，一只勇敢的小松鼠——松松，决定站出来对抗暗黑乌鸦。他平日最爱看英雄电影，电影里说过，只要努力，找到破除黑暗与寒冷的神器，就能让彩虹岛恢复往日的美好。

松松开始四处寻找，他翻越了崇山峻岭，穿过了茫茫森林，终于来到一个湖边。在湖中央，长着一株千年古树，树上挂着一面金色的镜子。冥冥中，松松觉得这面镜子拥有神奇的力量，能够帮助自己，帮助彩虹岛。于是，他小心翼翼地走到湖边，向镜子祈求帮助。

镜子中映出了彩虹岛昔日的美好景象，也显现出暗黑乌鸦的邪恶力量。镜子告诉松松，要战胜暗黑乌鸦，需要找到彩虹岛上的七颗彩虹宝石。这些宝石分别代表着勇气、智慧、友谊、爱心、信任、希望和梦想，只有集齐七颗彩虹宝石，才能释放出强大的力量，驱散黑暗。

松松回到彩虹岛上，开始寻找这七颗宝石。这一路寻找，松松遇到了各种困难和挑战，但他都没有放弃。勇气宝石是在一棵最高的树上找到的，智慧宝石是在学者的书架上找到的，友谊宝石是在好朋友的信箱里找到的，爱心宝石是在一个流浪汉爷爷的饭碗里找到的，信任宝石是在公园里的喷泉里找到的，希望宝石最容易找，就在自己家门口。

现在，只剩下最后一颗宝石了！梦想宝石在哪里呢？松松找啊找，一直都没有找到，眼看着彩虹岛上的小动物们快撑不住了，他就带着六颗宝石先去找暗黑乌鸦了。

没想到，梦想宝石就绑在暗黑乌鸦的脚下，松松转了转眼珠，瞄到了一棵树，跳了上去，撑起尾巴当降落伞，计算好距离，猛地一跃，爪子刚好就抓住了梦想宝石。这时，一束耀眼的光芒冲天而起，七颗宝石发挥了作用，瞬间擦除了黑暗，暗黑乌鸦的毛笔也被光亮照裂了。彩虹重新出现在天空中，彩虹岛上的小动物们欢呼雀跃，庆祝着黑暗被驱散，光明重回家园。暗黑乌鸦见状，知道大势已去，便化作一阵黑烟，消失得无影无踪。

彩虹岛上的小动物们为松松做了一个雕像，放在了公园的最显眼处。

跟着小泡芙一起行动

小伙伴们，相信你的成长路上一定很精彩。用上皇甫老师的方法画一画属于你的成长故事阶梯吧！

3 写出梦幻的童话故事

我的童话故事征集令

童话正如春天的细雨滋润着万物生长，童话也是我们理想中的世界。每个人都有属于自己的童话故事。在童话世界，一切都有可能发生，动植物可以说话，物品可以拥有生命，甚至时间、空间都可以被任意扭曲。请编写一个属于你自己的童话故事吧！

皇甫老师，童话故事大多是由弱到强，情节也都差不多，总觉得没几句话就写完了，怎么才能写出像《安徒生童话》这样的故事呢？

小泡芙还记得小说三要素吗？小说三要素是人物、环境和情节。情节和环境能塑造人物，环境又可以推动人物的发展。所以故事可以从这三个方面展开。其实童话也可以从这三个要素出发。

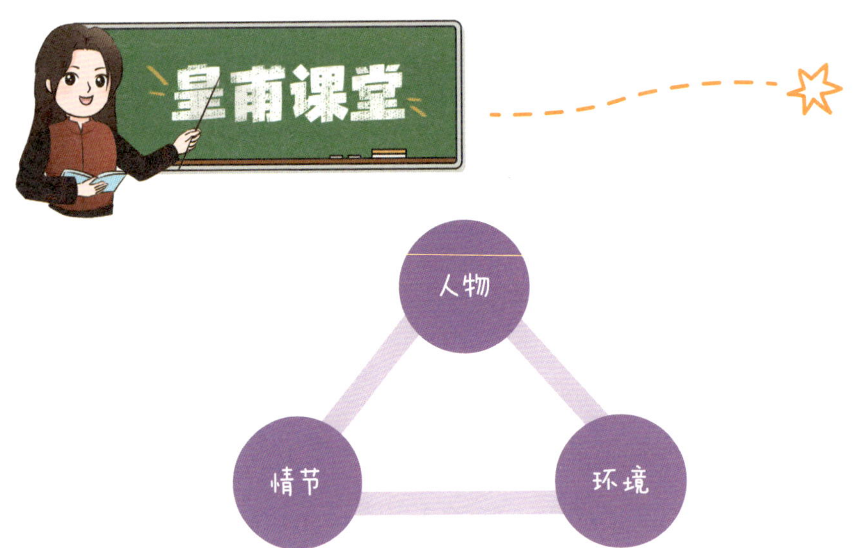

童话世界的主角可以是动物和植物。在那个世界，花会说话，动物也能去冒险。

方法一：抓细节——人物的神态、心理和语言

这位善良的老大臣因此就到那两个骗子的屋子里去了。他们正在空织布机上忙碌地工作。

“愿上帝可怜我吧！”老大臣想，把眼睛睁得特别大，“我什么东西也没有看见！”但是他没有敢把这句话说出口来。

神态

那两个骗子请他走近一点儿，同时指着那两架空织布机，

问他花纹是不是很美丽，色彩是不是很漂亮。可怜的老大臣眼睛越睁越大，可是他仍然看不见什么东西，因为的确没有什么东西可看。

“我的老天爷！”他想，“难道我是愚蠢的吗？我从来没有怀疑过这一点。这一点决不能让任何人知道。难道我是不称职的吗？——不成，我决不能让人知道我看不见布料。”

心理

“哎，您一点儿意见也没有吗？”一个正在织布的骗子说。

“哎呀，美极了！真是美妙极了！”老大臣一边说，一边从他的眼镜里仔细地看，“多么美的花纹！多么美的色彩！是的，我将要呈报皇上，我对这布料非常满意。”

语言

——《皇帝的新装》

方法二：穿插环境渲染

我们都生活在一定的环境中，当心情不同时，对身边事物的感受也会有所不同。如：

一直想养一只小狗，妈妈今天终于答应了。

路旁的一朵朵花儿好像在对我微笑，树上的鸟儿也在欢唱，树叶沙沙作响，好像也在为我高兴。

打篮球的时候，我有几个好机会没把握住，结果我们输给了二班。

路旁的花儿耷拉着脑袋，一副无精打采的样子。树上的小鸟叽叽喳喳地叫着，也像是在讥笑我。

乡间这时候正是可爱的夏天天气，黄澄澄的小麦，绿油油的燕麦，加上牧场上的干草垛，看上去真是美极了。鹳鸟迈着它红色的长腿踱来踱去，叽里咕噜说着埃及话，这是它从它妈妈那里学来的。麦地和牧场被大树林包围着，树林中有些深水塘。在这儿乡间走走实在是叫人心旷神怡。

故事的开头，景色优美

“啪，啪”，空中响了两声，那两只野鹅落到灯心草丛中死了，水被血染得鲜红。“啪，啪”，枪声又响起来，回荡得很远，整群整群的野鹅从灯心草丛中飞起来。枪声从四面八方响个不停，因为猎人把沼泽地包围了，有些人甚至坐在树枝上俯视着灯心草丛。枪的蓝烟像云一样弥漫在黑树上空。

丑小鸭被猎枪吓到的时候，环境压抑

——《丑小鸭》

小泡芙行动：写一写我的童话故事

泡芙习作

森林之旅

在一个遥远的小镇上，住着一只名叫熊熊的小熊。熊熊长得高高大大的，却是熊妈妈口中的胆小鬼，熊熊当然不服气，天天想着能探索一片森林，那里充满了奇遇。

环境描写

有一天清晨，熊熊在街道上散步，忽然，一道阳光洒在身上，热乎乎的，抬头一看，太阳正发出七彩的阵阵光亮。忽然，一束光芒直直地照向了街道旁的一个弄堂，熊熊一扭头，看到了一扇隐藏在树丛中的古老木门。他好奇地推开木门，眼前展现出一片森林——树木高耸入云，花草五彩斑斓，空气中弥漫着淡淡的草木气息。

人物语言

熊熊兴奋地一脚踏进了这片森林。另一只脚还没落地呢，就听到一个声音：“你是谁？”熊熊看了半天，也没见到个人啊，正纳闷呢，声音又来了：“问你话呢！怎么不回答？真不礼貌！”这下，他才看到脚下的蘑菇，正趾高气扬地看着自己呢。熊熊不好意思地挠挠头，说："不好意思，不好意思，初来乍到，还没见过会说话的蘑菇。"

熊熊兴奋地跑向森林深处，可跑得太高兴了，也没有注意方向，等到回过神来时，周围都是茂盛的树木，密密层层的，几乎看不到缝隙，哎呀！迷路了！这可怎么办？熊熊忍不住哭了起来，哭着哭着，熊妈妈从前的唠叨浮现在脑海里："要是你在树林里迷了路，别怕，树木茂盛的一面是南边。"于是，熊熊就一直朝南走，走啊走啊，终于看到了一个小木屋。

挫折①
+
方法

小木屋里住着的是一群小精灵，他们热情地邀请熊熊进屋坐会儿，当听说熊熊的愿望是熊妈妈可以不唠叨，就赶紧交换了一个眼神，说："前面山崖下的蜂蜜就有这个作用呢，吃了后说话就会少言寡语了。"熊熊相信了，赶紧跑到山崖，可山崖太高了，熊熊的身躯庞大，根本爬不上去。他四处张望，终于发现了一块大石头，拿起就砸，结果蜂蜜只掉下点屑屑，可蜜蜂被吓得倾巢出动了，直接朝熊熊奔来，叮得熊熊满脸是包。

挫折②
+
方法

而这群调皮的小精灵，正在旁边笑得直不起腰呢，可看到熊熊好像有点儿生气了，赶紧拿了点药膏涂上去，又告诉熊熊：“女人最喜欢鲜花了，你去采点儿花送给你妈妈，不就行了？”

人物心理

熊熊觉得很有道理，就跑到不远处的草地上，采了一大把颜色鲜艳的花，小精灵们都被迷住了，跑到花上跳舞。熊熊也扭动着身体，别提多欢乐了，就连入口处的蘑菇也跑来了，还有很多小动物呢，一场欢乐的舞会就这样拉开了序幕。

跳着，跳着，熊熊忽然又想起了熊妈妈，自己离开这么久，她会不会很担心啊？说不定正哭着吃不下饭呢。想到这，熊熊抓紧了手中的花，凑近了蘑菇，轻轻地说：“请问，能麻烦你带我回去吗？”

美好的结局

蘑菇一抬头，笑着说：“这么有礼貌，当然没问题啦。”

虽然，这个森林里还有许多熊熊想要探索的地方，可他已经很知足了，经历了这么多好玩的事，特别有意思，等回到了小镇，还有机会的话跟熊妈妈一起来，就算熊妈妈有点唠叨也没关系。

跟着小泡芙一起行动

童话就是一个美丽的梦，藏着我们美好的愿望。小伙伴们，写一写你心中的童话故事吧！

反差式表达：

意料外情理中

亲爱的小伙伴们，你们知道“反差萌”这个词吗？

一个人或角色的行为、外观或性格等特征与其给人的固有印象形成鲜明对比或反差时所产生的萌态，就是反差萌啦。

我们常常在童话故事和小说中看见这类反差，比如白雪公主和七个小矮人，小矮人的身高与长相都比较另类，甚至令人害怕，但偏偏这群其貌不扬的小矮人救了白雪公主，一直陪伴、帮助她。王子公主的幸福生活感动了千万读者，而心地善良的小矮人也收获了无数读者的喜爱。可见，在塑造人物时使用“反差”的设计，不仅可以使人物不再脸谱化、扁平化，而且能展现人物的多面性。

那不妨把这种特性放入写作中，让我们的习作充满惊喜吧！

1 人物反差萌萌哒

小泡芙

我今天终于看清了表哥的真面目——他就是个“两面派”。平时在家里可高冷了，从来不多说一句话，就算家里来了客人，他最多点个头，就自顾自进房间了，害得我都不敢惹他。可是，我今天去他的班里找他，却看到他扮着鬼脸，扭着屁股，跟同学闹得可开心了。姑姑，你知道吗？

1天前

♡ **皇甫老师 小土豆 小叶子**

小土豆： 求扮鬼脸、扭屁股的视频，一定很可爱。

小叶子： 你表哥是哪个班的？这么可爱，我去给他打“call”！

皇甫老师： 听你这么一说，我忽然有了灵感。最近在教想象作文，如何创造一个人物形象，你表哥刚好就是个例子！

小泡芙回复皇甫老师： 反差？

皇甫老师： 这其实要叫反差萌。在你朋友圈的评论区就看出来了，大家都喜欢这样的角色。有反差的人物往往能引起最大的关注，在创造童话角色时，可以使用这个技巧。

将有反差的人物作为故事中的角色，的确有让人读下去的欲望。直接把这种写法放进作文里，对于同学们来说，可能是困难的。因为我们不知道如何设置人物形象，才能让反差显得“意料之外却在情理之中”。那不如先尝试寻找什么样的人物看起来是有反差的，可以从反差的不同角度思考，如空间、时间、形象。

空间反差塑造法

在同一段时间，对不同事物区别对待的“反差”属性，或者与人物表面形象不符的实际形象。

比如大家熟悉的著名反派人物——“灰太狼”，奸诈狡猾、阴险恶毒，是一个大反派，小朋友对他的第一印象极差。但是多了解，你会发现他在家人面前完全是另一番模样，迁就妻子与儿子，常常因做错事挨训，可怜兮兮的，有种反差萌，这也让“灰太狼”收获了不少观众的喜爱。

小泡芙在行动

哦！我懂了，如果想描写一名同学的特征，除了写他常见的样子，还可以抓住他与平时不一样的样态，比如班上有一个叫小哲的同学，他平时对朋友、同学都很友好，独独在父亲面前“张牙舞爪”，极其嚣张跋扈，这是为什么呢？

对老师：尊重懂事　　父亲来接：冷漠，从后面走

对同龄：互帮互助　　父亲开家长会：坐得很远，不沟通

面对陌生人：友善　　作文要求写父亲：不写、交白卷

直到一次家长会，班主任才了解到小哲的爸爸一直在外地工作，从小就很少陪伴他，爸爸一回来就在书房工作，教育也是极其严格，对小哲的各方面都要求很高。现在爸爸回来了，想要跟小哲沟通，但是小哲觉得对方很陌生，很尴尬，所以一直拒绝跟爸爸接触。这就是为什么友善的小哲大变样的原因。

皇甫老师，空间塑造法强调的是时间不变的情况下，人物本身的变化。那么，如果时间也在变化，人物是否也会随之变化呢？是不是下一个方法叫“时间反差塑造法”？

时间反差塑造法

随着时间的推移，人物逐渐表现出与一开始出场时不相同的样子，甚至形成反转。这种反转戏剧化强调的不是速度上的，而是主人公本质上的彻底“逆反”。小说中大名鼎鼎的黑化就是这种塑造法的典型案例：一开始人畜无害、心思单纯的主人公，在经历了各种“社会的毒打”之后，奋起反抗，大杀四方。

看过动画片《灌篮高手》吗？一群篮球队球员在高中三年打篮球生涯中，经历了各种挑战和困难，最终实现了梦想和目标。樱木花道这个经典角色，就是通过时间反差萌的方式塑造出来的。最开始，在加入篮球队之前，樱木花道对篮球一窍不通，甚至连规则都不清楚，也不是真心地热爱篮球，加入篮球队后经常偷懒，逃避训练，挑衅教练和队友，有时甚至会放弃比赛。后来，经过了赤木刚宪的指导，以及一次次的对抗和学习、一次次的失败和挫折后，他逐渐掌握了基本的篮球技巧，也逐渐认识到自己对篮球的热情和执着，还发展出自己独特的技能。

小泡芙，你可以去童话故事里或小说中找找这样的人物，想必能更好地领悟这个写作技巧。

小泡芙在行动

泡芙翻出读了一大半的《新木偶奇遇记》，边看边想：匹诺曹的变化不就是用了时间反差塑造法吗？泡芙试着用导图清晰地标出主人公的特征反差曲线。

纯真善良	撒谎、自私、恶意满满	真诚、平和	勇敢
出生像白纸一样	被猫和狐狸骗走金币；被孩子陷害，被好友忽悠，放弃上学；让爸爸杰佩托住进监狱	爸爸、绿松石仙女给的爱	救金枪鱼

皇甫老师，这样一梳理，我对时间反差塑造法产生了浓厚的兴趣，马上要学"编写童话"这一课，我跃跃欲试！

观·人物外貌

老舍先生在一部较为冷门的小说《赵子曰》中，也使用了反差来描写人物的外貌。

周少濂是一位很古老的青年，弯弯的腰像个小银钩虾。瘦瘦的一张黄脸像个小干橘子。两只小眼永远像含笑，鼻尖红着又永远像刚哭完。这样似笑非笑，似哭非哭的，叫人看着不能起一定的情感。细嫩的嗓音好似个七八岁的姑娘，可是嗓音的难听又决不是小孩子所能办到的。眉上的皱纹确似有四五十岁了，嘴唇上可又一点胡子茬没有。

——选自老舍《赵子曰》

这段话中，我们可以找出至少三处看似前后矛盾的外貌描写：

腰是弯的，脸像干橘子 VS 可嗓音却细嫩如同七八岁的小姑娘

眼睛含笑 VS 鼻尖却像刚哭完似的

眉上皱纹似有四五十岁 VS 嘴唇上却没有胡子茬

小泡芙，你看，通过设置巨大的反差，人物形象马上变得鲜明起来。若是仔细观察，很多人有这种看似矛盾的外貌特点。在生活中，不仅人物的表情存在反差，外貌与声音之间也可以制造反差。

例如，他长得高大魁梧，远远望去，黝黑的面孔上两只明亮的眼睛提溜转，总是腼腆地站着，跟菜市场的大妈们讨价还价也多用手脚比画，看上去甚是憨厚。可是一张嘴唱歌，却仿佛青山流水一般，细柔的声线让人听了，会产生一种发自内心的舒坦。

小泡芙在行动

皇甫老师，这样一梳理，我对时间反差塑造法产生了浓厚的兴趣，马上要学“编写童话”这一课，我跃跃欲试！

他长得高高壮壮，满脸络腮胡子，一对狐狸眼看得让旁人心底生寒。可是走起路来，他的两只小脚前后交叉蹦跶，两只大手更像翅膀似的，在身体后方摆来晃去，活生生像只自由畅游的鸭子。

察·人物行为

人物行为上的反差体现在身份与命运上的转变。

人物身份的转变并不是单纯指身份形象的转变，更多是指“强势”与“弱势”的转变。例如，六年级下册《骑鹅旅行记》中主人公尼尔斯不爱读书学习，总是调皮捣蛋，恶意捉弄小动物，因捉弄一个小精灵而被对方用魔法变成了拇指般大的小人，比平时那些被他欺负过的小动物还弱小，从“霸凌者”变成了“被保护者”，从“强势”变成了“弱势”，这就是人物身份的转变。

有时人物身份自始至终都没有发生变化，发生变化的仅是主人公的命运，而变化前后主人公所处的情境截然相反，甚至形成对立，造成故事的反转。孙幼军的经典童话《小贝流浪记》，采用对照的手法，刻画了小宝、小贝两个迥然不同的形象，经历了不同的成长历程，命运发生了翻天覆地的变化。

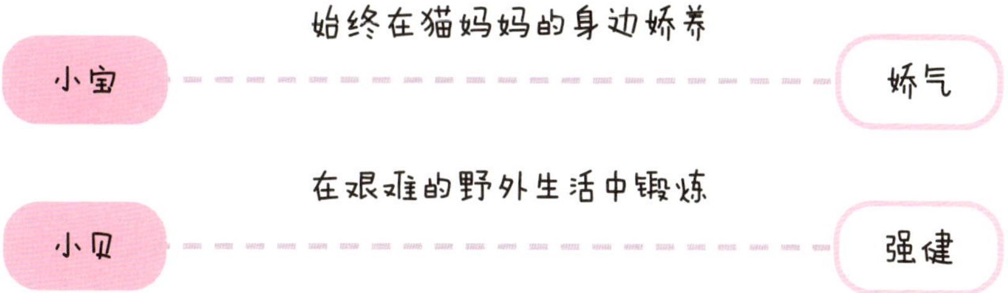

2 文似看山不喜平

小泡芙

老师不叫我改作文，反而让画曲线图，这是为什么呢？

故事新编

一年后，兔子和乌龟再次相遇，兔子想起上次因为自己的疏忽、大意而输给乌龟的事情，心中满是懊悔。于是兔子邀请乌龟再一次展开一场比赛，以证明自己的实力，乌龟同意了。这次，它们请来了老黄牛作为裁判。老黄牛是个公正无私的动物，兔子和乌龟都对老黄牛的裁判能力表示信任，相信它能公正地评判这场比赛。

比赛当天，兔子和乌龟站在起跑线上，老黄牛站在一旁。随着老黄牛一声令下，兔子和乌龟同时冲出了起跑线。兔子像离弦的箭一样迅速向前冲去，而乌龟则按照自己的节奏稳步前进。兔子没有像上次那样中途停下来休息，而是咬紧牙关，全力以赴地向前奔跑。最终兔子凭借自己的速度和毅力，率先冲过了终点线。它兴奋地跳起来，欢呼雀跃。而乌龟垂头丧气：唉，上次是意外，我终究是跑不过他。

建议画一画这个故事的情节图！

1天前

♡ **皇甫老师 小土豆 小叶子**

小土豆： 你先画画看呗，说不定有意外的发现。

小泡芙： 可是我不太会画呀，用线条来表示吗？

小土豆： 小泡芙，我根据你的文章画了一幅图，你猜怎么样？居然是一条直线，哈哈。

小泡芙回复小土豆： 原来我的作文平铺直叙，毫无悬念。

清代诗人袁枚在《随园诗话》中说过“文似看山不喜平”“文须错综见直，曲折生姿”，说的就是文章要写得内容有波澜，行文有起伏，有高有低，有慢有紧，好像波浪一般富于变化，这样才会引起读者阅读的兴趣，摆脱平庸。

很多同学的作文读其开头就猜到了整个故事。这源于习作时想象的空间太小，写作时总觉得只有生活那点小事，于是流水账一般地写。的确，习作内容是源于生活，但只要在创作时添加不同的想象，就会高于生活了。

以四年级下册《故事新编》为例，皇甫老师收到了另外两位同学编写的故事后续。

故事新编（一）

比赛开始了，兔子像离弦的箭一样冲了出去，速度快得让人眼花缭乱。乌龟则按照自己的节奏，一步一步地向前爬。兔子很快就消失在了大家的视线中，而乌龟则成了大家关注的焦点。

兔子跑得飞快，他一边跑一边想着如何羞辱乌龟，完全忘记了上次的教训。就在他得意忘形的时候，他突然看到路边有一片鲜嫩的胡萝卜地。他忍不住停下来，开始大吃起来。他告诉自己，只是稍微休息一下，吃完这些胡萝卜就继续跑。

然而，胡萝卜的味道实在太好了，兔子越吃越起劲，完全忘记了时间的流逝。而乌龟则一直按照自己的节奏，坚持不懈地向前爬。当他经过那片胡萝卜地时，看到了正在大吃特吃的兔子，但他并没有停下来嘲笑兔子，而是继续向前爬。

就这样，乌龟一步一步地接近了终点。当他爬到终点的时候，发现观众们都惊讶地看着他。他抬头一看，发现兔子还在胡萝卜地里大吃特吃，完全没有意识到比赛已经结束。

B 同学

故事新编（二）

在遥远的森林里，兔子和乌龟的再次赛跑吸引了无数动物的关注。这次，他们换了一条赛道，赛道上多出了一道陡坡，兔子利用自己的大长腿，三步并作两步地跃了上去又跳了下去，乌龟竭尽全力爬上了坡头，望着长长的下坡路犯起了难。突然，他灵机一动，将头缩进龟壳，卷成一个球，利索地滚下了陡坡，正好砸到草地上，他调整好状态，继续赶路。

而兔子这边被一条蜿蜒的小河挡住了去路，他眉头紧锁，思索着：哎呀，不好，我不擅长游泳，而乌龟则是水中的高手。但兔子并没有放弃，心想：即使我不会游泳，我也要找到过河的方法，绝对不能被乌龟那家伙嘲笑。乌龟则显得从容不迫，他慢慢爬到河边，准备游过小河。然而，就在乌龟即将下水的时候，兔子突然冲了过来，一不小心滑入了河中。兔子在水中挣扎，他惊恐地大喊："救命！我不会游泳！"乌龟见状，毫不犹豫地跳入水中，游向兔子。他用尽全身的力气，将兔子拖向岸边。经过一番努力，乌龟和兔子终于安全地回到了岸上。兔子感激地看着乌龟，心中充满了愧疚和敬意。兔子这才意识到，自己之前的骄傲和自大是多么的可笑和危险。

C 同学

小泡芙，你读读看，更喜欢哪一位同学写的呢？

第二个！C同学编写的故事情节变化较多，前后内容有很大的反差，简直就像看电影一般，当我读到兔子利用自己的长腿越过陡坡时，我认为这次的胜利者应该是他了，毕竟这一回他丝毫没有放松。没想到，故事的反转来得那么快，赛道上的小河简直就是乌龟的福地，碰上不善水性的兔子，结果还用猜吗？事实证明，我又一次错了！乌龟没有抛弃在水中挣扎的兔子，两人算是“不打不相识”了，这个故事内容编得有新意，情节也一波三折，读起来令人耳目一新，我甘拜下风。皇甫老师，我试着给第二个故事配了情节图，您看可以吗？

爬陡坡

过河流

起点

终点

小泡芙，我们真是心有灵犀，皇甫老师找到了《龟兔赛跑》故事最原始的版本，也配上了情节图，我们一起来比一比吧。

有一天中午兔子和乌龟相遇了，兔子看见乌龟慢慢吞吞地爬着就故意说："朋友我们来一场跑步比赛吧。"乌龟看见兔子骄傲的样子，就点了点头说："好啊。"

"预备，开始！"在猴裁判的一声令下，兔子像箭一样飞奔了出去，不一会儿就把乌龟远远地甩在了后面，兔子边跑边想：乌龟可真笨，爬得这么慢还和我比赛，我先休息一下也能赢。这样想着兔子就来到一棵大树下躺了下来。

乌龟虽然爬得很慢很累，可是它也没有气馁，一步一步用力地往前爬，它离终点越来越近了。可兔子一直在呼呼大睡，等它一觉醒来抬头看，乌龟已经快到终点了，它拔腿就往前冲，可还是赶不上乌龟了。

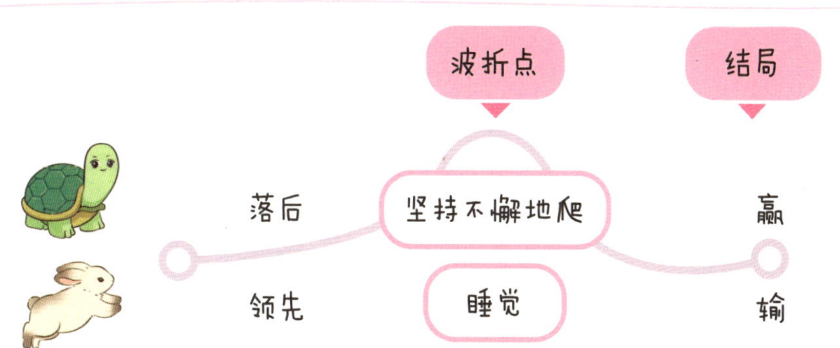

对比三个新编的故事情节图，我们不难看出，情节发生了出人意料的转折，让故事内容有了起伏，更容易吸引住人，让他人继续往下看。

就像学习生活，老师宣布语文考试有人考了一百分，你最先想到谁？是不是班里那几个平时成绩就特别好的同学。但如果老师宣布，是班里某位平时默默无闻或平时总在七八十分徘徊的同学，你的好奇心是不是一下子就上来了。这就是反差的力量，它能提高作文的吸引力，激发大家的兴趣。

在童话和小说中，情节曲折的故事数不胜数，我们来欣赏几个，学习故事中如何设置一波三折的情节内容。

灰姑娘——选自《格林童话》

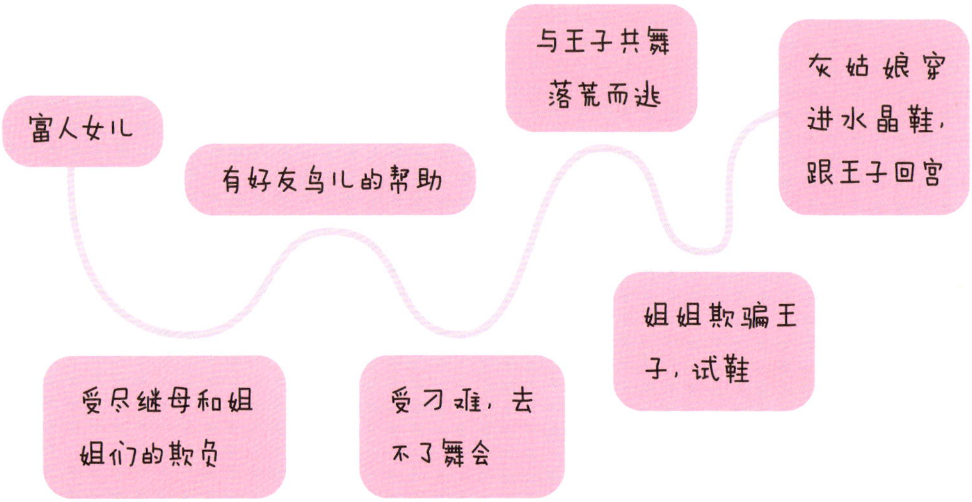

富人女儿

受尽继母和姐姐们的欺负

有好友鸟儿的帮助

受刁难，去不了舞会

与王子共舞落荒而逃

姐姐欺骗王子，试鞋

灰姑娘穿进水晶鞋，跟王子回宫

咕咚——选自人教版小学语文一年级下册

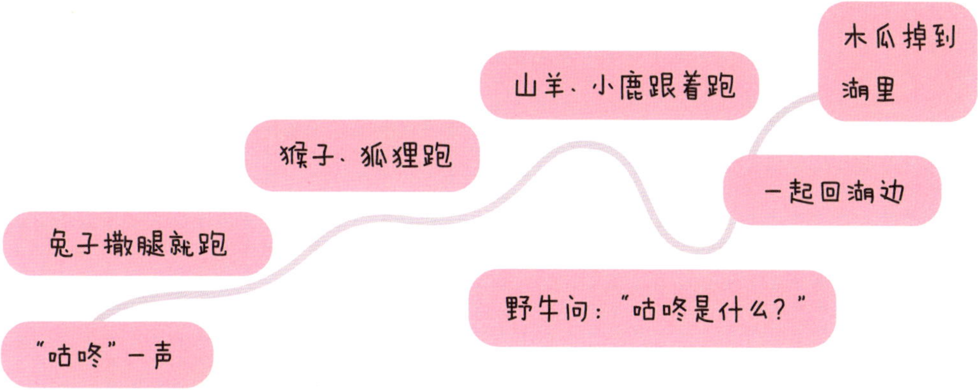

"咕咚"一声

兔子撒腿就跑

猴子、狐狸跑

山羊、小鹿跟着跑

一起回湖边

木瓜掉到湖里

野牛问："咕咚是什么？"

两茎灯草——选自《儒林外史》

两个亲人

两笔银子

两位舅爷

两茎灯草

慢性子裁缝和急性子顾客——选自《周锐幽默王国系列》

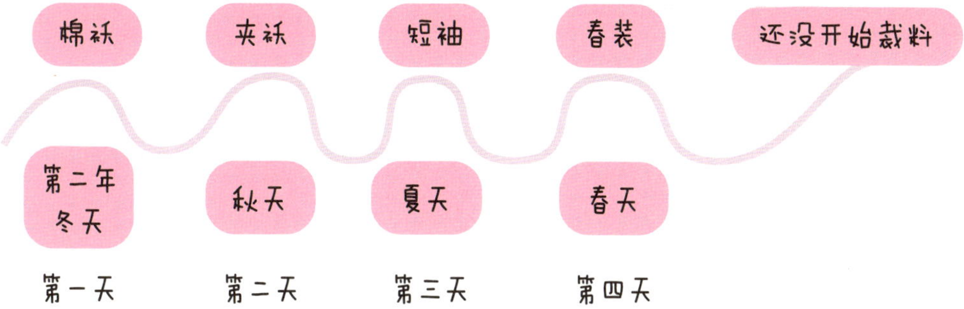

第一天	第二天	第三天	第四天	
棉袄	夹袄	短袖	春装	还没开始裁料
第二年冬天	秋天	夏天	春天	

3 出人意料 顺理成章

皇甫老师

皇甫老师，我仔细观察了上面几个故事的曲线图，发现每个故事的结局都很令人意外，又都很合理，似乎除了作者这个结局，我再也想不出更好的结局来配如此精彩的情节了。看来，我不适合当作家。😭

别气馁，来，你试试给《龟兔赛跑》写一个结局，再反向思考要设置什么样的情节才能到达你设置的这个结局。你会怎么写？

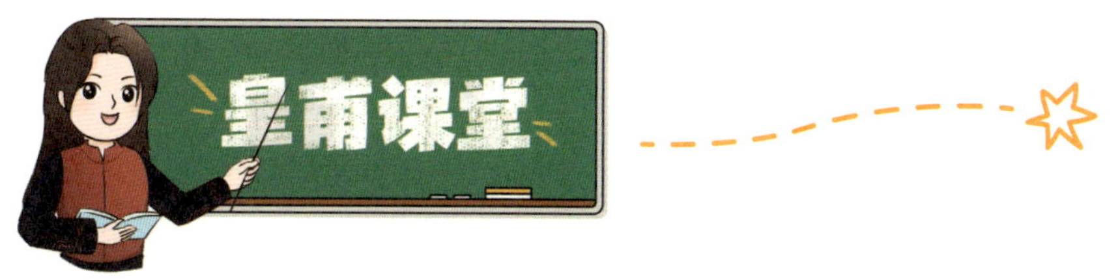

大部分同学和小泡芙一样，写的结局是“这次兔子赢了”，理由是：只有与上一次比赛结果不一样，才能彰显出自己设置的结局多么“与众不同”。但是，这个故事的结局难道除了乌龟赢或兔子赢，就不存在其他的可能性了吗？请看下面这张学习单。

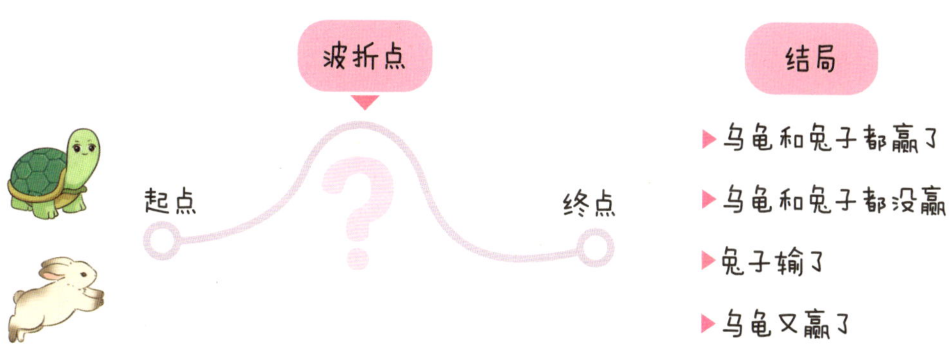

可见，《龟兔赛跑》的结局并不是“非输即赢”，而是存在多种可能性，可能是“双赢”，也可能是“双输”，即使想要创造有反差感的结局，也应该打开思路，考虑结局的多样性，而不是陷入“另类、冷门，就是令人震撼的好结局”的误区。

在完成习作《故事新编》时，当你大概已经想好一个结局了，并且接下去的所有情节都以这个结局为目标去编写，你会惊奇地发现“结局≠情节”，即当故事的结局不同，情节势必跟着发生变化，而这个变化并不是唯一的。同理，当故事的情节有了波动，也会造就不同的结局。我们可以参考《青蛙卖泥塘》这篇课文。

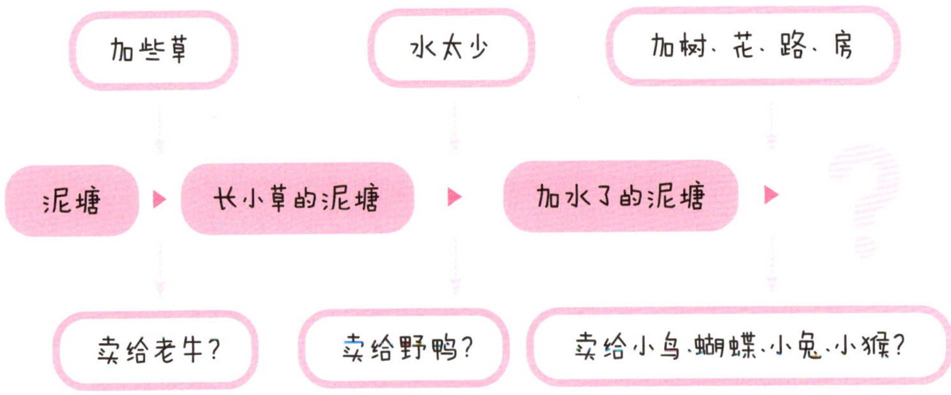

开始读这个故事时，小朋友们很容易被“泥塘最终卖给了谁？”这个问题吸引注意力，随着故事中每一位给泥塘提建议的客人的到来，大家的心一次次被提起“是这位客人要买走吗？”当经过好心的客人们的各种提醒，青蛙把泥塘改造得越来越漂亮，读者的期待也越发高了，好奇心到达顶峰，迫切地想知道谁会是华丽的泥塘的主人。结果大反转：青蛙依旧是主人，他不卖了！整篇故事内容精炼，情节峰回路转，读到最后不住地称赞，这便是反差式结局的魅力。

《青蛙卖泥塘》的故事我读过好几遍，每次都被结局感动，作者通过一种“售卖”的方式让青蛙把自己的家装扮得漂漂亮亮，童话故事总是这么温暖啊！皇甫老师，再给我们讲讲反差式结局的故事吧，我想学着用到习作中去！

隐藏式反差

还记着著名作家谈歌写的《桥》的结尾吗？

突然，那木桥轰的一声塌了。小伙子被洪水吞没了。

老汉似乎要喊什么，猛然间，一个浪头也吞没了他。

一片白茫茫的世界。

五天以后，洪水退了。

一个老太太，被人搀扶着，来这里祭奠。

她来祭奠两个人。

她丈夫和她儿子。

那位被老汉从人群中揪出来的小伙子多么令人印象深刻，直至课文的最后，我们才发现，他居然就是老汉的儿子。这是一种隐藏着的反差，作者故意不在前面的情节中透露两人的关系，反而将描写重点放在两人的冲突上，让读者先入为主地以为他们“关系不良”，甚至老汉对小伙子有诸多不满。待到结局再揭晓两人的父子关系，令人震撼。这种结尾往往能够给读者留下极其深刻的印象，使情节更加圆满，人物更加丰满。

启发式反差

故事中人物行为的目的、过程与结局截然不同，通过对过程的详细描绘，对后来出现的结果进行大量的铺垫，从而出人意料，启发人深刻思考。例如，著名作家海明威在《老人与海》中描绘一位老人在大海中与鲨鱼搏斗的过程，但最后带回的只是一副鱼骨架。

> 那天下午，露台饭店来了一群旅游者，有个女人朝下面的海水望去，看见在一些空酒瓶和死梭子鱼之间，有一条又粗又长的白色脊骨，一端有条巨大的尾巴，当东风在港外不断地掀起大浪的时候，这尾巴随着潮水起落、摇摆。

“那是什么？”她问一名侍者，指着那条大鱼的长长的脊骨，它如今仅仅是垃圾，只等潮水来把它带走了。

“鲨鱼。”侍者说。

“我不知道鲨鱼有这样漂亮的尾巴，形状这样美观。”

“我也不知道。”她的男伴说。

在大路另一头老人的家棚里，他又睡着了。他依旧脸朝下躺着，孩子坐在他身边，守着他。老人正梦见狮子。

这样的结局不得不让人质疑：一番生命的搏斗只收获一副鱼骨架，最终它只能成为被潮水冲走的垃圾。通过前期对老人执着地与鲨鱼纠缠的大量描写，给读者“错觉”：这么多笔墨描绘的老人，想必是能够战胜鲨鱼，像英雄那样凯旋。结果，如此漫长的坚守只换回一副如同垃圾般的鱼骨。老人既没有成为电影中征服鲨鱼的王者，也没有为自己带来任何的利益，甚至把身心拖得无比疲倦。前后述说的落差如此之大，反而形成一股强大的压力，逼迫读者去思索：老人竭尽全力，却一无所获，这一切究竟值不值得？

揭露式反差

这样，皇帝就在那个富丽的华盖下游行起来了。站在街上和窗子里的人都说："乖乖！皇上的新装真是漂亮！他上衣下面的后裙是多么美丽！这件衣服真合他的身材！"谁也不愿意让人知道自己什么也看不见，因为这样就会显出自己不称职，或是太愚蠢。皇帝所有的衣服从来没有获得过这样的称赞。

"可是他什么衣服也没有穿啊！"一个小孩子最后叫了出来。

"上帝哟，你听这个天真的声音！"爸爸说。于是大家把这孩子讲的话私下里低声地传播开来。"他并没有穿什么衣服！有一个小孩子说他并没有穿什么衣服啊！""他实在没有穿什么衣服啊！"最后所有的老百姓都说。皇帝有点儿发抖，因为他似乎觉得老百姓们所讲的话是真的。不过他自己心里却这样想："我必须把这游行大典举行完毕。"因此他摆出一副更骄傲的神气。他的内臣们跟在他后面走，手中托着一条并不存在的后裙。

——《皇帝的新装》

这个结尾来自大家耳熟能详的童话故事《国王的新装》，孩子单纯的话语如同一枚原子弹一般投入了沉睡已久的森林，与前文所有人掩盖自己看不到“皇帝的新衣”所附和的谎言形成了强烈的对比。不愧是充满了夸张和想象的童话故事，连结局都是爆炸式的反差。启用“孩子”这样一个特殊的角色来撕破谎言，更引人发省，让读者有一种“意料之外又情理之中”的认同感，也能更好地揭示故事的内涵和寓意。

比如你要写一篇题为“神奇的一天”的作文，你打算怎么写？试试反差，你早上醒来发现你变成了班主任的样子，你要拿起课本去教室上课，要陪孩子们吃饭，要找没写作业的孩子谈话……怎么样，光是这样想象就觉得很刺激，对不对？这就是反差的力量，试着去使用它吧！

泡芙习作

“醒醒，快醒醒。”

我感觉到有人在急切地叫我，我极不情愿地醒了过来，嘟囔道：“啊！怎么又要上学了，你帮我跟老师请个假，就说我病了，今天不能去上学了。”

说完这话，我感觉在叫我起床的那个人更着急了，一把把我拉了起来，大声道：“你在说什么胡话呢，睡糊涂了吧。你就是老师啊。”

啊！我……我是老师！我是老师了？我吓了一跳，忙跑到镜子前一照，这……这……这不是我们班主任的脸嘛。可我是阿呆啊！这可怎么办。难道，我要去学校上课吗？

我忐忑不安地来到了学校，看着教室门，半天不敢进去。就在这时，我看到小泡芙背着书包正小心翼翼地走来。哈，这小泡芙，一定又在书包里藏了早饭。想到这里，我便说道：“小泡芙，你又带什么好吃的了，快拿出来给我尝尝。”

啊！小泡芙听后吓了一大跳，接着是满脸不可思议地看着我。

糟了，忘了我是老师了。对了，我是老师呀！嘿嘿，这下我阿呆发达了。想到这里，我板起面孔，学着往日里老师的模样，义正词严地要求小泡芙把书包里的吃的全部交出来。顺利拿到好吃的，我信心大增。开始盘算着同桌的那个玩具，阿智的课外书，小薛的辣条。正想着呢，边上一个同学走过，毕恭毕敬地对我说了一声老师好。这一下，吓得我顿时紧张起来，手都不知道该往哪里放。我一下子就体会到老师的崇高，原来被人尊敬的感觉这么美好。我是老师，我现在是我们班的班主任，我不能给班主任抹黑。

不就是上课嘛。我阿呆一定行。我最知道同学们哪里不懂了。我慢慢讲一定也可以讲明白的。嗯，阿呆，你行的，加油！

“醒醒，快醒醒。阿呆，快醒醒，你上学要迟到了。”

啊！刚才那一切都是梦吗？什么！那我现在还在床上？糟了，这下真的要迟到了。希望小泡芙书包里的早饭还在。

后记

一直以来，我在指导孩子们写作的时候，都会用一种形象的比喻或通俗的方法进行引导。比如理解过渡句时，我会说一篇文章就像人，而过渡句就像人的脖子、腰、膝盖、脚踝，把上下自然地联结起来，可以起到承上启下的效果。通过这样的比喻来引导学生在写作中使用过渡句，这样的方法孩子们会觉得很有趣，很好理解，写起来就水到渠成了。我很想把这样的方法写出来，于是，就有了这套书。

回首编写这套书的时光，我的心中一直充满感慨与期待。从构思到探讨，再到成稿，我时刻提醒自己，要以最严谨的态度、最实用的方法，引导孩子们进行写作，让他们在文字的海洋中畅游，感受文字带来的力量与美感。

在这里，我想感谢帮助和支持我的人。感谢师傅俞虹老师，她像一盏灯，指导和引领我向前走，鼓励我不断挑战自己，把心中一直想写的写出来。感谢李梦佩老师，她像我的经纪人，时刻提醒我写作进度的推进，催着我交稿交稿，《把科学写进微习作》感谢她协助整理。感谢梅丽萍老师协助整理《稻花香里说丰年》。感谢胡燕飞老师协助整理《这个节日，“社牛”出没》。感谢骆民老师协助整理《热火朝天的劳动课》。感谢翁依娜老师、童雪珍老师协助整理《含羞草，NO！ NO！！ NO！！！》。感谢沈滢老师、赵攀老师协助整理《会飞的兔子》。感谢桐庐县学府小学三（7）班、五（5）班的孩子们提供例文。感谢编审、编辑的认真审读。感谢学校、教师、学生的系列活动，为我的创作再现诸多情境。谢谢每一位与我一起努力、并肩作战的人，你们是我前进的动力。

在这里，我想对孩子们说：写作并非易事，但是只要你肯努力，肯坚持，就一定会享受到写作的幸福，就一定能写出属于自己的精彩作品。孩子们，我希望这套书能够成为你们写作路上的良师益友，陪伴你们一同成长、一同进步。

孩子们，这套书只是你们写作路上的一个引导者，真正的写作之路还需要你们自己去探索、去实践。祝愿你们在写作的道路上越走越远，越写越好！

感谢每一位读过这套书的人，多提供宝贵意见和建议，你们的反馈会让我不断完善这套书，并让我明确新的努力方向。

好了，我们继续一起努力吧！

稻花香里说丰年

- 糖葫芦串法
  - 设计旅游攻略
    - 从几个方面设计“游玩攻略”手册
    - “问题+解决”的方法思维
  - 外出旅游
    - 设计旅游朋友圈文案
      - 从不同角度描写沿途风景
      - 从整体到局部的顺序介绍建筑分布
      - 根据景点知识不同特点记录分享
        1. 科普知识分享
        2. 人文历史分享
        3. 民风民俗分享
        4. 特色美食分享
  - 写好游记
    - 导游词串连法
    - 移步换景串连法
    - 时间变化串连法
- 粽子包法
  - 课间十分钟游戏
  - 游戏场面写生动
    - 人物描写，彰显个性
      - 点面结合，写出层次
      - 形态各异，写出个性
    - 环境渲染，身临其境
      - 推动情节
      - 烘托心情
      - 渲染氛围
    - 一波三折，写出变化
      - 设置波澜
  - 从起源、材料、玩法等几方面写游戏
  - 呈现游戏的立意
    - 跳出游戏本身，去掉多余内容
    - 通过人物动作、语言神态描写，体现立意
- 三明治写法
  - 好书推荐
    - 有序叠加式写推荐
      1. 平铺直叙介绍一本书
      2. 叠加简单书本信息
      3. 叠加人物、情节等
      4. 叠加生动优美的文字
      5. 叠加引人深思的道理
      6. 呼吁阅读书本
    - 分享式推荐
      - 把书读薄：提纲式、图画式、自问自答式
      - 把书读厚：心得式、仿写式、评价单式
    - 剧本式推荐
      1. 开头写清时间、地点、角色、场景
      2. 中间写清情节发展、角色冲突与对话等
      3. 结尾冲突解决，揭示主题
- 流量演绎法
  - 调整逻辑 写活动策略
  - 户外比赛活动
    - 点面结合 写活动流程
    - 层层深入 写活动意义
- 板块式表达
  - 体味职业的多彩
    - 分板块设计和撰写成长规划
    - 分板块采访和撰写采访录
    - 分板块整理和撰写研究报告

作者：李雨薇 LA

微习作里看世界

稻花香里说丰年

皇甫芬 著

WUHAN UNIVERSITY PRESS
武汉大学出版社

图书在版编目(CIP)数据

微习作里看世界.稻花香里说丰年/皇甫芬著 .—武汉：武汉大学出版社，2025.4

ISBN 978-7-307-24412-2

Ⅰ.微… Ⅱ.皇… Ⅲ.作文课—小学—教学参考资料 Ⅳ.G624.243

中国国家版本馆 CIP 数据核字(2024)第 109383 号

责任编辑:冯红彩　　责任校对:汪欣怡　　版式设计:曹　凝

出版发行：**武汉大学出版社**　(430072　武昌　珞珈山)

(电子邮箱：cbs22@ whu.edu.cn　网址：www.wdp. com.cn)

印刷:湖北金港彩印有限公司

开本:787×1300　1/24　印张:35.25　字数:457 千字

版次:2025 年 4 月第 1 版　2025 年 4 月第 1 次印刷

ISBN 978-7-307-24412-2　定价:168.00 元(全六册)

前言

听，孩子的声音：写作，写作，是为了什么呢？在你迷茫无措的时候，打开这套书，里面有很多生活故事，你会发现写作是一件很快乐的事，是一种本领。这套书给予你用文字记录生活、表达自己、理解和感知世界的勇气。

听，孩子的声音：写作，写作，写什么呢？在你无从落笔的时候，打开这套书，里面涉及多个角度，有生活圈、节日圈、劳动圈、交际圈、跨界圈、未知圈。你会发现很多微小的世界值得写，获得写作的灵感。

听，孩子的声音：写作，写作，怎么写呢？在你毫无章法的时候，打开这套书，里面把写作方法和生活情境、常见事物或现象结合起来，从课堂走向课外，形象生动，通俗易懂。你会学到很多巧妙的方法，拥有写作的力量。

听，孩子的声音：写作，写作，水平怎么提升呢？在你失去写作动力的时候，打开这套书，里面告诉你写作需要持之以恒，还需要阅读来补充能量。细水长流方能水滴石穿，写着写着，你就会遇见灵感，遇见故事，遇见希望！

什么是微习作？大家最初的理解便是写简短的文章，其实不全是。皇甫老师觉得，文章可长可短，要根据表达的需要而定，这里

的微习作更体现的是写作要随处、随时发生。生活中有许多看似微不足道的小事物、小角落、小事件，都蕴藏无尽的“大作文”，我们要学习在微小的世界里自由表达，用文字记录点点滴滴，表达自己独特的体验与创作，提升观察与思维的能力，从而更深刻地理解和感知世界。

《稻花香里说丰年》是本套书的第一册。本书带领孩子们在生活中体味作文之美，“糖葫芦串法”写出外出旅游的好玩；“粽子包法”写出课间十分钟的快乐；“三明治写法”表达读书的味道；“流程演绎法”表达比赛的激情；“板块式表达”去看看世界有多大。每一种方法如同一扇窗户，透过它，我们可以看到不同的风景，感受到不同的情感，更传递了一种对生活的热爱和对世界的好奇。

目录

糖葫芦串法：

粽子包法：

糖葫芦串法：

外出旅游很好玩

谈起旅游，几乎人人心之向往，淄博烧烤、天水麻辣烫……总有一个地方，让你魂牵梦萦。你恨不得放下手中的作业，扔掉所有的烦恼，奔赴一个地方，尽情欢呼、尽情玩耍。

可旅行是说走就走这么简单吗？攻略要不要做？怎么做？到了一个地方，朋友圈要怎么发才能让自己成为羡慕的中心？能不能像徐霞客一样，认真探索一个地方？……如此种种，要如何实现呢？

这一章，就让糖葫芦串法来帮我们吧。

糖葫芦，甜又香，串起童年好时光。

山楂果儿红又亮，竹签串起一串糖。

熬糖浆，火候巧，晶莹剔透闪金光。

轻轻一转蘸满糖，糖葫芦儿真漂亮。

糖葫芦是我们小孩子的最爱，糖葫芦的串法啊，这可是个技术活呢！首先，得挑选一些大小适中、颜色鲜艳、没有虫眼的山楂果，洗净晾干。然后，用竹签或者特制的糖葫芦签子，从山楂的底部开始，一个一个地串起来，注意要串得紧实一些，不要让果子之间有空隙。这样，一串诱人的糖葫芦就串好了。接下来，就可以进行熬糖和蘸糖等步骤，让糖葫芦变得更加美味。其实这个过程和我们写作文很相似哦，糖葫芦和我们的作文有什么联系呢？我们能够学习什么样的习作方法呢？

1 设计旅游攻略很重要

小泡芙

要去旅行啦！好开心耶！

1天前

♡ **皇甫老师 小土豆 小叶子**

小土豆：去旅行？那可要给我带伴手礼哦。

皇甫老师：祝旅途愉快！

小泡芙回复皇甫老师：谢谢老师！可小泡芙还有烦恼，旅游攻略怎么写？每次到了旅游地，不知道先玩什么？路线该怎么走？食物要么太少，不够吃；要么太多，吃不完，又要背回来……听说“旅游攻略”可以帮助避免这样的尴尬呢！

小叶子回复皇甫老师：我也有同款烦恼！

皇甫老师回复小泡芙：哦，不难，我发你！

皇甫老师回复小叶子：那就跟小泡芙一起学习老师的“攻略”吧！

一份好的旅游攻略就像一串糖葫芦，一颗山楂就是一个方面，把每个方面的设想写出来，然后“串”在一起就成了。

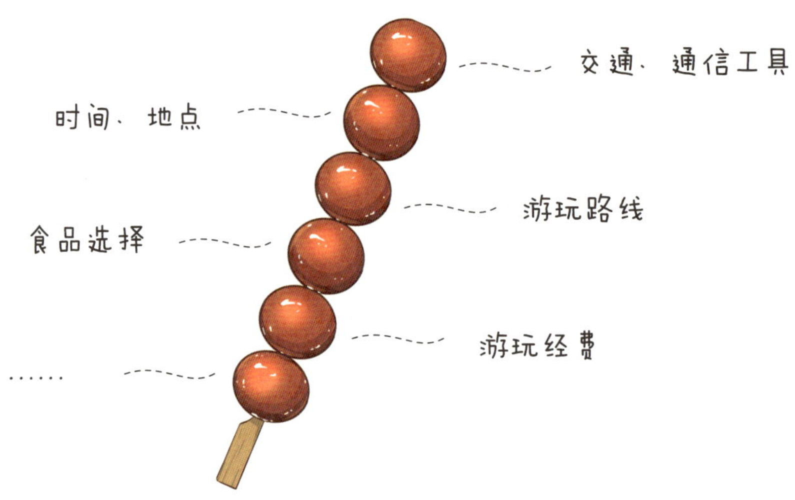

每个方面又怎么设计呢？

可以采用“五问＋解决”的方法来思考。

要到哪里去？

1. 根据实际需要明确要去游玩的地方，定好出游时间。
2. 利用图书、手机、电脑查一查游玩地方的特色。
3. 选择值得游玩的项目。
4. 如果需要住宿，可以根据评价就近选择心仪的宾馆。

怎么到达目的地？

1. 上网查阅到达目的地可乘坐的交通工具(汽车、高铁、飞机)。
2. 设计出行线路，选择合适的交通工具、出行时间。

怎么游玩？

1. 查一查每个游玩项目的特点，规划游玩路线。
2. 搜寻当地特色美食。

怎么准备衣物？

1. 根据出行时间和天数，查阅当地天气、温度等，选择合适的衣服和生活用品。
2. 备足出游经费。
3. 不要忘记准备一些应急的药品，如克痢痧、感冒药、晕车药等，以备不时之需。

怎么写下来？

1. 将上面的内容进行梳理。
2. 分时间、地点、人员、准备工作、出行路线、游玩攻略等几个方面记录下来，形成游玩手册，这便是你旅行的指南了！

下面是皇甫老师带着同学们共同设计的“游玩攻略手册”，供你参考。

游玩攻略手册

时间：20××年×月×日

地点：××极地海洋公园

人员：皇甫老师和同学们

准备工作：具体如下

一、生活物品

1. 查询天气预报，游玩这天阳光明媚，准备好太阳帽吧！

2. 准备几个垃圾袋，便于随时收集垃圾，保护公共环境。

3. 可以准备若干口罩，以防病毒传染。

4. 准备易携带的小瓶消毒水，必要时做好消毒。

5. 带上纸巾与湿巾，做好个人卫生。

二、交通工具

距离不远，选择乘坐公交车前往。

三、通信设备

1. 带上电话手表，记下老师、同学的电话号码，保持联系。

2. 可以带上手机，这样既可以进行拍照留念，又可以与他人联系，防止迷路。

注：可以都带，也可选择其一。

四、食品选择

1. 去面包店购买新鲜面包。

2. 去休闲食品店或超市购买休闲食品，例如：①果冻（加强消化）；②各类糖果（补充糖分，消暑解渴）；③薯条（补充能量）；④坚果（补充营养）；⑤即食麦片（补充维生素，健脑）；⑥奶片（补钙）……

3. 准备一瓶矿泉水或一壶茶水，另外可以准备两瓶冷泡茶饮品。

每类食品适当多准备几份，在游玩中与同学分享。

五、游玩资金

1. 门票费：299 元。

2. 零用资金：200 元。门票已经包含所有游玩项目，无须另外购票，所以零用资金主要用于购买热食和纪念品。

六、游玩攻略

查阅整理：×× 极地海洋公园是一个融自然、生态、娱乐于一体的理想之地。

景区内有 19 个展示馆，5 个表演剧场。在馆内可与海豚互动拍照，与企鹅面对面，与北极熊近距离接触。馆内还有玻璃海底隧道，能观赏到热带鱼、鲨鱼、海龟、水母等水生动物。

特色项目表演时间表

海象表演（海象剧场）

10:00 16:00

鲸奇之旅表演（白鲸海二楼）

10:40 13:30

人鲸之恋表演（白鲸海一楼）

11:10 14:00

海狮表演（海狮剧场）

11:40 14:30

海豚表演（雨林海豚湾三楼）

12:10 15:00

路线设计

进馆→钱塘江流域→海象剧场→北极狼→水濑海狸鼠→雨林海豚湾→棕熊馆→海豹馆→企鹅岛→白鲸海→海狮剧场→海象馆→水豚部落→海牛馆→梦幻水母宫→到指定地点集合→出馆

哇，一次小小的旅行，原来有这么多讲究！
旅游之前想一想，设计攻略很重要，
一个方面一山楂，多问几个怎么办，
利用网络多查阅，整理方法分点说，
多个方面串起来，就像一串糖葫芦，
简洁明了不盲目，攻略助我快乐游。
谢谢老师！小泡芙的烦恼消失了！

跟着小泡芙一起行动

@想去旅行的人，选一处你想去的地方，计划一次美好的旅行吧，可以体验不同的民风民俗，可以感受不同的地域文化，也可以领略不同的风景名胜。旅行前设计好攻略会让旅行过程美好加倍哦！

（　　）旅行攻略手册

2 朋友圈的文案这样发

小泡芙

每年暑假，咱们语文老师都会布置游记类的作文，旅游是快乐的，可是每次回来写作文，我真的是绞尽脑汁啊！跟小泡芙有同款烦恼的有没有？

1天前

♡ **皇甫老师 小土豆 小叶子**

小土豆：+1

皇甫老师：游记类作文说难不难，说简单也不简单，一不小心就会写成流水账。

小泡芙回复皇甫老师：皇甫老师，那您有什么好办法吗?

皇甫老师回复小泡芙：当然有呀！要想写好游记类作文，先别急着一口气完成整篇习作，可以先学会在旅途过程中发朋友圈，把自己印象深刻的场景用照片与文字呈现，等旅行回来，一翻朋友圈就有很多作文素材了。

小叶子回复皇甫老师：👍皇甫老师这招太棒了!

我们继续以串糖葫芦为例：

你瞧，糖葫芦的原材料有很多，我们可以将不同口味的水果串起来，这样吃起来更有风味。

写作文好比串糖葫芦，我们可以从不同方面积累作文素材，对这些原材料进行整理加工，然后按照一定的顺序串起来，就形成一篇优秀的习作啦！

哇，那您快教我发朋友圈！！！

哈哈，我现在就来支招，朋友圈的文案我们可以这样发！

沿途风景不能错过

在前往旅游目的地的途中，很多美丽的自然风光往往会被忽视，如果能够拿出手机拍照或录个视频发朋友圈，那也是很好的习作素材哦！

出金华城大约五公里到罗店，过了罗店就渐渐入山。公路盘曲而上。山上开满了映山红，无论花朵还是叶子，都比盆栽的杜鹃显得有精神。油桐也正开花，这儿一丛，那儿一簇，很不少。山上沙土呈粉红色，在别处似乎没有见过。粉红色的山，各色的映山红，再加上或浓或淡的新绿，眼前一片明艳。

一路迎着溪流。随着山势，溪流时而宽，时而窄，时而缓，时而急，溪声也时时变换调子。入山大约五公里就来到双龙洞口，那溪流就是从洞里出来的。

——叶圣陶《记金华的双龙洞》

这是叶圣陶先生在《记金华的双龙洞》一文中对沿途风景的描写，既有整体对山和溪流的描写，又分别从视觉和听觉两个角度重点描写“映山红”“油桐”“溪声”，发朋友圈时，如果能写一个类似的文案，肯定点赞多多！

格局分布有序介绍

一个好的朋友圈旅游文案，不能缺少对旅游景点分布的介绍。

紫禁城内的建筑分为外朝和内廷两部分。外朝的中心为太和殿、中和殿、保和殿，统称三大殿，是国家举行大典礼的地方。三大殿左右两翼辅以文华殿、武英殿两组建筑。内廷的中心是乾清宫、交泰殿、坤宁宫，统称后三宫，是皇帝和皇后居住的正宫。其后为御花园。后三宫两侧排列着东、西六宫，是后妃们居住休息的地方。东六宫东侧是天穹宝殿等佛堂建筑，西六宫西侧是中正殿等佛堂建筑。外朝、内廷之外还有外东路、外西路两部分建筑。

——引自故宫博物院官网上的相关介绍

故宫属于建筑类旅游景点，发朋友圈时，我们可以写一个整体的介绍文案，按整体到局部的顺序介绍故宫的建筑格局，再配上一张游览路线图，就能让人特别清楚地知道故宫的格局分布。

景点知识记录分享

今天，全国各地都掀起了一股“研学”热潮，在行万里路的过程中，旅游景点背后蕴藏着的历史文化、科学知识让我们收获满满。我们可以把旅行途中看到的各种素材积累下来，并将之写进游记类作文中哦。

科普知识记录

客家人是从中原的繁盛地区迁到南方的。他们大多居住在偏僻、边远的山区，为了防备盗匪的骚扰和当地人的排挤，便建造了营垒式住宅，在土中掺石灰，用糯米饭、鸡蛋清作黏合剂，以竹片、木条作筋骨，夯筑起墙厚 1 米、高 15 米以上的土楼。这些土楼大多为 3~6 层楼。上百间房如橘瓣状排列，布局均匀，宏伟壮观。

2 人文历史记录

中国古代神话传说中，盘古死后，头部化为泰山。《史记集解》中记载：“天高不可及，于泰山上立封禅而祭之，冀近神灵也。”古人认为，东方为万物交替、初春发生之地，故泰山有“五岳之长”“五岳独尊”的美誉。

自古以来，中国人就崇拜泰山，有“泰山安，四海皆安”的说法。古代帝王多选择在泰山封禅和祭祀，并下令在泰山建庙塑神，刻石题字。古代的文人雅士对泰山仰慕备至。泰山宏大的山体上留下了20余处古建筑群，2200余处碑碣石刻。

哇，看来我在旅游过程中，要多关注景区里的文字介绍，也要认真听导游讲解，这样可以发好多有趣、有料的朋友圈呢！

是呀。所以旅游不能走马观花，在游览的过程中要学会记录，学会思考，那样的旅行收获会更多。

民风民俗回味无穷

无论去哪里旅游，除了著名的景点，当地的民风民俗、特色美食总是游客的最爱，也是朋友圈文案必不可少的内容。

厦门，这座美丽的海滨城市，不仅有着迷人的自然风光，还隐藏着许多令人垂涎欲滴的美食。其中，姜母鸭和土笋冻就是厦门的两大特色美食，让人一尝难忘。

姜母鸭，选用优质的鸭肉，搭配特制的姜母调料，经过精心炖煮而成。这道菜色泽金黄，香气四溢，鸭肉鲜嫩多汁，入口即化。而那独特的姜母香味，更是让人回味无穷。

土笋冻，是厦门的另一道传统小吃。其实此“笋”非彼“笋”，“土笋”学名“星虫”，产于海滩泥沙中，经过一系列复杂的工艺制作而成。土笋冻晶莹剔透，口感爽滑，味美甘甜，清凉解暑，是夏日里的一道美味佳品。

以厦门的特色美食姜母鸭和土笋冻为例，我们可以把美食的制作过程和口感介绍清楚，配上美食的特写镜头，这样的朋友圈文案真的会让人垂涎欲滴！当然，我们也可以写一写当地的民风民俗。

夜幕降临，丽江的街头巷尾开始热闹起来。纳西族的男女老少身着盛装，手持火把，从四面八方汇聚而来。人们手牵手，围成一个又一个巨大的圆圈，开始载歌载舞。火把在他们的手中舞动，火光映照着他们的脸庞，显得如此生动而美丽。歌声、笑声、欢呼声此起彼伏，汇成了一曲动人的乐章。他们的脸上洋溢着喜悦的笑容，眼中闪烁着期待的光芒。火把在他们的手中跳跃，照亮了整座古城。

你瞧，火把节是丽江纳西族特有的节日习俗，将旅游过程中看到的活动场景记录下来，也是很棒的朋友圈文案哦！

哇，朋友圈的文案原来还可以这样写啊！沿途的风景、景点的分布情况、景点的相关知识、当地的民风民俗……我的游记类作文一下子素材满满了！

跟着小泡芙一起行动

选择一两个角度，既可以是沿途的风景、景点的分布情况，也可以是景点的相关知识、当地的民风民俗……为自己的旅行写一篇朋友圈文案吧，还可以贴上照片哦！

3 做个小小“徐霞客”

小泡芙

明代的地理学家徐霞客创作的《徐霞客游记》实在是太棒了！徐霞客简直是我的超级偶像！

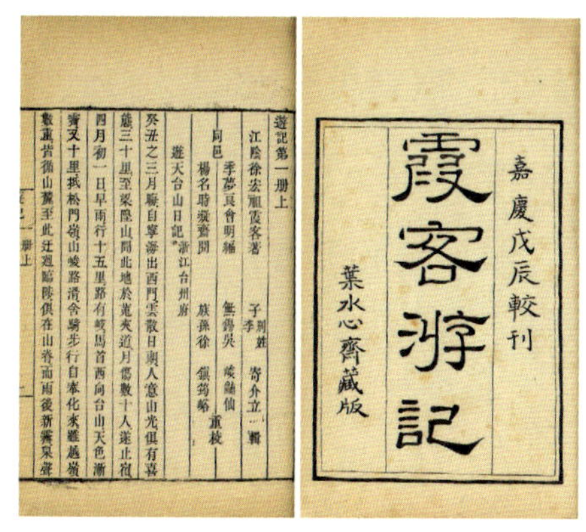

遊記第一冊上
江陰徐宏祖霞客著　子李寄介立一輯
季夢良會明編　無錫吳峻齡仙
同邑
楊名時賓實閱　族孫徐鎮筠峰重校
遊天台山日記　浙江台州府
癸丑之三月晦自寧海出西門雲散日朗人意山光俱有喜
態三十里至梁隍山聞此地於菟夾道月傷數十人遂止宿
四月初一日早雨行十五里路有岐馬首西向台山天色漸
霽又十里抵松門嶺山峻路滑舍騎步行自奉化來雖越嶺
數重皆循山麓至此迂迴臨陟俱在山脊而雨後新霽泉聲

嘉慶戊辰較刊
霞客游記
葉水心齋藏版

1天前

♡ 皇甫老师 小土豆 小叶子

皇甫老师：读万卷书，行万里路。在旅行的途中，我们发了很多朋友圈文案，积累了很多习作素材，接下来我们就要像串糖葫芦一样，按照一定的串法把这些素材串起来，然后就会得到一篇完整的游记类习作啦！

小泡芙回复**皇甫老师：**哇，好期待，皇甫老师快教教我吧！

串法一：导游词串联法

开门见山式的自我介绍

亲爱的游客朋友们，大家好，欢迎大家来到美丽的人间天堂——杭州！我是你们的导游小王。

很荣幸今天能同大家一起游西湖。西湖位于杭州城西，三面环山，一面临城，湖面面积6.38平方千米，平均水深1.55米，最深处2.8米左右，最浅处不足1米。2007年，杭州市西湖风景名胜区被评为“国家5A级旅游景区”，2011年正式被列入《世界遗产名录》。

杭州西湖山清水秀，是块风水宝地。西湖有着众多的著名景观，其中最著名的就属南宋时期评选出的西湖十景了。西湖十景分别是苏堤春晓、曲院风荷、平湖秋月、断桥残雪、花港观鱼、柳浪闻莺、雷峰夕照、南屏晚钟、三潭印月、双峰插云。各位团友，现在我们漫步在苏堤。杭州苏堤是北宋元祐五年(1090年)诗人苏轼(号东坡居士)任杭州知州时，疏浚西湖，利用浚挖的淤泥构筑并历经后世演变而形成的。

景点串联

为纪念苏东坡治理西湖的功绩，杭州人民把它命名为“苏堤”。苏堤因景色迷人、环境幽静而被人们称为“情人堤”，它是情人们悠闲漫步、谈情说爱的好去处。

我们现在来到的地方是断桥，在西湖的众多桥梁之中，它的名气最大。那么，断桥为什么叫作断桥呢？对于这个问题，历来众说纷纭。第一种说法是，孤山之路到此而断。第二种说法是，段家桥简称为段桥，谐音断桥。第三种说法是，古石桥上有建亭子。冬日下雪的时候，桥的阳面冰雪消融，而桥的阴面仍然玉砌银铺。在葛岭上远眺，桥和堤有断之感，因此得名“断桥残雪”。传说百年前许仙和白娘子断桥相会，有人把“断”解释为“断肠”的断，这为断桥增添了不少的浪漫色彩。

过渡自然

从唐代到明朝，西湖有过五次大规模的疏浚。1985 年，钱塘江引水工程完工，西湖与钱塘江运河相通，水质得到了根本性的改善。2002 年，为配合西湖申遗，西湖周边沿线进行了整体的改造提升。经过历代劳动人民的辛勤整治，这才有了我们现在看到的美丽西湖。

各位游客朋友，我们的游览已经全部结束了，非常感谢大家一路的配合与理解，希望我的讲解能让西湖给大家留下深刻的印象，祝大家回程一路顺风！欢迎有机会再来观光西湖，再见！

首尾呼应

串法二：移步换景串联法

游桐君山

桐君山景色十分优美，今天，大家就和我一起去游玩一番吧！

首先，我来到了桐君索桥，过了这座索桥就可以来到桐君山山脚下。走上索桥，如果你沉下心来，就会感觉到索桥在轻微地摆动着，还有点儿刺激！走在索桥往下看富春江，它犹如一条绿色绸缎在阳光下闪闪发光，偶尔还会有微风拂过，十分惬意。

到了桐君山山脚下，抬头望，一座绿色的大山立在我的面前，仿佛要把我压垮似的。爬上桐君山的山顶，你就可以看见黑白相间的桐君塔屹立着。大家知道这座山为什么叫作“桐君山”吗？传说，有一位桐君老人来到这里，这座山就被命名为“桐君山”了。

站在桐君山山顶往远处眺望，似乎整个桐庐的美景都被尽收眼底，一览无余。

傍晚，坐在山顶的石凳上看日落也是一个很不错的选择呢！太阳高挂在天空，把周围的云彩染得五颜六色。过了一会儿，半个太阳不见了。慢慢地，黑幕逐渐被拉了下来。到了晚上，整座桐君山都发出绚丽的光彩。富春江倒映出一轮明月，有时几只鱼儿跃出水面，荡漾起层层波纹，美极了！

跟随作者的步伐，我们从桐君山山脚到长廊，再到桐君山山顶……随着地点的变化，景色一一展现在读者眼前。作者还从不同的视角描写，可谓是移步换景法的典型文章。小泡芙，你学会了吗？

哇，皇甫老师，我又学习了一招！趁热打铁，我也写了一篇移步换景法的习作，给大家看看吧！

泡芙习作

游大奇山

大奇山是一座风景秀丽的山。

走进大门，跃入眼帘的是一片翠绿的竹林。那一棵棵竹子整齐地挺立着，非常笔直，中间有一条小路通往青青世界。

沿着蜿蜒的溪流往上走，到了水库。水库的水像一面巨大的镜子，倒映着山的倒影。水面上时不时有几条鲤鱼在嬉戏。湖水虽然清澈见底，但至少有三十米深，把一幢房子放进去都能完全淹没掉。

溪水哗哗地流着，好像在演奏优美的曲调。我往山上走着，来到了铁链桥。桥由网绳构成，中间有一根粗粗的铁链。一有风吹动，铁链桥就会剧烈地摇晃起来。如果你正在桥上，马上就会害怕起来，手脚都会不由自主地颤抖起来，让你很难走过去。

沿着山路继续走，就到了最壮观的地方——瀑布。水流发出响亮的“哗哗”声。一张白色的巨大水幕从瀑布顶端飞速流下，好像一块幕布，让你想到了李白的诗句——“飞流直下三千尺，疑是银河落九天”。水流到了下面的水塘里，飞溅起许多水花。瀑布旁边有几块大石头和几棵树木，时不时有几只美丽的蝴蝶在树丛里翩翩起舞，为瀑布美景增添了一分华丽。

到了大奇山的山顶，开启下山的旅途。你会再欣赏一遍美景，再感受一次山的奇妙。

这样美丽的大奇山，你想去攀登一下吗？

小泡芙，你太棒了！

串法三：时间变化串联法

很多游记类文章会按照时间的顺序写，基本是以"天"为单位。那怎么样用时间词把选择好的素材串联起来呢？我们可以看看下面的范例。

游古城

那是一个阳光灿烂的早晨，我踏上了前往古城的旅途。心中充满了期待与好奇，想象着即将遇见的风景与文化。

清晨，当我抵达古城时，古城还沉浸在一片宁静之中。街道两旁的店铺还未开门，只有偶尔路过的行人和晨练的老人。我漫步在青石板路上，感受着古城的古朴与静谧。空气中弥漫着一种独特的韵味，仿佛可以让人穿越时光，回到古代。

随着时间的推移，古城逐渐热闹起来。店铺纷纷开张，各种传统小吃、手工艺品琳琅满目。我品尝了当地特色的小吃，感受着舌尖上的美味与文化的交融。我还与当地的居民交流，听他们讲述古城的故事与传说，仿佛置身于一个神秘的世界。

午后，阳光透过云层洒在古城上，给这座古老的城市增添了一抹金黄。我登上了古城的城墙，俯瞰着整个城市的美景。远处的山峦连绵起伏，近处的房屋错落有致，构成了一幅美丽的画卷。我感受着古城的历史与文化的厚重，仿佛能够听到岁月的回声。

傍晚时分，古城变得宁静而祥和。我于夜色中漫步在街道上，感受着古城的夜晚与白天的不同。街灯闪烁，店铺的灯光映照在青石板上，给人一种梦幻般的感觉。我走进一家茶馆，品尝着当地的茶叶，感受着茶文化的韵味。

随着夜幕的降临，我结束了这次古城之旅。回首望去，古城在夜色中显得更加神秘而美丽。这次旅行让我感受到时间的流逝与古城的韵味，也让我更加热爱这片土地与它的文化。

发现了吗？文章根据时间的变化，把古城的景色和风土人情描写得细腻生动，着实不错。

今天，我学习了三种串联法把游记类作文写清楚。同学们，你们学会了吗？赶紧试试吧！

跟着小泡芙一起行动

选择一种串联法，完成一篇游记吧。

粽子包法：

真正的课间十分钟

有时候，下课铃响后的十分钟是安静的课间十分钟，也是消失的课间十分钟，同学们只喝了一口水、上了趟厕所，就被要求进教室了。请把课间十分钟还给我们吧！这是多少学生的心声啊。

现在开始，请玩起来吧！让课间十分钟发挥它真正的能量。可是，长期困在学习的环境中，好像都有点儿忘记怎么玩了。可以玩什么游戏呢？游戏规则要怎么制定呢？玩得特别高兴的那一次，是不是得记录下来？怎么记录更好呢？因为是游戏，要是争起了输赢，会不会破坏同学之间的友情呢？

这些困惑，不如交给粽子包法吧，说不定玩得开心，也能学到很多好玩的东西呢。

家人们，都吃过粽子吗？关于它的来历想必人人知晓。每年端午节前后，为了纪念诗人屈原，家家户户都会包粽子，空气中就会弥漫着粽叶和糯米独有的香味。粽子软糯香甜，有各种口味，鲜肉粽、豆沙粽、蜜枣粽、板栗粽、红豆粽等。这几年的粽子，也不知道是月饼“劈了腿”，还是粽子“花了心”，各种新奇馅料让人忍不住买了尝鲜。若要问味道如何，那还得看藏在里面的馅料。

那么，粽子与写作又有什么关系呢？

近段时间，常常听到“把课间十分钟还给我们”的呐喊，课间十分钟到底去哪了呢？是不是就藏在美味可口的粽子里呢？一起去找找吧！

1 欢乐大课间

小泡芙

我们班的同学可都是“卷王”，下课都不知道休息，操场都变得有点儿冷清了。整天在教室学习多没意思，劳逸结合，学习效率才更高。可是我除了玩电脑，玩手机，几乎不知道玩什么！妈妈给我推荐她小时候经常玩的游戏，可我也不会玩呀。朋友圈的你们会玩什么游戏啊？教教我呗！

1天前

♡ **皇甫老师 小土豆 小叶子**

小叶子：我也有同款烦恼，找到了游戏却不知道怎么玩，也没有玩伴啊！

小土豆：是呀，会玩的游戏都在手机里呢，可爸爸妈妈又不让玩手机。不过，他们小时候的一些游戏，我觉得还挺有意思的，我也想玩玩看。

皇甫老师：小泡芙，童年生活里怎么少得了游戏呢？滚铁环、打弹珠、丢手绢、跳长绳、跳房子、翻花绳、一二三木头人……我们小时候可样样精通。不过，咱们语文教科书里也有很多的游戏啊，肯定能帮你找到童年的乐趣！

小泡芙回复**皇甫老师：**真的吗？那我去看看都有哪些游戏，我要去解锁这些游戏！

皇甫老师：没问题，让我带你去语文课本里一探究竟。

雪中趣：小鸡画竹叶，小狗画梅花，小鸭画枫叶，小马画月牙。不用颜料不用笔，几步就成一幅画。——统编语文一年级上册《雪地里的小画家》

小小手，灯前照，变小鸡，变小兔。——统编语文二年级下册《手影戏》

碎肥皂，溶水中，吹泡泡，飞空中。——统编语文三年级下册《肥皂泡》

鞭子抽，陀螺转，撞一撞，谁更强。——统编语文四年级上册《陀螺》

塌着腰，合了裆，沉住气，得胜利。——统编语文五年级下册《摔跤》

雪地里，扫空地，支竹匾，抓鸟忙。——统编语文六年级上册《少年闰土》

空笔杆，穿上线，竹节人，斗起来。——统编语文六年级上册《竹节人》

哇，真的有不少游戏呢！让我好好了解一下，等我解锁了它们，就推荐给其他小伙伴。

玩游戏嘛，大家讨论得最多的就是游戏的起源、准备的材料和游戏的玩法。这有点像我们包粽子。

包粽子有它的起源，传说是为了纪念屈原，为了不让鱼龙虾蟹去咬屈原的身体，然后慢慢演变为每年的农历五月初五那天，人们都要包粽子。包粽子需要粽叶、糯米，还有鲜肉、红枣、板栗等食材。粽子有很多不同的包法，就像游戏有不同的玩法一样。

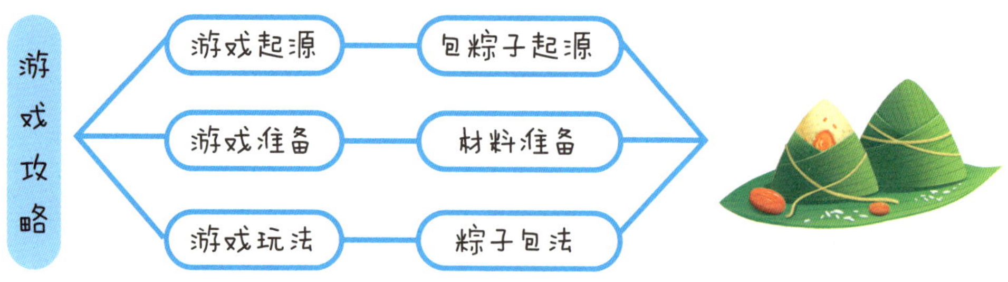

关于粽子，起源和材料都是亘古不变的，记住就可以了，而人们最喜欢的是粽子的包法，因为每个人都会包出自己喜欢的形状，也就有了很多的趣味性，玩游戏也是这样的，起源和材料只要了解就可以，最让同学感兴趣的一定是游戏的玩法。小泡芙就曾写过一篇《跳房子》的习作，我们可以一起欣赏下。

泡芙习作

跳房子

游戏玩法：要先画好一幢房子。

最近，“跳房子”的游戏风靡课间，小操场的地面上到处都是粉笔的痕迹，画着一幢幢自由设计的“房子”，有正方形的，也有半圆形的，还有飞机形状的呢。这不，铃声一响，我和小叶子就冲到了昨天画好的“房子”前。

游戏玩法：将小石块或者其他东西扔进“房子”，首先扔向1号房间。

游戏开始！我们用“石头剪刀布”决定谁先跳。我一个“石头”就赢了小叶子的“剪刀”，拿下先跳的权利。我拿着一块又扁又平的小石块，这是我的工具，小心翼翼地扔向1号房间。

小石头像一个毛绒玩具似的滚进了1号房间。我高兴得手舞足蹈，单脚跳了进去，得意扬扬的同时还不忘回头望了一眼小叶子，她涨红着脸，呆呆地立在那里，似乎有点嫉妒我的好运气。嘿，这还不趁热打铁，赶紧向2号房间发起“进攻”。

游戏玩法：扔小石块要依次按房间扔。

人不能太得意啊，当我再扔小石块的时候，它就不听话了，跌跌撞撞地就滚出了 2 号房间，我狠狠拍了一下大腿，闷闷不乐地退出了“战场”，真是的！

游戏玩法：小石块没有扔进房间，就要退出，让下一个人玩。

现在轮到小叶子了，她显得沉稳多了，先是迅速地通过 1 号房间。我顿时紧张起来，心里打起了小鼓，真希望她失误，可是，她一路都很顺利，没一会儿就跳过了所有的房间。哎，只见小叶子转过身，背对着“房子”，轻轻一扔，小石头就扔进了 3 号房间，这个房间就归她所有了，等第二轮时，她到 3 号房间时就可以双脚落地了，而我则被禁止入内了。

游戏玩法：跳过所有房间算赢了一轮。赢了一轮就可以“霸占”一个房间。别人“霸占”的房间就不能再跳了。

虽然痛失了一个房间，可我也不能气馁，想了想扔小石块的技巧，从 2 号房间开始跳，一口气“歼灭”了剩余的房间，我终于也可以拥有属于自己的房间啦！

刚等我背身站好，上课预备铃就响了，看来只能下一个课间再来“霸占”房间啦。

我很喜欢小泡芙的这一篇习作，她居然能把跳房子的规则完全内化在一篇习作里，而且毫无痕迹，又一目了然，真的太棒了。

男生们爱玩的游戏就跟我们有点不同了，像是弹弹珠、滚铁环、打陀螺等。这不，巧克力就写了一篇《打陀螺》，你能从文章中找到这个游戏的玩法吗？

打陀螺

大课间，我和几个同学在一起玩陀螺。

这不，小土豆非要跟我对决，我怎么可能轻易认输。我先把绳子往陀螺上绕了几转，再往外面甩了出去。陀螺一着地，就立刻旋转起来。

我的陀螺，有一个响亮的名字，叫“白龙马”。没错，它跟《西游记》里的白龙马一样，能“上天入地”。“白龙马”飞一样地向前面冲去，眨眼之间就撞上了小土豆的陀螺，把它撞得直向远处飞去。

小土豆的陀螺碰到了墙壁，被弹了回来。落到地面上时，横着滚了过来，没一会儿就停了下来！我不禁拍起手来，说："啊，我的陀螺打败了你的陀螺！"小土豆也不服气，就说："看我的，等一会儿我就会打败你的。"

说着，小土豆拿起自己的陀螺让它旋转了起来，他的陀螺着地后就向我的"白龙马"发起了攻击。可是，我的陀螺也不是吃素的，被撞击后，动都没有动一下，仍然在旋转，倒是小土豆的陀螺，好像被"白龙马"吓到了，翻倒在地上，又输了。

"不用再比了，三局两胜，你已经是我的手下败将了。"我一昂头，对着旁边的同学说："你们谁要来挑战？我只要打败前来挑战的所有人，就可以成为'陀螺大王'了。"

同学们一个个都举手了，可"白龙马"是不会怕的，哪怕接下来的是一场场"恶战"。

2 那一次玩得真高兴

小泡芙

写了一篇游戏习作 

快乐的游戏

快看，“老鹰”忽左忽右地找着机会，“母鸡”一直张着双臂，不停地拦截着，“快跑哇！”“小鸡们”慌乱地叫着……此时，我正和几个小伙伴玩着“老鹰捉小鸡”的游戏。这个游戏耳熟能详，但我却是第一次玩。

游戏已经玩到第二轮了。只见“老鹰”往左，“母鸡”就往左；“老鹰”往右，“母鸡”也往右，奋力保护着身后的“小鸡”。“小鸡们”又害怕又好奇，偷偷探出头看看“老鹰”，可一见到他的眼睛，马上又把头缩了回来，跟着“母鸡”左躲右闪。长长的队伍不时发出“啊，啊”的尖叫声和“咯咯”的欢笑声。

不好！“老鹰”找准了一个特别好的时机，一个箭步闪到“母鸡”的左侧。他两腿叉开弓着背，向一只“小鸡”伸出手去。“母鸡”赶紧也跳到左边，用一只胳膊一插，死死挡住“老鹰”的去路。“老鹰”的进攻失败了，退了两步去喘气了。“小鸡们”长长地舒了一口气。

紧张刺激的游戏还在进行，同学们的笑声也传得很远很远……

1天前

♡ 皇甫老师 小土豆 小叶子

小叶子： 这真是一个紧张刺激的游戏。

皇甫老师： 小泡芙，恭喜你成功找回了童年的快乐。老鹰捉小鸡这个游戏非常经典，值得分享，你能这样写很不错啦。但是游戏时那种热闹的场面表达得还不够清楚。刚好皇甫老师这边也有一篇写得很好的“老鹰捉小鸡”，分享给你。

难忘的老鹰捉小鸡

一个风和日丽的下午，我和小伙伴觉得无聊，便商量着玩老鹰捉小鸡的游戏。这个游戏鼎鼎有名，我们却都没有尝试过。在弄清规则，分配好角色后，我们便在空地上玩了起来。

“小鸡们”紧紧抓住前面同学的后衣摆，排成一串躲到“母鸡”身后。“老鹰”弓起背，双腿分开，微微弯曲，两手大张，目露凶光，看起来很凶猛。“鸡妈妈”毫不畏惧，身体前倾，尽力张开双臂。

果然，老鹰捉小鸡的游戏好玩又刺激。当凶猛的“老鹰”伸出锋利的爪子，朝着我们这群“小鸡”扑过来时，我们一阵尖叫。“鸡妈妈”一个闪躲，就让“老鹰”扑了个空。躲过一劫，“鸡妈妈”也松了一口气。可就在这时，“老鹰”突然杀个回马枪，“鸡妈妈”没拦住，“小鸡们”吓得惊慌失措，跟着“鸡妈妈”左拐右拐，在惯性作用下差点摔倒在地，好险！“老鹰”忽左忽右地出击，“鸡妈妈”便左右抵挡，突然“老鹰”一个大幅度转弯，一只“小鸡”便“命丧黄泉”了。“鸡妈妈”也变得机警起来，张开双臂紧紧护住身后的“鸡仔”。“老鹰”还是不肯善罢甘休，趁着“鸡妈妈”不注意时，绕到了队伍的后面，“小鸡们”发现后连忙蹲下，躲过了偷袭。然后，我们跟着“鸡妈妈”一会儿向东，一会儿向西，搞得晕头转向，幸好几个回合下来，“老鹰”一只“小鸡”也没有抓住。我不禁沾沾自喜：哈哈，到底是你抓我们，还是我们在逗你玩儿啊！就在我分神之际，“老鹰”眼疾手快抓住了一直掉队的“小鸡”。接下来的几个回合，“老鹰”有点掉链子，我们再也不敢有半点松懈，没有给他任何机会。最终，“鸡妈妈”获胜了！这可把我们高兴坏了，振臂高呼着庆祝起来，笑声传到很远很远……

多么有趣的游戏，多么快乐的时光啊！它点缀了我的童年，成为我生活中的美好回忆。

皇甫老师，这游戏写得真精彩，读过之后脑海中就浮现出他们玩耍的画面，这些场景我在玩的时候也经历了，可是要我自己去写的时候，就表达不好。还是人家的文笔好，我自愧不如！

小泡芙，你要有信心，找到写作小妙招就不难啦！我们现在就来学一学。

印象深刻的场面描写，要尽可能地通过人物、环境和事件这三个要素的描写，形象地把画面呈现在读者面前，这样读者才能通过想象将文字还原成栩栩如生的立体影像，产生身临其境的效果。《难忘的老鹰捉小鸡》从人物、环境和游戏活动三个角度来描述场景，就像我们包粽子需要的三大原材料一样，将关键要素有机结合在一起。

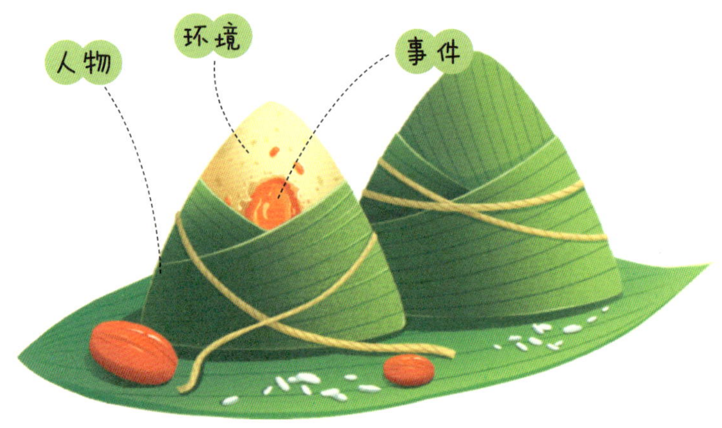

在古典名著中，不乏场面描写的耀眼明珠，我们就向古典名著中的场面描写借一支妙笔吧！

妙招1 人物描写，彰显个性

《红楼梦》中“刘姥姥进大观园”这一节，刘姥姥逗趣，引得大家哈哈大笑。这一节人物虽多，但有条不紊，既塑造了刘姥姥的形象，也展现了其他人物的性格。

贾母这边说“请”，刘姥姥便站起身来，高声说道：“老刘，老刘，食量大如牛：吃个老母猪，不抬头！”说完，却鼓着腮帮子，两眼直视，一声不语。众人先还发怔，后来一想，上上下下都一齐哈哈大笑起来。湘云掌不住，一口茶都喷出来。黛玉笑岔了气，伏着桌子只叫“嗳哟！”宝玉滚到贾母怀里，贾母笑的搂着叫“心肝”，王夫人笑的用手指着凤姐儿，却说不出话来。薛姨妈也掌不住，口里的茶喷了探春一裙子。探春的茶碗都合在迎春身上。惜春离了座位，拉着他奶母，叫“揉揉肠子”。地下无一个不弯腰屈背，也有躲出去蹲着笑去的，也有忍着笑上来替他姐妹换衣裳的。

点面结合，写出层次

形态各异，写出个性

——曹雪芹《红楼梦》

妙招2 环境渲染，身临其境

气氛，是人在一定的环境中，看到的景象或感受到的一种情绪或感情。不同的场面，会有不同的气氛。

用来渲染氛围

【例1】看着盆里揉动的衣服和绽开的泡沫，我感觉到周围的光线渐渐暗下去，渐渐地凉下去沉郁下去，越来越远越来越缥缈，我一声不吭，忽然有点儿明白了。

——史铁生《务虚笔记》

用来烘托心情

【例2】为此不知挨了多少责骂，可仍然不肯住手。然而一个孩子无论如何是削不出高质量的陀螺的，因此，曾有很长一段时间我的世界堆满乌云，快乐像过冬的燕子一般，飞到一个谁也看不到的地方去了。

——高洪波《陀螺》

用来推动情节发展

【例3】众军人看那天时，四下里无半点云彩，其时那热不可当……“赤日炎炎似火烧，野田禾稻半枯焦。农夫心内如汤煮，公子王孙把扇摇。”

——施耐庵《水浒传》之《智取生辰纲》

妙招3 一波三折，写出变化

精彩的场面往往自由灵活、富有变化。在写作过程中，要集中笔墨描写场面的“变化”，设置波澜，让画面生动起来。

比如《西游记》中“三借芭蕉扇”的情节，作者巧妙抓住孙悟空先礼后兵的方式，进行了一波三折的场面描写，前有伏笔，后有照应。

今天和同学们一起解锁场面描写的写作密码，用妙招引路，学写场面，让场面描写从纸上跳出来。其实写作时，我们站在不同角度看到的风景是不同的。要想写出不同游戏场景，就要想办法站在不同的角度去观察，去感受。

跟着小泡芙一起行动

@所有人 少年总期待春天，在这草长莺飞、春和景明的日子里，一起到操场上感受青春的朝气与活力吧。丢手绢、丢沙包、跳长绳、三人两足……众多游戏等着你们。希望你们快乐玩耍，随手记录，让场面因你的描写而栩栩如生，让生活因你的写作而绚烂多彩！

3 谁说游戏要输赢

看过贾玲的电影《热辣滚烫》吗？主人公是贾玲饰演的杜乐莹。体重有两百多斤的她，对生活没有任何追求，也没有梦想，每天除了吃就是睡，除了睡就是吃，家人和朋友都瞧不起她。经历了种种伤害，绝望中的她本想走上绝路……但是命运决定再给她一次重新选择的机会，她终于醒悟了，决定从此为自己而活，她想通过练拳击让自己赢一次。

最后结局没有戏剧般地反败为胜，她输了，可我却觉得她赢了，她赢得了所有人的尊重，在场的所有人没有一个不为她鼓掌。

小泡芙看过电影后，觉得输赢对于主人公杜乐莹已经不是那么重要了，今后她会更爱自己，会活出自己，这才是导演真正想告诉我们的！

玩游戏也是这样的。没有必要非得有个输赢的结果，也不用因为输了游戏就不再玩游戏了。输赢并不重要，如何看待输赢才重要。小泡芙决定梳理一下游戏的感受，看看可以从哪些方面来写。

泡芙创意

收获快乐

多么有趣的游戏，多么快乐的时光啊！

收获陪伴，消除疲劳

很久没有这么尽情地玩耍了，有这么多的朋友们陪着我，让疲惫了一周的我彻底得到了放松！

学会了面对“失败”，收获了能力、友情

游戏中我们连输了两次，虽然有不甘，但谁都没有抱怨。这游戏不仅提高了我们的专注能力、配合能力，还让我与朋友增进了感情。

皇甫老师，我总结不出来了，但我知道肯定不止这些，请您指导指导！

我们玩游戏的根本是为了什么？学校组织集体游戏，也许是为了凝聚团结的力量；举办个人游戏，也许是为了让学生展现自我，为集体争光。写的时候把立意体现出来，游戏也会余音绕梁，让人回味无穷！

就像我们包粽子，不管什么馅料，它都是粽子。外面的糯米就是游戏本身，而真正核心的馅料才是文章的立意。没有立意的文章，就如同没有馅料的粽子一样淡而无味了。各种馅料就如同不同立意的文章，让每种游戏有了各自的味道。

你的立意还不是很明显，仍停留在玩游戏的收获和感受方面，没有集中体现立意，我们来看一篇文章，你就会明白了。

校园足球赛

绿茵场上展开了一场激烈的足球赛，坐着专心观看赛事的观众们，大多是男孩。他们常常忘我地看着那个黑白相间的足球而眉头紧锁，握起拳头，期盼能进球。也有被球赛吸引的路人，因为球赛而忘记了赶路。

比赛进入最激烈的状态了。那个戴着手套、右膝盖上缠着白色绷带的守门员，上身前倾，膝盖微屈，双手放在膝盖上，好似一只饿了十多天的狼，正虎视眈眈地盯着足球滚来的方向。看台上一个戴着帽子的小女孩正懒洋洋坐在位置上，她耷拉着小脑袋，目光呆滞地看着那个守门员。而其他人的注意力则倾向于那个滚动的足球，他们锁着眉头，十指相扣，脸绷得紧紧的。那个被吸引的路人，双眼牢牢地盯着足球，而且不发出任何声音。空气渐渐凝固了，只有踢足球的“嗵”声和足球与地面摩擦而发出的声响。不知是谁的那一脚，球滚动得越来越快，伴着飞起的一些黄沙、石子。

守门员开始措手不及了，几颗豆大的汗珠冒了出来，眼睛溜着转。球像一个顽皮的孩子，他的脚怎么也“抓不住”球。此时球“刷”地飞了过来，守门员纵身一跃，双手高高地举起。可惜，球擦手而过，落地后便缓缓地滚进了球门里。

空气开始传递激动与兴奋，观众们索性高呼着，笑着。此时，对方球员却双手叉腰，一脸不高兴。守门员从沙堆中站起身，“呼呼”地喘着粗气，也是满脸的失落。刚刚还一直没精打采的小女孩却蹦跳起来，一会跑到这儿，一会跑到那儿，欢呼雀跃！春风，微微吹进绿茵场，孩子们的脸上洋溢着幸福的微笑。

这场球赛，让我看到了球员们团结一心、顽强拼搏的精神。

这篇文章写一场足球比赛，前面部分抓住男孩们、路人、小女孩和其他人各具特色的外貌、神态和动作等，写出了人物的特点；后面部分通过对守门员的动作、神态的描写，刻画了守门员尽职尽责、认真专注的形象。写游戏不能只写游戏，还要体现文章的立意。

皇甫老师，感谢您的方法。最近我们玩过一次“衔纸杯传水”的游戏，小土豆就写了一篇习作。

团结力量大

作文课上，李老师端来一盆清水、几个纸杯和一个水箱。李老师葫芦里卖的是什么药呢？大家都充满了好奇。原来我们今天要玩“衔纸杯传水”的游戏。顿时，教室里乐翻了天，大家在位置上表现出一副跃跃欲试的样子。

李老师给我们讲了比赛规则后，紧张而激烈的衔纸杯传水比赛就开始了。

首先上场的是我、小赵、大胖等人，对阵第一组女生。小赵先给我倒满水，我顿时不知所措起来，赶紧定了一下神，准备倒给大胖。可无论我怎么低头弯腰，水就是不肯流出来。我急了，一个猛倒，水洒了出来，可谓是“飞流直下三千尺”啊！这时啦啦队大声喊：“男生加油！男生加油！”听到加油声的我们传得更起劲了。小赵又倒了一杯水给我，有了经验的我顺利地把水传给了大胖，大胖顺利地传给了最后一名同学，最后一名同学又小心翼翼地把水倒进了水箱。

再看女生组，她们也在争分夺秒地传着水，一个传一个很有默契，而且盆里的水好像比我们的还多。于是，我们急忙加快了速度，力求以迅雷不及掩耳之势赶上她们。小赵飞快地把水倒给我，并说：“快一点，别洒了。”后面的队员也催促我倒水。我把头歪一歪，但由于太紧张，水洒了一地，杯子里只剩下寥寥无几的几滴水。眼看女生组水盆里的水比我们多了很多，小赵对我们组的人员说：“大家都再快一点。”我们便不管三七二十一，传得飞快，可水没几滴倒进杯子里，全洒在地上了。“又白运了。”小赵惋惜地说。

这时，李老师说：“比赛结束。”紧接着，公布了我们的比赛结果，“女生组胜！”女生们顿时手舞足蹈起来。

这节游戏课在我们的欢声笑语中结束了。我也从中明白了一个道理：团结力量大！

真的很不错，跳出了游戏的框架，力求用每个队员的表现来体现“团结力量大”。但作者舍不得丢弃不相干的素材，没有集中笔墨去凸显立意。从这次习作来看“团结力量大”是核心，是文章的立意。建议围绕“团结力量大”去写。用粽子包法，第一步就是放入适量的糯米，把多余的内容去掉；第二步放入馅料，就是通过人物的动作、语言、神态描写体现“团结”的立意，才能给别人留下深刻的印象。

习作修改

作文课上，李老师端来一盆清水、几个纸杯和一个水箱。李老师葫芦里卖的是什么药呢？大家都充满了好奇。原来我们今天要玩"衔纸杯传水"的游戏。顿时，教室里乐翻了天，大家在位置上表现出一副跃跃欲试的样子。

李老师给我们讲了比赛规则后，紧张而激烈的衔杯传水比赛就开始了。

首先出战的是我、小赵、大胖等人，对阵第一组女生。小赵倒得很谨慎，虽然满了一点，但是一滴水也没漏。轮到我倒了，我赶紧定了一下神，歪头弯腰，咬紧纸杯。可还是倒猛了，水洒了出来。这时旁边观战的男生连忙说："别急，别急，稳住！"我好像吃了一颗定心丸，与下一位同学对了一下眼神，然后默契地完成传递。啦啦队大声喊："男生加油！男生加油！"听到加油声的我们传得更起劲了。小赵又倒了一杯水给我，有了经验的我顺利地把水传给了大胖，大胖稳稳地传给了最后一名同学，最后一名同学又小心翼翼地把水倒进了水箱。经过几轮的传水，我们之间合作得越来越默契，水箱中的水也很快上升。

再看女生组，她们也在争分夺秒地传着水，咬住，下蹲，对准，转头，倒入，又稳又准，一个传一个很有默契，而且盆里的水好像比我们的还多。于是，我们急忙加快了速度，力求以迅雷不及掩耳之势赶上她们。小赵飞快地拿水倒给我，并说："快一点，快一点。"后面的队员已经急得直跺脚了。我把头一歪，但由于太紧张，水洒了一地。我们后面的传水过程也是状况百出，一会儿眼镜碰眼镜，撞上了；一会儿两名交接人快慢不一，没有配合好；一会儿催促得太急，用力过猛。再后来，我们便不管三七二十一，按自己的节奏传得飞快，可水没几滴传进水箱里。结果毫无疑问女生组获得了胜利。

这节游戏课在我们的欢声笑语中结束了。我也从中明白了一个道理：一个人走得快，一群人走得远。团结力量大，人只有在团队中才能将自己的价值最大化！

当然，同样的立意也可以用不同的构思，如果你来表现"团结力量大"的立意，你会怎么写呢？

跟着小泡芙一起行动

@所有人 每个人的生活中都会经历几场特别的游戏，传声筒、乒乓接力、挑花线、珠行万里……学习《团结力量大》的写法，把你精彩的游戏活动写下来。注意围绕“粽子”的核心来呈现文章的立意，这样，你的游戏会饶有趣味，更让人印象深刻哦！

三明治写法：

离开教室去读书

你爱阅读吗？可你对阅读的印象，是不是坐在书店里或自己家的书房里，捧着一本书静静地“啃”？嘿，从现在起，丢掉你对阅读的固定印象吧！阅读，也可以很有趣！

你是不是一写“好书推荐”就卡壳？要怎么样推荐一本书呢？你是不是一上台分享自己读过的书就犯愁？分享一本书到底要分享点什么呢？别怕，在这一部分，三明治写法能帮助你学写“好书推荐”，上台自信分享，甚至还能演绎一本书呢！敬请期待吧！

三明治是一种简单却美味的食物，以两片面包夹几片肉和奶酪、炼乳等调料制作而成，吃法简便，广泛流行于西方。如今的三明治发展了许多新品种。例如，有夹鸡排或火鸡肉片、咸肉、番茄的“夜总会三明治”，有夹咸牛肉、瑞士奶酪、泡菜的“劳本三明治”，还有夹黄瓜、水芹菜、西红柿的“饮茶专用三明治”……可见，三明治中间裹夹的食材越来越丰富，口味也愈发多样化了。

其实，三明治所夹食材的变化与写作内容的扩充有着异曲同工之处。就像三明治一样，写作也有固定的结构模板，有其特定的组成部分。通过观察、分解三明治的结构，我们能更好地理解和运用写作结构。

1 读本书 层层叠香

小泡芙

学校老师非常重视课外阅读，每次放假都会让我们写“好书推荐”，相互交流，以便及时读到值得看的书。可我一直困惑，好书怎么推荐才好玩？才能引起关注和阅读的兴趣呀？请朋友圈的大神们支个招！

1天前

♡ 皇甫老师 小土豆 小叶子

小土豆：是呀，千篇一律的“好书推荐”我都看腻了，根本引不起我的注意，反而有几分排斥。有意思的推荐方式也抄送一份给我呗！

皇甫老师：小泡芙，你也没什么好烦恼的。你吃过三明治吗？我们总会对夹在中间的那些肉片、火腿肠感兴趣，那些配料就像一本书里最精彩的、给人留下最深印象的情节、人物或者主题思想，主次叠加使三明治变得美味，推荐好书也是如此！

小泡芙回复**皇甫老师：**听起来好有趣，那面包片呢？相当于哪些次要的内容？

三明治的第一片面包就像作文的开头，起着承引领全文的作用。我们需要引出主题，用香喷喷的面包片吸引读者的注意力，让他们对文章产生兴趣。文章的主体部分就像三明治中间的各种食材，起着支撑整个结构的作用。文章的结尾是三明治的最后一片面包片，起着收尾与总结的作用，使文章结尾有力、有温度。有层次地梳理书本的各方面内容，突出自己印象最为深刻的部分，然后有序地、叠加式地写，就是一份好书推荐了。

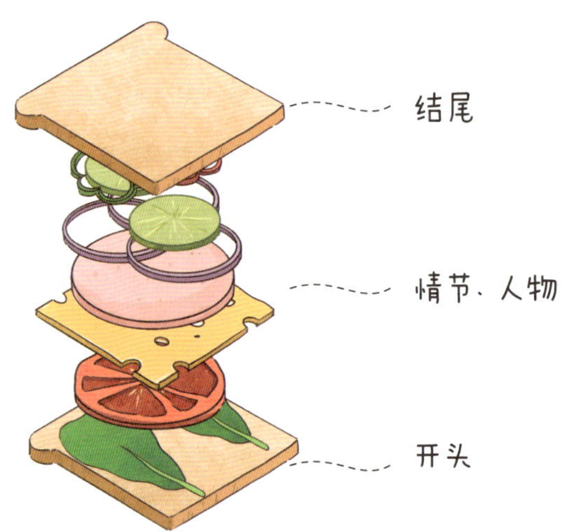

皇甫老师的话激发了小泡芙写作的兴趣，她兴冲冲地买了新鲜的面包片来制作三明治。

先选中三明治的底部面包片。开头，平铺直叙，让读者知道你要写什么。

冰心奶奶教育我们说“读书好，多读书，读好书”，高尔基说“书是人类进步的阶梯”。朋友们，想做到“开卷有益”，就一定要读好书。我爱读书，目前大约看过几百本书。我最喜欢的，也是今天要推荐给大家的，《水边的孩子》。

添加基础蔬菜，撒上一些奶酪、番茄酱等配料调节口感。简单介绍书本信息，不需要过度用墨，承上启下，也有一定的过渡作用。

这本书的作者是王勇英，她是中国作家协会会员。她的作品多次获得大奖。《水边的孩子》是中国少年儿童新闻出版总社中国少年儿童出版社出版的。

这本书里的人物不仅多，而且形象栩栩如生，极富个性。婆花十分聪明，她能将《辞海》中的每一个字的注释记熟。笠麻虽有数学天赋，但是他的脾气很倔，像一头野牛。扁头阴险狡诈，却有恩必报。瘦拐十分没主见……各种各样的人物形象个性十分鲜明，有正面形象，也有负面性格。

叠加必不可少的主食，一般是午餐肉、火腿等肉类。这是文章的重点部分，主要写形象鲜明的人物、一波三折的情节等吸引读者的要素，可展开具体描写。

另外，这本书的文辞也十分优美，比如：柔嫩的阳光静默地抚过河流。一尾尾河鱼跃出水面，小鱼优美地翻转，可以见到亮晶晶的鱼鳞或乳白色的鱼肚。鱼儿回落水中，清脆悦耳的水声响起，河面上有水珠星星碎碎地溅飞……是不是很有画面感？

…………

为了追求更加丰富的口感和果腹感，可以在肉类上再叠加一层面包，配以肉松、番茄等辅料。书中所用的生动优美的文字，富含的引人深思的道理，都可以作为感悟，适当地添加进来。

最后，只要盖上香喷喷的面包片就完工了。结尾可以总结或者呼吁读者去阅读所推荐的书。

朋友，拿起这本充满正能量的书吧，它绝对能带给你惊喜！

不错不错，我都想看看你推荐的这本书了。尤其是你说的那个故事情节，真有意思！我也想认识下那位勇敢善良、聪明能干的婆花，想读读里面优美的句子。

小泡芙比较全面地介绍这本书的内容。其实，也可以简单一些，挑选其中一部分内容进行着重描写，比如跌宕起伏的情节，或者用关键词写下最触动你的内容。

跟着小泡芙一起行动

阅读是获取知识、增长智慧的重要方式，更是传承文明、提高素养的重要途径。让我们始终坚持阅读的好习惯，博览群书、记录经典。做一个被书“喂大”的孩子，拥有一个“营养丰富”的童年。相互推荐一些经典的好书吧！

2 分享书 神秘夹层

寒假来临，小泡芙收到了“读书分享会”的邀请卡。受邀者要在会上分享自己在假期的阅读成果，还要参与评选“阅读小达人”。一向爱阅读的小泡芙跃跃欲试，准备好好分享。

但是她遇到一个难题：想分享的内容太多，摘抄积累、感悟心得……一个都不想落下，放在一起讲又显得杂乱无章，无从下手，究竟怎么写才好呢？

小泡芙，不要急，心急吃不了热豆腐，一口也吃不成大胖子。

其实呀，读书分享不一定要长篇大论，可以是几个你认为贴切的词语，可以是一段你的内心感悟，也可以是你联想到的自身体会。

这中间要经历两个过程：先把书读薄，再把书读厚。

书就那么多页，怎么变薄变厚？

这里的“薄厚”并不是书的页数，而是对书本内容的理解。读完书，第一件事要做的就是概括出这本书讲了什么。问问自己，这本书讲的故事发生于何时，发生在什么地方，有哪些人物，他们做了哪些事情，结果又如何。用几句话梳理这本书的大致内容，这就是“把书读薄”的过程。

那“把书读厚”又是怎么回事呢？

读书的时候，可以边阅读边标注，画出喜欢的词语和句子，写上对某一段落的点评、疑惑和思考……好记性不如烂笔头，如此积累，这本书是不是就被读“厚”啦？最后对“厚”的部分进行梳理总结，心得体会不就出来了吗？

就像每个人的口味不同，挑选的三明治肯定也不同。有些人喜欢简单的奶酪夹层，有些人喜欢传统的蔬菜肉松，还有些人钟情于几层肉类叠加的厚实口感。读书摘要、心得体会就类似于三明治的夹层食材，不断地叠加进去，使三明治的味道更加丰富。而我们要根据所读文章的种类，选择最合适的阅读分享方式。

先读书，把书变薄

将自己假期读过的书进行罗列，选择三种方式将厚厚的名著《三国演义》《西游记》进行梳理。就像最经典，也是最快捷的三明治品种，不需要太多的辅料，只需土司片，叠加简单的调味品即可。

一、表格式《千里走单骑》

用"起因—经过—结果"三要素将章节的内容简单明了地概括，让人一目了然。

起因：	1. 关羽得知刘备下落，离开曹操。
经过：	2. 关羽收下曹操礼物，护送车驾前往河北。 3. 关羽护送车驾来到东岭关，杀死孔秀。 4. 关羽到洛阳，杀掉太守韩福。 5. 关羽带伤连夜赶到汜水关，砍死要谋害他的卞喜。 6. 关羽护车来到荥阳，杀死王植。 7. 关羽护送车驾渡过黄河，斩首秦琪。
结果：	8. 关羽到达古城，最终杀死蔡阳，与张飞、刘备重逢。

二、取经线路流程图《西游记》

以四人取经的路线为主要线索，穿插重要妖怪出现的位置，人物与地点完全契合。

西游记

截取书本第一回至第四十八回所有的路线点，将每个地点的特色表现得淋漓尽致。

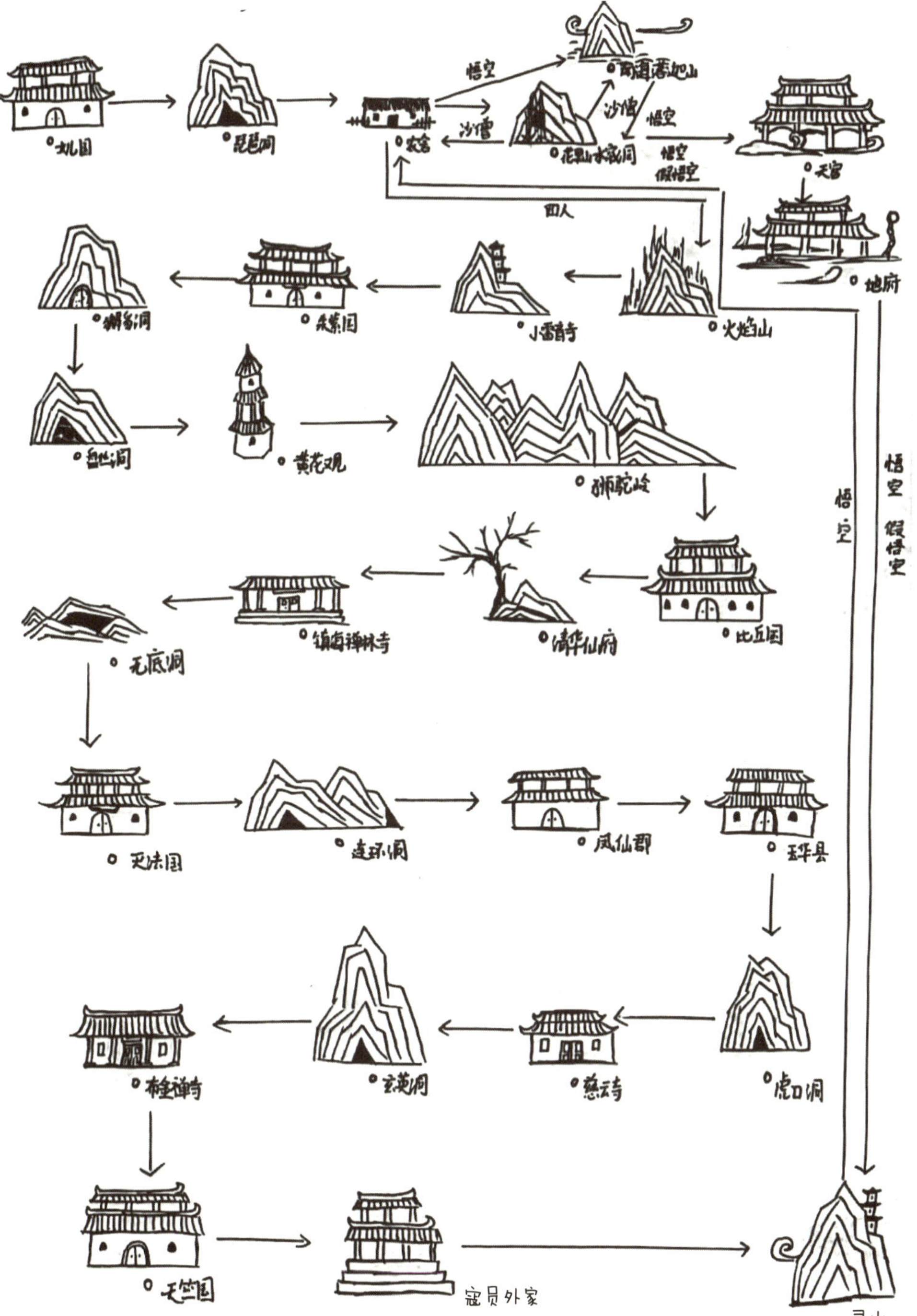
女儿国
琵琶洞
农舍
悟空
沙僧
南海落伽山
花果山水帘洞
悟空
悟空
假悟空
天宫
四人
地府
火焰山
小雷音寺
朱紫国
獬豸洞
盘丝洞
黄花观
狮驼岭
比丘国
清华仙府
镇海禅林寺
无底洞
灭法国
连环洞
凤仙郡
玉华县
虎口洞
慈云寺
玄英洞
布金禅寺
天竺国
寇员外家
悟空
悟空
假悟空
灵山

三、自问自答式《西游记》

第十一至第二十回

①唐僧为什么要对孙悟空念紧箍咒？

答：因为孙悟空被唐僧说了几句，就气跑了，唐僧为了惩罚他而念咒。

②孙悟空的三根救命毫毛是谁给的？

答：是观音菩萨用三片柳叶变的。

③唐僧的三个徒弟中缺少谁，唐僧仍可取得真经？

答：孙悟空神通广大，保护唐僧，而猪八戒与沙僧则会配合、协助孙悟空对付一些小妖，或在孙悟空不在时保护师父，缺一不可。

④西天取经取的是哪三藏真经？

答：《法》一藏，《论》一藏，《经》一藏。

⑤如果唐僧不会紧箍咒会怎样？

答：这样他就无法控制三位徒弟，特别是孙悟空，只能任其所为。

自问：
提出自己心中的疑惑，考验了对内容的熟悉度。

自答：
经过自我的"搜索、思考"，对书文有了新的认识。

再读书，把书变厚

吃过了经典口味的三明治，小泡芙尝试添加新的“食材”让三明治变得更加饱满，味道更加浓郁。

一、心得标注栏

原文	心得
雨中去访灵隐，一下车，只觉得绿意扑眼而来。道旁古木参天，苍翠欲滴，似乎飘着的雨丝也都是绿的。飞来峰上层层叠叠的树木，有的绿得发黑，深极了，浓极了；有的绿得发蓝，浅极了，亮极了。峰下蜿蜒的小径，布满青苔，直绿到了石头缝里。 ——选自宗璞的《西湖漫笔》	作者笔下的西湖有静有动，令读者感受到烟雨中西湖的生机勃勃、绿意盎然，让人仿佛置身于这如诗如画的境界里，我也要像作者一样，用自己的眼睛去发现生活中的美。

二、人物评价单

可以选择从读者的视角来写“我最喜欢的人物”，用两到三个例子论述喜欢这个人物的理由。

大家好，我最喜欢的人物是阿不思·邓布利多。该人物出自小说、电影《哈利·波特》。我喜欢他的理由有三个：其一，邓布利多会很多魔法，有十分强大的力量，是伏地魔最忌惮的人。伏地魔带领食死徒在巫师界大开杀戒之时，只有以他为校长的霍格沃兹逃过一劫。其二，他知识渊博，在他人沉醉于胜利的喜悦之中时，只有他意识到伏地魔还会东山再起。其三，邓布利多的话中还有另一层含义。在《哈利·波特与魔法石》中，哈利问他在厄里斯魔镜中看见了什么时，他却只说看见了一双厚羊毛袜，而羊毛袜象征着温暖、和谐。

也可以做图文并茂的“人物名片卡”，结合上对人物的“评价”会更完善。

西游记 人物名片

法名：孙悟空
诨名：孙行者
武器：金箍棒
本领：七十二变、筋斗云、定身术、瘦身术、隐身术、救命毫毛、火眼金睛等
特点：神通广大、善恶分明、嫉恶如仇

孙悟空本是花果山的一块仙石，他吸取天地之灵气、日月之精华，渐渐有了灵气。后来成了一只石猴，从石头中蹦了出来。众猴拜他为王，自称美猴王。为了长生不老而拜师学艺，之后在龙宫拿走金箍棒，并让龙王给自己一身金甲。后来大闹冥王殿，挑战天兵天将，被抓后还大闹天宫。被佛祖压在五行山下，五百年后被唐僧解救，一路上保护唐僧西天取经，斩妖除魔，善始善终，如来封他为斗战胜佛，从此功德圆满。他神通广大，法力高强，不畏强敌，有勇有谋，深受大众的喜爱。

亲爱的小泡芙，你的读书分享简短精悍，温暖醒目。常读书可提高自己的文化底蕴。书读得越多对自己的提升也越大，当我们把读书的经验分享给他人时，不仅能自我提升，也能带动他人一起读书共同进步。

跟着小泡芙一起行动

“你有多久没读书了？”

社会节奏加快，时间被碎片化，在学习之余，我们的时间被短视频、新闻热搜等占据了，我们接收信息的来源越来越广，能够被我们记住的有效信息反而越来越少。而读书，是快节奏下的慢调，是高效生活中的温暖力量，它可以让我们进入另一个世界，找到不同的生活定义。请喜欢阅读的你带上自己读过印象最深刻的一本书，用你喜欢的方式进行分享吧！

3 开播啦 阅读剧场

号外！号外！ ×× 小学的“阅读剧场”开播在即，小小剧本征集火热进行中！

征集启事

亲爱的同学们：

学校“阅读剧场”即将迎来开播的激动时刻！为了让剧场更加丰富多彩，我们诚挚地向你们征集小小剧本。

你是否有一个梦想，希望看到自己心爱的故事在舞台上精彩演绎？你是否有一个创意，想要通过文字展现你的想象力和才华？那么，快来参加我们的剧本征集活动吧！

我们不限题材，无论是童话、寓言还是小说，只要符合小学生的年龄特点和阅读喜好，我们都欢迎投稿。剧本可以是原创作品，也可以改编自经典故事，重要的是能够触动人心，展现文字的魅力。

投稿方式如下：请于 × 月 × 日前将剧本的电子稿发送给班主任，由班主任统一交到阅读剧场组委会。为方便我们与你取得联系，请在文档中注明作者姓名、年级和联系方式等。

我们将会对投稿作品进行认真评选，优秀的剧本将有机会在“阅读剧场”中上演，让更多的人欣赏到你的创作才华。同时，我们还为入选的剧本作者准备了荣誉证书，以表彰你们的努力和成果。

时间紧迫，机会难得！赶快拿起你的笔，展开你的想象，写下属于你的小小剧本吧！我们期待你的精彩创作，让阅读剧场因你而更加精彩！

××小学阅读剧场组委会

20××年×月×日

我要参加！我要参加！不过，写剧本有点难哦，不知如何下手？我们到皇甫老师的课堂中去学习学习吧！

剧本的写法可以被形象地比喻为“三明治”结构。

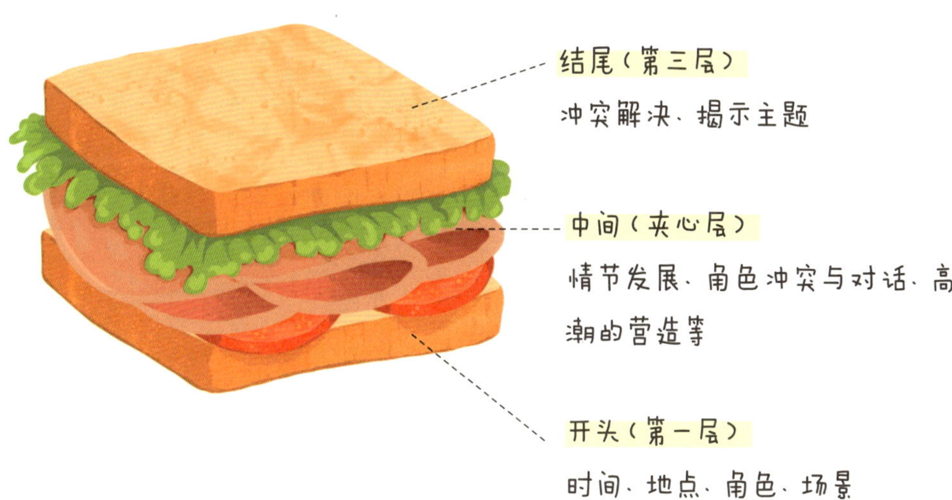

开头部分就像三明治的第一层面包，为接下来的内容提供了基础。我们需要让读者和观众对角色和故事产生兴趣，为后面的情节发展作铺垫。

中间部分就像三明治的夹心层，内容丰富、多样，是整个三明治的核心。我们需要发挥想象，通过生动的对话和情节，让剧情更具吸引力。

结尾部分就像最上层面包，为故事画上圆满的句号。

比如，牛郎织女的故事大家都很熟悉，其中有一处故事情节：

姑娘穿上纱衣，一边梳她长长的黑头发，一边跟牛郎谈话。牛郎把自己的情形一五一十地说了。姑娘听得出了神，又同情他，又爱惜他，就把自己的情形也告诉了他。

第一部分

时间：黄昏时分。

地点：湖边。

人物：牛郎（听了老牛的话，到湖边拿了粉红色的纱衣），织女（王母娘娘的外孙女）。

场景：织女连忙从牛郎手中接过粉红色的纱衣穿上，拿出一把精致的木梳，梳着她乌黑发亮的长发。

第二部分

织女：（羞涩地）你是谁呀？你为什么要拿我的纱衣，我不认识你。

牛郎：（一五一十地）我叫牛郎，父母早亡，哥嫂对我不好，将我赶出了家门，只有一头老牛与我相依为命，他让我到这儿拿走粉红色的纱衣，纱衣的主人就是我的妻子。

织女：（同情地）你可真不容易，我是天上王母娘娘的外孙女，织得一手好彩锦，叫织女。王母娘娘让我成天成夜地织彩锦，既没有快乐也没有自由，像在监狱里一样，实在难受。

牛郎：（动情地）既然在天上不快乐，你就留下来吧，我们结婚，你我男耕女织，一辈子在一起吧！

第三部分

结尾：织女点点头，和牛郎一起回家去了。

小泡芙，"甲金祝寿"的故事，你读过吗？这个故事很有趣，老师和你合作，把这个故事改编成剧本好吗？

太好了，我马上去读这个故事。

泡芙习作

甲金祝寿（剧本）

时间：县官生日当天。

地点：县官家。

人物：甲金、县官、师爷、财主，还有一个话外音。

场景：（县官过生日，财主精心准备好寿礼并叫甲金挑着去县城祝寿）一天，县官收完寿礼就吩咐摆出酒席，七盘八碗九缸钵，鸡鸭鱼肉蛋木耳，把八仙桌摆得满满的，好不丰盛！奴婢帮县太爷扇风，捶背……

第一回祝寿

财主（端起一杯酒，笑眯眯）：大家请！

师爷（也端起一杯酒，讨好地）：今天我们为县太爷祝寿，就是要先说一句祝贺县太爷的话才能喝酒。

财主（谄媚地）：对，对，对！祝寿，祝寿！就是要祝贺几句嘛。

师爷（抢先说）：县太爷像太阳！县太爷是地方官，我们这地方的白天，全是靠县太爷的光照亮的呀。

财主（眉开眼笑）：县太爷像月亮。县太爷是地方官，我们这个地方的夜晚，全靠县太爷的光照亮呀。

县太爷（高兴）：甲金，快来助个兴，你也来祝贺一句。

甲金（厌恶师爷和财主的话肉麻，顺口说）：县官像天狗！

县官（一听，从太师椅上跳起来，吼道）：甲金，你疯啦！今天是本官的生日，你怎么骂我像天狗？

奴婢（做搀扶状）：县太爷息怒，息怒，喝口酒，喝口酒！

甲金（笑了笑）：你别急呀，好好坐下来听我说嘛，师爷说你像太阳，太阳确实了不起，财主说你像月亮，月亮也是了不起的。不过太阳和月亮都怕天狗啊，因为天狗吃太阳和月亮呀！所以我说你像天狗，这样你不是更了不起吗？

县官听了，觉得有理，高兴地捋着山羊胡子咯咯咯直笑。甲金也笑了，他笑这个像天狗的县官实在太愚蠢。

（酒过三巡）

第二回祝寿

师爷（讨好地）：来来来，再祝贺县太爷一回吧。

师爷（抢先祝贺）：县太爷像雨露！县太爷是地方官，我们这地方的庄稼呀，全得靠县太爷的雨露滋润啊！

财主：县太爷像春风！县太爷是地方官，我们这地方的庄稼呀，全是县太爷的春风吹绿的啊！

县官（非常得意）：甲金，再来助兴。

甲金（推脱）：说不好，说不好。

师爷、财主：甲金，说，说！

甲金（顺口）：县太爷像大粪！

县官（又从太师椅上跳起来吼道）：甲金，瘟神找到你啦！今天是本官的生日，你怎么还敢骂我像大粪？！

甲金：你别急呀，还是好好坐下来听我解释嘛。师爷说你像雨露，雨露确实了不起；财主说你像春风，春风也是了不起的。不过，光有雨露和春风，庄稼是不会长得好的，还要浇足够的大粪，庄稼才会长得好。五谷才能丰收啊！所以我说你像大粪。这样，你不是比雨露和春风更了不起了吗？你们说对不对呢？

师爷，财主（点着头）：嗯，嗯！

县官（听了也觉得有道理，高兴得一边点头一边说）：言之有理，言之有理。

县太爷一边捋须哈哈大笑。甲金也笑了，他笑这个臭如大粪的县官实在太愚蠢。

哇，我成了小编剧了，小泡芙满意地看着自己的小剧本，去投稿了。

小剧本入选通知

恭喜你，小泡芙！我们很高兴地通知您，您提交的小剧本《甲金祝寿》已成功入选我们的剧本征集活动。您的作品以丰富的想象力、生动的情节和鲜明的人物形象，成功地吸引了我们的注意，并获得了评审团的一致好评。我们将组织表演团在“阅读剧场”演出，到时邀请您来观看！感谢您的参与和支持，我们期待与您共同见证这部作品的成功。

××小学阅读剧场组委会

20××年×月×日

耶！太棒了，我又学会一种本领，过了一把“小编剧”的瘾！

跟着小泡芙一起行动

@爱阅读的你　读书真的太有意思了，小小的书本却展示了姿态万千的大千世界，拓展了我的视野，增长了我的知识。你有什么有趣的故事要分享吗？选择故事性强、波澜起伏、有代表性情节的作品，把它改编成剧本，然后组织同学一起来演一演吧。

流程演绎法：

来，户外赛比一比

你在学校里参加过什么比赛？乒乓球赛？羽毛球赛？……你们班又参加过什么比赛？篮球赛？足球赛？路队比赛？是不是很紧张、很刺激？而要把这些激动的场面写成文字，有什么方法吗？

这一章，就让我们在流程演绎法中探索一些户外比赛的奥秘吧！

你在什么地方听到过“流程”这个词？是不是在各种体育比赛中？看着有点无聊，又显得有点偏理性，没有趣味。

可是，你知道吗？“流程”指向的是一种习作逻辑，这是习作中非常重要的一项能力。有了逻辑，文章的结构才能“呼应”；有了逻辑，故事的发展才更合常理……

流程演绎法，与习作息息相关。你准备好了吗？习作真的时时处处在发生。

1 活动都有它的意义

通知

20×× 年 × 月 × 日—× 日大课间（9：20—10：00），一至六年级，共 36 个班级开展“最美路队”展示评比：听到广播指令后，各班在教室门口以两路纵队集合整队，按周一升国旗仪式的路线到达小广场，进行口令展示，再有序退场。

根据评比项目细则，打出最终分数，在年级组内评选出“最美路队”和“美丽路队”，各占本年级内班级总数的 50%，“最美路队”班级的路队长获评“最美路队长”称号。

××小学

20×× 年 × 月 × 日

小泡芙，德育处蒋老师打算把“最美路队”展示评分的报道工作交给我们班，这两天要先写完第一部分的内容，即举办这个展示评比活动的意义。你有兴趣吗？

皇甫老师，交给我吧！

为打造书香之府、礼仪之府、乐学之府、开放之府、幸福之府，同时丰富学生的课余生活，增强学生体质和纪律意识，养成良好的常规习惯，展现新时代文明学生的精神面貌，特开展××小学首届最美路队展示暨评比活动。

学校的办学宗旨

最美路队”想要达到的目标

活动的意义，应该结合学校的办学宗旨，再融合“最美路队”想要达到的目标。从大层面到小层面，也挺有层次的，我写的应该符合要求吧？

小泡芙写出的意义，乍一看，其实没有什么问题，可仔细思考，还是有点小瑕疵。目前写的这两个层面的意义，其实并不符合“最美路队”的唯一性，也就是说，换成其他的活动，是不是也可以这样写？

因此，活动意义的撰写，一定要从“最美路队”这个活动出发，虽然小泡芙已经有了流程的概念，从学校到学生，但这个“流程”概念的展示还要再深入一点。流程不能只流于表面，得真正渗透在具体的内容中，才会有层层递进的感觉。

举个简单的例子，认识唐朝诗人韦应物吗？除了大家熟知的《滁州西涧》，他还写过一首《夏花明》。

夏条绿已密，朱萼缀明鲜。

炎炎日正午，灼灼火俱燃。

翻风适自乱，照水复成妍。

归视窗间字，荧煌满眼前。

这首诗的特别地方在于，描写仲夏时节的树木和花朵时，分了四个层次，每一层都有递进。

夏日的树木翠绿，在这绿色的映射下，红色的花朵就显得格外鲜艳。

↓

在烈日的照耀下，花朵红得仿佛是一把燃烧的火。

↓

风吹来，花朵翻卷倒映在水里，和枝头的花朵交相辉映，别具风情。

↓

自己写在墙上的字甚至都被花的美艳晃得看不见了。

看，一层一层递进，让人感受到夏日花朵无尽的美。

五年级上册第十四课《圆明园的毁灭》也是这样的，在写到圆明园的辉煌时，也是层层递进的。

建筑宏伟

↓

收藏着珍贵的历史文物

圆明园中，有金碧辉煌的殿堂，也有玲珑剔透的亭台楼阁；有象征着热闹街市的“买卖街”，也有象征着田园风光的山乡村野……

圆明园不但建筑宏伟，还收藏着最珍贵的历史文物……

层层递进，就能更清楚、更明确地表达出意思，也更能让人信服。因此，在写“最美路队”的活动意义上，如果能贯彻流程的概念，会让整个“意义”更有层次，也更能彰显活动的必要性和丰富性。

回到正题，小泡芙说自己写的活动意义分为学校和学生两个层面，其实她列出了四个意义，我们先来捋一捋其中的层次关系。

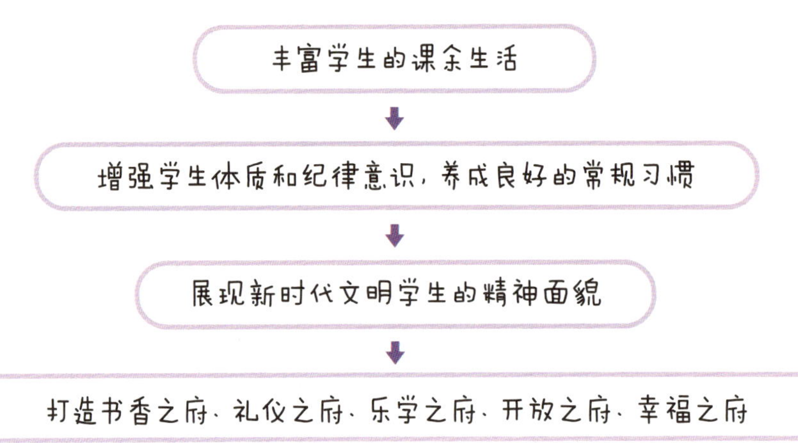

这应该才是小泡芙想要表达的四个层次，对吧？

够了吗？不够！之前提到，我们得突出“最美路队”这个活动的唯一性，也就是只有这个活动才能产生的意义。同时，再添加学校的办学理念——“成长·幸福”，能更升华本次活动的意义。

这样，“最美路队”的活动的意义就一目了然，且层层递进。

走好路队的必要性

↓

丰富学生的课余生活

↓

增强学生体质和纪律意识，养成良好的常规习惯

展现新时代文明学生的精神面貌

打造书香之府、礼仪之府、乐学之府、开放之府、幸福之府

“成长·幸福”的办学理念

路队能增强学生行走时的安全意识，形成良好的身体姿态和正确的行走姿势。为丰富学生的课余生活，增强学生的体质和纪律意识，养成良好的常规习惯，展现新时代文明学生的精神面貌，同时，也为了实现打造书香之府、礼仪之府、乐学之府、开放之府、幸福之府的目标，贯彻“成长·幸福”的办学理念，××小学于20××年×月×日至×日阳光大课间，特开展首届“最美路队”展示评比活动。

你已经很好地掌握了流程演绎法，这则报道写得真好呀！

2 活动报道也有它的精彩

小泡芙，上次你写的活动意义很棒，德育处想请你继续报道，要不要尝试下？

这可太好了！写这个活动的过程应该不难。我只要按照各班同学前进的路线，在每个节点描写一两句，凑成整个过程，不就行了？！

泡芙习作

随着悦耳的音乐在校园里响起，路队比赛正式拉开了序幕。各班同学们在正、副班主任和路队长的带领下，快速集合列队。在等待区，各班进行整队，路队长口令准确，声音洪亮。整队完毕后发出口令，各班伴着嘹亮的口号声向前行进。

同学们喊着响亮的口号，踏着整齐的步伐，一张张可爱的脸上写满了专注和认真。同学们活力满满，充分展示了 ×× 小学积极向上的精神风貌。

这次活动不仅加强了全体学生的安全意识、纪律意识、自我管理意识和集体意识，同时也极大地提升了学生们的精神面貌。细节见文明，小事显美德，让全体同学将养成教育践于行动，共建“礼仪之府”，让“最美”成为学府小学一张永不褪色的名片！

有过程，还有成效，再结合活动的意义，这一篇报道不就完成了？！

看小泡芙的报道，很多读者应该只是匆匆一眼而过，几乎不会认真阅读，因为这些文字堆砌在一起没有办法调动阅读兴趣，最后只能通过放一些评比过程中的图片吸睛。

问题出在哪里？小泡芙的思路是对的，要沿着各班的前进路线去写，可她的描写基本就是一两句粗略的话语，根本不能让读者对当时的场面有一个生动的想象。

抓住“流程”的概念，不错；可还得在“流程”中多点生动，才更有趣。

用一篇特别简单的课文举例，记得二年级上册中的《小蝌蚪找妈妈》吗？这篇课文其实可以画成一幅简单的思维导图，也就是流程图。

找鲤鱼阿姨 → 找乌龟 → 找青蛙

可故事真的这么简单吗？不，我们不能忽略其中的生动之处。

时间	小蝌蚪的样子	找到谁	得到的线索
	大大的脑袋，黑灰色的身子，甩着长长的尾巴		
过了几天	长出了两条后腿	鲤鱼妈妈在教小鲤鱼捕食	四条腿，宽嘴巴
过了几天	长出了两条前腿	一只乌龟摆动着四条腿在水里游	头顶上有两只大眼睛，披着绿衣裳
过了几天	尾巴变短了	荷叶上蹲着一只大青蛙，披着碧绿的衣裳，露着雪白的肚皮，鼓着一对大眼睛	

你看，《小蝌蚪找妈妈》的生动之处就在于对动物的外貌描写，让同学的眼前仿佛真的出现了一只只活泼可爱的蝌蚪和青蛙。

同样，对“最美路队”评比过程的报道也很适合用流程图来表示。

可如果只按照流程的四个步骤，加一两句描写的话，是不是不够生动？不生动，又怎么能吸引读者呢？

要想生动，除了可以学《小蝌蚪找妈妈》中的方法，多一些对学生在行进过程中的动作描写外，也可以从六年级下册的《十里长街送总理》中得到一些启示：描写场面时，点面结合是百用不厌的方法。

面的描写，也就是整体画面。

人们臂上都缠着黑纱，胸前都佩着白花，眼睛都望着周总理的灵车将要开来的方向。一位满头银发的老奶奶，双手拄着拐杖，背靠着一棵洋槐树，焦急地等待着。一对青年夫妇，丈夫抱着小女儿，妻子领着六七岁的儿子，他们挤下了人行道，探着身子张望。一群泪痕满面的“红领巾”，相互扶着肩，踮着脚望着，望着……

点的描写，也就是整体之中一个个具体的人，用动词生动描写其状态。

其实不管是什么方面的内容，都能迁徙到微习作的话题上。微习作就是这样，生活中的点点滴滴都可以是习作的展台。提高习作能力也是这样，要在细节处积累，不要等到了作文课上才临时抱佛脚。

世界上哪里有那么多捷径呢？每个人都可以试着抓住生活中的写作场景，时时锻炼。

泡芙习作

路队能增强学生行走时的安全意识，形成良好的身体姿态和正确的行走姿势。为丰富学生的课余生活，增强学生的体质和纪律意识，养成良好的常规习惯，展现新时代文明学生的精神面貌，同时，也为了实现打造书香之府、礼仪之府、乐学之府、开放之府、幸福之府的目标，贯彻“成长·幸福”的办学理念，××小学于2××年×月×日至×日阳光大课间，特开展首届“最美路队”展示评比活动。

随着激奋人心的音乐响起，“最美路队”展示评比活动正式拉开了序幕。看！各个教室门口，穿着统一校服的学生小跑出了教室，迅速在走廊上排好队伍，整队完毕后，口令准确、响亮，喊着嘹亮的口号向前行进。一（8）班的稚嫩脸庞上洋溢着笑容，头却一动也不敢动，软乎乎的小手在身体两侧摆动，小脚一步一步往前踏去；六（1）班的哥哥姐姐们则一脸严肃，双手有力地摆动，脚步踏在地上发出“咚咚”的声音，别提多整齐了……

5分钟内，36列队伍在小广场集合完毕。路队长一声口令“立正”，全体同学整齐划一地喊“1、2”，同时踏地。“向前，看齐”“稍息”“向左转”“向右转”“向后转”……一个个口令，既清晰又响亮，充分展现了学生的精神面貌。

展示结束后，在有节奏的退场音乐中，各班有序沿指定路线退场，“快、静、齐”。

这次活动不仅加强了全体学生的安全意识、纪律意识、自我管理意识和集体意识，同时也极大地提升了其精神面貌。细节见文明，小事显美德，希望全体同学在日后的每一天都将养成教育践于行动，共建“礼仪之府”，让“最美”成为 ×× 小学一张永不褪色的名片！

这里是详略得当的描写，先是“立正”口令的具体描写，后续的口令简单写，一笔带过。

整个报道按照“整队—行进—展示—退场”的流程写就。

3 绕杆运球也有它的策略

我们输了

在宽阔的小广场上，阳光温柔洒下，一场速度与技巧的比拼马上就要上演了。下午我们班要与隔壁班比拼三对三绕杆运球，体育老师在大课间让两个班先试一试。

“1、2、3……”哨声吹响，比赛开始！打头阵的是我们班的“足球小子”小土豆，只见他以迅雷不及掩耳之势飞奔而去，球完全被他控制在脚下。他的动作干脆、利索，身轻如燕，没一会儿就已经返回了。厉害！哨声吹响，他赢了！而隔壁班的 1 号选手才刚刚返回！我们轻轻松松赢了第一局！

第二局出战的是小叶子，别看她外表柔柔弱弱的，其实她力气可大了，而隔壁班派出的是一个文质彬彬的男生。看样子，这将是一场“恶战”，果然，两个人咬得很紧，可在返回时，小叶子因为没有控制好力度，球“跑远了”，她又迅速冲上去补了一脚，球总算是回到了“轨道”上，可对方已经快了两根杆。哨声吹响，哎，我们输了！

三局两胜，就看最后这一局了。我们班派出的是巧克力，他动作灵活，速度上比小土豆稍微慢一点，可也是个不容小觑的选手；而隔壁班的出战是他们的足球精英，这又将是一场激烈的战斗！在一阵阵叫喊声中，隔壁班的足球精英快了3秒。

唉，周边是一片哀叹声，下午的正式比赛，我们班可怎么办啊？

皇甫老师

皇甫老师，我打算把这篇文章投稿到学校的广播站了，请您点评点评吧。

先从文字层面说吧，我觉得挺不错的，有流程：打头阵—第二局出战—最后一局。文字生动，每个选手的动作也写得很到位，而且详略得当，写得相当精彩。

还有不是文字层面的？

当然！下午的比赛还打算输吗？

当然不！可是实力的确有悬殊啊。

流程的本质其实是一种思维方式，所以写作能力归根结底也是一种思维能力的体现。

相对而言，流程通俗易懂，先、再、接着、然后、最后，是每个学生都容易接受的，可这只是一个低阶的思维，我们得升级。进阶的流程就是逻辑，一种提升的思维，一种有目的性的设计。

读过《狐狸分奶酪》吗？熊兄弟得到奶酪，狐狸趁他们拌嘴时故意把奶酪分得不均匀，最后吃光了奶酪。如果狐狸一开始就暴露出自己的目的，或许会被熊兄弟揍一顿，所以他用熊兄弟的逻辑实现自己的别有用心。

熊兄弟想分奶酪 → 狐狸把奶酪掰成两半 → 熊兄弟觉得不匀，狐狸在大的半块上咬了一口 → 没咬过的半块又大了一点儿，狐狸再咬一口 → 为了一样大，狐狸不停地咬着两个半块奶酪 → 奶酪没了，狐狸说熊兄弟谁也没有多吃一口，谁也没有少吃一口看到了吗？狡猾的狐狸很聪明地用了一种逻辑自洽，不仅让自己免费尝到一大块美味的奶酪，还充分体现了自己的“善良”。这就是逻辑的力量。

小泡芙在习作中，透露出无可奈何的悲伤，仿佛空有一颗想赢的心，可实力不允许。可是，如果能加点逻辑的思考，或许下午的正式比赛就不是这样的结局。《田忌赛马》不就按照故事情节发展的顺序，以“赛马”为线索，讲了一个转败为胜的故事吗？

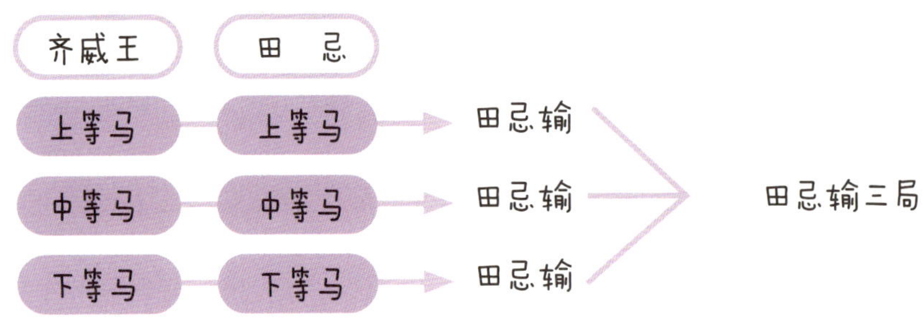

可是，孙膑在不换马的前提下，如何实现田忌的转败为胜呢？孙膑的思考逻辑是，要想取胜，只有两种可能，一是三场全赢，二是赢两场。目前的局势是，上中下三等马都比不过齐王，三场都赢是没有可能的，所以只能赢两场。赢两场，一一对应是不可能的，只能调动出马的顺序。

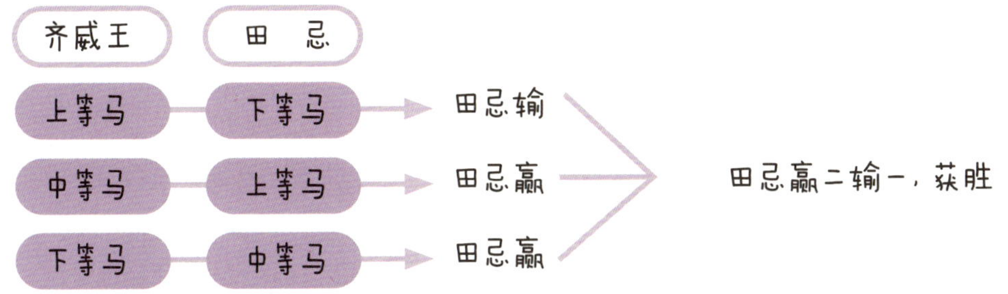

再看看小泡芙的班级与隔壁班的绕杆过球比赛，是不是也能学一学孙膑的逻辑？

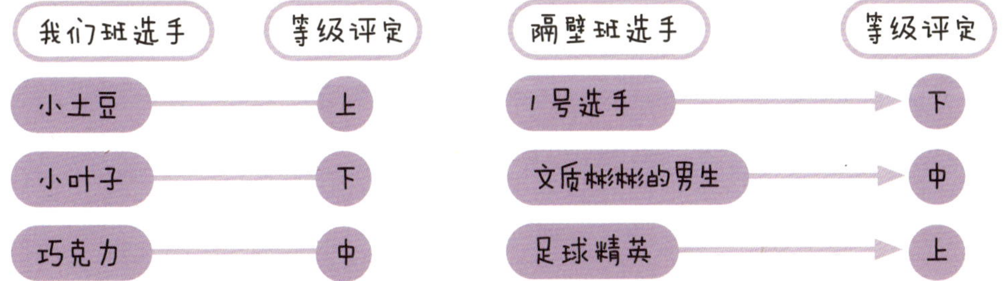

一对照，我才发现，隔壁班的出场顺序是这场“田忌赛马”中的“田忌排阵”，他们用 1 号选手的“败”扣住了我们班的“上等马”，剩下两场只要稍稍努力，自然就能赢了。因此，想要赢，就得调整出场顺序。

初步料想，要是这样排兵布阵，就稳赢了。

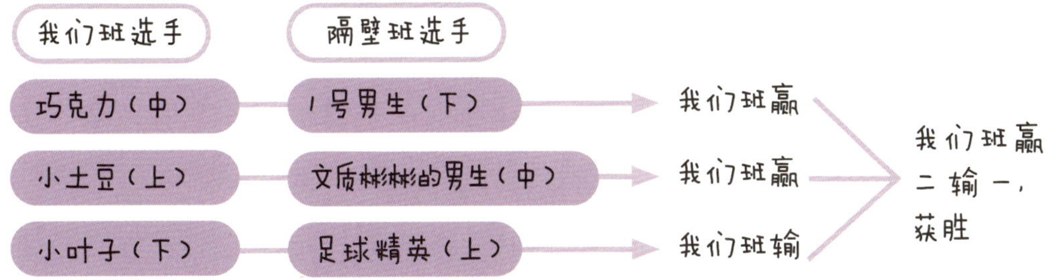

泡芙习作

我们赢了

还是在宽阔的小广场上，阳光比早上猛烈了些，刺得有点儿睁不开眼。隔壁班欢声笑语，信心满满，而我们班却有点死气沉沉，个个都很安静。裁判在确认出场顺序，隔壁班说不变动，这一句话让我们班稍稍有了点儿生气，只要不出意外，我们就有赢的希望。

“1、2、3……”哨声吹响，比赛开始！隔壁班打头阵的是早上的1号选手，瘦瘦高高的，像根竹竿子似的，与之对战的是巧克力，他个子虽然小一点，可灵活度高，只见他低着头，铆足了劲，穿梭在一根一根杆之间，像一只灵巧的燕子掠过。果然！哨声吹响，他脚步跨过终点线，而隔壁班的1号选手还有好几根杆没过。

大概是察觉到了我们班的排兵布阵，隔壁班向裁判提出想要换出场选手的顺序，难道我们又要输了？好在，裁判说比赛已经开始，不能换了。

第二个出场是小土豆，就冲他曾经拿下“MVP”的称号，就知道这是一场实力悬殊的较量。隔壁班文质彬彬的男生虽然也很拼命了，可哪里比得过小土豆的速度呢？第二局，我们班赢得轻轻松松。

当哨声吹响时，我们班沸腾了，一个个握紧拳头，不自觉地跳了起来！赢了！赢了！裁判一个哨声，示意安静，我们才克制着把眼光投向第三局，虽然在计划中，这一局是允许失败的，可要是赢了，不就太振奋人心了吗？瞧，小叶子眼睛直勾着球，一个左边勾一个右别腿，把球一个又一个地带过了八根杆，动作一气呵成，可隔壁班的足球精英明显更厉害，个子小巧玲珑，小腿有力，十分灵活，一眨眼的工夫就带球到了终点。

即使哨声吹响，小叶子仍然坚持比完赛，当她冲过终点的那一刻，我们班爆发出如雷的掌声，不仅为了三个选手的努力，更为集体的智慧，是智慧让这场比拼更加精彩。

赛后复盘很重要，请各位读者跟着我一起想一想，除了这一种稳赢的排兵布阵，还有没有其他可以获胜的布局？又或者，在事先不知道对方布局的情况下，如何最大可能地赢？

板块式表达：

去看看这个世界有多大

这个世界有多大？地球的表面积大约为 5.1 亿平方千米。足够大了吧？可在宇宙尺度上，我们能观察到的范围是 465 亿光年。然而，这个范围还是有限的，因为宇宙的膨胀速度超过了光速，所以理论上存在一个人类无法观察到的边界。

这个世界这么大，你一定很想去看看。在这一部分，先来了解下这个世界的职业吧。你知道这个世界上有多少种职业吗？知道这些职业工作内容分别是什么吗？如果你想从事某一种职业，又该如何规划呢？就跟随着我的脚步，在“板块式表达”中体味职业的多姿多彩吧！

1 看看“三百六十行”

小泡芙

姐姐放假回来了，妈妈让姐姐去打工，一方面赚点学费，另一方面想让我有职业体验，为长大更好地找到自己喜欢的职业做准备。正当我觉得长大真不容易，庆幸自己还小时，妈妈却也给我安排上了，让我去参加假日实践活动，选择一项自己喜欢的职业去实践体验。天哪，这不是非法使用童工吗？宝宝苦啊，求抱抱！

1天前

♡ **皇甫老师 小土豆 小叶子**

小叶子：挺好的呀，我也想多体验这样的职业生活，看看学校外面的世界和生活，说不定对自己长大从事什么职业有一定的启发。

皇甫老师：小泡芙，你也是时候了解身边的职业了，也该想想自己长大要干什么，说不定有了目标后学习就更有动力了。自己以后从事的职业还是自己选择更好。

小泡芙回复**皇甫老师：**皇甫老师，都有哪些职业啊？我是不是应该去调查一下再选择我喜欢的！

皇甫老师回复**小泡芙：**好主意！没有调查，就没有发言权。你可以去“杭州嘟嘟城”，那里有许多的职业体验。除了亲自体验，再去好好调查一下，面点师、消防员、医生、邮电员、厨师等，这些职业主要干什么的，需要什么特长，将来的发展前景怎样？

小泡芙回复**皇甫老师：**哦，那我把调查到的写出来，用什么样的文章呈现能让人一目了然呢？

可以写成调查报告，我们在五年级下册综合性学习里遇到过研究报告《关于“李”姓的历史和现状的研究报告》，调查报告大同小异。报告分析的形式有多种，但是主要的几个板块不可少。从《关于“李”姓的历史和现状的研究报告》中进行梳理，大致分为以下几个板块。

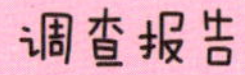

第一板块：标题

第二板块：提出问题

第三板块：研究方法

第四板块：整理资料

第五板块：研究结论

你觉得最难的板块在哪里？

最难的是“整理资料”板块和“研究结论”板块。

是的，但是你发现了吗？整理资料用表格列出，从不同类别、不同角度等方面整理，用的就是"板块式思路"在整理，这样整理的资料不仅较为详细，而且条理清晰，然后根据每个板块的资料做简要分析和概括，就可以形成结论了！

写调查报告之前要事先做好安排，分成几个板块科学设计调查方案，一个板块一个板块写清楚，最后合在一起！

选择喜欢的一种职业

搜索网络：根据《中华人民共和国职业分类大典》，中国职业可分为 8 个大类，66 个中类，413 个小类，1838 个细类（职业）。

分类	内容
第一大类	国家机关、党群组织、企业、事业单位负责人
第二大类	专业技术人员
第三大类	办事人员和有关人员

续表

分类	内容
第四大类	商业、服务业人员
第五大类	农、林、牧、渔、水利业生产人员
第六大类	生产、运输设备操作人员及有关人员
第七大类	军人
第八大类	不便分类的其他从业人员

中国的职业有很多，有大家熟悉的检察官、法官、医生、教师、演员等，也有一些新型职业产生，如会展设计师、珠宝首饰评估师、创业咨询师、手语翻译员、灾害信息员、孤残儿童护理员、城轨接触网检修工、数控程序员、合成材料测试员、室内装饰装修质量检验员。

在这么多的职业中，我对面点师特别感兴趣，所以假期决定去体验一下面点师的生活。

当个小小面点师

选择这一行就要爱上这一行，要想爱上这一行就要了解它。小泡芙对面点师进行了深入了解，做了一份调查报告。

第一板块

关于“面点师”职业的调查研究报告

第二板块

提出问题

龙年春晚有一个节目叫作《别开生面》，生动演绎了“面食里的大中国”，人们的情感因面食紧紧联结在一起。随着人们生活水平的日益提高，各地依其物产及民俗风情，又演化出许多具有地方特色的风味小吃，大街上也出现了很多蛋糕店，中式和西式两种面点不断创新。我爱上了各种精致的甜品，有时候自己会尝试做一做，味道好又有成就感。为了实现甜品自由，我有了成为面点师的想法。

第三板块

研究方法

1. 观察面点师完整制作某甜品的过程，加深了解。

2. 通过网络查找喜欢的面点制作方法，亲自体验，加深技能学习的认识。

3. 通过调查问卷访问部分面点师，丰富对面点师的认识。

4. 询问身边的亲朋好友，上网查找面点师的职业现状及前景。

第四板块

资料整理

面点被分为中式面点和西式面点。无论中西，都有自己的优势和劣势。

角度	中式面点	西式面点
穿着	戴帽子，穿白色衣服，戴围兜。	戴帽子，穿白色衣服，戴围兜。
原料与调味料	中式面点以各种粮食和家禽、蔬菜、水果等为重要原料，再配上多种调味品，经过特殊加工制作出营养面点食品，主要有香、甜和咸味。	西式面点以面、糖、油脂、鸡蛋和乳品为原料，辅以干鲜果品和调味料，经过调制成型、装饰等工艺过程而制出的具有一定色、香、味、形、质的食品。
面点师技能要求	中式面点师学和面、造型、技术、搭配与研发，主要学习各种中国传统面点的制作技巧和口味调配方法。无论是在普通餐厅还是星级酒店，中式面点都占据主食选择里的重要地位。 中式面点师需要了解各种面点的起源及其背后的文化内涵。	西式面点不仅是西式烹饪的组成部分，而且是独立于西餐烹调之外的一种庞大的食品加工行业，成为西方食品工业主要支柱产业之一。西式面点师需要具备沾、撒、挤、拼摆等一般装饰法，还要掌握裱花蛋糕的工艺方法，要具备色彩基础知识。
面点特点	中式面点讲究馅心用料广泛；原料非常的讲究，制作所用的材料通常会选择品质最好的，在制作时就已经想到了成品的色、香、味的各种配合；注重口味，自古就有南甜、北咸、东辣、西酸的说法。	西式面点使用的原料多为果酱、蔬菜和蜜饯等。用料讲究，其面坯、馅心、装饰、点缀等用料都有各自的选料标准，各种原料之间都有适当的比例，而且大多数原料要求称量准确。
发展前景	学习中式面点，需要深入了解传统文化背景和制作技巧，更注重的是精湛的手艺和耐心。中式面点师的薪资水平和个人技术是挂钩的，经验越丰富的中式面点师，其薪资水平会更高一些。在当前的大中型城市，对中式面点师的需求量越来越多，这是一个非常稳定的职业。	西式面点更强调创新和个性化，注重食品的美感和口感，适合那些有创造力和想法的年轻人。现在市场上对西式面点的需求量比较大，西式面点师这个岗位非常缺人。

第五板块　研究结论

1. 中、西面点师在着装形象上基本相同，必须戴帽，穿白色衣服，注重卫生。

2. “民以食为天”，食品行业的就业前景是非常广阔的。面点师是一个就业前景非常不错的职业，随着人们的生活条件变好，对高级面点的消费也在提高，对面点师的需求量在增加，因此在市场中有很多的就业机会。

3. 面点师的工资待遇还是比较好的，技术较好的面包师薪资更高。不过面点师比较考验操作技巧和体力，需要具备良好的美术和创意设计能力，熟练掌握各种技法，并能够使用各种工具将美学设计融入糕点制作。

4. 不管选择学习哪一种面点，都需要注重自己的兴趣和个性，持之以恒，不断学习、实践和创新。最终，通过不断地努力和锻炼，才能成为一位真正的面点师傅。

写研究报告给我了很多启发，让我对面点师有了很深入的了解，有实践，有思考，有记录……

跟着小泡芙一起行动

你想选择什么职业去体验呢？小泡芙邀请你去搜索“中国职业”，或者到社会上去看看，选择自己想要体验的一种职业，用各种研究方法进行调查，一个板块一个板块来整理，也试着写一份调查报告吧！

2 我问你答"采访录"

小泡芙

前段时间我体验了各种职业，也采访了许多在职在岗的叔叔阿姨，他们对自己职业的认知很深刻，回答得很真诚，给了我很多有参考价值的信息。结果我在整理的时候，思路有点乱，导致信息记录丢三落四，拼接不起来，无法形成一份完整的采访录。强大的朋友圈，可有好办法吗？

1天前

♡ **皇甫老师 小土豆 小叶子**

小叶子： 我之前体验过"环卫工人"这一职业，真的超级辛苦！

小土豆： 你印象最深刻的职业是什么呀。

小泡芙回复小土豆： 可能是护士吧。护士姐姐们总是很忙。有时候，自己的孩子生病了，也顾不上，全身心都在病房里，她们真的太有奉献精神了。

皇甫老师： 哇！看来小泡芙收获满满呢。我觉得思路乱是没有做好采访前的功课，事先列好问题清单（采访提纲）就会思路清晰。信息记录不完成，是记录方法还不够合理。

小泡芙回复皇甫老师： 能具体一点吗？我还没完全理解。

采访看着是在聊天，但不仅仅是聊天，而是有策略的信息交换，要及时捕捉、理解各种信息。

采访前，你要明确采访的主题，以及针对主题你想问哪些问题。建议列一个围绕主题的问题清单，如以“走进他们的童年岁月”为主题可列出以下问题清单。

围绕“游戏”话题，提出多个问题

从五个不同的方面提出问题

走进爸爸的童年岁月
（问题清单）

1. 小时候玩过哪些游戏？
2. 最喜欢哪个游戏？
3. 该游戏是怎么玩的？
4. 是和谁一起玩的？
5. 为什么最喜欢这个游戏？

走进妈妈的童年岁月
（问题清单）

1. 小时候最喜欢的课文是哪篇？
2. 小时候最喜欢玩的游戏有哪些？
3. 小时候最喜欢吃的零食是什么？
4. 小时候最爱看的动画片是哪部？
5. 小时候最大的兴趣爱好是什么？

一看问题清单，我们就知道这篇采访录的采访过程有五个板块，这五个板块以采访者和被采访者交互动态的方式呈现。

如此一问一答，我问你答，交互进行。一种交互是围绕一个话题多个问答进行，板块之间的关系是阶梯递进关系；另一种交互是从不同的方面提问，板块之间的关系是平行并列关系。采访者按照设计好的问题清单去提问，去记录，这样思路会十分清晰。

皇甫老师，怎么捕捉重要信息呢？边问边记录太难了！

记录技能相当有用，写作、听课、会议、面试等都会用到，所以学会了好处多多。采访记录的基本方法有心记、画记、笔记、录音记，我更建议的方法是“笔记＋录音记”，以手写即时记录为主，录音只为勘误和存证。

根据问题清单列好表格，有条理地记录关键词或关键句，再根据录音进行补充修改。

走进爸爸的童年岁月（问题清单）	爸爸的回答
1. 小时候玩过哪些游戏？	
2. 最喜欢哪个游戏？	
3. 该游戏是怎么玩的？	
4. 是和谁一起玩？	
5. 为什么最喜欢这个游戏？	

记录完之后，将整理的记录有条理地用采访录的形式表达出来。瞧，有同学是这样写的。

让美食发扬光大

20××年×月×日，第一届××小学厨艺争霸赛在学校餐厅举行。一听见主持人宣布开始，无数的掌声响起，评委们一个个面带微笑地站在场地边看着。选手们都跃跃欲试，系好围裙戴好帽子，按原来分好的小组完成抽签，上半场比赛正式开始。本人作为小记者有幸参观了整个比赛。

采访人：五（5）班　顶顶（我）

被采访人：五（4）班主厨

（上半场，比烧菜和水果拼盘。）

我：请问你为什么要参加这场比赛？

五（4）班主厨：因为我热爱做饭，而比赛是一个展示自己的完美舞台，我们班要让美食在学校发扬光大。

我：那你参加第一届大赛心中有什么感想？心情怎么样？

五（4）班主厨：紧张，刚开始还好，后来一见这么多人就特别紧张，我觉得我们赢不了。切菜、剁肉什么的，手都有点抖，但现在我相信我们班一定能得奖，你看这菜做得好吧！

我：是不错，就是你为什么用刀背剁肉？

五（4）班主厨：因为刀背不锋利，这么剁只会把肉拍碎，不会因为肉被切断而影响口感，还有就是刀背厚也重一些，剁肉的速度也会比较快，在有限的时间内这么做再合适不过了。

我：（恍然大悟）原来是这样。

（不一会儿，下半场比赛又开始了。短暂的休息过后，又是一阵沸腾。）

我：这个饺子真是好看又特别，怎么包的？

五（4）班主厨：这是元宝饺子，我从我外婆那里学来的。这么包不仅好看，还不会散，吃下去也厚实一些，比普通的饺子更香更好吃。我马上给你包一个，让你开开眼。

我：你们的水果拼盘也好棒呀，鲜艳又形象，还有你们的菜和饺子。你们觉得在这场大赛中能拿第几名？

五（4）班主厨：我们的目标只有一个——冠军。

在这场比赛中，同学们展现了中国美食的博大精深，做出了美味的菜肴，正如选手们所说，要让美食在校园中发扬光大。

怎么样，你从顶顶和五4班主厨的访谈录中读懂了什么？

哦，我明白了，采访很有趣，采访录也很有意思，话语之间也能尽显采访者的幽默，而且整体思路也不混乱记录也有序完整还能从中学到点儿知识。太好了！

在刚刚结束没多久的首届“府娃厨房”厨艺争霸比赛现场，钟同学采访了五年级组三大厨神之一的陈同学，让我们一起看看这则访谈录吧。

与佳肴相约

时间：XX 年 X 月 X 日

地点：首届“府娃厨房”厨艺争霸赛比赛现场

受访者：陈同学（五年级组三大厨神之一）

我：（好奇）你好！陈同学，恭喜你获得“厨神”称号，我能采访你吗？

厨神：（高兴）当然可以。

我：请问你在烧菜时的心情是怎样的？

厨神：（自豪）说起心情，那我可得大说特说，当时我的心情犹如过山车般，一下紧张，一下兴奋，一下又紧张，直到完成作品，才完全放松下来！

我：（恍然大悟）原来如此！原来如此！那你是否觉得“金玉满堂”（玉米炒青豆）这盘菜做得很好呢？

厨神：（兴奋）虽然不能说很好，但那一盘可是我们这一组的力量凝结起来的，虽然看似简单，可它十分有营养，你说是吧？

我：（尬笑着）是，是，看来这盘菜可不简单。那你为什么会选这些食材呢？最“得意”的作品是什么呢？

厨神：（不假思索）肯定是因为它们烧起来方便。说到最“得意”的作品，一定是那个“艺术品”——七彩祥龙（水果拼盘）啦！因为它寓意好，清香四溢。

我：（自叹不如）厨神果然是厨神，连说来的话也带点“厨味”！那大家对你们组的评价是什么？

厨神：（骄傲）大家对我们的评价可高，什么最有营养呀，什么最有策划奖，都得个遍，我对我们组的评价就一个词——团结。

我：（双手一拍）原来是这样！下一届“厨艺争霸赛”你还来吗？

厨神：（微笑）期待第二届“厨艺争霸赛”的到来，我想卫冕“厨神”称号。

我：祝你心想事成！谢谢接受我的采访。

怎么样，你从钟同学和陈同学的采访录中读懂了什么？

采访很有趣，采访录也很有意思，话语之间也能尽显采访者的幽默，而且整体思路不混乱，记录有序完整，我又学到了。太好了！

跟着小泡芙一起行动

@想采访的人 小泡芙要去采访一位高级面点师怎么做蛋糕？如果你对某一职业感兴趣，又想通过采访深入了解，不如行动起来，拟好问题清单，拿起了录音笔，去采访，去记录，整理成采访录吧。

3 小小规划大目标

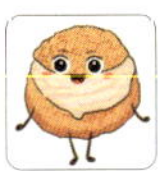

小泡芙

我对“面点师”情有独钟，便利用假期到酒店去学习，参加假期活动。经过一段时间的练习，我和面粉交上了朋友，喜欢触碰面粉的感觉，而和好的面包可以变长变短，好神奇！我长大想当面点师，现在该怎么做好准备呢？

1天前

♡ **皇甫老师 小土豆 小叶子**

小叶子：我长大想当一名教师，现在要做什么准备呢？

小土豆回复小叶子：这还不简单？直接@皇甫老师，问问她在你这么大的时候做了什么准备，不就行了？

小叶子回复小土豆：好主意！难得你这么机智！

皇甫老师：不管是当面点师，还是当教师，都要从制定规划开始哦。

小泡芙回复皇甫老师：规划？那要怎么制定呢？

在掌握方法之前，我们先来看一篇文章。

我的暑假计划

盼望着，盼望着，终于快要放暑假了！想想都觉得很开心，心里早已乐开了花。今年暑假我想自己安排，我一定会让它精彩而丰富。

妈妈说：“书是知识的海洋。”那我一定要在海洋里快乐地游泳。每天都坚持阅读，同时做好摘抄。当然，练字和学习也是不能落下的，我马上就要升三年级了，假期里，我要提前做好预习，争取让我的学习“更上一层楼”。

假期里也不能忘记体育锻炼，有了好的身体，我才能愉快地过暑假。体育打卡的闹钟会在晚上七点准时响起，这时我的体育锻炼就开始了，有时候和小伙伴一起去广场上骑自行车、打羽毛球，有时候会和爸爸去篮球场打篮球、跑步。

最让我兴奋的是，这次暑假我让妈妈给我报了一个夏令营。这是我第一次参加夏令营，虽然妈妈说夏令营会很辛苦，但是我不怕，因为我内心非常渴望体验一次军人们的生活，那一定会让我收获很多。

更让我期待的，还要属外出旅游了。以往的每年暑假，爸爸妈妈都会带我去看大海，今年也不例外，我已经可以想象我穿着泳衣和沙滩鞋在蔚蓝的大海边捡贝壳、堆沙堡的场景了，想想真是美极了！

这就是我丰富多彩的暑假计划，我已经迫不及待地想要迎接它的到来了。

很多学生在寒暑假前都会制订这样的计划，但你知道吗，这其中也是有板块式表达的。

阅读、摘抄 → 学习和练字 → 体育锻炼 → 参加夏令营 → 外出旅游

你看，这就是这篇文章的板块。这是板块式表达中的平行关系，人生的规划也是由板块组成的，并且板块之间是不断成长递进的。

你目前还是小学生，小小规划书可以设计得简单一点，有趣一点。比如，把自己的成长当作一列小火车，用小火车串联你的每一个板块，是不是有意思呀。来，我们一起来试试。

小火车起点	我是一名五年级小学生我现在正站在五年级成长小火车的起点上，准备踏上小学最后两年充满挑战的旅程。 我要看看我自己，我开朗阳光，善于与人交流，身体不够强壮，个子不够高，体育成绩不理想，喜欢学习，但速度不够快，每天看书量比较少，做事容易拖拉。
学习站（考上一流初中）	上课时要专心听讲，大胆发表观点，规定时间按时完成作业，加快学习生活的节奏，每天挤出一小时阅读，让知识装满我的车厢，每天放学后，先复习今天学的内容，再预习明天的课程。周末的时候，去图书馆借书看，增长见识。
健康站（身体变强壮）	早上起床后，用 15 分钟做一套简单的体操。放学后，和小伙伴一起打篮球、跑步、跳绳，不同运动交替起来。晚上不吃零食，早点睡觉，保证 8 小时睡眠。
友情站（友情变坚固）	发挥我善交流的长处，和同学友好相处，遇到困难时互相帮助。周末可以邀请朋友来家里玩，或者一起去公园放风筝，等等，做一些有意义的事。
终点	成为一个知识丰富、身体健康、友情满满的孩子，为进入初中、高中学习打下扎实的基础。

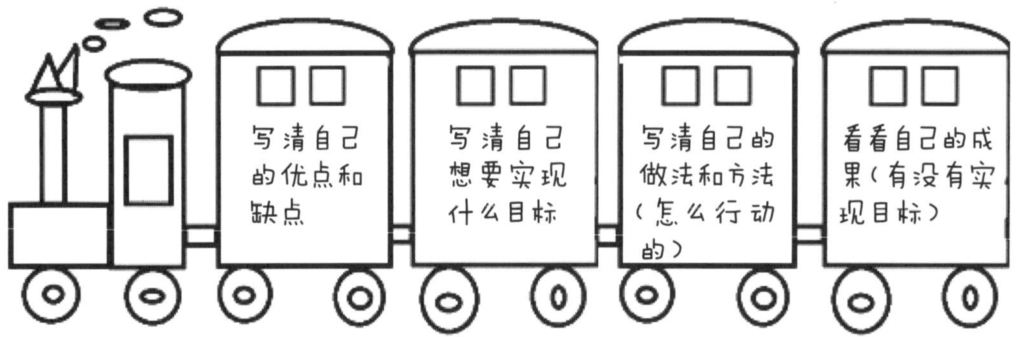

这一辆成长的小火车，是不是就能开起来呢？你想成为一名面点师，就要为之做好准备，一步一个脚印，为实现目标而努力！

为实现目标而奋斗，也不是一句口号，而是在自己的每一个成长阶段都有实现的小目标，从而为想要实现的大目标做好准备。机会永远是给有准备的人。

泡芙习作

我想成为一名面点师

我现在是一名小学生，在“府娃厨房”首届厨艺争霸赛上，激烈的比赛燃起了我对面点的兴趣，我特别喜欢触碰面粉的感觉，就是平时没有什么机会下厨房，缺少这方面的知识，没有做面点的经验。

起点：优势和不足

妈妈说过，有喜欢的东西一定要去追寻，所以我想成为一名面点师，掌握面点的制作技巧，学习各种面点的做法和口味，不断提高自己的面点制作水平，积极参加面点比赛，展示自己的才能。

目标：成为一名面点师

有了目标，我就要开始努力了！在现在这个阶段，我要利用周末时间参加一些面点制作的基础课程或者找一些专业的面点师傅学习。学习基础的面点制作，如学习如何制作馒头、包子等简单的面食。

等到了初中，再学习一些基础的食材知识，比如面粉的种类、酵母的使用方法、食材的搭配等，这些都会影响到面点的口感和质量。通过阅读一些面点制作的图书或者观看一些教学视频，了解更多面点的种类和制作方法，多做多练，不断总结经验。

到了高中阶段，那会儿我肯定有很大进步了，就可以学习高层次面点的做法和口味，学习面点装饰技巧，可以尝试自己创新，开发一些独特的面点口味，或者请求妈妈的帮助，参加面点制作高层次的培训班，增加交流。

这样到了大学阶段，随着技能的提升，我可以更注重细节和口感，可以参加一些面点比赛或者展览，展示自己的作品，与其他面点师交流学习，锻炼技能，拓宽视野，了解更多的面点文化。大学一毕业，就能通过开设面点店、提供私人定制服务、参加比赛等方式建立个人品牌。

如果我能按照这样一直努力，就一定能够拿最高级别的面点师证，成为高级面点师；创立自己的品牌，拥有自己的品牌工作室，一直为自己爱的人做面点。

当然，做一件事情一定要有热情和耐心。面点制作需要耐心和细心，只有不断练习和尝试，才能掌握更多的技巧，成为一名优秀的面点师。

成果

5. 大学毕业（提升阶段）

4. 大学阶段（提升阶段）

3. 高中阶段（拓展阶段）

2. 初中阶段（基础阶段）

1. 小学阶段（基础阶段）

每个人都可以为自己设计成长规划，成长规划可以是长期的，也可以是短期的，一个暑假的学习规划、一年的运动规划、一生的事业规划等都可以。成长规划与成绩的好坏没有关系，你可以根据自己的特点和需要进行规划，它会成为你成长的目标、努力的方向、行动的监督，使你沿着规划前进、再前进。

跟着小泡芙一起行动

@每一个希望成长的人　你长大想干什么？虽然我们还是小学生，但是我们可以为自己做好成长规划，并为自己定下的目标而奋斗！

后记

一直以来，我在指导孩子们写作的时候，都会用一种形象的比喻或通俗的方法进行引导。比如理解过渡句时，我会说一篇文章就像人，而过渡句就像人的脖子、腰、膝盖、脚踝，把上下自然地联结起来，可以起到承上启下的效果。通过这样的比喻来引导学生在写作中使用过渡句，这样的方法孩子们会觉得很有趣，很好理解，写起来就水到渠成了。我很想把这样的方法写出来，于是，就有了这套书。

回首编写这套书的时光，我的心中一直充满感慨与期待。从构思到探讨，再到成稿，我时刻提醒自己，要以最严谨的态度、最实用的方法，引导孩子们进行写作，让他们在文字的海洋中畅游，感受文字带来的力量与美感。

在这里，我想感谢帮助和支持我的人。感谢师傅俞虹老师，她像一盏灯，指导和引领我向前走，鼓励我不断挑战自己，把心中一直想写的写出来。感谢李梦佩老师，她像我的经纪人，时刻提醒我写作进度的推进，催着我交稿交稿，《把科学写进微习作》感谢她协助整理。感谢梅丽萍老师协助整理《稻花香里说丰年》。感谢胡燕飞老师协助整理《这个节日，“社牛”出没》。感谢骆民老师协助整理《热火朝天的劳动课》。感谢翁依娜老师、童雪珍老师协助整理《含羞草，NO！ NO！！ NO！！！》。感谢沈滢老师、赵攀老师协助整理《会飞的兔子》。感谢桐庐县学府小学三（7）班、五（5）班的孩子们提供例文。感谢编审、编辑的认真审读。感谢学校、教师、学生的系列活动，为我的创作再现诸多情境。谢谢每一位与我一起努力、并肩作战的人，你们是我前进的动力。

在这里，我想对孩子们说：写作并非易事，但是只要你肯努力，肯坚持，就一定会享受到写作的幸福，就一定能写出属于自己的精彩作品。孩子们，我希望这套书能够成为你们写作路上的良师益友，陪伴你们一同成长、一同进步。孩

子们，这套书只是你们写作路上的一个引导者，真正的写作之路还需要你们自己去探索、去实践。祝愿你们在写作的道路上越走越远，越写越好！

感谢每一位读过这套书的人，多提供宝贵意见和建议，你们的反馈会让我不断完善这套书，并让我明确新的努力方向。

好了，我们继续一起努力吧！